O Direito da Construção no Ambiente Internacional

O Direito da Construção no Ambiente Internacional

CONTRIBUIÇÕES PARA A CONSOLIDAÇÃO

DE UMA *LEX CONSTRUCTIONIS*

2019

Organização: Fernando Marcondes

ALMEDINA

O DIREITO NA CONSTRUÇÃO NO AMBIENTE INTERNACIONAL
CONTRIBUIÇÕES PARA A CONSOLIDAÇÃO DE UMA *LEX CONSTRUCTIONIS*

AUTOR: Fernando Marcondes
DIAGRAMAÇÃO: Almedina
DESIGN DE CAPA: Roberta Bassanetto
ISBN: 9788584934911

Dados Internacionais de Catalogação na Publicação (CIP)
(Câmara Brasileira do Livro, SP, Brasil)

O direito na construção no ambiente internacional :
contribuições para a consolidação de uma
lex constructionis / organização Fernando
Marcondes. -- São Paulo : Almedina, 2019.

Bibliografia.
ISBN 978-85-8493-491-1

1. Contratos (Direito civil) 2. Direito civil
3. Responsabilidade (Direito civil) I. Marcondes,
Fernando.

19-26674 CDU-347

Índices para catálogo sistemático:
1. Direito civil 347
Iolanda Rodrigues Biode - Bibliotecária - CRB-8/10014

Este livro segue as regras do novo Acordo Ortográfico da Língua Portuguesa (1990).

Maio, 2019

EDITORA: Almedina Brasil
Rua José Maria Lisboa, 860, Conj.131 e 132, Jardim Paulista | 01423-001 São Paulo | Brasil
editora@almedina.com.br
www.almedina.com.br

APRESENTAÇÃO

A proposição de se reunir as tendências e práticas de contratantes no ambiente internacional do setor da Construção foi feita em 1997[1], em brilhante artigo que ponderava que, diante dos crescentes projetos de infraestrutura desenvolvidos internacionalmente, era necessário ir além das leis e dos usos e costumes locais. A adoção de modelos de contratos internacionais e a prática desenvolvida ao longo da execução desses projetos já formava, àquela altura, um acervo de referências que não poderia ser mais ignorado pelos intérpretes, fossem eles juízes, árbitros, membros de *dispute boards* ou mesmo as partes diretamente envolvidas com a execução desses contratos e responsáveis pela tomada de decisões ao longo de um projeto.

Dizia Molineaux em seu artigo que, "Assim como existe uma *lex mercatoria* para comerciantes internacionais, deve-se reconhecer também que há princípios de 'direito da construção' que, em razão das atividades de companhias internacionais de engenharia (que redigem contratos) e de bancos de desenvolvimento (que padronizam disposições contratuais), já recebem um reconhecimento de fato dos *players* do mercado internacional de Construção".

Ponderava ainda o autor que "Considerando que provisões similares são usadas em contratos de construção em diferentes países, inclusive cláusulas arbitrais, uma interpretação e aplicação consistentes de tais provisões têm grande valor para estabelecer uma maior certeza e segurança em nível internacional".

[1] Charles Molineaux, 'Moving Toward a Construction Lex Mercatoria A Lex Constructionis', Journal of International Arbitration, (© Kluwer Law International; Kluwer Law International 1997, Volume 14 Issue 1) pp. 55 - 66

De fato, além de alguns princípios básicos inerentes a qualquer relação contratual (*pacta sunt servanda, rebus sic stantibus,* abuso de direito, *culpa in contrahendo,* boa-fé, nulidade de contrato obtido mediante vício de consentimento, dever de mitigação e tantos outros), há outros que, pela prática universal no ambiente de Construção, servem como norteadores na interpretação das questões postas pelas partes em uma disputa.

Alguns desses princípios específicos de "Direito da Construção" citados por Molineaux são: Variações de preço e prazo são esperadas e não decorrem de falhas do contrato; o aumento do custo deve ser suportado pelo dono da obra quanto há condições físicas no site da obra mais onerosas do que aquelas informadas nos documentos de licitação e, *contrario sensu,* condições melhores do que as esperadas devem convergir em crédito para o dono da obra; os métodos construtivos e a sequência dos trabalhos devem ser definidos pelo construtor, exceto se houver um impacto estrutural ou de outra natureza que seja evidente mediante uma investigação do site ou mencionado nos documentos de licitação (o princípio incentiva o construtor a trabalhar do modo mais eficiente possível visando incrementar seus resultados); pedidos de extensão de prazo devem ser feitos e endereçados em tempo, e devem ser analisados e respondidos pelo contratante também a tempo; quando o montante dos prejuízos não puder ser estabelecido com suficiente grau de certeza, o valor há de ser fixado de acordo com os prudentes critérios do julgador; as partes devem agir rapidamente para negociar e definir o destino dos pleitos; uma cláusula contratual que prevê notificação formal como requisito de validade de um pleito poderá ser eventualmente ignorada e considerada como uma formalidade desnecessária quando estiver claro que o dono da obra tem conhecimento dos fatos e está informado de que o pleito está "a caminho".

Observa-se que as proposições são retiradas do universo prático do dia a dia de um projeto em andamento e retratam situações que são enfrentadas universalmente (no Brasil ou na China, na Inglaterra ou na África, nos Estados Unidos ou na Índia). Os problemas são os mesmos e há um senso comum sobre a forma como eles devem ser endereçados e tratados. Trata-se, portanto, de verdadeira *lex constructionis,* um arcabouço de regras contratuais, usos e costumes que são praticados em todo o mundo, independentemente de se estar inserido em ambiente de *common law* ou *civil law.*

Esta obra coletiva procurou reunir a doutrina de profissionais do Direito brasileiro que têm, de fato, experiência prática no peculiar ambiente da

Construção, e também de renomados autores estrangeiros com experiências variadas no setor. Richard Bailey presidiu, por anos, a *Society of Construction Law* e é um ativo advogado britânico na área; Doug Jones, professor, árbitro e advogado, é talvez o mais respeitado nome de Direito da Construção do mundo; Pierre Genton é uma referência mundial em contratos FIDIC e foi um dos membros do *dispute board* da icônica obra de expansão do Canal do Panamá; Roger Peters é um experiente membro de *dispute boards* nos Estados Unidos e grande divulgador da ferramenta; Albert Bates é também um experiente advogado e gestor de claims em projetos internacionais; Juan Eduardo Figueroa é um advogado chileno, ex-presidente da *Cámara Chilena de la Construcción*, com extenso histórico como membro de *dispute boards*, professor de Direito da Construção na *Universidad de Los Andes*, além de ter atuado como convocado da Suprema Corte chilena, durante três anos, na qualidade de juiz designado; Jose Andres Lamas é advogado peruano exclusivamente dedicado ao direito da Construção, com formação acadêmica em *Construction Law* pela *Strathclyde University* (Reino Unido) e professor da matéria na *Universidad del Pacífico.*

Todos os capítulos procuram abordar as questões mais tormentosas do ambiente da Construção de forma prática e didática, buscando contribuir para a efetiva consolidação do conhecimento legal para a aplicação prática dos operadores de contratos, partes nas relações que se estabelecem para a execução de projetos de construção e julgadores, sejam eles árbitros, juízes ou membros de *dispute boards.*

É o que se entende por *lex constructionis.* Como organizador e co-autor deste trabalho coletivo, espero ter atingido o objetivo de contribuir para a consolidação desse vasto universo de conhecimento, tão necessário para a pacificação dos conflitos advindos de uma área de suma importância para o progresso e bem-estar social.

Fernando Marcondes

PREFÁCIO

Este livro reúne elementos-chave do Direito da Construção internacional, bem como as melhores práticas que são temas recorrentes nos mais bem-sucedidos projetos de construção internacional.

No momento em que este trabalho vem a público, assistimos a uma continuada expansão do Direito da Construção internacional como um nicho especializado da prática jurídica, e a um aumento das relações contratuais entre partes de países diversos, com culturas diversas. Além disso, os grandes projetos de infraestrutura normalmente envolvem equipes de diferentes nacionalidades e tradições, trabalhando em colaboração mútua sem sair de seus respectivos países, em torno de um projeto hospedado na nuvem; empresas de construção de todos os cantos do mundo concorrendo nas mesmas licitações, formando consórcios e alianças e trazendo com elas diferentes culturas contratuais, diferentes expectativas de alocação de risco e até diferentes normas técnicas a que estão habituadas; múltiplos atores, como fundos de investimento financiando os projetos, trazendo com eles a exigência de utilização de determinados modelos e padrões contratuais em nome da transparência; além de insumos e recursos de toda parte do mundo fazendo nascer grandes desafios de coordenação, transporte internacional e necessidade de cumprimento de relevantes exigências oriundas das legislações nacionais, barreiras fiscais e ambientais, a fim de concretizar os projetos.

Adicionalmente, em muitas jurisdições, incluindo significativamente América Latina, vemos novas e criativas abordagens visando proporcionar procedimentos efetivos para a prevenção e solução de disputas inseridas nos contratos de construção. Vimos novas regras de prevenção de disputas nos contratos dos Jogos Olímpicos e Paraolímpicos no Rio de Janeiro em 2016. As novas versões dos contratos FIDIC em 2017 e os NEC4[1] proporcionando a oportunidade de dar consistência à abordagem dos riscos que podem ser avaliados e precificados nos projetos, a utilização dos Dispute Adjudication Boards (DABs) desde o começo dos projetos. E ainda vemos o gradual crescimento da utilização dos DABs no Brasil, Argentina, Chile, Peru, Equador, Honduras, Costa Rica e muitos outros países, inclusive em recentes projetos esportivos (Lima 2019), metrôs (São Paulo e Quito), projetos de rodovias (Honduras), expansão de portos (Peru e Costa Rica) e projetos hidrelétricos (Equador e Honduras), entre outros. Esperamos ainda, para conhecer os efeitos da Convenção de Singapura que apoia a disseminação do uso de sistemas de mediação no contexto internacional.

Paralelamente, observamos também o rápido desenvolvimento na educação e treinamento de profissionais em Direito da Construção, que inclusive vem dando base para a formação de uma rede internacional de especialistas que fazem e implementam os contratos. Importantes cursos em universidades de Londres e Melbourne têm permitido o intercâmbio de profissionais oriundos de sistemas de *common law* e *civil law* e têm feito nascer um *network* entre ex-alunos que circulam no ambiente internacional da Construção. Como resultado, a disseminação da compreensão de temas centrais e a uniformização de conceitos tem facilitado a discussão, a argumentação e – mais importante – a resolução de problemas que, inevitavelmente, surgem em projetos complexos.

Consequentemente, eu considero que este livro, excelentemente concebido e realizado sob a liderança do reconhecido advogado de Construção Fernando Marcondes, com sua variedade de temas e especializados autores, será certamente uma referência frequentemente utilizada pelo mercado.

Christopher Myers
Especialista em Prevenção e Solução de Disputas no ambiente Internacional da Construção, arquiteto, árbitro, mediador e membro de Dispute Boards, mestre em Direito da Construção pela King's College of London, ex-presidente da Dispute Resolution Board Foundation

Contents

[1] New Engineering Contracts, publicados pelo Institute of Civil Engineers da Inglaterra.

SUMÁRIO

Consequências da Falta e dos Desvios de Planejamento

Fernando Marcondes

Introdução

É bastante conhecido, não só no ambiente de obras, mas em qualquer situação em que um projeto seja levado a cabo, o jargão de que "planejamento é tudo". Trata-se do ponto de partida de qualquer projeto, inclusive para que se possa saber de sua viabilidade[1].

Sem planejamento, as chances de um projeto dar certo são bastante reduzidas[2]; e, mesmo que, apesar da falta de planejamento, o projeto se

[1] *In the planning stage the Project controls professional can assist the owner in creating a realistic plan to determine and evaluate both the cost and revenue for the project. Also during this stage a high level WBS (work breakdown structure) can be stablished. It is important that the WBS be flexible enough to be expandable and also to allow tracking of costs. A project controls professional can be assigned to the project from the very beginning of this process and have a hand in setting up the WBS to be able to create projections for revenue and costs then track the actual revenue and costs against those projections.* (SPARKS, Kenneth, PSP, "Implementing a Project Control Process from Planning Through Project Completion". 2012 AACE International Transactions, CSC.1058).

[2] *In today's global economy, project delivery continues to be challenging in terms of project size, scope, location and organization. The project controls manager also faces a changing landscape. There are often shortages of qualified project controls professionals. Project controls has a vital role in controlling cost, schedule and scope and in providing value. Lack of project controls can impact the business model by delays, higher costs and missed opportunity. There are dangers and pitfalls. In a changing market it is survival*

conclua, seus resultados normalmente ficam muito aquém do que se esperava obter. O planejamento tem papel fundamental na medida em que tem forte impacto no desempenho da produção. Estudos no Brasil e no Exterior comprovam esse fato e indicam que deficiências no planejamento e no controle estão entre as principais causas da baixa produtividade do setor, de suas elevadas perdas e da baixa qualidade dos seus produtos[3].

Esta é uma das poucas coisas sobre as quais todos os envolvidos em um projeto concordam. Trata-se de uma certeza reinante há muito tempo. Ainda assim, chega a impressionar o número de demandas arbitrais e judiciais cujo nascedouro reside justamente na falta de planejamento por parte do executor das obras ou no comprometimento do planejamento pelo comportamento caótico do contratante. Tem-se a impressão de que os contratos de construção foram feitos para acabar mal. Essa sensação é universal e isso intriga a indústria e os governos há anos. A imagem da indústria da Construção é péssima. O senso comum entende que o produto final das obras é de má qualidade, custa mais do que o esperado e é entregue com atraso. Em razão dessa espécie de "lógica", há uma grande quantidade de disputas no setor[4].

Em casos dessa natureza, boa parte do trabalho dos advogados e dos árbitros consiste em identificar qual das duas situações ocorreu (se o construtor/fornecedor não soube planejar seu trabalho ou se o planejamento existiu, mas restou comprometido pelo contratante). É bastante comum que, ao final, conclua-se que a obra teve uma mistura das duas coisas: pla-

of the fittest and "it is a jungle out there". The project controls manager could use a guide to provide tips and tools for successful project delivery (McMULLAN, Leslie E., "The Project Controls Manager's Survival Guidebook". 2014 AACE International Technical Paper, CSC.1582).

[3] MATTOS, Aldo Dórea, *Planejamento e controle de obras*, p. 21. PINI, SP, 2010.

[4] It certainly seems that construction contracts do go wrong; everyone knows that, it is one of the problems of construction. These problems have intrigued, one might say obsessed, the industry and government for 50 years. (...)
What is the problem with construction? The industry has a poor image. A simplistic analysis finds three key areas. Construction has a reputation for producing products which are:
not to the quality expected (poor quality)
over budget (expensive)
over programme (late). (...)
While construction projects are poor quality, late and expensive, another feature is the preponderance of disputes, often described as 'adversarial attitudes'.
FENN, Peter. Why construction contracts go wrong (or an etiological approach to construction disputes). [S.l]: Society of Construction Law, 2002, pp. 1-3.

nejamento deficiente e comprometimento deste pelo comportamento do dono da obra. E ainda, dificuldades de ambas as partes de utilizar o planejamento inicial para realizar um bom gerenciamento do projeto, capaz de conviver com as mudanças e imprevistos que naturalmente ocorrem ao longo da execução dos trabalhos.

Este trabalho não tem a pretensão de ensinar como planejar uma obra. Essa atividade é uma expertise de engenheiros e há trabalhos bastante consistentes disponíveis – inclusive o guia PMBOK, o mais reconhecido de todos. Aqui, se buscará abordar apenas noções básicas de planejamento, porém com o objetivo de expor as consequências jurídicas dos desvios e imprecisões do planejamento de uma obra.

1 O Planejamento como Ferramenta Principal para o Gerenciamento Eficaz

Ninguém espera que o planejamento inicial de um projeto seja estático do começo ao final dos trabalhos. Ao contrário, o que se sabe desde o princípio é que ele será dinâmico, ou seja, que ele será inicialmente alimentado com as informações disponíveis e que, ao longo do desenvolvimento do projeto, sua alimentação será complementada com novas informações que, necessariamente, levarão à sua alteração.

O planejamento, portanto, é uma ferramenta para que o gerenciamento do projeto se dê de forma eficaz. Sua principal característica é a capacidade de ser modificado constantemente para refletir a realidade que vai se apresentando e apontar o caminho para a correção dos desvios.

Talvez a nomenclatura "planejamento" atrapalhe um pouco a compreensão da ferramenta, ao menos a princípio, para os mais desavisados. Afinal, quando se pensa em planejar algo, em termos gerais, o que vem à mente é a ideia de se criar algo para ser utilizado como uma "cartilha", um "manual", um guia soberano que deve ser seguido ao pé da letra para se obter o resultado almejado e que, portanto, necessariamente teria de ser sólido e imutável.

Entretanto, a primeira coisa que se deve compreender sobre o planejamento de uma obra é que ele não é um guia como outro qualquer. Antes disso, ele é um retrato. Ele deve refletir as informações atualizadas do projeto para que seus gestores possam tomar as decisões e executar as ações necessárias ao bom desenvolvimento dos trabalhos. Planejamento é, pois, uma base ordenada e atualizada de informações que permite a compreensão das necessidades de um projeto. E se as informações mudam, amadurecem, se complementam ao longo do projeto, naturalmente o planejamento deve refletir essas mudanças em tempo real, sob pena de comprometimento dos trabalhos pela falta de conhecimento da realidade e das providências necessárias para a correção dos rumos do projeto[5].

De modo bem simples: o planejamento nos permite saber onde estamos, para que possamos saber o que fazer para retomar o caminho certo.

2 A Utilização Adequada da Ferramenta de Planejamento

O engenheiro mecânico Henry Gantt desenvolveu, em 1917, uma ferramenta que ficou conhecida como "Gráfico de Gantt" ou "Diagrama de Gantt". Ele mostra o avanço das diferentes etapas de um projeto, sejam elas simultâneas ou sequenciais. Cada atividade é mostrada em uma barra colorida horizontal que corre sobre uma linha do tempo, onde se verifica o momento do início e do fim da atividade e a sua contemporaneidade ou sequenciamento em relação às outras atividades do projeto.

[5] Progress monitoring techniques that are rooted in the comparison of data against a static baseline have limited value in competent time management in complex projects, where the work content, resources and sequence necessarily change from time to time. The work to be carried out in the short term must be scheduled according to the resources to be provided and the productivity quotients for the various work types to be carried out. The absence of a high density, short term, part of the schedule, or a short term, part calculated, other than by reference to resources, is not permitted under this *Guide* [*CIOB Guide to Good Practice in the Management of Time in Complex Projects*].
PICKAVANCE, Keith. Managing the risk of delayed completion in the 21st century: the CIOB research. [S.l]: Society of Construction Law, 2009, p. 10.

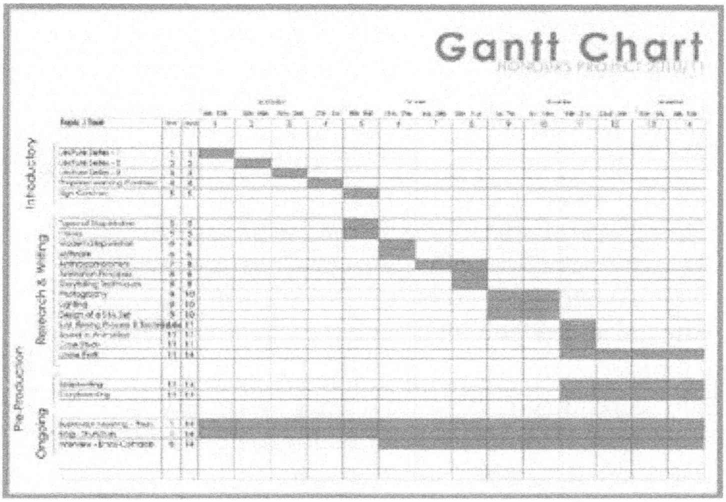

As principais ferramentas modernas de planejamento disponíveis no mercado e amplamente adotadas nos projetos de construção utilizam o Diagrama de Gantt como recurso básico, chamando-o pelo nome popular de "cronograma". O software é alimentado com cada uma das atividades (que se contam aos milhares em uma obra de vulto), suas datas de início e fim, e essas atividades são conectadas entre si, para que o programa possa mostrar quais delas sofrem interferências de outras e para que se possa conhecer, de forma rápida e eficiente, as consequências do atraso de uma atividade no cronograma geral da obra. A alimentação adequada do software proporciona, também, o cálculo dos recursos necessários para a execução de cada atividade.

A partir dessas informações, o gestor da obra toma a sua decisão, que pode consistir em incremento de recursos para recuperar o prazo da atividade e/ou das demais atividades relacionadas; inversão da ordem de algumas atividades; desmobilização ou adiamento da mobilização de equipes, visando a evitar gastos desnecessários; etc.

Um planejamento correto depende inteiramente da alimentação adequada do software com as informações de projeto. Se o seu alimentador não possuir total conhecimento da ferramenta e a alimentar de forma equivocada, os resultados que o software apresentará poderão comprometer totalmente o gerenciamento do projeto, levando a ações intempestivas, mal dimensionadas e a um consequente desperdício de recursos humanos, tecnológicos e financeiros com reflexos funestos para todos os envolvidos.

3 O Início do Planejamento

O planejamento é a primeira atividade de um projeto e se inicia antes mesmo da elaboração de uma proposta. Na verdade, ele é a base para que a proposta possa ser elaborada.

Quando um empreendedor decide contratar um projeto, ele lança uma licitação aberta ou convida diretamente parceiros que, em sua avaliação, preenchem os requisitos necessários para assumir o desafio e levá-lo a cabo[6]. Em ambos os casos, o empreendedor fornece as informações de que dispõe, definindo o Escopo a ser executado.

Recebidas as informações, os licitantes/candidatos elaboram uma Estrutura Analítica de Projeto (EAP), que consiste no desmembramento do Escopo em uma série de atividades a partir da leitura cuidadosa de desenhos e plantas, entendimento da metodologia construtiva a ser empregada e representação das tarefas de campo sob a forma de pacotes de trabalho pequenos e compreensíveis[7].

Conforme ensina MATTOS,

> Não se pode gerenciar um projeto sem que suas fronteiras estejam bem definidas. Ao se definir o escopo, amarra-se o que será o objeto do planejamento. O que não estiver no escopo original não será planejado, não será programado e não será comunicado às equipes em campo. O que não for relacionado ficará de fora do cronograma e, em decorrência disso, não será delegado a nenhum responsável[8].

Por isso mesmo, se as informações fornecidas pelo dono da obra estiverem incompletas, devem os concorrentes solicitar os esclarecimentos

[6] O convite direto, naturalmente, só é possível em empreendimentos privados, já que os contratos públicos são, necessariamente, precedidos de licitação pública.

[7] MATTOS, Aldo Dórea, op. cit., p. 57.

[8] MATTOS, Aldo Dórea, op. cit., p. 57.

necessários. E, se o dono da obra ainda não tiver condições de esclarecer nesse momento (o que é comum, por se tratar de uma fase ainda imatura do projeto), então os concorrentes devem assumir premissas em suas EAPs, a fim de manter no planejamento uma previsão, ainda que hipotética e sujeita a modificação futura. A hipótese é mais desejável do que a simples omissão de um item.

A EAP fornece ao proponente uma visão geral dos recursos necessários para a execução do projeto e um cronograma. É possível, portanto, estimar o custo e o prazo necessários e, a partir disso, elaborar sua proposta.

As premissas adotadas na EAP devem ser claramente mencionadas na proposta, pois o dono da obra deve estar ciente de que, se as premissas não se confirmarem, o planejamento sofrerá alterações. Vale dizer, o prazo e o custo podem ser alterados, se a realidade for diferente das premissas adotadas.

Sendo claro para todos os envolvidos quais são as possibilidades de variação, é possível negociar os seus efeitos: (i) o contratado pode assumir o risco das variações, provisionando e precificando esse risco; (ii) o dono da obra pode aceitar a possibilidade de variação do preço e/ou do prazo em caso de não confirmação das premissas e, nesse caso, o contratado não faz uma provisão, mantendo um preço inicial mais baixo, seguro de que eventuais alterações serão assumidas pelo contratante; ou (iii) as partes podem combinar um compartilhamento do risco, de modo que o contratado faz uma provisão menor do que faria na primeira hipótese, já que parte do risco será assumida pelo contratante.

Os *players* do mercado de Construção são habituados ou, mais que isso, altamente especializados em riscos. Manejam-nos como ninguém. Seus negócios dependem de sua habilidade em atuar sob riscos constantes e de difícil ponderação[9]. Daí, costuma ser nesse setor que nascem as melhores ferramentas de gerenciamento de riscos.

[9] "It is a very peculiar characteristic of construction projects, that they very often proceed despite high degrees of uncertainty. The participants show remarkable commercial willingness to go forward with uncertainty as to design solutions, uncertainty as to the eventual scope of the works, and uncertainty as to the time periods that will realistically be required in order to complete the works. Further uncertainties necessarily cascade from those, such as outturn costs, scope of sub-contract works and terms. The norm has been traditionally to postpone addressing uncertainties, leaving enormous discretion to be exercised in the future by those administering the contract. The management of construction risks will be better achieved by more pro-active contractual strategies".

4 As Modificações durante a Execução do Projeto e a Necessidade de Adaptação do Planejamento

A descrição dos passos iniciais do planejamento feita no item anterior parece tornar muito simples a visualização e o gerenciamento das variações observadas ao longo da execução de um projeto, além de dar a sensação de que as partes envolvidas resolverão facilmente suas divergências. No entanto, a realidade é diferente.

Infelizmente, é comum as partes ignorarem as evidências e preferirem cobrar umas das outras uma suposta obrigação de cumprimento de um planejamento, em vez de reconhecerem suas respectivas responsabilidades em relação às alterações ocorridas e partirem, juntas, para uma revisão capaz de corrigir os desvios ou, ao menos, elidir seus efeitos tanto quanto possível[10].

Conforme estudos desenvolvidos pela Oxford University[11] que levou em conta dados coletados nas três Américas, África, Europa, Ásia e Oceania, 3 em cada 4 projetos de hidrelétricas sofrem aumentos de custos da ordem de 96%, e mais de 80% deles sofrem atrasos de quase 50% em relação ao prazo originalmente previsto. De acordo com o mesmo estudo, quando

CAPPER, Philip. Management of legal risks in construction. [S.l]: Society of Construction Law, 1994, p. 4.

10 In a complex environment for delivering large capital investments, are we learning our lessons from history? We have all heard stories about delays caused to a capital project, either because a redesign was required as ground conditions were not fully understood at the outset or because the owners made far reaching changes to the scope. We have also heard about the project that was delayed because the owner requested a number of small changes in scope or because the contractor did not report the true position on the progress of an underperforming project until it became apparent to all involved that the contractual completion date could not be achieved.

In such scenarios the project's objectives, project sponsorship, project management, disclosure and reporting – collectively known as project governance – were not properly considered and managed. It is likely that the events above all have appropriate contractual remedies, based on who carries the contractual risk for their occurrence, but our experience is that poor project governance is the root cause of such delays.

MORGAN, Anthony; GBEDEMAH, Sena. How poor project governance causes delays. [S.l]: Society of Construction Law, 2010, p. 1.

11 *Should we build more large dams? The actual cost of hydropower megaproject development*, Antif Ansar *et alli*, Journal of Energy Policy, vol. 69, Junho/2014, University of Tennessee, p. 43-56, *apud* BOTELHO DE MESQUITA, Marcelo de Alencar, *Adjudicação de Conflitos na Construção* in *Temas de Direito da Construção*, coord. Fernando Marcondes, PINI, SP, 2015, p. 106.

se amplia o objeto da pesquisa para projetos de infraestrutura em geral[12], nada menos do que 90% dos projetos de valor original superior a 1 bilhão de dólares sofrem aumento de custos de pelo menos 50%, e atrasam significativamente.

Esses estudos mostram que, por mais que um planejamento seja bem feito, ele sofrerá alterações importantes ao longo de sua execução. Daí a importância de as partes o entenderem como uma ferramenta dinâmica, como ressaltado no início deste trabalho. Se as partes se apegarem ao cronograma inicial e ao preço inicial do projeto como se eles fossem intocáveis, o gerenciamento se transformará em um pesadelo.

O planejamento deve ser muito bem estruturado e, uma vez iniciada a execução do projeto, os envolvidos devem estar prontos para adaptá-lo constantemente, sensíveis aos fatores modificativos da previsão inicial. É como conduzir um barco a vela: o vento e as correntes forçarão a embarcação exercendo pressões variáveis tanto na intensidade quanto nas direções. Cabe ao navegador fazer a leitura precisa e rápida dessas forças e reagir imediatamente, puxando ou soltando a vela, forçando ou cedendo o leme, encontrando o equilíbrio perfeito entre velocidade e direção para obter o máximo de desempenho sem permitir que a embarcação aderne.

PICKAVANCE ensina que, por mais que um planejador catalogue adequadamente os riscos e dificuldades que pode prever no início de um projeto, e por mais que as revise, nunca é possível prever todas as variações, nem sua intensidade, nem quando ocorrerão. Contudo, uma vez que esses eventos ocorram e desde que haja um bom planejamento estabelecido, será possível prever e gerenciar suas consequências de forma adequada e eficiente[13]. Pois a incerteza nessa indústria é uma companheira constante

[12] *What you should know about megaprojects and why: an overview,* Bent Flyvbjerg, Project Management Journal, vol. 45, nº 2, John Wiley and Sons, 2014, p. 6-19, *apud* BOTELHO DE MESQUITA, Marcelo de Alencar, op. cit., p. 107.

[13] "Risk registers fulfil the useful purpose of cataloguing the pitfalls that may be encountered in the future. However, it is readily apparent that no matter how many risk registers are set up, and no matter how many times they are reviewed and revised, it is not possible to predict, for example: what plant will break down, or when; whether the employer will change its mind about what it wants, or when; what drawings the architect will revise, or when; or when the weather will turn nasty. Neither is it possible to predict what activities will be affected by such events, nor how they will be affected.

On the other hand, once these events have occurred, provided there is a valid time model in place, it is possible to predict their consequences and to manage those consequences effectively".

e, por isso, não só o planejador, mas todos os envolvidos devem estar preparados para se adaptar à realidade.

As causas mais comuns de desvio do planejamento são, por parte do dono da obra: atraso na obtenção de licenças; grande quantidade de revisões de projeto; demora na aprovação de adicionais decorrentes de tais alterações; negativas injustificadas dos adicionais causados por sua própria atuação; revisões extemporâneas; atraso na entrega de equipamentos para montagem (quando o escopo envolve montagem). Já por parte do construtor: erros de planejamento; falhas de gerenciamento de pessoal e de fornecedores; baixa produtividade; baixa qualidade de execução, forçando alto volume de refazimentos. Isso tudo sem contar as condições geológicas e climáticas, além de outras que independem do comportamento das partes, mas trazem consequências jurídicas que, se não estiverem disciplinadas em contrato, terão de ser interpretadas e fixadas de acordo com a lei[14].

5 O Tratamento dos Desvios

Há diversos métodos de diagnóstico e tratamento dos desvios ocorridos durante a execução de projetos.

A ferramenta mais eficiente é a reunião de planejamento, que toda obra que pretende ser saudável precisa realizar rotineiramente (semanalmente, quinzenalmente no máximo). Nela, analisa-se o cronograma existente, comparando-o com o avanço ocorrido até então. Constatando-se que há

PICKAVANCE, Keith. Managing the risk of delayed completion in the 21st century: the CIOB research. [S.l]: Society of Construction Law, 2009, p. 6.

[14] The effects of unexpectedly adverse site conditions may be manifold. Works may have been planned on certain assumptions: that excavation could be effected using certain plant; that ground would be suitable for certain foundations; or that it would permit the use of particular work methods. The discovery of bad ground may necessitate a change to those work methods, possibly a complete revision of those work methods or the design of the works themselves. In extreme cases the works may need to be abandoned altogether. And even if the required work is capable of being performed in the manner originally contemplated, it may take longer than planned, or cost more, or both, all because of unexpectedly bad site conditions.
The picture may be further complicated where a contractor has embarked upon its works based on certain assumptions, or certain site information, which were communicated to the contractor by the owner, or the owner's consultant. What if these assumptions or site information turn out to be wrong?
BAILEY, Julian. What lies beneath: site conditions and contract risk. [S.l]: Society of Construction Law, 2007, p. 1.

itens cuja execução está atrasada, o cronograma é adaptado para refletir esses atrasos. Então, discutem-se as providências necessárias para recuperar esses atrasos ou, quando não é possível fazer a correção de curso imediatamente, registra-se essa impossibilidade. De tudo isso, o mais importante é que o cronograma resultante de cada reunião seja o reflexo real e fiel do andamento da obra até aquele momento[15].

Observe-se que a atualização semanal do cronograma não significa que as partes estão substituindo o cronograma contratual pelo atualizado.

[15] CIOB Guide to Good Practice in the Management of Time in Complex Projects
THE CHARTERED INSTITUTE OF BUILDING. Guide to good practice in the management of time in complex projects. Chichester: Wiley-Blackwell, 2011.
Updating a schedule is essential to the management of the time - model; without it, the schedule is merely a target against which historical failure might be plotted. However, by updating with progress against the progress records and recalculating the critical path, the working schedule becomes a dynamic model by which:
predictions can be made;
problem issues can be identified early;
mitigating recovery and acceleration can be implemented;
the future conduct of the works can be effectively managed.
The prompt identification of disruption and delay to progress is vital if the consequences are not to result in loss of quality, cost overruns and delayed completion. Once identified, difficulties can always be addressed, their potential consequences calculated, and strategies implemented to avoid or reduce those consequences.
An essential part of the updating process is recalculation of the critical path following the addition of progress. The recalculation of the critical path identifies the start and finish of activities to be commenced, those which are then on the critical path and provides a cogent baseline against which the effect of intervening events can be calculated.
The advantages of updating the schedule are that:
the impact of change can be accurately predicted against the model, whether it be to an activity duration, sequence (logic), or resource (money, labour, plant and materials);
resource planning is rendered more reliable because past and current experience of productivity can be better used to forecast future trends;
the effect of changes to construction activities can be better calculated with 'what - if scenarios', enabling the project team to choose the most efficient sequences;
potential problems are identified much earlier with resulting increased time available to mitigate any risks, deal effectively with any issues from any 'crystallised' risks and thus improve the likelihood of maintaining the project's
time and resource targets; and
the cause and effect of disruption can more readily be identified and its consequences managed.
THE CHARTERED INSTITUTE OF BUILDING. Guide to good practice in the management of time in complex projects. Chichester: Wiley-Blackwell, 2011, §§ 4.4.2-4.4.5.

Trata-se de um reconhecimento da realidade com vistas a adotar as providências necessárias para manter a obra no curso ou recuperar os desvios. No entanto, enquanto as partes não acordarem sobre um cronograma revisado, valerá, para fins contratuais, o cronograma originalmente contratado. Isso significa que o cronograma atualizado é também um registro vivo do descumprimento do contrato. Quando comparado com o cronograma oficial vigente, ele denuncia o atraso da obra em relação ao cronograma contratual e expõe as partes às consequências (já que, naturalmente, o atraso pode ser de responsabilidade de qualquer das partes, ou de ambas).

Sendo impossível recuperar o atraso do cronograma, ou mesmo manter os custos previstos dentro da faixa projetada, cabe às partes analisar, em conjunto, as causas desses desvios e negociarem a assunção de responsabilidades por cada uma delas.

Sendo o construtor o responsável pelos desvios, serão aplicadas as penalidades contratuais e devidos os ressarcimentos cabíveis. Sendo do contratante a responsabilidade, há de se formalizar um novo cronograma (cronograma revisado), no qual a extensão de prazo de direito é reconhecida. Esse novo cronograma deve ser incorporado ao contrato por um aditivo, no qual também se disciplinam as consequências financeiras dos desvios reconhecidos.

Nem sempre, porém, os desvios são detectados e tratados rapidamente. Em muitas obras as reuniões de planejamento não acontecem, ou são meras formalidades, já que os envolvidos se dedicam muito mais a esconder seus erros do que a expô-los e tratá-los de forma eficaz. Quando isso acontece, o planejamento acaba por se perder por completo e as partes passam a navegar à deriva, sem remos, sem bússola, sem vento.

A *Society of Construction Law* oferece uma ferramenta para diagnosticar e tratar o projeto "doente" quando ele já está em estágio mais avançado. Trata-se do *Delay and Disruption Protocol*. De acordo com a sua atualização de 2017, seu objeto é oferecer uma orientação útil para o tratamento de alguns problemas comuns de atraso e distorções que surgem dos projetos de construção, onde uma parte deseja recuperar da outra uma extensão de prazo e/ou compensação pelo tempo adicional e recursos gastos para completar o projeto. Seu propósito é oferecer meios para que as partes resolvam tais dificuldades e evitem disputas desnecessárias[16].

[16] The object of the Protocol is to provide useful guidance on some of the common delay and disruption issues that arise on construction projects, where one party wishes to recover from the other an extension of time (EOT) and/or compensation for the additional time spent

BAILEY ensina, no capítulo por ele escrito neste mesmo livro, que o *Delay and Disruption Protocol* está estruturado em quatro seções, sendo a primeira referente ao posicionamento do Protocolo quanto a princípios fundamentais e outros aspectos relacionados a atrasos e ressarcimento; a segunda, referente à preparação e manutenção de cronogramas e registros; a terceira, relativa às extensões de prazo durante o projeto; e a quarta, que propõe formas de resolução de problemas da extensão de prazo quando ela é contestada após a finalização do projeto (análise retrospectiva)[17].

Para maior compreensão do Protocolo, sugere-se a leitura do capítulo de BAILEY.

Outro importante aliado no gerenciamento do projeto e controle dos desvios é a manutenção rigorosa dos registros dos fatos ocorridos em obra. É fundamental que as partes estabeleçam, juntas e no início da execução do projeto, quais os registros que deverão ser feitos e sob que formato (papel, eletrônico, encaminhamento por e-mail, disponibilização em ambiente virtual com acesso de todos, ou ainda a adoção do sistema BIM – Building Information Management). Registros adequados e bem utilizados melhorarão o gerenciamento do projeto e removerão uma significativa parte das incertezas, além de facilitarem a apresentação e a análise dos pleitos, reduzindo a probabilidade de disputas[18].

Manter registros qualificados exige um investimento de tempo e de recursos financeiros, bem como o comprometimento de todas as equipes envolvidas no projeto. Por isso mesmo, recomenda-se que, desde a fase de licitação ou convite, o empreendedor informe aos concorrentes como pretende que os registros sejam feitos, pois as propostas deverão contemplar

and the resources used to complete the project. The purpose of the Protocol is to provide a means by which the parties can resolve these matters and avoid unnecessary disputes. (...) Delay and disruption issues that ought to be managed within the contract all too often become disputes that have to be decided by third parties (adjudicators, dispute review boards, arbitrators, judges). The number of such cases could be substantially reduced by the introduction of a transparent and unified approach to the understanding of programmed works, their expression in records, and the allocation of responsibility for the consequences of delay and disruption events.
SOCIETY OF CONSTRUCTION LAW. Delay and disruption protocol, 2nd ed. Hinckley: Society of Construction Law, 2017, Introduction, p. 1, §§ A e D.

[17] BAILEY, Richard, SCL Delay and Disruption Protocol, p. __ deste livro.

[18] SOCIETY OF CONSTRUCTION LAW. Delay and disruption protocol, 2nd ed. Hinckley: Society of Construction Law, 2017, Part B, p. 12, §1.2.

os custos relativos a esses procedimentos. Se a imposição do contratante for feita somente depois de celebrado o contrato, deve-se considerá-la como uma variação e, portanto, objeto de adicional de preço e, eventualmente, até mesmo de prazo, dependendo das circunstâncias[19].

Portanto, manter registros adequados e atualizar o cronograma constantemente para adequá-lo à realidade do projeto são, como visto, a melhor maneira de diagnosticar os desvios.

Os desvios de planejamento são de duas naturezas: custo e prazo.

Uma vez detectados, é preciso tratá-los, conforme já explicitado, a fim de recuperar os atrasos e remanejar os custos para obter uma economia que compense os desvios de custo.

Tome-se como exemplo uma montagem industrial, em que os projetos e os equipamentos a serem montados são fornecidos pelo contratante, cabendo ao contratado receber esses projetos e as peças para executar a montagem.

O contratante fornece ao contratado uma *baseline* com algumas datas-marco (principalmente entregas de projetos e chegada de equipamentos). O contratado, especialista em montagem, elabora sua EAP levando em conta aquelas datas-marco (que são compromissos contratuais do contratante) e obtém como resultado um cronograma detalhado, no qual as datas de chegada de cada projeto e de cada equipamento são os elementos norteadores para a fixação das obrigações do contratante. O cronograma prevê o início de cada uma das etapas de montagem em uma sequência lógica que privilegia o melhor aproveitamento possível dos recursos, a menor movimentação possível de pessoal, ferramentas e equipamentos, a melhor interação de suas equipes com outros times presentes no mesmo site e a melhor produtividade possível.

Considerando os vários tipos de montagem (desde estrutura metálica bruta até equipamentos sofisticados de ajuste fino), o contratado planeja uma sequência de contratação de pessoal especializado em cada tipo de serviço, iniciando com os funcionários especializados em montagem de estrutura metálica, trabalho em altura, etc., e prevendo a contratação do pessoal especializado na montagem fina para uma data posterior. O mesmo se dá em relação aos equipamentos: guindastes para a ereção das estruturas metálicas mais pesadas, montagem de andaimes, etc.

[19] SOCIETY OF CONSTRUCTION LAW. Delay and disruption protocol, 2nd ed. Hinckley: Society of Construction Law, 2017, Part B, p. 13, §1.6.

Com base em estatísticas bibliográficas e também em suas próprias estatísticas históricas, o contratado calcula a média de produtividade de seu pessoal e equipamentos e, com isso, define a quantidade de homens/hora (H/h) e de Equipamentos/hora (E/h) de que necessitará para a execução do trabalho contratado. Ora, uma empresa especializada em montagem vende, basicamente, H/h e E/h. Logo, essa conta será a essência de sua proposta. A disponibilidade dos projetos e do material a ser montado é elemento crucial para a definição do preço da montadora.

Na data marcada, a montadora mobiliza seu pessoal no canteiro de obra e se coloca disponível para iniciar a montagem. Importante dizer que, para estar disponível no site da obra no dia "zero" de início de suas atividades de montagem, a empresa iniciou o processo de mobilização muitas semanas antes: recrutou e treinou pessoal, negociou e celebrou contratos com terceiros, assumindo compromissos com eles; procedeu à integração dos operários (exames médicos admissionais, treinamentos de segurança, documentação, etc.); transportou máquinas e equipamentos para o site, construiu seu canteiro, locomoveu seu pessoal administrativo que ficará residente na obra, etc.

Porém, o contratante está com dificuldades para fornecer os projetos. Além disso, apenas parte do material cuja montagem seria iniciada naquela data chegou ao site.

Inicia-se aí uma ociosidade de pessoal já contratado e que está recebendo salário, e de equipamentos que estão disponibilizados. A produtividade, ou seja, o cálculo de H/h e E/h feito pela montadora fica comprometido já a partir do primeiro dia de trabalho.

Os projetos começam a chegar, mas não na sequência prevista no cronograma. O mesmo acontece com os equipamentos a serem montados. Há material a ser montado cujo projeto não está disponível e, ao mesmo tempo, há projetos disponíveis para a montagem de equipamentos que ainda não chegaram. Poucos são os equipamentos já disponíveis cujos projetos também estão entregues. Há equipamentos e projetos disponíveis, mas a ordem de sua montagem na sequência está mais adiante (depois da montagem de equipamentos que ainda não chegaram, e/ou cujos projetos ainda não foram fornecidos). Torna-se necessário estocar material, mas isso não estava previsto no planejamento, já que tudo seria montado conforme fosse disponibilizado. Não há área para armazenamento, ou a área prevista é insuficiente, ou é distante do site e exige a contratação de transporte, que também não foi orçado.

Começa, então, uma verdadeira revolução no planejamento inicial. Equipes já contratadas precisam ser desmobilizadas; outros profissionais que seriam contratados mais tarde precisam ser trazidos às pressas; a montagem começa em uma sequência totalmente aleatória, obrigando o trânsito de pessoal, montagem de andaimes, movimentação de guindastes, tudo de forma não sequencial, com complicações nas interfaces com terceiros e uma baixíssima produtividade.

Imagine-se tudo isso acontecendo sem que os registros sejam adequadamente realizados. Não há reuniões de planejamento, não há atualização do cronograma, não há controle das atividades. O caos se estabelece, a obra trava e o montador não tem, sequer, condições de apresentar um pleito, pois não há nenhuma prova do descumprimento do contrato pelo contratante.

Agora imagine-se o oposto: desde o primeiro dia foram realizadas reuniões semanais de planejamento. O cronograma foi atualizado o tempo todo, registrando novas datas de chegada dos projetos e dos equipamentos. A variação do emprego dos recursos humanos e de equipamentos foi devidamente registrada em diários de obra e comunicada nas reuniões, por e-mails ou por cartas, ou ainda disponibilizadas no ambiente virtual, com antecedência razoável.

Não há dúvida de que essa obra sofrerá atrasos e custará muito mais caro do que o planejado inicialmente. Porém, se o planejamento inicial foi bem feito e se todos os desvios foram adequadamente registrados, reconhecidos e tratados, o prejuízo será muito menor e as responsabilidades serão corretamente distribuídas, de forma que o projeto será concluído dentro do menor tempo e custo possíveis, considerados os desvios.

As duas hipóteses (desvios não registrados *versus* desvios registrados) servem também para se prever as consequências de um eventual litígio, caso as partes não se entendam a respeito das responsabilidades pelos desvios ou do custo e extensão de prazo. Naturalmente, o julgador terá muito mais condições de analisar os fatos e suas consequências a partir de uma obra adequadamente registrada e, com isso, proferir uma decisão justa e conectada com a realidade. Poderá reconhecer a extensão de prazo necessária para que o montador conclua seu trabalho sem sofrer penalidades indevidas, bem como a obrigação do contratante de compensar financeiramente o montador pelos custos extraordinários que decorreram dos desvios do planejamento provocados pelo contratante.

6 As Disputas Decorrentes dos Desvios

A EAP, o cronograma inicial, o registro adequado das informações, as reuniões de planejamento e a atualização do cronograma são ferramentas que, a princípio, têm finalidade meramente técnica: saber onde se está, detectar os desvios por menores que sejam, agir para corrigir esses desvios e concluir os trabalhos da forma mais eficiente e produtiva possível.

Quando utilizados no site de obra, esses recursos não buscam atribuir responsabilidades. Eles têm natureza proativa e apenas perseguem as soluções. Contudo, para além do universo da obra e dos propósitos de seus executores de concluir o trabalho, há a questão econômica. Por mais que um profissional de engenharia possa se manter à parte dela (e isso é cada vez mais raro), o fato é que a economia é, afinal, o princípio e o fim de tudo. Todas as obras têm por nascedouro um empreendimento cujo objetivo final é o lucro. Persegue-se também o atendimento às necessidades sociais de forma economicamente eficiente e, para isso, o custo de um projeto necessita atender a requisitos mínimos de coerência com o seu porte, importância e retorno financeiro futuro.

As partes envolvidas em um grande projeto de construção têm, por natureza, interesses antagônicos: o contratante deseja que o custo final do projeto permaneça dentro da expectativa inicial (que foi a base para o provisionamento dos recursos, coleta de investimentos e financiamentos e, portanto, de compromissos por ele assumidos perante terceiros). O construtor é basicamente um prestador de serviços que pretende manter a margem de lucro que projetou em sua proposta, pois este é o motor do seu negócio, é o que lhe permite manter seu fluxo de caixa, remunerar seus funcionários, recolher seus impostos, investir em seu crescimento e aprimoramento e recompensar seus acionistas.

Assim, no momento em que surge um desvio de planejamento, a primeira reação de ambas as partes é atribuir à outra a responsabilidade e dela exigir que assuma para si as consequências financeiras desse desvio.

O contratante, premido pelos objetivos de seu empreendimento e pelos compromissos assumidos com terceiros em torno da consecução desses objetivos, não tem disposição para aceitar qualquer custo extraordinário. O contratado, que construiu uma proposta prevendo uma margem apertada de *overhead* e lucro, não quer ver comprometido o resultado de seu negócio e segue o raciocínio de que, enquanto o seu contratante tem um negócio maior (empreendimento) no qual poderá, ao longo da operação, amortizar eventuais custos extraordinários da fase de construção, ele (construtor) não terá a mesma possibilidade, já que, para o seu plano de negócios, o resultado positivo só poderá ser obtido dentro do universo daquele contrato. Ou seja, se houver prejuízo, não haverá meios de compensá-lo no futuro e ele terá de ser definitivamente absorvido.

Daí, seguem-se comportamentos questionáveis. É comum que, em vez de se preocuparem com a recuperação dos desvios, as partes se dediquem mais a apontar responsabilidades e iniciarem uma frenética troca de cartas e e-mails com acusações recíprocas, fundadas ou não. Desaparece a confiança, o construtor se nega a executar qualquer item que considere fora de seu escopo sem a aprovação explícita do contratante, e este se nega a aprovar qualquer coisa por considerá-la como parte do escopo e da responsabilidade do contratado.

Nesse ambiente, o fluxo de caixa do projeto restará comprometido em pouco tempo e, se já havia desvios até então, a partir desse momento a situação se agravará. A obra perderá ritmo, a improdutividade aumentará, inúmeras atividades que tinham folgas passarão a ser caminho crítico e o planejamento ficará em segundo plano. Ao final, um prejuízo que poderia ser pequeno se transforma em um grande rombo no orçamento do projeto, pelo qual nenhuma das partes quer se responsabilizar.

É nesse ponto que as disputas chegam aos escritórios de advocacia. Considerando que o mercado de construção aderiu plenamente à Arbitragem, é nas câmaras arbitrais que esses temas têm sido tratados nos últimos anos.

É fundamental a eleição de árbitros especializados para as questões de Construção. A compreensão das ferramentas técnicas e contratuais de gerenciamento de obra é essencial para que o julgamento possa atender às reais necessidades das partes envolvidas e ficar mais próximo da realidade desse tipo tão peculiar de relação jurídica que se estabelece entre as partes.

No Brasil ainda é muito incipiente a utilização da ferramenta conhecida como "Dispute Board". Basicamente, consiste na contratação de um comitê de especialistas neutros (dois engenheiros e um advogado atuante na área) para acompanhar a execução da obra desde o seu início e ir decidindo as controvérsias que surgem, evitando, assim, que elas se transformem em litígios caros e demorados e, principalmente, protegendo o fluxo de caixa do contrato para garantir que a obra termine nos menores prazo e preço possíveis, mesmo considerando as vicissitudes surgidas no seu decorrer[20]. A adoção desse e de outros recursos já disponíveis e testados pelo mercado internacional trará, certamente, grande evolução ao tratamento dos desvios de planejamento dos projetos.

Enquanto isso não acontece, cabe às partes adotarem mecanismos adequados de registros da evolução da obra e buscarem corrigir os desvios em seu nascedouro. E, quando isso não for possível e o contrato acabar em uma discussão litigiosa, caberá ao julgador sondar, entre o mar de documentos e argumentos distorcidos e relativizados das partes, as verdadeiras causas dos desvios, seu grau de contribuição para o resultado final da obra e a responsabilidade atribuível a cada uma das partes pelos prejuízos constatados.

Importante que o julgador possa distinguir entre os descumprimentos do construtor por suas próprias dificuldades, de um lado, e os problemas causados pelo contratante e que dificultaram o atendimento, pelo contratado, dos compromissos contratualmente assumidos[21].

[20] MARCONDES, Fernando. *Os Dispute Boards e os Contratos de Construção, in* 'Construção Civil e Direito', coord. Luiz Olavo Baptista e Maurício Almeida Prado. Lex Magister, SP, 2011, pp. 123 a 146.

[21] MARCONDES, Fernando e PANARELLA, Bruno. *A obrigação implícita de cooperação, in* 'Direito da Construção', coord. Fernando Marcondes, PINI, SP, 2014.

Desafios do Direito da Infraestrutura em Vista do Vácuo de Lideranças no Mercado[1]

Marcelo Alencar Botelho de Mesquita

Introdução

A presente exposição advém de generoso convite do nosso Presidente do IBDiC[2], Fernando Marcondes, para discutir os "Desafios do Direito da Infraestrutura em vista do vácuo de lideranças no mercado". Quais medidas jurídicas – questiona-se – poderiam auxiliar a superar os impactos que a Operação Lava Jato trouxe para a indústria da construção pesada, sobretudo em um momento de "mudança de mãos".

Esse debate foi originalmente idealizado por Leonardo Toledo da Silva, a quem acabamos de ouvir e que nos trouxe sua visão já registrada no ensaio "Por um novo direito da infraestrutura"[3]. Neste ensaio, com o largo

[1] Texto da conferência apresentada no V Congresso Internacional do IBDiC – Instituto Brasileiro do Direito da Construção, em São Paulo, setembro de 2017, publicado em homenagem a Fernando Marcondes, por conta do importante trabalho desenvolvido à frente da Presidência do IBDiC, permitindo de forma inédita e histórica em nosso País a reunião de esforços e dos profissionais que militam no direito da construção.

[2] Insituto Brasileiro de Direito da Construção.

[3] O ensaio de Leonardo Toledo da Silva, *Por um novo direito da infraestrutura*, de 26 abril 2017, encontra-se disponível em *https://www.jota.info/opiniao-e-analise/artigos/por-um-novo-direito-*

conhecimento que os estudos e a prática lhe proporcionaram, detectou Toledo da Silva a existência de "pontos-cegos" para a contração de grandes empreendimentos, como a dificuldade de lidar com órgãos governamentais e a baixa qualidade dos projetos, pontos esses que tornariam incerto o desfecho de qualquer *contratação pública*. A solução estaria em aumentar a segurança jurídica, aclarar e fortalecer as regras de alocação de riscos aplicáveis ao setor.

Na sequência dessa primeira exposição, Victor Madeira também acaba de nos brindar com sua visão do problema. De maneira precisa, identificou o preocupante cenário da indústria da construção, onde atualmente há uma redução da capacidade financeira dos construtores e dos entes públicos (contratantes). Essa redução de capacidade financeira, derivada sobretudo de uma menor oferta de crédito, acarreta a diminuição, de um lado, dos projetos desenvolvidos no País, e, de outro, das obras que cada construtor consegue executar simultaneamente. Isso sem contar que, num mercado saturado, temos por si só uma óbvia queda de rentabilidade das construções. Poucos projetos, com muitos atores sem crédito, atuando com margens mínimas de lucro, realmente constitui uma receita para o fracasso de qualquer setor.

Incialmente, devo esclarecer que, os "pontos cegos da infraestrutura" descritos por Toledo da Silva e Victor Madeira, sob a minha ótica, vão além dos contratos públicos e se encontram também nas relações entre particulares, como naquelas entre o concessionário de serviços público e a construtora contratada ou entre esta e seus subempreiteiros.

O direito da infraestrutura, se assim podemos chamar o grupo de conhecimentos que trata dos aspectos regulatórios, de licitação, e de todos aqueles ligados à implantação de grandes obras de engenharia, é extenso. De minha parte, julgo-me apto a tratar somente de certas questões específicas, ligadas a um de seus ramos: o direito da construção[4].

-da-infraestrutura-22042017.

[4] O direito da construção não é propriamente um campo autônomo, como o direito civil, o direito penal, o direito público, etc., mas uma classificação, quiçá haurida do direito comparado (*construction law*), em que agrupamos as várias áreas do conhecimento jurídico utilizadas para regular a construção de uma obra. O direito da construção, ou "direito de construir", locução imortalizada entre nós por Hely Lopes Meirelles, envolve parcelas de direito contratual, de direito real, imobiliário, de direito público (no que tange aos contratos e aos limites regulamentares construtivos), de responsabilidade civil, de direito ambiental e, ainda, regras atinentes propriedade intelectual, direito do trabalho, aos meios de solução de controvérsia

Dentro do direito da construção, abordarei três aspectos, que inclusive tangenciam os pontos cegos levantados aqui no tocante à segurança jurídica, às incertezas de alocação de risco, aos problemas de projeto das obras e à falta de dinheiro e rentabilidade dos projetos. Esses aspectos referem-se a: (i) regras de pagamento dos contratos; (ii) criação de modelos sociais de contratação; e (iii) concentração de responsabilidades nos empreiteiros. O seu correto endereçamento, segundo acredito, pode trazer sensíveis melhoras ao cenário nacional da construção pesada.

1 Regras de Pagamento

Tivemos recentemente em nosso País o Congresso Internacional da Society of Construction Law, sociedade inglesa que possui associados ao redor de quase todo o mundo. Em um dos painéis daquele Congresso, houve interessante discussão sobre o tema da rapidez e prontidão dos pagamentos, um assunto que nos países de *common law* tem despertado vivo interesse da comunidade jurídica do direito da construção[5]. Diversas legislações foram editadas em tais países para acelerar o pagamento das obras de engenharia em função dos impactos positivos daí advindos, o que, em última análise, permite que o dinheiro permeie com mais rapidez toda a cadeia produtiva[6].

(judiciais ou extrajudiciais) e todas as demais áreas legais tocantes à construção de uma obra (cf., em âmbito nacional, Hely Lopes Meirelles, *Direito de Construir*, 11ª ed., atualizada por Adilson de Abreu Dallari *et alii*, São Paulo, Malheiros, 2013). Sobre o conceito de *construction law*, vide Philip L. Bruner e Patrick J. Jr. O'Connor, *Bruner & O'Connor on Construction Law*. Minneapolis, West Law, 2002. v.1, p. 20.

[5] Em Setembro de 2016, foi realizada em São Paulo, a Sexta Conferência Internacional Bianual da Society of Construction Law. O painel citado cuidou do tema *Security and promptness of payment: The tension between certainty and speed* e foi integrado por R. Bruce Reynolds e Helmut Johannsen (Canada), Douglas Oles (EUA), Graeme Christie (Nova Zelândia) e Marcelo Botelho de Mesquita (Brasil).

[6] Sobre o assunto da rapidez de pagamentos, veja-se o recente relatório preparado por Bruce Reynolds e Sharon Vogel para subsidiar a alteração da legislação da província canadense de Ontario, chamado *Striking the Balance: expert reviews of Ontario's Construction Lien Act*, de 2016. Nele, são relacionadas as medidas legislativas adotadas para acelerar o pagamento das obras em países como Inglaterra, EUA, Canadá, Nova Zelândia, Irlanda, Singapura, Malasia e Hong Kong O texto completo do relatório pode ser obtido em *http://www.constructionlienactreview.com/wp-content/uploads/2015/07/Striking-the-Balance-Expert-Review-of-Ontarios-Construction--Lien-Act.pdf.* Para um estudo comparado das legislações sobre o tema, cf. Jeremy Coggins e Steve Donohoe, *A Comparative Review of International Construction Industry Payment Legislation,*

Em momentos de crise e também como forma a otimizar o funcionamento da indústria como um todo, julga-se de grande importância (a) que a cadeia produtiva seja irrigada com capital para produzir um ciclo virtuoso e (b) que os contratos tenham um fluxo de caixa neutro. Um empreiteiro que recebe rapidamente e trabalha com um fluxo de caixa positivo possui menos necessidade de capital próprio ou de financiamento para custear o dia a dia da obra. Pagará seus funcionários e impostos – presume-se – em dia, o mesmo se aplicando a seus subcontratados. Toda a cadeia produtiva beneficia-se e, importante notar, aquele mesmo empreiteiro pode ter mais obras, já que a necessidade de capital de giro diminui. Considera-se, em suma, haver um *impacto social* quando se fala em pagamentos na indústria da construção[7].

Algumas medidas ligadas a rapidez de pagamento, então, podem auxiliar no enfrentamento do cenário identificado por Victor Madeira, de redução da capacidade financeira dos construtores, da oferta de crédito e de queda da rentabilidade dos projetos. Vamos a elas.

1.1 Tempo do Pagamento

A primeira questão a se considerar liga-se ao *tempo do pagamento* em si. Em nosso País, a regra geral nos contratos de obra com o setor público é a de que os pagamentos serão realizados em 30 dias da execução dos serviços, isto é, da parcela da obra (Lei de Licitações e Contratos, art. 40, XIV). Não há, contudo, previsão legal de como serão dividas as parcelas da obra cuja

and Observations from the Australian Experience in *International Construction Law Review*, Informa Law, 2012, Vol. 29, p. 195-230. Ainda acerva da rapidez dos pagamentos, não se pode deixar de mencionar a histórica, e talvez a mais importante, iniciativa sobre o tema, que em 1994 identificou medidas para melhoria da indústria da construção inglesa e resultou no célebre *Latham Report – Constructing the Team*, tendo, posteriormente, levado à promulgação do *HG-CRA – Housing Grants, Construction and Regeneration Act* de 1998. Para uma compreensão dessa iniciativa, permita-nos citar o trabalho de nossa autoria *Adjudicação de Conflitos na Construção* in *Temas de Direito da Construção*, Org. Fernando Marcondes, São Paulo, Pini, 2015, p. 106-120. O importante relatório *Constructing the Team - Final Report of the Government/Industry Review of Procurement and Contractual Arrangements in the UK Construction Industry* pode ser lido online em *http://constructingexcellence.org.uk/wp-content/uploads/2014/10/Constructing-the-team-The--Latham-Report.pdf.*

[7] A respeito da rapidez de pagamento, o leitor ainda pode colher importantes subsídios on-line no *Information Package* de 2015, criado no processo de revisão da legislação de Ontario também por Bruce Reynolds e Sharon Vogel e disponível em *https://www.gcacan.ca/static/pdfs/3.pdf.*

conclusão renderá direito ao pagamento, o que confere alguma liberdade para o administrador público caso não efetue uma pura medição por progresso físico mas adote o pagamento por eventos (*milestones*)[8]. A prática dos contratos administrativos, contudo, é que sejam efetuadas medições e pagamentos mensais[9]. Somente atrasos de mais de exagerados 90 dias permitem, em tese, a paralisação dos trabalhos pelo particular (Lei de Licitações e Contratos, art. 78, XV).

Em contratos celebrados entre particulares, o construtor (contratado ou subcontratado) possui por lei a garantia de que serão pagas as obras que se possam dividir em parcelas ou que puderem ser medidas (CC, art. 614). A lei civil, como ocorre nas contratações públicas, não especifica um prazo máximo para serem efetuadas medições ou aferidos eventos intermediários de pagamento (*milestones*), pelo que há bastante liberdade para que tais definições sejam ajustadas pelas partes. Em obras de infraestrutura, o mais comum é também a verificação mensal de eventos, com o pagamento com em até 30 dias adicionais. Não há, por sua vez, prazo legal para suspensão das obras por falta de pagamento[10].

Em que pese haver em nosso País interessante legislação em torno do pagamento das obras, em três pontos poderíamos avançar. Primeiro, com relação à suspensão das obras, devemos estabelecer com clareza na legislação atinente aos contratos entre particulares um prazo para interrupção das obras por falta de pagamento; ao mesmo tempo, pode-se reduzir o tempo para suspensão dos trabalhos públicos.

Um segundo ponto de avanço é ter nos contratos privados, como há na Inglaterra, por exemplo, a previsão de que, necessariamente, se o trabalho

[8] Essa liberdade decorrente da falta de critérios legais de divisão das etapas da obra, porém, é um tanto restrita na medida em que em contratos de construção não se permite o financiamento das obras pelo particular, havendo uma garantia de equilíbrio econômico e também financeiro, ou seja, de fluxo de caixa neutro (Lei de Licitações e Contratos, arts. 7º e 65). Sobre a garantia de fluxo de caixa neutro, vide, por todos, Arnoldo Wald, *Equilíbrio Econômico e Financeiro no Direito Brasileiro* in *Estudos em Homenagem ao Prof. Caio Tácito*, Org. Carlos Alberto Menezes de Direito, Rio de Janeiro, Renova, 1997, p. 75-97.

[9] Muito embora adiantamentos sejam excepcionais, é previsto, por exemplo, o pagamento pela mobilização de recursos, isto é, pelo só fato de se ter enviado às obras equipamentos, materiais e trabalhadores (Lei de Licitações, art. 40, XIII).

[10] O Código Civil estabelece unicamente que o empreiteiro poderá suspender a obra por culpa do dono (art. 625, I) e, no para todos os contratos em geral, que nenhuma das partes poderá exigir o cumprimento da obrigação do outro sem antes ter adimplido a sua própria (art. 476).

possuir prazo de mais do que 45 dias para conclusão, haverá pagamentos parciais[11]. Por lá, as partes são livres para estipular as etapas e prazos em que os pagamentos serão feitos, mas em *contratos públicos* o pagamento deve ser feito em até no máximo 30 dias após a conclusão da etapa[12].

O terceiro ponto, e talvez o mais importante, está em mudar a postura do Poder Público. A despeito de termos condições legais que previnem contratos sem lastro econômico, como a Lei de Responsabilidade Fiscal (Lei Complementar n. 101/2000, art. 37, IV) , são comuns em nosso País os atrasos de pagamento pela administração pública brasileira, que, ao contrário do que se recomenda, está longe de ser o melhor contratante possível ou de estabelecer o padrão de conduta desejado na indústria[13]. Os pagamentos alongam-se por períodos muito maiores e é habitual, em nosso País, a paralisação de obras por falta de verba.

Com regras de pronto pagamento e que sejam respeitadas podemos garantir a presença e a manutenção no mercado de empresas sem tanto capital e isso se torna relevante para o setor da construção em um importante momento de escassez de crédito. Igualmente, com regras claras de solvência será possível assegurar maior presença de empresas estrangeiras interessadas em trabalhar em nosso País.

[11] Segundo o *Housing Grants, Construction and Regeneration Act 1996*, "Uma parte em um contrato de construção possui direito ao pagamento parcelado, por etapas ou outra forma periódica de pagamento por qualquer trabalho exceto se (a) estiver especificado no contrato que a duração dos trabalhos é menor do que 45 dias, ou (b) for estabelecido pelas partes que a duração dos trabalhos é estimada em menos do que 45 dias" (Cf. art. 109,1, nossa tradução, disponível no original em *http://www.legislation.gov.uk/ukpga/1996/53/contents*). A respeito do sistema de pagamento contratual por etapas no direito inglês, consulte-se John Uff, *Construction Law*, 11ª ed. Londres: Sweet & Maxwell, 2013, p. 269; e, ainda, Julian Bailey, *Construction Law*, 2ª ed. Vol. I, Oxon, Informa Law, 2016, p. 481.

[12] *V.* Bailey, *Construction Law*, cit., p. 482.

[13] Essa quiçá seja uma das orientações mais importantes do *Latham Report - Constructing the Team*, de Michael Latham, não podendo mesmo se admitir outra postura de governantes e servidores públicos, os quais devem possuir uma conduta impecável com o manejo da coisa pública (cf. item 2 do sumário executivo do *Latham Report*, citado na nota 5, supra).

1.2 Retenções, Meios Alternativos de Solução de Disputa e o Pronto Pagamento das Obras

Mais interessante que a questão do pagamento dos serviços previstos, vamos assim dizer, é aquela ligada ao pagamento de situações imprevistas. O interesse em como efetuar ou deixar de efetuar esses pagamentos é tanto dos donos das obras (contratantes), que muitas vezes desejam reter as quantias devidas ao construtor ou ficam à mercê de suspensões ilegítimas, como dos empreiteiros, que habitualmente possuem reivindicações e desejam recebe-las o quanto antes.

É hoje condição por demais conhecida a de inexistirem contratos de engenharia sem intercorrências, como modificações de escopo, defeitos de obra, atrasos, situações imprevisíveis em geral, inadimplementos, etc. A título ilustrativo, veja-se a conclusão do artigo designado *"Are Construction Disputes Inevitable?"*, publicado na revista norte americana *IEEE – Transactions On Engineering Management.* Segundo observaram os pesquisadores, mediante modelos matemáticos de análise, a ocorrência provável de disputas em um contrato de obra gira em torno de 99,7% a 100%[14].

Dois temas despontam como de maior interesse no que diz respeito ao pagamento das obras em caso de intercorrências, a começar por aquele da retenção dos pagamentos. No Brasil, há ampla possibilidade de retenção e compensação de multas e outras perdas e danos. Em contratos administrativos, o Poder Público, como qualquer outro contratante, pode se negar a efetuar o pagamento dos trabalhos se entender que o contrato não foi devidamente cumprido, como, por exemplo, se multas forem aplicadas sobre o contratado[15].

Nos contratos entre particulares, a retenção costuma ser prevista para o caso de multas ou prejuízos impostos pelo empreiteiro e subcontratado. Em grande medida, contudo, temos cada vez mais cláusulas de retenção exageradas, como aquelas de suspensão total dos pagamentos em caso de qualquer inadimplemento, seja de que magnitude for, ou, até pior, na hipótese de atrasos parciais dos trabalhos.

[14] Sai on Cheung e Tak Wing Yiu, *Are Construction Disputes Inevitable?* in IEEE - Transactions On Engineering Management, Vol. 53, n. 3, Agosto de 2006, p. 468, disponível em *https://www.researchgate.net/publication/3076927_Are_Construction_Disputes_Inevitable.*

[15] A propósito, *vide* a publicação oficial do Tribunal de Contas da União, *Licitações e Contratos: orientações e jurisprudência do TCU*, 4ª Ed., Brasília, Senado Federal, 2010, p. 678.

O problema maior dessas condições, do ponto de vista econômico, é que sem dinheiro não se faz obra. Do ponto de vista jurídico, por sua vez, há um desbalanceamento importante. Enquanto o valor da obra executada, medida e aprovada é líquido e certo, muitas das hipóteses de retenção de pagamento previstas por esses contratos desequilibrados são objeto de controvérsia, isto é, não contam com o reconhecimento da parte devedora no momento da retenção[16]. A solução para equilibrar essas cláusulas contratuais, julgadas muitas vezes injustas, tem sido, de um lado, restringir o direito de retenção; de outro, prever um mecanismo ágil para resolver eventual conflito entre as partes, como a adjudicação e os *dispute boards.*

No Reino Unido, por exemplo, não pode o dono da obra simplesmente deixar de efetuar o pagamento a seu talante. É preciso que efetue uma notificação com até 7 dias antes da data final em que um pagamento deva ser feito, indicando o valor a ser retido e as razões para tanto, além de se exigir conexão entre os créditos a serem compensados[17]. Todas as retenções, por sua vez, podem ser rapidamente disputadas por meio da adjudicação[18]. Essa é uma solução de meio termo. Não se veda a retenção dos pagamentos do empreiteiro, mesmo em se tratando de valor controverso, mas se regula o direito do dono da obra e se preve um rápido mecanismo de solução da disputa. As construtoras menores, assim, podem participar do mercado cientes de que retenções injustas podem ser questionadas e rapidamente solucionadas.

Outro importante tema ligado ao pronto pagamento e às intercorrências de obra refere-se às típicas reivindicações do empreiteiro. A esse propósito, os mecanismos alternativos de solução de controvérsia como o *dispute*

[16] O caso típico é o das multas e danos acordados, acerca dos quais é comum, para não dizer certo, que as partes irão divergir. Assim, quando há retenção de valores de multa, contrapõe-se uma quantia incontroversa (medição) com outra normalmente controverso (multa).

[17] Como estipula o art. 111 do *Housing Grants, Construction and Regeneration Act 1996*, "a parte em um contrato de construção não poderá reter o pagamento depois de vencido o prazo exceto se tiver efetuado uma notificação de sua intenção de pagamento" (nossa tradução). Acerca das restrições de simples retenção, cf. ainda Uff, *Construction Law*, cit. p. 38 e 270.

[18] Sobre a adjudicação de contratos de construção, remete-se o leitor ao já citado *Adjudicação de Conflitos de Construção*, e, também do autor, a *Adjudicação: como introduzir o mecanismo nos contratos de obra* in *Comitê de Resolução de Disputa – CRD nos contratos de construção e infraestrutura: uma abordagem prática sobre a aplicação de Dispute Boards no Brasil*, Org. Bernardo Ramos Trindade, São Paulo, Pini, 2016, p. 228-244.

board e a adjudicação permitem que valores extraordinários sejam cobrados e, se devidos, pagos com prontidão[19].

Os mecanismos de solução de controvérsia, como o *dispute board* e a adjudicação, de fato, tem um importante papel em relação ao pronto pagamento[20]. Até hoje abordamos esses mecanismos como instrumentos para prevenir litígios, evitar a judicialização de conflitos e contornar a onerosidade das arbitragens. Tanto o *dispute board* como a adjudicação, todavia, possuem a importante *função social* de garantir o rápido pagamento das obras e assegurar que o capital flua ao longo da cadeia econômica da indústria da construção, viabilizando a execução do empreendimento por empreiteiras não tão capitalizadas ou em um cenário de dificuldade de financiamento do capital de giro.

Retomando o tema central de nossa exposição, podemos concluir que, em um cenário no qual a retenção de pagamentos seja limitada e se adote formas rápidas de solução de controvérsia, em benefício do fluxo de caixa, alcançamos o grande benefício de permitir que aquele vácuo entre os líderes do setor da construção seja ocupado pelas empresas menores mesmo em um contexto de crise financeira e de menor capital disponível.

2 Segurança Jurídica e Minutas-Padrão

Avançando em nossa exposição e agora com foco na segurança jurídica como um importante elemento para o preenchimento do vácuo da liderança, vale tocarmos no ponto da insuficiência da *legislação aplicável aos contratos de obra*. Como explicou Toledo da Silva, para um melhor desenvolvimento da indústria da construção, temos de aperfeiçoar e tornar mais clara a *alocação dos riscos* entre os envolvidos, afirmação de todo exata.

Todos aqueles que se dedicam ao direito da construção devem saber que uma de suas constantes é a *insuficiência* e o *imobilismo* do regramento estatal quanto ao contrato de obra. A queixa vem de longa data. Importan-

19 Esses métodos alternativos de decisão vinculante podem ser adotados pelas as partes, unidos com uma renúncia do contratado de suspender a obra. O resultado é uma obra em que o *cash flow* fica protegido e que se dirige ao fim de modo contínuo e sem interrupção. O empreendimento torna-se como um trem que somente para na estação final de destino, com segurança para ambas as partes.

20 Especialmente a respeito da adjudicação como forma de permitir o pronto pagamento das obras, *vide* Bruce Reynolds e Sharon Vogel, *Striking the Balance*, cit., p. 202.

tes doutrinadores, na década de 1930 e 1950, como Costa Sena e Miranda Carvalho, por exemplo, já a registravam em suas obras[21]. Estudos mais modernos, da mesma forma, apontam a falta de atualidade do modelo legal da empreitada, mesmo com as inovações trazidas pela codificação de 2002, que não teria acompanhado as práticas mais modernas dos contratos de construção[22].

O problema da falta de uma legislação que acompanhe a evolução dos modernos contratos de construção está mais concentrado no campo das relações privadas. No campo do direito público, ao menos em nosso País, não há qualquer ausência de regramento avançado. Ao contrário, a Lei de Licitações e Contratos de 1993 contém regras muito bem feitas sobre o tema, em que pesem as múltiplas críticas realizadas, e o Regime Diferenciado de Contratação e a Lei das Estatais vão ainda mais longe e regulam as mais modernas técnicas de contratação, como a chamada contratação integrada, um genuíno EPC[23].

No setor privado, porém, do ponto de vista legal somente nos apoiamos no Código Civil e na Lei de Incorporações Imobiliárias. Com seus poucos artigos, o Código Civil, apesar de também muito criticado, traz arcabouço legal muito positivo. Sou contrário àqueles que acreditam que os artigos não se aplicam aos modernos contratos de obra[24]. É preciso conhecer a

[21] Cf. Costa Sena, *Da empreitada no direito civil.* Rio de janeiro, Gráphica São Jorge, 1935, p. 15 e 111, e E.V. de Miranda Carvalho, *Contrato de empreitada,* Rio de Janeiro, Freitas Bastos, 1953, p. 12.

[22] Nesse sentido, *vide* Leonardo Toledo da Silva, *Contratos de aliança: projetos colaborativos em infraestrutura e construção,* São Paulo, Almedina, 2017, p. 188.

[23] Cf. Lei n. 12.462/2011 (RDC), art. 9º, e Lei nº 13.303/2016, art. 42, VI. Segundo a própria acepção legal, a contratação integrada envolve a elaboração e o desenvolvimento dos projetos básico e executivo, a execução de obras e serviços de engenharia, a montagem, a realização de testes, a pré-operação e as demais operações necessárias e suficientes para a entrega final do objeto contratual, assemelhando-se assim ao mais extremo tipo de EPC (*Engineering, Procurement and Construction*), em que o dono da obra fornece ao construtor somente as suas exigências de resultado e incumbe a este último a responsabilidade até pelas atividades de concepção do empreendimento.

[24] Essa a errônea orientação foi até objeto de enunciado em nosso País, na Primeira Jornada de Direito Comercial, promovida pelo Centro de Estudos Judiciários (CEJ) do Conselho da Justiça Federal (CJF), em outubro de 2012, em Brasília. Os trabalhos, sob a presidência do ministro aposentado Ruy Rosado de Aguiar Júnior, foram coordenados por comissões científicas integradas por professores de direito, permanecendo a cargo de Fábio Ulhôa Coelho aquela relativa a obrigações empresariais, contratos e títulos de crédito. O enunciado em questão recebeu o n. de 34 e a seguinte redação "Com exceção da garantia contida no artigo 618 do

origem dos dispositivos e seu alcance; de onde vêm, porque estão postos daquela maneira. Seja como for, não há dúvida de que são insuficientes.

Além disso, nas contratações entre particulares a jurisprudência está desaparecendo. Os grandes empreendimentos recebem contratos nos quais, em sua maioria, senão integralidade, há convenções de arbitragem, cujas decisões serão sigilosas. Com isso, passamos a carecer do importantíssimo recurso da jurisprudência para interpretar e compreender o direito, como também para evoluí-lo[25].

Não se trata, no entanto, de problema eminentemente brasileiro. Ao contrário, encontramos o relato da insuficiência e do imobilismo das legislações atinentes aos contratos de obra na maioria dos países desenvolvidos do sistema de *civil law*, como Portugal, Itália, França e Alemanha[26]. Na França, como no Brasil, ainda contamos com um direito muito parecido com aquele promulgado no século XIX. Itália, Portugal e Alemanha reformaram sua legislação no século passado mas também ressentem-se

Código Civil, os demais artigos referentes, em especial, ao contrato de empreitada (arts. 610 a 626) aplicar-se-ão somente de forma subsidiária às condições contratuais acordadas pelas partes de contratos complexos de engenharia e construção, tais como EPC, EPC-M e Aliança" (cf. Conselho da Justiça Federal, *I Jornada de Direito Comercial*, 2012, Brasília: Centro de Estudos Judiciários, 2013. 61 p).

[25] Sobre a dificuldade de evolução do direito por conta do sigilo da arbitragem e da falta de uma divulgação das decisões arbitrais, vide Antônio Pinto Leite, *Papel das Instituições de Arbitragem na Construção da Jurisprudência Arbitral – a Procura das Melhores Práticas* in Revista Brasileira de Arbitragem n. 41, jan/mar, 2014, p. 128-124.

[26] Em Portugal, Pedro de Albuquerque e Miguel Assis Raimundo criticam a falta de renovação do regime codificado, julgando esse imobilismo um problema geral das nações que adotam o sistema romano-germânico (cf. *Direito das obrigações: Contratos em Especial – Contrato de Empreitada*. 2. ed., Coimbra, Almedina, 2013, p. 225, nota 894). Na Itália, a doutrina queixa-se da existência de normas estatais sempre arcaicas sobre o contrato de empreitada (por todos, *vide* Carlotta Calabresi, *La risoluzione dele controversie nei contratti internazionalli di appalto: il dispute board*. Tese de Doutorado em Direito - Universita' Degli Studi di Firenze, Firenze, 2009, p. 67). Na França, o mesmo imobilismo é noticiado por Françoise Labarthe e Cyrill Noblot, a ponto de se dizer que a parte geral do código fez mais pelo contrato de empreitada do que a parte especial (cf. *Le contrat d'entreprise*. Paris, LGDJ, 2008, p. 17). Para um panorama do direito alemão e da necessidade de complementação de suas regras, veja-se Annemarie Grosshans, *An introduction to German Construction Law* in *Construction Law Journal*, Londrês, v. 27, n. 8, 2007, p. 582.

do mesmo problema de insuficiência[27]. Os contratos de construção avançaram muito e a legislação não os acompanhou.

Nos países de *common law*, não faria sentido tratar da insuficiência de legislação, pela própria natureza do sistema legal. Para assegurar um arcabouço detalhado, apto a acompanhar as evoluções sociais e ter uma clara alocação de riscos, recorre-se naquelas paragens a minutas-padrão, criadas por entidades de classe que reúnem os protagonistas da indústria da construção[28]. Segundo fontes especializadas, os primeiros modelos de contrato de obra datam do século XIX e existem minutas padrão para o setor imobiliário (*building*) e para o setor da engenharia pesada (*engineering*)[29].

A adoção de modelos constitui verdadeira marca do *construction law* na Inglaterra e nos EUA. As minutas padrão oferecem grandes vantagens, por se reputarem um bom ponto de partida para negociação, serem conhecidas pelos agentes econômicos (empresários e advogados), serem objeto de reiterados julgamentos pelos tribunais e gozarem de jurisprudência sobre suas cláusulas[30]. Para se ter ideia de como os modelos são importantes e balizam corretamente a indústria da construção, na Inglaterra, até 1996, sequer havia qualquer legislação a respeito dos contratos de obra[31]. Daí se dizer que os modelos no *common law* tornaram-se verdadeiro código privado ("*private code of law*"), com a vantagem de que, por serem elaborados

[27] Itália e Portugal receberam novas codificações civis em 1942 e 1966, respectivamente, que dotaram o contrato de empreitada de regras mais atuais, ainda que hoje a doutrina as considere ultrapassadas. Como informa a doutrina do mais célebre tratadista italiano sobre a contrato de *appalto* (empreitada), o *Codice Civile* de 1942 serviu para modernizar a disciplina baseada no antigo direito francês, a que faltava quase tudo (cf. Domenico Rubino, *L'appalto*. 4. ed. Torino, UTET, 1980, p. 7). A Alemanha contou com uma reforma no direito das obrigações em 2002, mas ainda carecem de regras mais detalhadas sobre o contrato de empreitada, exigindo complementações por entidades de classe, como veremos adiante no texto.

[28] Entre as mais conhecidas, pode-se citar as minutas padrão desenvolvidas pelo JCT - Joint Contracts Tribunal (UK), pela RIBA - Royal Institute of British Architects (UK), pelo ICE – Institution of Civil Engineers (UK), pelo AIA – American Institute of Architects (USA).

[29] Sobre as minutas padrão no direito inglês, remete-se o leitor à obra já indicada de John Uff, *Contruction Law*, cit., p. 341-346. Para um relato no direito norte americano, consulte-se Philip L. Bruner e Patrick J. Jr. O'Connor, *Bruner & O'Connor on Construction Law*, cit., v.2, p. 11-14, que registram serem os modelos espécie de "santo graal" da indústria da construção, com ampla aceitação, bem como que atualmente também o Poder Público conta com minutas padronizadas.

[30] Cf. John Uff, *Constuction Law*, cit., p. 341-342.

[31] A primeira legislação atinente aos contratos de construção ingleses é o mencionado *Housing Grants, Construction and Regeneration Act 1996* (vide nota 10, *supra*).

por entidades de classe e não por um legislador, há muito mais flexibilidade na sua revisão, que é feita periodicamente.

Em contratações internacionais, pela falta de uma legislação supranacional, dá-se também o uso constante de modelos de contrato. De fato, por ser o setor da construção muito técnico, temos hoje diversas minutas padrão internacionais, como os conhecidos modelos FIDIC - Fédération Internationale des Ingénieurs Conseils (1999, com reedição e atualização em 2017), os modelos da CCI – Câmara de Comércio Internacional, tanto para plantas industrias (2003) como para grandes obras de engenharia (2007)[32]. Temos ainda os modelos ENAA - Engineering Advancement Association Of Japan (2010) e da Orgalime - Organisme de Liaison des Industries Métalliques Européennes (2003). Esses modelos possuem, em grande medida, regras parecidas, a ponto de hoje se falar em *ius ingenierum* ou *lex constructionis*[33].

Nos países de *civil law*, ante a existência de um direito codificado e, importante mencionar, da regulação dos contratos típicos pelo legislador, como o da empreitada, não houve o desenvolvimento arraigado das minutas-padrão. Mais recentemente, porém, esse quadro tem mudado. A insuficiência da legislação tem levado a soluções interessantes no direito comparado para regular o contrato de obra, valendo citar três delas.

Na França, para contornar o imobilismo do *Code Civil*, recorre-se usualmente a regras padrão da chamada AFNOR - Association Francaise de Normalisation[34]. Na Alemanha, a indústria da construção recorre as regras de contratação de obra chamadas de VOB/B (*Verdingungsordnung für Bauleistungen*), preparadas pelo Comitê Alemão de Procedimentos Contratuais DVA e seu grupo de normatização (DIN)[35]. Não são regras legais, mas têm uso compulsório para contratos públicos e larga adoção em contratos priva-

[32] Cuidam-se dos dois modelos publicados pela CCI para grandes construção, o primeiro designado *Model Contract for the Turnkey Supply of an Industrial Plant*, não envolve obras civis, e o segundo *Model Turnkey for Major Projects*, cotempla a integralidade das atividades para execução de um empreendimento.

[33] A propósito da uniformidade dos modelos padrão e da chamada *lex contructionis*, ver Luis Hernando Cebriá, *Una aproximación a los contratos de instalacion industrial "llave em mano": marco de la contratación contemporânea* in *Anuário de Derecho Civil, Madrid*, v. 56, n. 4, p. 1669; e, ainda, Isabel Reig Fabado, *El contrato internacional de ingenieria*, Valencia, Tirant lo Blanch, 2008.

[34] *V.* Françoise Labarthe e Cyrill Noblot, *Le contrat d'entreprise*, cit., p. 287.

[35] Sobre a VOB/B, consulte-se Annemarie Grosshans, *An introduction to German Construction Law*, cit., p. 582; e, na literatura nacional, Fabio Coutinho de Alcântara Gil, *A onerosidade*

dos. Por último, em Portugal, há um movimento que se chama "fuga para o direito público". Os contratos de obra entre particulares fazem remissão às leis relativas a empreitadas públicas. O costume é de tal forma corrente que se diz ser a aplicação subsidiária das regras de direito público praticamente "cláusula de estilo"[36].

Enfim, seja no *common law*, seja no cenário internacional ou nos países de sistemas romano germânicos, o ponto a se notar é que nossa indústria possui uma propriedade universal no que tange às *obras privadas*: o direito da construção é extremamente dinâmico e os contratos entre particulares precisam contar com regulação social própria, para além daquelas legalmente previstas. Essa a solução adotada mundialmente e que, por complementar, os modelos legais pelo que se designa de modelos sociais de contratação, leva a se considerar o setor da construção uma *self-made law industry*[37].

Com isso em mente, voltamos ao nosso ponto de partida. Como dotar a indústria brasileira de construção de mais segurança jurídica e de uma clara alocação de riscos entre seus participantes? A resposta é desenvolvermos modelos sociais, isto é, minutas padrão de contrato feitas pela própria indústria. Não acredito, talvez por partilhar ideologia liberal ou por força da descrença que inspiram os tantos episódios de malversação da coisa pública, que o Estado fará algo de verdadeiramente útil pelo setor da construção no que tange à melhoria da legislação contratual. A iniciativa deve partir exatamente de associações como este IBDiC - Instituto Brasileiro do Direito da Construção e, na medida do possível, de associações que representem os clientes, como aquelas dos produtores de energia, ou de concessionárias de serviço público, etc.

Bem entendido que cabe ao setor privado complementar os modelos legais existentes, temos de nos perguntar, na sequência, quais os modelos sociais que iremos criar e qual será o balanço de forças que conterão. É

excessiva em contratos de engineering, Tese (Doutorado em Direito), Universidade de São Paulo, 2007 p. 22.

[36] Cf. Pedro Vieira da Gama Lobo Xavier e Vasco Xavier da Gama Lobo Ribeiro de Mesquita, *Aplicação de normas substantivas de direito público a contratos de empreitada de obra particular: um caso de fuga para o direito público?* in *Estudos dedicados ao Professor Doutor Bernardo da Gama Lobo Xavier*, Lisboa: Ed. Universidade Católica, 2015, p. 256.

[37] *V.* Carlotta Calabresi, *La risoluzione dele controversie nei contratti internazionalli di appalto*, cit., p. 67; e, ainda, Luis Hernando Cebriá, *Una aproximación a los contratos de instalacion industrial "llave em mano"*, cit., p. 1669.

conveniente que tenhamos múltiplos contratos, em função da divisão de responsabilidades, isto é, do arranjo contratual. Um leque básico deveria ao menos possuir um modelo de contrato de construção com e sem projetos, um contrato chave na mão e um contrato EPC. Convém também termos um subcontrato padrão.

No que tange ao balanço de forças, sabe-se que, historicamente, os modelos de contrato favorecem o contratante, ou seja, o dono da obra. Os modelos FIDIC são um exemplo clássico. Por mais balanceadas que sejam suas versões de 2017, a indústria da construção se ressente de que se trata de um contrato que favorece o contratante[38]. Assim é, tanto que as versões da CCI e da Orgalime, claramente, foram elaboradas como respostas ao modelo *turnkey* da FIDIC e contêm alocação de risco mais balanceada[39]. Realmente, a experiência mostra que minutas extremamente desfavoráveis a uma das partes não resolvem os problemas da obra e, no final, são somente fontes de conflitos, com o recorrente questionamento de suas cláusulas em juízo ou em arbitragem[40]. Além disso, é difícil supor que uma minuta-padrão desbalanceada ganhe popularidade.

[38] Acerca da tomada de posição da FIDIC em prol dos donos de obra, sobretudo no modelo de EPC, *vide* Nael G. Bunni, *The FIDIC Forms of Contract.* 3. ed. Oxford, Blackwell, 2005, p. 488; Agne Sandberg, *A contractor's view on FIDIC conditions of contract for EPC turn-key projects* in *International Construction Law Review (ICLR)*, Londrês, v. 16, n. 1, jan. 1999; Philip Loots, *A wolf in sheep's clothing? Meeting the needs of the employer? Or sorting the wheat from the chaff* in *Row and Mawe "Construction and Engineering International Bulletin"*, outubro 2001, Fascículo 3, disponível em *http://fidic.org/sites/default/files/A%20WOLF%20IN%20SHEEP%20Loots%20.pdf*; e, ainda, Christopher Wade, *The Silver Book – the reality* in *International Construction Law Review* (ICLR), Londres, v. 18, n. 3, jan. 2001. Sugere-se a leitura do artigo de Pierre Genton, constante do presente livro, que analisa as mudanças implementadas pela FIDIC em seus modelos de 2017.

[39] Para a descrição do *Model Turnkey for Major Projects* da ICC e de sua alocação de riscos, veja-se Herfired Wöss, *The ICC model turnkey for major projects* in *Construction Law International.* London, v.3, n.2, p. 6-11, jun. 2008, disponível em *http://www.woessetpartners.com/backoffice/manager/pdf/32.pdf.* Quanto à alocação de riscos no modelo Orgalime, *v.* Nick Henchie, *The Orgalime Turnkey Contract for industrial works: An alternative to Fidic's Silver Book?* in *International Construction Law Review (ICLR)*, Londres, v.21, n.1, p. 67-82, jan. 2004.

[40] A respeito da conflituosidade dos contratos desbalanceados, há ampla literatura, podendo-se citar Jeffrey Delmon. *Project Finance, Bot Projects and Risk,* Hague, Kluwer Law, 2005, p. 40; Robert J. Smith. *Realistic Risk Allocation: Allocatin Each Risk to the Party Best Able to Handle the Risk,* texto publicado pela CPR - International Institute for Conflict Prevention & Resolution, jul de 2014, disponível em *https://www.cpradr.org/resource-center/toolkits/construction-briefing-*

Para o encerramento desse tópico, vale citar as perenes lições de Michael Latham, para uma melhora na indústria da construção em um tempo de crise, acerca das características básicas dos modernos contratos de construção. Deles, é preciso constar ao menos: (i) obrigação de negociar e atuar de forma justa e em um ambiente de cooperação mútua; (ii) alocação de risco levando em conta a parte que pode melhor administrá-lo; (iii) pagamentos por eventos (*milestones*); (iv) cláusulas que permitam a execução judicial do preço das medições não contestadas; e (v) métodos alternativos de solução de conflitos ao longo das obras (*dispute boards* ou *adjudicação*)[41].

Em conclusão, é mais do que chegada a hora de compreendermos que a nossa indústria da construção possui uma evolução que jamais será acompanhada pela legislação estatal. Esse dinamismo, que exige ser o setor um típico *self-made law industry*, demanda a utilização de minutas padrão, elaboradas pelos próprios participantes do mercado. Esse, sem dúvida, é um dos caminhos que favorecerão a busca por segurança jurídica na área contratual e uma correta alocação de riscos, tema desta exposição.

3 Concentração de Responsabilidades nos Empreiteiros

Um último tópico é relevante tratar no que se refere ao preenchimento do vácuo de lideranças no setor da construção pesada. Menos do que algo propositivo, como os anteriores, aqui há mais o registro de uma tendência histórica que penso seja importante conhecerem todos aqueles que atuam com o direito da construção. Internacionalmente, já detectaram os estudiosos um movimento de concentração na pessoa do empreiteiro de atividades e responsabilidades antes a cargo do dono da obra[42]. A esse

-risk-allocation; e ainda Patrick Mead, *Current trends in risk allocation in construction projects and their implications for industry participants*, in *Construction Law Journal*, v. 23, n. 1, 2007, p. 23.

[41] Cf. Michael Latam, *Constructing the Team*, cit., p. 37.

[42] Sobre a evolução do contrato de empreitada e maior assunção de responsabilidade pelo construtor, cf. Fabrizio Marinelli, *Il tipo e l'appalto*. Padova: Cedam, 1996, p. 63; e Lucio Valerio Moscarini, *Il contratto di appalto e le figure affini* in *I contratti di appalto privato*, Org., Vincenzo Cuffaro, Torino, Utet, 2011. p. 46, que indica a tendência, presente no cenário internacional, de envolver o executor material das obras na elaboração dos projetos, mesmo nos próprios estudos de viabilidade do empreendimento. No que tange à incorporação, pelo construtor, das atividades antes desempenhadas pelo projetista autônomo, vide James Nisbet, *A Turbulent transition: building contracts 1980 to 2001*, Londres, *Stoke Publications*, 2003, p. 4 e 8, e também

movimento, os juristas portugueses chamam de complexificação interna e simplificação externa do contrato de obra[43].

Para ser sucinto, ao longo dos últimos séculos, com a maior complexidade das construções, houve uma mudança no arranjo dos contratos. Até o século XIX, tínhamos os chamados *master-builders* ou grandes mestres construtores, como as figuras históricas de Filippo Brunelleschi (1377-1446) e Bramante (1477-1499). Por mais que respondessem tecnicamente por toda a obra e organizassem os meios de produção, era o dono da obra quem efetuava os múltiplos contratos com fornecedores e mão-de-obra; não havia a organização empresarial da construtora, como a conhecemos hoje[44].

O século XIX é marcado pela criação da figura do arquiteto e do engenheiro separada da do construtor. Também no século XIX surge a figura do *general contractor*, isto é, do empreiteiro que se responsabiliza, empresarialmente, por toda a execução da obra, excetuados os projetos[45]. Essa a

Stephen Young *et al.*, *International market entry and development: strategies and management*, Hertfordshire, Harvester Wheatsheaf, 1989, p. 172-173.

[43] Cf. Pedro de Albuquerque e Miguel Assis Raimundo, *Direito das obrigações*, cit., p. 151-152. A tendência de expansão das responsabilidades e riscos do construtor, embora originada nas grandes obras, ocorre cada vez mais nas de menor porte, na medida em que o emprego de tecnologia sofisticada e de conhecimentos integrados se faz presente na atualidade (v. Fabrizio Marinelli, *Il tipo e l'appalto*, cit., p.206).

[44] Para uma história da evolução dos arranjos de construção, permita-se remeter o leitor para Botelho de Mesquita, *Contratos Chave na Mão (Turnkey) e EPC (Engineering, Procurement and Construction): Conteúdo e Qualificações*. 2017. Dissertação (Mestrado) - Curso de Direito, Universidade Federal de Santa Catarina, Florianópolis, 2017, p. 21 e seguintes. Um panorama histórico pode também ser encontrado em Philip, L. Bruner e Patrick J. O'Connor, *Bruner & O'Connor on Construction Law*, cit., p. 10 e 11; Gyula Sebestyén, *Construction – Craft to Industry*, Londres, E&Fn Spon. 1988, p. 7; Robert Cushman e Michael C. Loulakis, *Design Build Handbook*, 2. ed., New York, Aspen Law and Business, 2001, p. 6; Chistopher Powell, *Who did what: division of labour construction-related firms* in *Proceedings of the First International Congress on Construction History*, Madrid, Instituto Juan de Herrera, 2003, disponível em *http://www.sedhc.es/biblioteca/actas/CIHC1_154_Powell%20Ch.pdf*; e, ainda, a Rowland Mainstone, *Reflections on related histories of construction and design* in *Proceedings of the First International Congress on Construction History*. Madrid: Instituto Juan de Herrera, 2003, disponível em *http://www.sedhc.es/biblioteca/actas/ CIHC1_006_Mainstone%20R.pdf*.

[45] Especificamente a respeito da figura do *general contractor*, veja-se Chistopher Powell, *Who did what*, cit., e, ainda, em detalhes, Sara E. Wermiel, *Norcross, fuller, and the rise of the general contractor in the United States in the nineteenth century* in *Proceedings of the Second International Congress on Construction History*, Cambridge, Construction History Society, 2006, p. 3297, disponível em *http://www.arct.cam.ac.uk/Downloads /ichs/vol-3-3297-3314-wermiel.pdf*.

primeira e importante fusão da indústria: o chamado empreiteiro único, que aglutina em si, *empresarialmente*, todas as atividades construtivas. O arranjo que conta com o arquiteto ou o engenheiro, de um lado, e o construtor responsável pela integralidade da execução da obra, de outro, é conhecido de todos por *design-bid-build* ou método tradicional.

No século XX, presenciamos uma nova fusão, a do engenheiro com o construtor, mas sempre com uma função empresarial, a diferenciar essa nova figura daquela do grande mestre construtor. Tem-se um arranjo inédito, o *design-build*, e sua vertente industrial, o *turnkey*, onde mais do que a construção em si, há a responsabilidade por equipamentos eletromecânicos, tecnologia, treinamento[46]. Tanto no *design-build* como no *turnkey*, desenvolvidos durante todo o século XX e muito populares na sua segunda metade, é possível claramente ver a concentração de atribuições na pessoa do empreiteiro.

O passo mais recente dessa concentração é dado com o EPC, no final do século XX e começo do século XXI. Para muitos, o EPC e o *turnkey* são o mesmo contrato. Seja como for, com o EPC a indústria da construção dá um passo adiante na concentração de atribuições na pessoa do empreiteiro e impõe sobre ele parte dos poucos riscos ainda mantidos com o dono da obra. Esses riscos transferidos são dois: (i) o risco por eventos imprevisíveis na execução dos trabalhos e (ii) o risco de as especificações fornecidas pelo dono da obra estarem erradas e não garantirem a funcionalidade desejada[47].

[46] Cf. Botelho de Mesquita, *Contratos Chave na Mão*, cit., p. 33 e ss. Veja-se ainda interessante relato histórico em Stephen Young *et al.*, *International market entry and development*, cit., p. 169; Michael E. Schneider, *Turnkey contracts: concept, liabilities, claims* in *The International Construction Law Review* (ICLR), Londres, v. 3, n. 4, jul. 1986, p. 338; Aurora Hernandez Rodriguez, *Los contractos internacionales de construcción "llave en mano"* in *Cuadernos de Derecho Transnacional*, Madrid, v. 1, n. 6, p. 161-235, mar. 2004, p. 173; Luis Hernando Cebriá, *Una aproximación a los contratos de instalacion industrial "llave em mano"*, cit., p. 1667, Ernesto R. B. Polotto, *Los contratos de construcción bajo la modalidad "llave en mano"*, Buenos Aires, Ábaco Rodolfo Depalma, 2009, p. 46.

[47] Cf. acerca da divisão dos riscos no EPC, Agne Sandberg, *A contractor's view on FIDIC conditions of contract for EPC turnkey projects*, cit., p. 5; Bruno De Cazalet e Rupert Reece, *The new FIDIC EPC BOT contract* in *Project Finance International*, Londres, v. 180, n. 1, nov. 1999. Disponível em: *http://fidic.org/sites/default/files/The%20new%20FIDIC%20EPC%20BOT%20contract.pdf*; Joseph A. Huse, *Understanding and negotiating turnkey and EPC contracts*, 3. ed. Londres, Sweet & Maxwell, 2013, p. 37; e Nigel Pritchard e John Scriven, *EPC contracts and major projects: a guide to construction contracts and other projects*. 2. ed. London: Sweet & Maxwell, 2011, p. 9.

Todo esse histórico, serve para mostrar que, hoje, os construtores com a pretensão de preencher o vácuo na liderança atualmente existente e mencionado neste painel devem estar atentos para essa tendência de concentração de responsabilidade e riscos, de verdadeira simplificação externa e complexificação externa, e precisam entender que o presente momento exige que reúnam expertises múltiplas e se preparem para correr múltiplos riscos antes a cargo dos donos da obra.

A indústria da construção, a fim de obter reduções de preço, muitas vezes fragmenta as contratações. Não obstante, os construtores devem estar preparados para preencher o vácuo de empresas que praticam contratos com complexas prestações e, não, imaginar que a tendência histórica de concentração, já de alguns séculos, se reverterá.

A concentração de atividades multidisciplinares na pessoa do empreiteiro, é valido notar, pode ser uma grande oportunidade. Um dos problemas mais conhecidos dos atuais contratos de obra, todos sabem, é a má qualidade dos projetos básicos recebidos do dono da obra. São projetos que normalmente não contêm a melhor solução e possuem erros que, quando do momento da construção, levam à necessidade constante de aditivos. A queixa é recorrente seja em âmbito público, seja entre particulares.

Ao concentrar a atividade de projetos, incluindo o projeto básico, o empreiteiro passa a ter mais controle sobre as obras e pode efetuar desenhos de melhor qualidade, contendo sua própria expertise construtiva. Grandes otimizações e economias podem são feitas, com a qualidade da obra mantida, aumentando a rentabilidade do construtor. Não por outra razão, mundialmente a notícia que se possui é que o genuíno *design-build*, com o construtor se responsabilizando até pelas fases iniciais do projeto, tem recebido grande aceitação[48].

[48] Reporta-se que, em 2010, o arranjo *design-build* foi o mais utilizado na Inglaterra para realização de grandes obras e respondeu por 39% de todos os valores contratados no mesmo ano (cf. Sarah Lupton, *Corner and Lupton's design liability in the construction industry*. 5. ed., Oxford, Wiley Blackwell, 2013, p. 5). No ano 2000, noticia-se também, o governo inglês determinou que o método tradicional de execução de obras não fosse mais adotado, passando a escolha, ao menos para obras relativas ao setor imobiliário, a recair sobre nas concessões, no *design-build* e no *prime-contracting*, nesta ordem (cf. James Nisbet, *A Turbulent Transition*, cit, p. 8 e 12). Acerca do uso do *design-build* nos EUA, cf. Jason H. Peterson (*The big dig disaster: was design-build the answer?* in Suffolk University Law Review, Boston, v.40, n.4, p. 909-930, maio 2007) que relata as experiências feitas pelo governo federal e pelos diversos estados da federação que já empregam regularmente este arranjo para obras públicas.

A concentração de atribuições na pessoa do empreiteiro, em suma, pode ser entendida como uma tendência que permite contornar os constantes problemas de projetos de má qualidade e também a falta de rentabilidade dos empreendimentos, beneficiando as empresas que empregarem boa engenharia para otimizar projetos e trazer soluções inovadoras.

4 Conclusão

Concluindo esta exposição, para tratar do vácuo de mercado, sanando os pontos cegos e visando assegurar estabilidade e segurança jurídica nesse momento de transição, propomos algumas medidas. Cuidam-se de medidas com impacto positivo em um cenário de redução da capacidade financeira dos construtores e dos entes públicos (contratantes), de redução da oferta de crédito e de queda da rentabilidade dos projetos.

São elas:

Quanto a Pagamento (Preservação do Fluxo de Caixa):

- prever pagamento por parcelas e etapas e a suspensão dos contratos por falta de pagamento em curto espaço de tempo;
- assegurar que os pagamentos pelo Poder Público sejam realizados sem atrasos;
- ter retenções contratuais reguladas e sujeitas a métodos alternativos rápidos de disputa;
- ter acréscimos de obras e pleitos julgados ao longo da obra para preservar o fluxo de caixa também via métodos alternativos de disputa;
- *Quanto à Segurança Jurídica (Alocação de Riscos)*
- criação de minutas-padrão pelas associações de classe, reunindo cliente e construtores;
- assegurar que essas minutas sejam equilibradas e reúnam os elementos essenciais dos modernos contratos de construção.

Quanto a Concentração de Responsabilidade no Empreiteiro

- utilizar contratos com atividades e riscos concentradas;
- prever contratos que permitam ao empreiteiro a adoção de novas soluções de engenharia.

É importante termos em mente que a implementação de referidas medidas começa pelo cliente, que lidera qualquer processo de otimização[49]. É o cliente que estabelece as exigências a serem atendidas, o tipo de contrato a ser celebrado e suas condições. Associações de clientes, assim, precisam ser provocadas para que exista uma mudança na cultura das contratações, prevendo ajustes modernos e equilibrados.

O IBDIC, nesse sentido, tem e terá sempre o importante papel de reunir a indústria e ser um catalizador em prol da implementação das medidas aqui expostas. Essa sua missão institucional, desempenhada com excelência por Fernando Marcondes, e que esperamos possa continuar a ser cumprida em busca do que Leonardo Toledo da Silva, afortunadamente chamou de um "*Novo Direito da Infraestrutura*".

[49] Como explica Michael Latham, em seu revolucionário relatório, no sugestivo tópico intitulado "*Clients as a driving force*", "a implementação [de mudanças] começa com o cliente. Clientes são a essência do processo e suas necessidades devem ser atendidas pela indústria [da construção] (cf. *Constructing the team*, cit., p.1).

Gerenciamento de Projeto Proativo: Estratégias de Controle de Projeto para Megaprojetos de Construção[1]

Albert Bates Jr.

O objetivo de qualquer projeto, não importa quão grande ou pequeno ele seja, é terminá-lo dentro do prazo e do orçamento previsto (ou abaixo dele), de acordo com as exigências contratuais, satisfazendo as necessidades do dono da obra. Gerenciar simultaneamente o projeto, os fornecimentos de mão de obra e de insumos, bem como a obra em si, torna-se mais complexo a medida em que o tamanho e a duração do projeto aumentam. A maioria dos projetos de sistemas elétricos de potência, de infraestrutura ou de energia demandam vários anos para serem executados, prazo que aumentaria ainda mais caso fossem considerados os projetos, os desenhos iniciais e as contratações anteriores à execução. Grandes projetos de construção exigem a coordenação de milhares de atividades de engenharia, de fornecimentos e de obras, além de atualizações frequentes no cronograma, a fim de adequar, estrategicamente, uma infinidade de alterações que poderão ser verificadas nos projetos, nas contratações e no processo da construção.

[1] "Proactive Project Management: Project Control Strategies for Construction Megaprojects", traduzido por Bruna Marcondes-Rolph.

Este capítulo enfoca a importância da conjugação de controles de projeto adequados ao gerenciamento proativo de projetos em sistemas elétricos de potência, de energia e infraestrutura ("megaprojetos"). O custo geral de cada um destes projetos varia de milhões a bilhões de dólares americanos ("USD") e o tempo para finalizá-los - desde o estágio inicial de planejamento até o término das atividades e encerramento da questão é longo, podendo durar até uma década. Ainda que certos projetos, contratações e obras possam ser feitos concomitantemente para minimizar o prazo geral de entrega, estes projetos, ainda assim, levam anos para terminarem.

1 Modelos de Contratação de Projetos e Alocação de Risco

Apesar de não ser o foco principal deste capítulo, existem diversos modelos para contratação de megaprojetos, seja o modelo "EPC" ou "*Turnkey*", ou suas variações comumente utilizadas. Cada modelo apresenta suas vantagens e desvantagens.[2] A estrutura acordada irá propor formas diferenciadas de alocar os riscos entre as partes, por exemplo, distribuindo as responsabilidades legais e financeiras decorrentes de alterações de custo e cronograma entre as partes, incluindo-se os atrasos, as condições imprevistas e quaisquer outros tipos de situação que possam afetar o custo ou o cronograma do projeto.

Existem inúmeras causas que podem gerar imprevistos em relação ao custo e ao cronograma em megaprojetos, sejam afetando o empreendimento como um todo sejam causando riscos específicos no projeto. Alguns riscos que afetam globalmente o empreendimento e que podem representar grandes desafios nos megaprojetos incluem a disponibilidade e/ou custo do capital, flutuação cambial, inflação nos suprimentos e/ou salários, influências políticas ou de organismos reguladores, dinâmicas culturais,

[2] "Modelo de contratação de projeto" refere-se à maneira como o dono da obra contrata as soluções de engenharia, fornecedores e serviços para a construção em um projeto. Apesar de ter muitas variantes, três métodos comuns são o modelo geral de empreitada, o EPC ou o *Turnkey* ou, ainda, uma abordagem híbrida que divide o trabalho em múltiplos contratos. Leia os textos de Albert Bates Jr. "*Strategic Considerations in North American Megaprojects,*" *Managing Gigaprojects: Advice from Those Who've Been There and Done That* (American Society of Civil Engineers 2012). E também o "*EPC Contracts in the Power Sector,*" DLA Piper 2012 (disponíveis no link: http://www.dlapiper.com/~/media/Files/Insights/Publications/2012/02/EPC%20contracts%20in%20the%20power%20sector/Files/epccontractsinthepowersector/FileAttachment/epccontractsinthepowersector.pdf).50)

questões tecnológicas, disponibilidade e custo de trabalhadores qualificado, disponibilidade e custo de gerentes, forças do mercado financeiro. Alguns riscos específicos comuns em projeto de construção incluem exclusividade ou inovação tecnológica ou de projeto, complexidade dos desenhos, condições do mercado que forçam uma aceleração no cronograma[3], fatos imprevisíveis e inesperados ou alteração das condições contratadas, eventos de força maior, alterações solicitadas pelo dono da obra, finalização, acabamento ou melhoria nos desenhos, questões relacionadas à produtividade da empreiteira, questões trabalhistas, coordenação entre as empreiteiras e os subcontratados, coordenação entre as soluções de engenharia, as contratações e as obras, falta de trabalhadores qualificados, desenhos, fornecimentos, atrasos nas obras, capacidade financeira da empreiteira e dos subcontratados e fornecedores de maior vulto, oposição da comunidade local, dentre outras questões.[4]

É virtualmente impossível eliminar toda a exposição aos riscos exemplificados acima durante o período de execução do megaprojeto. Portanto, a atribuição de riscos contratuais é de suma importância. A elaboração minuciosa do contrato tenta atribuir as consequências legais destes riscos entre as partes e, geralmente, acaba por transferir os riscos do dono da

[3] A fim de finalizar o projeto no menor período de tempo possível, o dono da obra pode requerer a aceleração das obras, tal como trabalhar de 50 a 60 (ou mais) horas por semana, trabalho em dois turnos durante todo o projeto (ou parte dele), aumentar a mão de obra para além do nível ótimo, aumentar a modularização, dentre outras técnicas. Tais técnicas são, geralmente, implementadas somente por ordem do dono da obra, quando ressarcidas por eles, principalmente em razão da queda de eficiência dos trabalhadores por causa da carga horária excessiva.

[4] A *McGraw Hill Construction*, em parceria com o *American Institute of Architects Large Firm Roundtable* e outros parceiros da indústria, fizeram um levantamento recente entre mais de 1.500 dono da obras, arquitetos e contratados para identificar suas percepções sobre os principais fatores de incerteza em projetos de construção. A pesquisa identificou as seguintes maiores causas: 1) aceleração do cronograma; 2) alterações feitas pelo dono da obra durante o projeto e execução das obras; 3) erros de projeto; 4) omissões no projeto; 5) problemas de coordenação entre contratados e subcontratados; 6) atrasos causados pelo contratado e; 7) imprevistos no local ou na obra em si. Mais a respeito em "*Managing Uncertainty and Expectations in Design and Construction,*" *SmartMarket Report* (2014) (disponível no link: www.construction.com). Vários outros fatores foram listados como sendo de menor importância (menos de 7% dos entrevistados) incluíram o modelo de contratação, a complexidade do projeto e o processos de regulamentação e licenciamento.

obra ou dos agentes financiadores para os outros participantes do projeto.[5] Enquanto os riscos podem ser alocados e a exposição pode ser controlada através de um contrato cuidadosamente redigido, a minimização dos riscos de projeto também exige controles apropriados e proativo gerenciamento do projeto.

2 Gerenciamento de Projeto Proativo

Gerenciamento de Projeto proativo é uma prática sistemática que visa a identificar e prevenir os problemas relacionados com o cronograma e o custo do projeto antes que afetem significativamente o empreendimento. O gerenciamento proativo de projeto pode minimizar os riscos relacionados ao cronograma e ao custo em qualquer projeto de construção, sendo de fundamental importância em megaprojetos. A conclusão bem-sucedida de um projeto depende da habilidade do dono da obra de identificar, antecipadamente, atrasos no cronograma por parte do contratado, aumentos no orçamento, problemas financeiros, problemas com os fornecedores ou subcontratados, ou qualquer outra questão importante que, se não for solucionada imediatamente, prejudicará o andamento do projeto.

A fim de explorarmos esta problemática mais profundamente, este artigo usará como exemplo um megaprojeto contratado na modalidade EPC e irá ressaltar a importância, para o dono da obra, de estabelecer controles apropriados de projeto, desde o início de sua implementação, para monitorar e relatar as fases de execução estabelecidas em contrato em tempo real.

No contrato EPC, o dono da obra irá dialogar apenas com uma empresa, denominada "Contratada EPC". Esta empresa desenvolve o projeto, contrata os fornecedores e a mão de obra, os equipamentos e executa a obra, além de entregar o empreendimento pronto para o imediato início da operação das instalações por preço previamente acordado em contrato.[6]

[5] Os donos da obras/financiadores tentam alocar contratualmente todos os riscos, ou a grande maioria deles, nos contratados EPC, para minimizar a sua própria exposição aos riscos relacionados aos custos e atrasos no cronograma. Leia em Bates, supra note 1, páginas 365-368.

[6] É necessário ter certeza sobre o preço antes de pedir financiamento para um projeto. Isto é, o projeto deve ser «financiável» e a Contratada EPC deve assumir todo o risco de custo excedente ou atraso no cronograma. O preço estabelecido em contrato pode ser global, um preço máximo garantido ("PMG"), um período inicial de total transparência que culminará

A "Contratada EPC" exerce uma função ativa na elaboração do projeto, na escolha da maioria dos equipamentos, na contratação de todos os fornecedores e subcontratados e na integração do cronograma de projeto e insumos com o cronograma da obra. Teoricamente, esta integração deverá ser feita com todos os colaboradores para maximizar o desempenho do projeto como um todo.

Consequentemente, em um projeto EPC é fundamental que o dono da obra estabeleça um cronograma rigoroso (incluindo perdas e danos) e condições para o pagamento das etapas cumpridas, bem como garantias de execução (com obrigações de reparação de perdas e danos, caso as instalações não operem conforme as expectativas contratuais). O custo dos contratos EPC geralmente são maiores se tomarmos por base a simples contratação das etapas de projeto, execução e operação, já que o dono da obra acaba pagando pelo risco alocado para a Contratada EPC", em troca de (a) garantia de preço máximo ou preço global, (b) data fixa para a entrega do empreendimento, (c) garantias de execução do contrato de acordo com as expectativas iniciais e, (d) o já mencionado agrupamento dos segmentos de engenharia, suprimentos e construção (bem como testes e comissionamento) com a única empresa.

Ainda que no modelo EPC o dono da obra possa ter certo grau de certeza de custo no início do projeto, não é possível prever todas as disputas provenientes da implementação do objeto contratado, incluindo-se discussões entre as partes colaboradoras, com fornecedores de equipamentos e subcontratados, bem como uma possível redução na duração do projeto. O dono da obra e o agente financiador ainda precisarão solucionar as pendências na hipótese de operação das instalações em desconformidade com o contratado. O dono da obra "aposta todas as suas fichas"

no estabelecimento de um preço fixo, um PMG com "reservas" compartilhada, um PMG a ser estabelecido com base nos preços unitários ou tarifas acordadas, ou vários outros métodos, mas o contrato deve ser financiável, caso o projeto tenha financiamento externo. O método de adotar um preço contratual financiável pode ser influenciado pela natureza do empreendimento e pelo nível de finalização do projeto e/ou pelos requisitos do dono da obra, mas o dono da obra / financiador irá, geralmente, pedir por uma certeza no preço estabelecido no contrato. Para uma discussão mais profunda sobre as estruturas de preço em contratos EPC, leia "*EPC Contracts in the Power Sector,*" infra at note 1; Lamberski, em: "*EPC Agreement Pricing Issues in First of a Kind Power Plant Projects,*" Construction Users Roundtable Voice (Fall 2012) (disponíveis em http://www.mercerthompson.com/files/EPC_Agreement_Pricing_Issues_in_First_of_a_Kind_Power_Plant_Projects.pdf).

em uma única Contratada EPC para que ela tenha o controle de todas as soluções de engenharia, contratação de insumos e execução da obra. Se um dos fornecedores ou subcontratados deixar de cumprir suas obrigações ou se a Contratada não finalizar as obras, não satisfizer os requisitos mínimos de desempenho, for à falência, não for capaz ou não estiver mais disposta a desempenhar satisfatoriamente o seu papel, o projeto não será finalizado dentro do prazo, o relacionamento com o cliente será prejudicado e os benefícios econômicos advindos do projeto poderão ser perdidos.

Dependendo do nível, do tipo de obrigações e da segurança oferecida pela Contratada EPC, o dono da obra terá que arcar com crescentes perdas financeiras na medida em que os custos para finalizar o trabalho já excedem, em muito, o preço proposto pelo contrato, e o prazo para a finalização tem que ser estendido. Portanto, é importante para o dono da obra estabelecer controles de projeto apropriados e monitoramento proativo, a fim de minimizar esses riscos e maximizar as chances de acabar o projeto de maneira satisfatória e dentro do prazo.

Em geral, a Contratada EPC apresenta na proposta de prestação de serviços um cronograma inicial do projeto, com o destaque de centenas de atividades, o qual é submetido para revisão e aprovação do dono da obra. O início dos trabalhos decorre da aceitação, pelo dono da obra, do cronograma apresentado e suas premissas. Antes de abordar questões referentes ao cronograma 'base' e seus efeitos em cada fase de execução do projeto, é importante entender o ciclo de vida de todo o projeto e o papel que os controles do projeto exercem durante cada uma dessas fases.

3 O Ciclo de Vida do Projeto

Normalmente, o ciclo de vida de megaprojetos é composto pelas cinco fases[7] abaixo enumeradas:

[7] Em alguns casos, estes estágios podem ocorrer concomitantemente. Por exemplo, no contexto EPC, as fases de Definição de Escopo e Contratações podem se fundir, já que tecnologias alternativas e outros meios alternativos podem ser considerados para cumprir os objetivos do dono da obra. De maneira semelhante, um dono da obra pode comprar as turbinas ou outros itens de entrega a longo prazo antes da finalização do contrato com uma Contratada EPC e ceder todas as obrigações sobre o contrato de suprimentos para a Contratada EPC (às vezes, chamada de "Pacote EPC").

1. **Planejamento Estratégico e Desenvolvimento do Projeto**: estudo de viabilidade, planejamento estratégico e desenvolvimento do projeto;
2. **Definição de Escopo**: definição do projeto e aperfeiçoamento
3. **Contratações**: aquisições ou contratações para o projeto;
4. **Execução do Projeto**: desempenho e execução do trabalho pela Contratada EPC, incluindo o projeto, a aquisição de insumos e contratação de serviços, obras, início das atividades, comissionamento e operação comercial do projeto e;
5. **Encerramento do Projeto**: fechamento financeiro do projeto, incluindo resolução de pleitos entre o dono da obra e a Contratada EPC.

O processo de controle do projeto pelo dono da obra deve fornecer estrutura na qual seja possível visualizar globalmente os trabalhos, possibilitando a gestão de projeto eficaz e prudente durante toda a sua vida. O dono da obra deverá instituir parâmetros internos de controle de projeto, a fim de documentar e monitorar cada etapa do seu ciclo de vida.

Enquanto a Contratada EPC é contratada para executar o empreendimento, o processo de controle interno do projeto pelo dono da obra tem início durante o estágio de Planejamento Estratégico e Desenvolvimento do Projeto, sendo aperfeiçoado durante a etapa de Definição de Escopo e, conforme as propostas são avaliadas e adjudicadas, na fase de contratação. O processo de controle do projeto deve ser estabelecido no momento da adjudicação da proposta e antes que a Contratada EPC comece a fase de execução do projeto.

Desde o início, o dono da obra deve documentar as necessidades do projeto, a sua viabilidade financeira e as normas de regulamentação, bem como o seu plano e estratégia gerais para aquisição de insumos e execução do projeto. A constante necessidade de documentação e o extenuante gerenciamento do projeto podem ser enfadonhos, no entanto, são essenciais para o proativo gerenciamento durante todo o seu estágio de execução e serão necessários na avaliação de qualquer pleito que possa surgir durante a implementação dos trabalhos, além de satisfazerem as obrigações de apresentação periódica de relatórios aos agentes financiadores e/ou conselhos de gerência.

Cada etapa do ciclo de vida do projeto tem sua própria lista de questões-chave que deve ser considerada, sendo que as respostas para tais questões devem ser documentadas. Por exemplo, durante a fase de Planejamento Estratégico e Desenvolvimento do Projeto, as respostas do dono da obra para as seguintes questões mostram alguns tipos de decisões que devem ser enfrentadas e documentadas[8]:

- Foram estabelecidos os processos apropriados e aprovados para a escolha de tecnologia, escopo inicial, desenvolvimento do orçamento e cronograma e decisões financeiras?
- Qual é o modelo de contratação apropriado para este projeto? (Como discutido acima, estamos considerando, para efeitos do presente artigo, um projeto EPC. As discussões sobre outros modelos contratuais estão fora do escopo deste capítulo)
- Foram consideradas outras alternativas viáveis para a contratação do projeto?
- Todas os requisitos e normas de regulamentação foram observados?
- Todas as aprovações internas e as licenças governamentais foram abordadas?
- Foi selecionada uma equipe adequada para o gerenciamento interno do projeto? É prudente contratar especialistas para auxiliar a equipe de gerenciamento interno do projeto (jurídico, gestão de projeto, controles de cronograma, soluções de engenharia, auditoria, gerenciamento de riscos, arquivamento de documentos, entre outros)?

A seguir apresentamos alguns exemplos de questões a serem consideradas e documentadas durante os estágios de Definição do Projeto e Contratações[9]:

[8] Servem apenas de exemplos de decisões típicas que devem ser tomadas, documentadas e promovidas durante o estágio de Planejamento Estratégico e Desenvolvimento do Projeto. Essa não é uma lista exaustiva das questões enfrentadas durante esse estágio.

[9] Servem apenas de exemplos de tipos de decisões que devem ser tomadas, documentadas e promovidas durante os estágios de Definição do Projeto e Contratações. Essa não é uma lista exaustiva das questões enfrentadas durante esses estágios.

– Quem são as principais partes interessadas no projeto? Elas foram envolvidas nas principais decisões?
– As diferentes tecnologias foram adequadamente avaliadas para uso no projeto?
– Como os fornecedores e contratados foram selecionados? Quais os critérios usados no processo seletivo? Estes são os critérios ideais para este projeto? Esses critérios são defensáveis caso sejam contestados no futuro? Esses critérios foram acompanhados em todas as etapas?
– Os riscos do projeto foram identificados e criteriosamente alocados nas estratégias contratuais e de fornecimento?
– Uma auditoria ou outro circuito de controle foi estipulada? Foi implementada uma adequada garantia de qualidade e estratégias para seu controle?

Durante os estágios de Execução e Encerramento do Projeto, as respostas do dono da obra às seguintes questões são exemplos dos tipos de decisões que devem ser enfrentadas e documentadas: [10]

– Uma eficaz estratégia de gerenciamento de projeto foi estabelecida? Como ela funciona? A alocação de pessoal pelo dono da obra é apropriada?
– Um quadro geral de controles de projeto foi estabelecido? Como ele funciona? Os controles de custo e cronograma suprem as necessidades do projeto? O sistema fornece dados corretos e confiáveis?
– Foram estabelecidos sistemas de comunicação e de relatórios que permitam aos gerentes executivos tomarem decisões oportunas e rápidas?
– Os controles de projeto e processos são revistos periodicamente? Se sim, com que frequência? Essas revisões são desempenhadas por um auditor independente ou interno?

[10] Servem apenas de exemplos típicos de decisões que devem ser tomadas, documentadas e promovidas durante o estágio de Execução do Projeto e Encerramento do Projeto. Essa não é uma lista exaustiva das questões enfrentadas durante esse estágio.

- Os controles de projeto permitem identificação antecipada de problemas? Se sim, como? Os passos para garantir o projeto que esteja de acordo com as leis aplicáveis foram estabelecidos?
- Os controles de projeto promovem a garantia de segurança e estão de acordo com os controles de qualidade? Como?
- Foi estabelecido um processo para documentar as principais decisões do projeto, incluindo mudança no gerenciamento (por exemplo, o processo no qual as mudanças no escopo do projeto foram formalmente apresentadas, aprovadas e registradas)?
- Existe algum processo independente estabelecido que permita uma melhoria contínua nos controles de identificação de problemas? Este processo está adequadamente documentado?

Os controles internos do projeto devem ser estipulados para documentar o processo de tomada de decisão e devem identificar os riscos causados no cronograma, orçamento e outros critérios específicos do projeto. Além disso, eles devem ser desenvolvidos para incluir contínua avaliação das ocorrências, de maneira que os problemas com os controles de projeto ou de tipos de informação ou relatório fornecidos, sejam identificados e solucionados rapidamente durante o projeto.

4 Integração os Termos Contratuais e o Processo de Controle de Projeto do Dono da Obra

Ao elaborar e negociar os termos contratuais, e em particular num contrato EPC, o dono da obra deve estar ciente sobre as informações necessárias para o projeto. Durante os estágios de Planejamento Estratégico e Desenvolvimento do Projeto, Definição do Escopo e Aperfeiçoamento, e Contratações do ciclo de vida do projeto, a maioria das informações e dados que o dono da obra precisa monitorar, documentar, promover e reportar, incluindo o escopo do projeto, orçamento, cronograma, requisitos financeiros e de regulamentação, alocação de pessoal e uma infinidade de outras decisões e análises, é submetida a esse controle. Algumas das informações necessárias podem ser fornecidas pelos consultores do dono da obra ou outros profissionais (como advogados, contadores, engenheiros, etc.), enquanto as informações preliminares relacionadas ao preço podem ser fornecidas pelos engenheiros, contratados ou fornecedores. O dono da obra colhe todas as informações necessárias para fundamentar sua prudente e apropriada tomada de decisões.

Conforme a proposta é feita e o contrato EPC é executado, o estágio de Execução do Projeto começa. A maior parte das informações detalhadas que o dono da obra precisa para gerenciar proativamente o projeto é desenvolvida pela Dono da obra EPC. O dono da obra deve fiscalizar o progresso do trabalho, a quantidade e qualidade dos materiais instalados, o amadurecimento do projeto, a mão de obra empregada e a quantidade dos equipamentos, ou qualquer outro critério que seja objetivo, observável e essencial ao progresso do projeto e, em último caso, para a sua entrega bem sucedida. No entanto, muitas dessas informações são primeiro desenvolvidas pela Contratada EPC e fornecidas ao dono da obra periodicamente, como documentação obrigatória para a liberação do pagamento.

É importante que o dono da obra, por meio das regras do contrato, solicite as informações da "Contratada EPC" com certa frequência, de modo que possam ser utilizadas imediatamente em seus processos de controle de projeto. O processo de integração entre as informações e as exigências das obrigações contratuais com o processo de controle de projeto do dono da obra é uma função crítica que, muitas vezes, é negligenciada durante a elaboração do contrato. Em outras palavras, os requisitos contratuais devem estar adequados à estrutura de gerenciamento de projeto do dono da obra e os seus controles de processo.

5 Controles de Projeto: o Estágio de Execução do Projeto e a Contratada EPC

Um dos objetivos do controle de processos de projeto em um ambiente EPC é minimizar o risco que a Contratada EPC falhe na entrega do projeto. Os controles de projeto devem permitir a prévia identificação dos problemas de desempenho, orçamento, atrasos no cronograma, a fim de permitir que o dono da obra tome decisões prudentes com base nos problemas levantados. O nível de detalhamento e a definição do sistema de controle do projeto e colaboradores do dono da obra varia conforme o tamanho, o local, a complexidade, o tipo de contrato e o perfil de risco do projeto. Contudo, o processo de controle de projeto do dono da obra deve ser estabelecido para identificar os problemas prontamente e solucioná-los conforme essas questões vão se desenvolvendo.

Nos projetos que envolvem altos custos, o dono da obra precisa implementar as seguintes funções durante o estágio de Execução do Projeto:

> – Relatar os custos atualizados e fazer uma previsão até o término do projeto;
> – Monitorar, verificar e documentar o status do projeto usando várias métricas, comparando, inclusive, com o orçamento, cronograma físico-financeiro;
> – Verificar o status do cronograma, incluindo o cronograma de implantação das soluções de engenharia, contratações e execução das obras;
> – Monitorar o progresso e status dos principais subcontratados;
> – Monitorar e fazer mudanças de gerenciamento, inclusive no desenvolvimento do projeto e;
> – Documentar as informações internas e externas do projeto.

As Contratadas EPC deverão ser instigadas a apresentar mensalmente as seguintes informações condicionantes da aprovação das faturas e pagamento: (a) andamento do contrato e dos pagamentos; (b) status do cronograma; (c) progresso do cronograma; (d) quantidades instaladas; (e) quantidades armazenadas; (f) progresso da evolução dos trabalhos; (g) custos periódicos e acumulados do projeto; (h) progresso do projeto e outras métricas do projeto; (i) submissão de logs; (j) logs de desenhos; (k) status das alterações pendentes; (l) status dos pedidos de informações; (m) outras métricas de projeto (determinadas conforme o projeto). Essas informações são fornecidas através de relatório mensal detalhado do progresso como condição para o pagamento. O importante aqui, do ponto de vista do dono da obra, é assegurar que o contrato exija que a contratada submeta as informações em quantidade e qualidade mais próximas o possível da realidade ao dono da obra. No mínimo, as informações devem corresponder às exigências do dono da obra para o acompanhamento e a criação de relatórios e devem ser suficientes para que ele verifique a validade da obra e o progresso do cronograma. O processo de controle do projeto deveria funcionar em tempo real para que o dono da obra possa solucionar quaisquer questões sobre custo e cronograma de maneira proativa. Geralmente, o dono da obra deverá implementar, no mínimo, os seguintes processos internos de informação, relatórios e objetivos do gerenciamento de projeto:

- Controles de custo de projeto e orçamento;
- Gerenciamento do cronograma;
- Gestão de Valor Ganho ou outro processo de gerenciamento;
- Gerenciamento de alterações e;
- Gerenciamento de risco.

6 Estabelecendo o Processo de Controle de Projeto pelo Dono da obra

O modelo de contratação, o tamanho e a complexidade do projeto, os requisitos corporativos internos, a análise da regulamentação aplicável e as suas aprovações, bem como as estratégias de execução por parte da contratada afetam a estrutura dos processos de controle do projeto implementadas em um megaprojeto. A *AACE Internacional* ("AACE") estabeleceu práticas recomendadas para desenvolver um plano de controle de projeto. [11] Um dos passos iniciais é estabelecer um Plano de Estrutura de Projeto (*Work Breakdown Structure* - WBS), o qual separa o escopo do projeto em tarefas lógicas. O dono da obra irá criar, ainda, uma Estrutura Analítica Organizacional (*Organizational Breakdown Structure* - OBS), identificando os gerentes de modo individual, definindo suas funções e responsabilidades. A equipe deverá, então, integrar o WBS, o OBS, o orçamento e os recursos através de contas de controle diretamente relacionadas com os componentes WBS, que irão formar a base para o sistema de controle do projeto. Um plano de comunicação de projeto que inclua regras para reuniões e as estruturas para as minutas também deverá ser desenvolvido.

Tais componentes do sistema de controles do projeto serão detalhadamente discutidos abaixo.

6.1 Custo Base

O custo estimado deve ser plausível, bem documentado, exato e abrangente.[12] Dados históricos de custo de projetos similares são um bom ponto de partida para uma estimativa de custo paramétrica. Além das estimati-

[11] Leia em *Developing the Project Controls Plan, AACE International Recommended Practice* No. 60R-10, 21 de dezembro de 2011; *Project Planning – As Applied in Engineering and Construction for Capital Projects, AACE International Recommended Practice* No. 39R-06, 8 de dezembro de 2011.

[12] Leia o texto de Kul B. Uppal: *Best Practice of Cost Estimates, AACE International Transactions*, 2003.

vas feitas durante a elaboração do projeto, recomenda-se que o custo seja estimado por uma organização independente próximo ao término da elaboração desse projeto. Essa estimativa deverá rever as expectativas consideradas originalmente, bem como indicar as áreas de risco potencial na proposta da contratada. Deve-se tomar cuidado também em estabelecer as reservas para imprevistos e gerenciamento no projeto, que deverão ser baseadas na avaliação de riscos feita pela gerência, levando-se em conta inúmeros fatores como a duração da obra, a maturidade dos projetos, a familiaridade com o tipo de projeto, a localização geográfica, e outros fatores semelhantes.

6.2 Cronograma Base

O cronograma é, em última análise, uma ferramenta de comunicação através do qual a contratada comunica a sequência de obra planejada e o status do projeto. O dono da obra e a contratada concordam em um "cronograma base" simultaneamente à aceitação do projeto. O "cronograma base" acordado formará a base para todos os propósitos comerciais, incluindo as medidas do progresso do projeto, as avaliações de indenizações, pleitos de atraso ou interrupção dos trabalhos, ou quaisquer outras questões comerciais.[13] O cronograma base representa o plano de acordo mútuo e deve espelhar rigorosamente o planejamento de execução do trabalho.

O desenvolvimento do cronograma inicial do projeto é o resultado da coordenação de vários departamentos da Contratada EPC. [14] Sendo assim, do ponto de vista da Contratada EPC, é de fundamental importância que este processo de desenvolvimento coordenado seja documentado como

[13] Não se pode ignorar a importância em concordar com o "cronograma base" de um projeto. O "cronograma base" é um componente crítico do acordo comercial e é causa principal de conflitos relacionados a atrasos e interrupção, avaliação de indenizações e vários outros comprometimentos comerciais. Ainda assim, muito tempo é, com frequência, gasto na arbitragem ou litígio na tentativa de estabelecer qual cronograma deveria ser usado como o "cronograma base" porque o "cronograma base" não foi acordado no momento da concessão do projeto.

[14] Várias partes dos cronogramas de planejamento, contratações e obra são, em geral, desenvolvidas por diferentes parceiros do projeto e devem ser integrados pela Contratada EPC. Essa é uma importante tarefa, crítica para a boa execução do projeto. Entender o cronograma proposto antes de se consagrar o contrato pode ser uma tarefa árdua para o dono da obra. Porém, ele deve desenvolver um entendimento significativo do cronograma EPC para poder avaliar e concordar com o "cronograma base" do projeto.

material de referência durante as revisões de cronograma e como base para avaliação futura dos impactos das alterações. O cronograma base deve documentar as estimativas assumidas durante o processo de desenvolvimento do cronograma, o escopo do trabalho, os itens incluídos e excluídos, a estratégia de execução, a metodologia de planejamento e quaisquer outros problemas ou preocupações.

Do ponto de vista do dono da obra, as reuniões de revisão do cronograma que antecedem o estabelecimento do "cronograma base" deveriam ser muito bem documentadas. No mínimo, as atas destas reuniões devem documentar as expectativas assumidas durante o processo de desenvolvimento do cronograma, o escopo do trabalho, os itens incluídos e excluídos, a estratégia de execução e a metodologia de planejamento. As atas das reuniões para revisão do cronograma devem, ainda, descrever o nível de participação de cada um dos principais fornecedores da Contratada EPC, incluindo todas as empresas afiliadas, devendo, ainda especificamente documentar a integração entre os principais sistemas e equipamentos do projeto e contratações no cronograma do projeto. Apesar de ser óbvio que o E (*engineering*) e o P (*procurement*) venham antes do C (*construction*), a importância entre a integração entre as atividades de engenharia e as contratações necessárias no cronograma base é, por vezes, ignorada. Para minimizar os riscos de atraso no cronograma, o processo de controle de projeto do dono da obra deve monitorar de perto as atividades de engenharia e contratações, em particular os itens de entrega a longo prazo e os principais fornecedores de equipamentos.

As soluções de engenharia e a contratação dos principais equipamentos e outros componentes devem refletir no cronograma de base. A base para a duração estimada das contratações de insumos deve ser documentada. O status das contratações deve ser verificado e atualizado regularmente. Deve-se tomar um cuidado especial com as estimativas do prazo das contratações, já que a contratada pode não ter conhecimento direto do status de produção de seus fornecedores.

As boas práticas de programação do cronograma devem ser observadas ao criar o documento que servirá de base ao desenvolvimento dos trabalhos. Isso inclui eliminar atividades sem planejamento ou de operação, minimizando o uso de restrições e atividades com duração superior ao período de atualização. A presença de atividades sem prazo determinado de duração e restrições comprometerão a precisão do cronograma, criando valores artificiais flutuantes. Em alguns softwares de elaboração de cronograma, atividades sem sucesso podem ser automaticamente indicadas como críticas. As restrições podem ser necessárias em alguns casos. Por exemplo, uma restrição do tipo "não começar antes de" é, geralmente, usada quando a atividade não é planejada para ser executada até um certo período futuro. Também, as atividades com duração superior ao período de atualização devem ser minimizadas. Determinar o nível de finalização de uma atividade em andamento é subjetivo e consequentemente acarretará em erros durante a atualização dos cronogramas. Reduzir a duração das atividades para prazos inferiores ao período irá reduzir o número de atividades em progresso em qualquer atualização individual de cronograma. No entanto, essas ações deverão ser balanceadas com o nível de complexidade do cronograma e sua utilidade no gerenciamento do projeto.

O caminho crítico deve ser revisto para confirmar se faz sentido lógico. Uma revisão deveria identificar as amarras lógicas necessárias (lógica fixa) no caminho crítico e as amarras lógicas preferenciais (lógica flexível). O uso da lógica flexível para colocar qualquer trabalho individual no caminho crítico (ou quase crítico) deverá ser analisado e documentado. O percentual de atividades críticas (ou quase críticas) também deverá ser revisto. Via de regra, justifica-se uma revisão da lógica do cronograma se o percentual de atividades críticas (ou quase críticas) é superior a 20%.

O cronograma também deveria ser revisado por construtibilidade.[15] A revisão da construtibilidade incluirá a identificação dos meios e métodos ou sequência de obras que resultarão no aumento desnecessário de custo do projeto. Outro aspecto será a revisão para confirmar que qualquer restrição do local, incluindo restrições de acesso e períodos de trabalho estão incorporados no cronograma do projeto.

6.3 Atualizações Mensais do Projeto

O dono da obra determina no contrato o período no qual as informações sobre o cronograma e o custo devem ser submetidas e em qual formato. Do ponto de vista do dono da obra, é preferível um alto grau de transparência. Apresentação e revisão das atualizações de cada período no prazo

[15] Leia *Schedule Constructability Review, AACE International Recommended Practice* No. 48R-06, 28 de agosto de 2009.

acordado (geralmente mensais) diminuem as divergências sobre o status do projeto. O fornecimento tempestivo e preciso das revisões dos cronogramas da contratada é essencial à gestão proativa do cronograma.[16]

As entregas mensais dos relatórios de atualização do cronograma geralmente contêm uma descrição das alterações realizadas, juntamente com uma cópia eletrônica do banco de dados da atualização do cronograma e os relatórios impressos. Tanto a descrição como os relatórios devem permitir ao revisor avaliar o progresso do projeto e as alterações no cronograma. As informações comuns em uma descrição mensal de cronograma incluem as atividades que começaram ou foram realizadas no período, o status das principais contratações, a identificação e explicação dos atrasos críticos (ou quase críticos), a identificação e explicação de mudanças na lógica do cronograma ou nas durações programadas e quaisquer outros problemas ou preocupações potenciais sobre o cronograma.[17]

O WBS do projeto deve ser estabelecido de maneira que os códigos estejam de acordo com o pedido de pagamento em um nível superior. Se o projeto for feito desse jeito, as atualizações do percentual de progresso em relação ao custo das atividades podem ser comparadas com os pedidos mensais de pagamento para verificar a precisão dessas atualizações.

Sempre há a tendência de revisar os motivos de aceleração do restante das atividades programadas a fim de recuperar algum atraso anterior. Tais revisões de cronograma precisam ser revistas para garantir que sejam práticas e não apenas "ilusões". O contrato deve explicitar que os relatórios mensais especifiquem quaisquer revisões de cronograma e as razões para isso em uma seção separada.

Sempre que o trabalho é executado fora da sequência, o cronograma deixa de ser um espelho real do projeto. No entanto, a maioria dos projetos não segue a sequência planejada. A contratada pode desempenhar atividades fora da sequência por vários motivos, inclusive para mitigação de

[16] Leia *Scheduling Claims Protection Methods, AACE International Recommended Practice* No. 45R-08, 1 de junho de 2009; *Schedule Update Review – As Applied in Engineering, Procurement and Construction, AACE International Recommended Practice* No. 53R-06, 14 de agosto de 2008.

[17] *"Claim Digger"* é um software usado pelo dono da obra para comparar a atualização eletrônica do cronograma com a atualização anterior e documentar, mês a mês, as alterações na lógica do cronograma ou nas atividades. As Contratadas EPC, às vezes, devem submeter tais comparações eletrônicas com as atualizações do cronograma ou comparações com as propostas de alteração de ordem mais significativas.

atrasos, consideração de recursos, problemas com as atividades realizadas anteriormente à efetiva execução dos trabalhos, tais como a elaboração dos projetos e as contratações de fornecedores, ou outras alterações na sequência planejada. Qualquer que seja o motivo, é essencial que o cronograma seja revisado para que reflita a sequência atual utilizada e que o cronograma permanece fiel espelho do projeto.

O dono da obra deve revisar as inúmeras opções de cronograma disponíveis em softwares recentes apropriados. Um cronograma irá prever diferentes datas de finalização com base nas diferentes configurações do cronograma, ainda que o status do cronograma e sua explicação sejam os mesmos. Por exemplo, configurações comuns de software para incorporar o progresso fora da sequência inicial incluem "lógica retida", "anulação de progresso" e "datas atuais". Cada qual irá calcular datas diferentes de finalização do projeto. As opções de programação utilizadas em cada atualização de cronograma devem ser documentadas como parte da atualização mensal do progresso, de maneira que os cronogramas possam ser recriados para revisão através de cópias eletrônicas do banco de dados do cronograma.

Em caso de disputas e pleitos, as datas do "*as-built*" servem, muitas vezes, como base para quantificar os atrasos. Na ausência de datas "*as-built*" precisas no cronograma, uma quantia considerável de recursos e dinheiro deverá ser usada para determinar tais datas para uma peritagem do cronograma. Portanto, deve-se tomar muito cuidado também ao documentar as datas reais de uma atividade. A data de início real não é, em geral, o momento quando se iniciou o trabalho preparatório, mas quando as obras em si começaram. De modo semelhante, a data final é, em geral, o momento em que grande parte das atividades foram finalizadas de modo que a atividade que se sucede possa começar. Se faltam apenas tarefas pequenas para completarem uma atividade, pode ser prudente separar tal atividade como "tarefa à parte" que não seja crítica ou incorporá-la em uma lista global do projeto como "atividade pendente", cujas tarefas devem ser acompanhadas fora do cronograma.

6.4 Gerenciamento de Valor Agregado

O plano de controle do projeto deve identificar os processos necessários para executar uma avaliação de desempenho periódica.[18] O objetivo

[18] Leia o texto de Joseph J. Orczyk: *Progress Measurement and Earned Value, Skills and Knowledge of Cost Engineering* 5th Ed., 2004, no item 14.1; e de Robert A. Marshall: *The Contribution of*

é identificar as variantes, as oportunidades e os riscos antecipadamente. O sistema de gerenciamento de valor agregado integra as informações do projeto (incluindo custo, cronograma, recursos e produtividade), comunicando-as às partes interessadas. Os maiores benefícios que os relatórios de valor agregado trazem são a atenção voltada aos custos e ao desempenho do cronograma. O sistema de valor agregado também ajuda a identificar as tendências do projeto e a estabelecer uma estimativa plausível do custo final. O valor preditivo inclui a identificação de áreas com custo potencial ou causadoras de atrasos no cronograma e, portanto, auxilia no gerenciamento dos riscos do projeto. Mesmo nos contratos de preço global é recomendado o uso do sistema de valor agregado já que seus processos permitem obter um alerta de qualquer problema potencial significativo para o projeto.

6.5 Gerenciamento de Riscos

O gerenciamento de riscos envolve a identificação, a avaliação, a análise, a mitigação e o planejamento de contingência.[19] É sempre melhor que a identificação do risco seja feita por um membro sênior da equipe responsável pelo projeto, que deverá realizar uma breve descrição do risco, incluindo, se possível, a sua quantificação. Uma boa fonte de dados para identificação de riscos é a análise do histórico de alterações, bem como dos dados dos pleitos em projetos similares. É preferível, ainda, fazer uma lista abrangente e colocar todos os potenciais riscos encontrados. A identificação dos riscos deve ser realizada tendo sempre em mente os objetivos do negócio, que podem ser os objetivos do projeto, como metas de custo e cronograma ou podem incluir objetivos mais abrangentes do negócio ou estratégicos.

A avaliação dos riscos implica estabelecer qual a importância relativa dos riscos, identificando sua probabilidade de ocorrência e o seu potencial impacto. É melhor que seja feito por equipe especializada, capaz de examinar minuciosamente as questões principais. A depender do potencial

Earned Value Management to Project Success on Contracted Efforts, Journal of Contract Management, Summer 2007.

[19] Leia o texto de Allen C. Hamilton: *Risk Management, Skills and Knowledge of Cost Engineering* 5th Ed., 2004, no item 31.1; e de Eric Espern: *Translating Risk Management into Contract Management, Contract Management,* agosto de 2010, no item 56.

dos impactos identificados os critérios de aprovação do projeto poderão demandar revisões e aprovações adicionais.

A análise de riscos envolve a revisão e a verificação dos riscos que foram identificados. Vários processos quantitativos podem ser usados para isso, mas o fim último é identificar os riscos que poderiam ser mitigados. A análise de riscos também inclui a categorização dos riscos baseada em seus aspectos e impactos, e da relação entre si. É provável que, tanto o custo como o cronograma derivem da análise de riscos.

A mitigação do risco envolve várias estratégias, como a de prevenção, transferência, cobertura ou seguro, e mesmo redefinição da base de referência do projeto.[20] O plano de gerenciamento de risco deve ser um documento dinâmico que defina estes processos e é flexível conforme a necessidade. A base do plano de gerenciamento de risco é a correta alocação de risco apresentada nos contratos.

6.6 Gerenciamento de Alterações

Deixar de resolver problemas e adaptar alterações rapidamente no cronograma do projeto é receita certa para pleitos, já que a interação entre os inúmeros problemas que irão surgindo ficará cada vez mais difícil de resolver no decorrer do projeto.[21] O contrato deve definir os processos para gerenciar as mudanças no escopo, tempo e custo. O contrato, geralmente, define os requisitos de notificação por parte da contratada, bem como os prazos para apresentar as estimativas de custos e cronograma. Ele também deve definir o prazo do dono da obra para a revisão das alterações propostas, o processo de aprovação de mudança e o processo de resolução de conflitos, caso as partes não consigam entrar em acordo.

Durante a execução do projeto, as mudanças deveriam ser identificadas com antecedência para minimizar os riscos. O plano de controle do projeto deve também estabelecer os diferentes tipos de alterações, bem

[20] A redefinição da base de referência é o processo de estabelecer um cronograma base revisado para um projeto durante a construção, geralmente como parte da resolução de uma série de conflitos. Essencialmente, como parte da resolução de conflitos, as partes concordam com um cronograma cuja base de referência foi redefinida e que irá, a partir de então, governar a sua relação comercial.

[21] Leia Marlene M. Hyde, John P. Orr & Michael A. Peek em: *Best Practices by Owners for Controlling Cost and Schedules on Large Projects, AACE International Transactions* (2010).

como o processo de aprovação. As alterações devem ser cuidadosamente avaliadas e, depois de aprovadas, devem ser incorporadas nas medições de desempenho revisadas.

Os registros de pedido de alteração devem rastrear todos as propostas de alterações encaminhadas, aprovadas ou não. O custo e impacto no cronograma de cada alteração proposta devem ser rastreados separadamente para que cada impacto possa ser segregado e quantificado para auxiliar na sua resolução. Na documentação de cada alteração, toda discussão relevante, bem como a avaliação do custo e do impacto no cronograma é fundamental em caso da apresentação de um pleito.

6.7 Encerramento do Projeto

O encerramento do projeto é sempre negligenciado como parte do processo de controle. No encerramento do projeto, os colaboradores envolvidos devem documentar as lições aprendidas, coletar a documentação "*as-built*", incluindo o cronograma "*as-built*" final, o registro final de alterações, o relatório final de custo e outras informações relevantes ao encerramento do projeto. A documentação original ("*as-planned*") também deve ser preservada, inclusive o seu orçamento, estimativas de custo, cronograma base e estimativas. Coletar toda essa informação e avaliá-la podem aprimorar a entrega de projetos no futuro.

Conclusão

O objetivo principal da função de controle de um megaprojeto do dono da obra é identificar prontamente os problemas e tomar as devidas providências referentes a custos, cronograma e desempenho na medida em que vão surgindo. Dada a natureza EPC desse tipo de projeto (por exemplo, o dono da obra somente se comunica com a Contratada EPC durante o projeto), é de extrema importância que o dono da obra mantenha-se informado sobre todos os aspectos do progresso do projeto. Os contratos devem ser redigidos de forma a exigir a elaboração de relatórios que atendam as necessidades do dono da obra e seu sistema de controle do projeto. De mesmo modo, o contrato deve refletir o plano de gerenciamento de risco. As provisões do contrato quanto ao cronograma (e sua atualização), valor agregado, custo do projeto e andamento do projeto devem auxiliar no gerenciamento de riscos do projeto de maneira apropriada e de acordo com as necessidades do dono da obra quanto às informações, rastreamento e relatórios.

O Equilíbrio Delicado entre Gerir o Projeto vs. Gerir o Pleito Lidando com Ansiedade: O aconselhamento ao Cliente durante a Execução de um Projeto de Construção[1]

Robert Preston Brown

Roger J. Peters

Cassidy R. Rosenthal

Anne E. Gorham

Introdução e Cenário Fático

O Contratado foi o vencedor da concorrência para a construção das instalações de uma fábrica que irá produzir tubos de amplo diâmetro utilizados em tubulações transcontinentais. A licitação é realizada com o anteprojeto. O valor global atribuído é de aproximadamente $70M e não inclui o equipamento fornecido pelo Proprietário ou o custo de elaboração do pro-

[1] "The Delicate Balance Between Managing the Project vs. Managing the Claim", traduzido por Bruna Marcondes-Rolph.

jeto. Quando ocorre a licitação, somente 20-30% do projeto está completo e a obra deve ser construída em "ritmo acelerado", com a evolução do projeto executivo de acordo com as fases programadas no cronograma físico.

Sem o conhecimento do departamento jurídico do Contratado, o Vice-Presidente firma um Termo de Constituição de Consórcio com os subcontratados para a parte mecânica e elétrica. Cada uma das empresas concorda em realizar o seu trabalho com base nos custos realizados, concordando em dividir os lucros e perdas com base na relação de porcentagem do custo de cada parte proporcionalmente ao valor global de $70M, eliminando assim margens de lucro duplicadas e teoricamente garantindo um preço mais baixo ao Proprietário. O subcontratado para a parte elétrica não é sindicalizado, mas todos os outros subcontratados assim como a força de trabalho do Contratado são membros de sindicatos.

Durante a execução das obras, acontece o seguinte:

1. O projeto dos alicerces e da estrutura da construção é concluído dentro do prazo correto e o trabalho de construção corre bem. Esta fase tem pouco envolvimento dos subcontratados da parte mecânica e elétrica.
2. Assim que chega o equipamento fornecido pelo Proprietário, o Contratado descobre que o grau de montagem dos equipamentos não está de acordo com o que foi informado. Além disso, as diretrizes de mecânica e elétrica estão sendo entregues aos poucos, o que impacta a evolução da obra. Muitas peças de aço do equipamento de construção não se encaixam adequadamente e o Contratado e seus subcontratados são obrigados a submeter centenas de RFI's (Solicitação de Informações) semanalmente, buscando esclarecimentos do fabricante do equipamento e do projetista a fim de auxiliá-los na execução dos trabalhos.
3. O tempo de resposta do fabricante do equipamento e do projetista é demorado, causando ainda mais impactos ao cronograma da construção. O Contratado notifica o Proprietário de um possível pleito por aumento de custos incorridos tanto por ele quanto por seus subcontratados.
4. Ao mesmo tempo, o subcontratado para a parte elétrica está tendo dificuldades em contratar eletricistas qualificados pelo salário proposto na licitação. Ele também enfrenta problemas financeiros em

outros projetos. Estes fatores impactam diretamente no trabalho deste subcontratado e provocam atrasos para o seu término.

5. O Proprietário tem um prazo para produzir tubos suficientes para satisfazer demandas pré-existentes de contratantes, e se demonstra insatisfeito com a falha do Contratado em cumprir o cronograma do projeto. O Proprietário exige então um cronograma de recuperação.
6. O Contratado se recusa a fornecer um cronograma de recuperação, alegando que atrasos do cronograma não se deram por sua culpa e que possui o direito a uma extensão de prazo de 6 meses, bem como o ressarcimento do aumento de custos causados por atrasos provocados pelo Proprietário. O Contratado também notifica o Proprietário quanto ao aumento nos custos para montar os equipamentos entregues em desacordo com o contratado, assim como a improdutividade causada na parte mecânica e elétrica devido às inúmeras RFI's e ao recebimento tardio do projeto.
7. O subcontratado da parte elétrica entrou em Recuperação Judicial, mas continua a trabalhar no projeto. Ele ainda enfrenta dificuldades para encontrar eletricistas qualificados para realizar o trabalho.
8. O Proprietário exige que o Contratado acelere os trabalhos e entregue um cronograma de recuperação sob ameaça de rescisão do contrato por inexecução. O Proprietário declara que o Contratado é responsável por todos os atrasos no caminho crítico do cronograma devido ao trabalho deficiente e improdutivo do subcontratado da parte elétrica. O Proprietário também contradiz o fato de que as despesas por improdutividade causadas pelas inúmeras RFIs e supostos envios tardios dos projetos, na verdade, representam uma tentativa dissimulada para transferir para o Proprietário o custo das alterações solicitadas pelos próprios subcontratados para conveniência própria, isto é, alterações que reduziam os custos e facilitavam a metodologia executiva dentro do escopo dos subcontratados.
9. O Contratado antevê uma grande perda no projeto, a qual ele informa aos subcontratados da parte mecânica e elétrica. O Contratado reitera a obrigação dos subcontratados em participar das perdas do projeto com base nas porcentagens acordadas no consórcio. Além disso, devido ao progressivo aumento dos prejuízos e à ameaça do Proprietário de rescindir o contrato por inexecução, o

Contratado informa aos subcontratados que considera a possibilidade de acionar o procedimento de resolução de conflitos do contrato por meio de um pedido de arbitragem contra o Proprietário.
10. O advogado do processo de recuperação judicial do subcontratado afirma que eles não dividirão quaisquer perdas do projeto. Além disso, o advogado avisa que a empresa necessita que seus pagamentos sejam feitos semanalmente ou ele irá sair da obra.
11. O subcontratado para a parte mecânica informa ao Contratado que não irá participar das perdas por saber que o subcontratado para a parte elétrica não participará das perdas e em virtude da existência de despesas extraordinárias que tem o direito de receber por todo o trabalho realizado e pelos impactos que está sofrendo.

O departamento jurídico do Contratado e seus consultores externos devem então prover orientação legal ao Vice-Presidente quanto aos próximos passos. Qual deve ser a orientação?

1 Abordagem do Pleito por Parte do Departamento Jurídico

Roger J. Peters

Pelo fato de já ter recebido ao longo dos anos inúmeras ligações de Vice-Presidentes com cenários semelhantes a este, a sua reação imediata como advogado interno deveria ser criar uma equipe voltada para a solução dos problemas e obter a maior quantidade possível de informações quanto aos fatos e situações críticas o mais rápido possível. Essa equipe deverá ser formada pelo Vice Presidente, em virtude da responsabilidade pelos lucros e perdas do projeto; o Gestor do Projeto pelos mesmo motivos e por sua familiaridade com todos os envolvidos de ambos os lados; o Superintendente do Projeto, pelo seu conhecimento das condições que afetam o progresso do trabalho no momento; o Gestor de Cronograma do Projeto por seu conhecimento do impacto dos atrasos que afetam o caminho crítico do projeto; o Gestor Financeiro do projeto, por seu conhecimento de onde as perdas estão ocorrendo no relatório de custos do projeto; e finalmente consultores externos, por sua orientação e aconselhamento quanto ao cenário que levaria até ao processo de arbitragem. O departamento jurídico deve liderar a situação devido ao conhecimento das características/

personalidades dos membros da equipe, além da experiência que possui em relação às consequências legais de qualquer ação tomada no passado e daquelas que serão tomadas no futuro. É também relevante o conhecimento que possui quanto ao perfil de risco da empresa, isto é, quanto a empresa está disposta a perder para preservar as relações com o proprietário ou o quanto deseja lutar para recuperar suas perdas.

A próxima ação a ser tomada pelo departamento jurídico é obter todos os documentos contratuais, não somente aqueles em posse do Proprietário, mas também aqueles com os dois subcontratados em questão. Enfatiza-se aqui a necessidade de se obter os documentos contratuais *completos* porque com frequência, o Gestor do projeto e/ou Vice-Presidente lhe darão somente o que acreditam ser necessário ao invés daquilo que de fato constitui o acordo entre as partes. Ocasionalmente, lhe proverão somente o contrato sem as evidências que podem ser de extrema importância para o total entendimento da negociação. Sendo assim, tenha a certeza de que obteve todos os documentos relevantes. Em seguida, leia esses documentos por completo a fim de entender a estrutura do acordo e as cláusulas que possam afetar o direito a extensões de prazo e a ressarcimento por atrasos, além de outros impactos entre a empresa e o Proprietário, assim como com os subcontratados mais importantes.

Visitar o quanto antes o canteiro de obras e entrevistar os membros da equipe que estão na "linha de fogo" é extremamente importante de forma a obter a versão "sem filtro" daquilo que realmente está acontecendo e entender como esses membros têm lidado com as questões desde o início do projeto. Nada substitui ouvir esses depoimentos em primeira mão e então caminhar pela obra para testemunhar os problemas. Durante essa visita, você deverá observar os seguintes documentos:

- correspondências sobre o projeto trocadas entre o Contratado e o Proprietário (dando atenção particular a cartas de notificação/e-mails);
- comprovantes dos pagamentos (renunciaram ao direito de reivindicar pagamentos mensais?);
- cronograma do projeto (verifique o cronograma-base, atualizações mensais e como o caminho crítico foi impactado e por quê);
- registros diários (quão completos e descritivos estão esses documentos);

- ordens de alteração e pedidos de alteração (reservaram o direito de reivindicação por impactos decorrentes das modificações?);
- solicitações de informações (quantas já foram pedidas e qual foi o tempo de resposta?); e
- relatórios de custos do projeto (quais itens ultrapassaram o orçamento e por quê?).

Lembre-se que saber é poder, e entender o conteúdo nos arquivos do projeto é crucial! Muitas destas informações podem estar disponíveis nas redes de comunicação (por exemplo o Expedition, ConstructWare, Prolog, etc.). Esta correspondência normalmente inclui todos os membros-chave do projeto, como o Contratado, o Proprietário, o Engenheiro do Proprietário, os fornecedores de equipamento ao Proprietário e subcontratados, e pode ser acessada não só por todos as partes do projeto, mas também estará prontamente disponível ao departamento jurídico da parte contrária, se e quando desejarem revisá-la.

Tendo agora em mãos as informações obtidas na revisão dos documentos, entrevistas com a equipe, visita ao canteiro de obras e análise daquilo que foi documentado em arquivos do projeto, agora é o momento de partilhar esta informação com os consultores externos e desenvolver um plano de resolução dos diversos problemas apresentados. A escolha da consultoria legal externa é de suma importância – é necessário confiar na habilidade de absorver rapidamente as situações jurídicas aplicadas aos fatos, além de confiar nas opiniões e julgamentos dos advogados. Em uma situação vulnerável como a descrita neste cenário, eu somente procuraria um advogado externo com o qual já trabalhei anteriormente, que me passe a certeza de que estou obtendo o melhor aconselhamento. Procuro certificar-me também de que o advogado em questão trabalha em prol dos melhores interesses da minha empresa. Estabelecer este nível de confiança e conforto não é uma tarefa simples caso você escolha um advogado com quem nunca trabalhou, independente da reputação que possui. A minha seleção poderia ser diferente caso o projeto já estivesse em litígio/arbitragem, já que as prioridades neste caso seriam a experiência com litígio, audiências e custos destas ações. No momento em que o consultor externo se juntar à equipe, começa o trabalho conjunto para formular o planejamento estratégico que levará à resolução dos problemas encontrados.

Idealmente, o departamento jurídico é informado sobre um potencial conflito aos primeiros sinais de atrito, para que possa melhor direcionar os esforços de resolução muito antes do "fogo" iniciar. Tal como descrito em nosso cenário fático, frequentemente, no momento em que se busca a ajuda do advogado, um grande incêndio já está acontecendo. Nessa situação, o departamento jurídico deve saber como organizar e implementar prontamente a melhor estratégia a fim de exterminar hostilidades e resolver os verdadeiros conflitos que têm em mãos.

Todos concordam que organizar e implementar um esforço eficiente para resolver a disputa requer que primeiro se compreenda qual é o conflito existente. No entanto, demasiadas vezes, em virtude das circunstâncias da crise e a necessidade de ação imediata fazem com que o advogado trace um plano de ação sem ter um entendimento adequando dos reais problemas. Para evitar essa situação, o departamento jurídico deverá adotar um protocolo com um *checklist* de tarefas para resolver a "crise":

1.1 Identificar Prontamente Partes Principais e os Tomadores de Decisão

Geralmente, as informações mais apuradas são dadas por aqueles que estão mais intimamente envolvidos no conflito, bem como por aqueles responsáveis pelas decisões que causam impacto na questão. Ao encontrar-se com estes colaboradores, é importante compreender os interesses deles e como eles são afetados pelos eventos, permitindo que isso guie a sua avaliação dos problemas e soluções. Perspectivas diferentes resultam com frequência em percepções diferentes da realidade. Juntamente com o cenário inicial que surge dessas interações, é importante não deixar de documentar os conflitos ou incoerências que existem nas informações obtidas. Estas poderão ser peças-chave para completar adequadamente este quebra-cabeça.

1.2. Defina os Documentos, Cláusulas Contratuais e Acordos que se Aplicam ao Caso

O contrato é o melhor ponto de partida. Identifique as cláusulas contratuais que as partes principais julgam aplicáveis. Compreenda, contudo, que essa é claramente a sua área de expertise. Você deve compreender e explorar completamente todo o enquadramento legal, justificativas e contestações aos pleitos. Assim, você deve revisar cuidadosamente o contrato por completo, com todos as evidências e anexos. Na urgência do agir, não acabe por confiar em informações inexatas, ultrapassadas, aditadas posteriormente ou substituídas. Seja particularmente diligente em juntar solicitações de alterações e quaisquer acordos por carta enviados na fase de projeto.

1.3 Defina o que Exatamente Acontece no Canteiro de Obras

Não obtenha uma interpretação da disputa vinda do escritório ou da administração. Visite o canteiro de obras e converse com o pessoal que está envolvido nas origens do conflito. Saiba quais são os problemas que eles enfrentam e como esses problemas impactam diretamente o trabalho que realizam. Além disso, conheça completamente o projeto para apreciar com exatidão o quadro geral. O seu objetivo é tornar-se a pessoa com o mais completo entendimento do conflito, o que será alcançado ao observá-lo das mais diferentes perspectivas.

1.4 Procure Refinar o Problema Somente ao(s) Conflito(s) Reais

Esta será uma tarefa constante, mas procure realizá-la logo no começo para permitir a comunicação mais eficaz com o lado oposto, de forma a ampliar a probabilidade de uma resolução amigável e preservar as impressões iniciais que poderão fornecer contribuições valiosas no futuro. Especificamente, detalhe a posição da sua empresa e documente a razão pela qual essa posição é sensata. Outrossim, estabeleça qual é a posição da parte contrária e observe os motivos pelos quais ela não parece ser razoável. É um grande passo de encontro à resolução quando as partes concordam pelo menos em relação à natureza exata do conflito.

1.5 Determine se os seus Posicionamentos, Direitos e Reparações Foram Preservados ou Renunciados de Forma Incerta

Determine o tipo de notificação que é necessária para preservar os pleitos em questão e descubra se foi dada a notificação adequada. No caso de solicitações de alterações estarem envolvidas, elas possuem de reserva de direitos expressa? Existe correspondência que contenha renuncia expressa a certos direitos ou que prejudique o seu posicionamento de forma significativa? Notificações e reservas de direitos podem ser bastante sensíveis ao tempo, sendo necessário agir de imediato.

1.6 Selecione uma Pessoa Importante no Projeto para ser Responsável por Auxiliar na Análise Jurídica para Solução da Disputa

A pressão do tempo pode ser extrema em situações como a do cenário relatado acima. Você será chamado para tomar decisões, tirar conclusões, discutir planos e estratégias que vão exigir dados críticos que normalmente não são obtidos com facilidade. Muitos desses dados deverão vir de pessoal que tem outras funções, dificultando a tarefa de auxiliá-lo. Por consequência, com a ajuda dos gestores que reconhecem a importância da construção dos pleitos, você deve certificar-se de que lhe indicaram uma pessoa chave extremamente competente que compreende e aceita a responsabilidade de auxiliá-lo. Esta pessoa deverá ser um colaborador responsável, com a habilidade comprovada de entregar resultados responsivos em tempo útil. Com frequência esta posição é oferecida a pessoas com tempo livre, mas que não podem eficientemente atender às suas necessidades. Você necessita de um parceiro confiável que vai expandir de forma significativa a sua habilidade de agir naquilo que poderá ser um longo período de crise.

1.7 Aborde as Questões Legais Sensíveis e Comece a Preservar Documentos Imediatamente

O nosso cenário dos fatos estabelece uma situação na qual é razoável prever que em breve as partes poderão estar envolvidas em litígio/arbitragem. O seu objetivo é evitar o litígio/arbitragem, mas mesmo assim as garantias devem ser consideradas caso não isso não seja possível. Inúmeros departamentos jurídicos tropeçam no dilema de querer proteção contra a divulgação de certos documentos baseando-se no sigilo da relação advocatícia, mas veem-se impossibilitados de fazê-lo porque o pleito indica que naquele momento a empresa já previa o litígio. Pode representar um problema o fato de que naquele momento não se discutiu apropriadamente a questão legal, o que deve ser feito sempre que houver previsão legítima de litígio.

2 Abordagem dos Consultores Jurídicos Externos ao Pleito

Sempre que consultores externos recebem uma ligação sobre um pleito, essa é provavelmente a primeira vez que ouve falar do projeto desde a negociação dos contratos, ou, em alguns casos, pode ser a primeira vez que o advogado tem contato com qualquer parte do projeto. Consequentemente, o consultor externo muitas vezes tem mais a aprender sobre o projeto do que o advogado interno.

A primeira abordagem do consultor externo deve ser a de ouvir e obter o máximo de informações possíveis sobre o projeto e sobre o pleito. O posicionamento desse consultor deve ser de permanecer objetivo enquanto coleta informações. O cliente convive com o projeto e com o pleito há algum tempo e, provavelmente está enfrentando dificuldades em razão dos problemas. O consultor externo é importante porque pode oferecer uma perspectiva mais ampla e nova da questão.

O consultor externo deve solicitar e revisar todos os documentos importantes do projeto, tais como contratos, subcontratos, solicitações de alterações, pedidos de pagamentos, RFIs, atas de reuniões, relatórios mensais, relatórios diários, e quaisquer outros documentos que sejam pertinentes ao pleito. Assim que tiver uma visão melhor do projeto, do conflito, dos documentos principais, dos pleitos válidos e dos custos de acionar métodos de solução de conflitos, o advogado deverá reunir-se novamente com o cliente e formular uma estratégia quanto à questão enfrentada.

Identificar as partes principais e os tomadores de decisões é também importante. Se esta é a primeira vez que o consultor externo trabalha com o cliente, deverá entender quem são os colaboradores importantes para o cliente e quais são as dinâmicas internas dos tomadores de decisões. O advogado externo deve também identificar quais são os tomadores de decisões da parte contrária e compreender a relação entre o cliente e a parte contrária.

Entender o objetivo principal do cliente é essencial para a abordagem correta do pleito. Como o cliente pretende resolver o conflito? O cliente está disposto a continuar com a execução dos trabalhos no decurso da disputa? O cliente deseja interromper o trabalho? O cliente considera rescindir o contrato? O objetivo principal do cliente é o que determina os próximos passos do consultor externo. E ainda, deverá ele aconselhar o cliente nos bastidores ou a parte contrária precisa saber do envolvimento do consultor externo?

Para conhecer ao máximo o projeto, o consultor externo deve solicitar uma visita ao local das obras e, se possível, reunir-se com o gestor do projeto e/ou outros participantes das obras. Assim que compreender o projeto, os contratos, a disputa e os objetivos do cliente, o consultor externo deve então trabalhar em conjunto com o cliente para determinar os próximos passos para solucionar o pleito ou prepará-lo para litígio/arbitragem.

3 Gerenciando o Relacionamento com o Proprietário

O fato de que uma disputa expressiva tenha se agravado ao ponto de se consultar uma equipe jurídica significa que, em algum momento, o relacionamento com o Proprietário deteriorou-se. Quando isso ocorre ao longo do projeto em conjunto ou por conta de pleitos, significa que o advogado tem o papel e responsabilidade de gerir tal relação. Se o advogado concentrar os seus esforços apenas em conduzir as reivindicações, pode ser responsável por causar uma discórdia entre a gestão do Contratado e a gestão do Proprietário, que, por sua vez, quebrará irrevogavelmente o nível de confiança necessário para a finalização do projeto. No entanto, demasiado esforço em manter esse relacionamento pode danificar irreparavelmente a capacidade do advogado de estabelecer os elementos necessários para os pleitos. O advogado que consegue alcançar o equilíbrio desejado geralmente adota o seguinte plano:

3.1 Entrar em Contato Prontamente com a Parte Contrária para Estabelecer uma Comunicação Aberta

Um dos primeiros passos que o departamento jurídico (ou consultor externo designado) deve dar ao terminar a avaliação inicial da disputa é entrar em contato com o departamento jurídico da parte contrária. Estabelecer e manter um canal de comunicação aberto e confiável entre os respectivos representantes legais, pode provar-se extremamente importante quando pleitos significativos são elaborados no meio do projeto. Este canal pode ser usado para (1) promover uma análise/discussão mais objetivos, menos emocionais dos pleitos; (2) dar um papel proeminente aos profissionais treinados e melhor qualificados para resolver conflitos; e, (3) "livrar" o administrador "dos problemas" para que ele volte a priorizar a execução do projeto.

Este contato inicial com o advogado da parte contrária deve somente ter o intuito de abrir o canal de comunicação e determinar que os departamentos jurídicos das empresas serão os responsáveis pela questão. Neste ponto, você deve resistir a qualquer tentativa de discutir os méritos das reivindicações e deixar claro que é do interesse de todos que os advogados tenham uma compreensão substancial dos pleitos antes de discuti-los.

O contato inicial pode incluir uma declaração de que o seu objetivo é resolver ou encerrar o(s) conflito(s). Alguns advogados interpretam essa abordagem como uma demonstração de fraqueza ou de dúvidas quanto aos méritos do seu pleito, encorajando o advogado da parte contrária. Se for comunicado apropriadamente, antes mesmo de avaliar as vantagens e desvantagens das respectivas posições, você assegura que o melhor resultado para ambas as partes é uma solução amigável. Arbitragem/litígio não é interessante para nenhuma das partes, independentemente de que quem vença no final. Além disso, ao tornar claro desde o começo que o seu objetivo é uma solução amigável, você deixa a porta aberta para discussões a qualquer momento, e diminui a oportunidade para suposições de que as interferências apontadas estejam baseadas em eventos subsequentes, sendo prejudiciais à viabilidade dos seus pleitos. Por último, tais discussões permitem avaliar o interesse da parte contrária em um acordo. Preste muita atenção no aparente nível de interesse na solução amigável.

Durante esta conversa, você deve enfatizar o desejo da sua empresa de separar as discussões sobre o pleito da execução das obras. Reconheça que será difícil, mas sugira que o departamento jurídico poderá assumir a liderança na condução dos pleitos, o que pode ajudar o administrador a focar-se novamente na execução do projeto. Ademais, sugira também um período para que as informações sejam absorvidas e, então, os advogados possam conversar antes que sejam tomadas quaisquer novas medidas.

Ao estabelecer este canal de comunicação, certifique-se de que você aja de uma forma que verdadeiramente facilite uma comunicação aberta e honesta. Os advogados qualificados nesta área são cuidadosos para não induzir em erros, especular, ou fazer promessas que não poderão ser cumpridas, a fim de evitar que sua credibilidade seja questionada. Além disso, defina durante as suas conversas se ou o que será confirmado ou encaminhado por e-mail ou uma carta. Caso contrário, não tente arrancar informações do advogado e não cite nenhuma parte de suas conversas em correspondências posteriores. Uma conversa franca não é possível se um dos interlocutores sente que o outro está esperando algum deslize. É conveniente estabelecer algumas regras básicas desde o início, a fim de se manter um importante elo de comunicação.

3.2 Faça uma Reunião com os Representantes e com Departamento Jurídico do Proprietário para que as Partes Aprendam sobre as Respectivas Posições acerca das Questões Concretas e Jurídicas

A comunicação clara entre as partes será vital para se preservar um relacionamento positivo com o Proprietário, mantendo o projeto sob controle e dando às partes a melhor oportunidade para resolver os conflitos. Da mesma forma, é importante ter uma reunião com o Proprietário o quanto antes, para que as respectivas posições possam ser comunicadas. Entretanto, tal reunião não deve ocorrer antes que cada parte tenha um entendimento amplo sobre os pleitos em questão. Ao preparar-se para tal reunião, o advogado deve ir além da prática habitual de revisar as principais correspondências, de sublinhar as cláusulas contratuais aplicáveis, e fazer reuniões com determinadas pessoas. Ao invés disso, uma avaliação prévia compreensiva deve ser conduzida de forma que se obtenha uma posição precisa e razoável a respeito dos pontos de conflito.

A avaliação prévia deve incluir a análise e revisão de dados eletrônicos. Os documentos representam a evidência mais confiável em qualquer processo. Portanto, você precisa saber o que eles dispõem sobre seu pleito. As testemunhas-chave do projeto, desde o os colaboradores em campo até os gerentes seniores, precisam ser entrevistados, confirmando-se os fatos apresentados nos documentos. O advogado deve ter o cuidado de anotar as impressões iniciais e avaliar especificamente suas impressões sobre credibilidade de cada pessoa entrevistada. Esses fatores devem ser levados em consideração no momento de liderar as discussões sobre o pleito.

Recomenda-se que o consultor externo participe da avaliação prévia. O custo dessa participação deverá, logicamente, será discutido. No entanto, é um dinheiro bem investido. Envolvendo o seu advogado externo o quanto antes, você o coloca numa posição privilegiada para entender o seu caso, o que o aumenta a sua agilidade em oferecer conselhos mais efetivos e eficientes. Assim, o consultor externo poderá ajudar a acelerar e enriquecer o entendimento do seu caso, o que faz com que a empresa esteja apta a elaborar um pleito sensato, compreendendo sua real necessidade de uma solução viável, a fim de criar uma solução satisfatória.

3.3 Adote uma Posição Verdadeiramente Sensata

Uma das formas mais eficazes de prejudicar o relacionamento com o Proprietário (e frustrar discussões construtivas que visam um acordo) é fazer exigências impraticáveis e adotar posições irracionais. Diante de tais atitudes geralmente leva-se a concluir que a parte em questão não está agindo de boa fé e não pode ser confiada. Essa conclusão conduz o relacionamento à rápida deterioração de todas as suas frentes. Assim, a resolução da disputa torna-se improvável e a execução bem-sucedida do projeto será comprometida.

Uma prática comum que leva muitos casos para este caminho é a ideia de que todas as discussões devem incluir uma margem extra para se chegar ao valor desejado. Entenda que, se essa margem extra chegar ao conhecimento da outra parte, o seu propósito estará perdido. Defender uma posição que não se sustenta provavelmente fará você parecer evasivo, não-cooperativo e/ou irracional.

Uma abordagem melhor é conduzir uma avaliação extensiva e precisa, e adotar o que você acredita ser uma posição verdadeiramente sensata. Esta abordagem mantém a sua credibilidade e geralmente permite trazer argumentos objetivos durante a negociação, que são bem mais propensos a resultar em soluções amigáveis do que as posições subjetivas. O relacionamento será mais positivo se as partes compreenderem os respectivos argumentos e acreditarem que elas estão baseadas na boa fé, ainda que não concordem umas com as outras. Resumindo: adotando esta estratégia, você demarca um senso comum e faz com que a outra parte se junte à discussão, ou então permanecerá sozinha no terreno irracional — uma posição mais difícil de se justificar, à medida em que a disputa avança e as evidências são produzidas. É uma estratégia que também aumenta a probabilidade de que você vença, caso seja forçado a percorrer o longo caminho até a sentença final do processo judicial.

Existem circunstâncias nas quais cada parte acredita sinceramente ter adotado uma posição sensata. É por isso que a avaliação prévia é crucial e é importante assegurar que ela tenha sido feita corretamente (por exemplo, investindo na revisão das provas eletrônicas produzidas anteriormente e incluindo um envolvimento mais objetivo por parte do consultor externo). Além disso, em tal circunstância as partes devem estar mais dispostas a "colocar todas as suas cartas na mesa". Trabalhe visando uma troca de informações mais franca, como uma forma de determinar onde está o senso comum, uma vez que ambas as partes concordarem que este será o tom das conversas. Finalmente, considere as consequências indiretas do conflito ao estabelecer os seus argumentos. Você está em posição de ganhar a batalha, mas perder a guerra, ou seja, vencer a disputa e perder um grande cliente? Você corre o risco de denegrir a reputação de um funcionário importante ou de alguma outra parte, ocasionando um comprometimento significativo na execução do projeto? Quais são os custos de desviar empregados importantes de suas tarefas cruciais? Você expõe seus executivos a depoimentos potencialmente embaraçosos?

3.4 Considere Contratar uma Consultoria Terceirizada e/ou Especialista para Revisar os Cronogramas e os Problemas com o Projeto

À medida em que a disputa avança, o Contratado deve considerar trazer um consultor especializado para avaliar os problemas com o cronograma e/ou com o projeto. Contratar um consultor no inicio do conflito possibilita um melhor aconselhamento a respeito das reivindicações e dos documentos, além de servir como forma de verificar a as vantagens e desvantagens reais nos pleitos do Contratado. A contratação de Consultores especializados não necessariamente precisa ser comunicada à parte contrária, a menos que atuem como assistente técnico em futuro procedimento de resolução de conflitos. A Norma 26, referente ao sistema federal de procedimentos civis americanos cria um sistema bifurcado para a produção de evidências a partir de informações por assistentes técnicos e consultores terceirizados que não irão participar como assistentes do procedimento[2]. No entanto, como o consultor pode tornar-se peça importante no procedimento de resolução de conflitos, o Contratado deve avaliar cuidadosamente o seu papel durante o projeto.

[2] Ver Fed. R. Civ. P. 26(a)(2) and 26(b)(4)(B).

3.4.1 Consultores Especializados (Não-Assistentes)

Quando um conflito começa, e antes do pleito ser apresentado formalmente, o requerente pode considerar a contratação de um especialista não-assistente para avaliar as questões que forem surgindo e revisar os documentos do projeto a fim de poder dar uma opinião desvinculada dos subjetivismos das partes. O ideal seria que o consultor emitisse um parecer objetivo e ajudasse o requerente a avaliar as vantagens e desvantagens do seu pleito. O consultor pode ser uma ferramenta útil na resolução do caso.

Se a disputa não for resolvida antes do litígio ou arbitragem, um especialista não-depoente geralmente é imune à produção de provas. A Norma Americana 26(b)(4)(B) protege expressamente o parecer e os fatos obtidos pelo consultor terceirizado. É dever da parte contrária comprovar a existência de circunstâncias excepcionais que justifiquem a apresentação dos dados do consultor terceirizado no procedimento[3]. Estatui a Norma 26(b)(4)(B)

> Por meio de interrogatórios ou depoimentos, uma das partes pode solicitar a apresentação de fatos conhecidos ou pareceres emitidos por um especialista que fora contratado ou especialmente empregado pela outra parte na preparação de litígio, ou em preparação para a audiência, e que não espera ser convocado como testemunha na audiência, a menos que circunstâncias excepcionais sejam comprovadas, sem as quais seria impraticável para a parte obter os fatos ou pareceres sobre o mesmo assunto através de outros meios.

Assim, se o consultor não testemunhar durante a audiência ou arbitragem, a parte contrária terá uma batalha difícil se quiser obter os pareceres do consultor depoente.

3.4.2 Assistentes Técnicos

Opiniões de especialistas que irão depor em audiência, e os documentos e informações dadas a eles, devem ser abertos a todas as partes. Segundo

[3] Ver Disidore v. Mail Contractors of America, Inc., 196 F.R.D. 410 (Dist. Kans. 2000); Hartford Fire Ins. v. Pure Air on the Lake Limited, 154 F.R.D. 202, 207 (N.D. Ind. 1993).

a Norma 26(a)(2)[4], uma parte deve divulgar às outras partes a identidade de qualquer pessoa que for convocada a prestar depoimento na audiência, bem como as qualificações da testemunha, relatórios, informações básicas e dados e outras informações consideradas pela testemunha na formulação de seus pareceres. Um advogado deve ser cauteloso ao compartilhar informações com um especialista que pode vir a depor. No caso *Regional Airport Authority*, o Sixth Circuit questionou se trabalho do advogado fornecido para um especialista depoente deve ser apresentado como 'dados ou outras informações'. O Tribunal baseou-se em precedentes e decidiu que todos os documentos dados a um assistente técnico devem ser apresentados[5]. O Tribunal declarou: "Agora aderimos à esmagadora maioria dos tribunais que entendem que a Norma 26 cria um precedente exigindo a divulgação de todos os documentos, incluindo o **parecer do advogado** fornecido aos especialistas depoentes."

3.4.3 Consultores e Assistentes técnicos

O que acontece quando o contratado contrata um consultor para aconselhá-lo no inicio projeto e então decide convocar o mesmo como assistente técnico? Em alguns casos, uma única pessoa desempenhará ambas as funções: a de assistente técnico, sujeito às regras de divulgação de informações, em acordo com a Norma 26(a)(2); e como um consultor especializado, não sujeito à produção de evidências. Os documentos que 'não estejam relacionados' ao trabalho do consultor enquanto *assistente técnico* não precisam ser divulgados. No entanto, qualquer dúvida a respeito do papel desempenhado pelo especialista ao revisar ou criar documentos deve ser resolvida no sentido da não confidencialidade.[6] Portanto, é possível que um assistente técnico preste declarações posteriormente sem divulgar todas as informações adquiridas enquanto consultor especializado, desde que o

[4] Os autores se referem às *Federal Rules of Civil Procedure* americana, que disciplina os processos judiciais nos EUA

[5] Regional Airport Auth., 460 F.3d at 717.

[6] Ver B.C.F. Oil Refining, Inc. v. Consolidating Edison Co. of New York, 171 F.R.D. 57, 61 (S.D.N.Y. 1997); Schwab v. Philip Morris USA, Inc., 2006 U.S. Dist. LEXIS 11047 at *9-11 (E.D.N.Y. March 20, 2006); Messier v. Southbury Training School, 1998 U.S. Dist. LEXIS 23221 at *6-9 (D. Conn. June 29, 1998); Construction Industry Services Corp. v. Hanover Ins. Co., 206 F.R.D. 43, 52(E.D.N.Y. 2001).

limite entre as duas funções seja claramente definido. Definir claramente este limite pode ser difícil.

A parte resistente à divulgação das informações acerca do consultor especialista tem o ônus provar que determinados documentos não foram levados em consideração durante a formulação do seu parecer.[7] A comprovação pode de ser atendida quando a parte demonstra que os documentos não poderiam ter sido utilizados na formulação do parecer, uma vez que eles foram apreciados pelo especialista somente após o seu depoimento.

Ele também pode ser atendido quando, a parte resistente à divulgação apresenta perante ao tribunal declarações e depoimentos expressando declaradamente que a testemunha nunca leu, revisou ou considerou os documentos em questão na formulação de seus pareceres.

Os documentos apreciados por um especialista enquanto desempenhava a função de consultor estarão sujeitos à divulgação, caso o seu laudo pericial aparente sustentar o seu depoimento.

3.4.3.1 Casos em que a Divulgação não foi Exigida

Southern District of New York abordou a questão do consultor especializado no caso *B.C.F. Oil Refining Inc. v. Consolidating Edison Co. of New York.*[8] No caso B.F.C. Oil, o especialista do Autor foi contratado para 'prestar depoimento sobre a suposta contaminação do local de armazenamento do Autor por parte dos acusados' e 'também foi contratado pelo Autor como consultor técnico para coletar os depoimentos das partes contrárias, formular pedidos de produção de provas e realizar tarefas semelhantes que exigiam conhecimentos de natureza técnica.'[9] Havia uma controvérsia questionando se o requerente foi obrigado a divulgar documentos relacionados à função do especialista enquanto consultor. ConEd solicitou a divulgação de uma série de documentos produzidos pelo especialista, argumentando que B.C.F. Oil 'não deveria poder utilizar uma lacuna jurídica entre as funções de depoente e não-depoente para **proteger as informações relacionadas ao parecer emitido no relatório da Norma 26 do especialista.**

[7] Schwab v. Philip Morris USA, Inc., 2006 U.S. Dist. LEXIS 11047 (E.D.N.Y., March 20, 2006).

[8] 171 F.R.D. 57 (S.D.N.Y. 1997)

[9] B.C.F. Oil,171 F.R.D. at 61.

O Tribunal observou:

> É concebível que um especialista possa ser convocado a testemunhar e também, para aconselhar o advogado em outros assuntos que não dizem respeito ao seu depoimento. Sob tais circunstâncias, seria possível reivindicar um sigilo de trabalho, caso isso tenha sido claramente definido.

O Tribunal utilizou a regra geral na qual documentos não relacionados à função do especialista enquanto depoente não precisam ser divulgados. No entanto, o tribunal declarou que 'qualquer dúvida sobre o papel desempenhado pelo especialista ao rever ou produzir documentos deve ser resolvida a favor da parte que requer a divulgação.' Em última instância, o Tribunal considerou que o Autor 'definiu claramente' dez documentos relacionados ao papel do especialista enquanto consultor, e portanto, não foi solicitado ao requerente a divulgação desses documentos. O Tribunal determinou que os outros documentos não poderiam ser retidos uma vez que não ficou 'claro se o perito os revisou exclusivamente enquanto consultor, ou se seu parecer de especialista também havia sido informado.'

No caso *Messier v. Southbury Training School*,[10] os acusados argumentaram que determinados documentos haviam sido escritos pelos especialistas dos requerentes como simples consultores, e não estavam relacionados à elaboração dos seus pareceres. O Tribunal aplicou a regra geral, na qual todos os materiais considerados por um especialista depoente na formulação de seu parecer sejam divulgados em sua totalidade para a outra parte, 'apesar da doutrina do produto de trabalho (*work-product doctrine*).' No entanto, o tribunal declarou que:

> Se um especialista é solicitado enquanto consultor e também como assistente técnico, a doutrina do produto de trabalho (*work-product doctrine*) pode ser invocada para proteger o trabalho realizado pelo especialista em sua capacidade consultiva, desde que haja uma clara distinção entre as duas funções.

[10] 1998 U.S. Dist. LEXIS 23221at *6-9 (D.Conn. June 29, 1998).

Assim, o tribunal deve definir qual o papel desempenhado pelo especialista, isto é, consultor ou assistente técnico. "A distinção é crucial porque os que documentos se enquadram diretamente na primeira categoria não são divulgados para a parte adversária, enquanto que os documentos classificados, mesmo que marginalmente, na segunda categoria devem ser divulgados". Em última análise, no caso Messier, o Tribunal considerou que os documentos foram declaradamente elaborados por vários especialistas em função consultiva pela parte do acusado, e estão estritamente relacionados com recomendações de estratégia,' e, portanto, os acusados não tinham obrigação de divulgá-los.

No caso *Synthes Spine Co. v. Walden*,[11] o Tribunal declarou que os acusados não tinham o direito de ter acesso aos documentos que 'não eram relacionados à função de assistente técnico no que se refere a indenizações, tais como os documentos não-relacionados à questão do assistente técnico da parte do requerente.' O Tribunal citou a decisão em B.C.F.Oil de que a Norma 26(a)(2)(B) não exige divulgação de documentos não relacionados à função do especialista enquanto assistente técnico.

3.4.3.2 Casos nos quais a Divulgação foi Solicitada

O Eastern District of New York adotou a regra do caso *B.C.F.Oil in Construction Industry Services Corp. v. Hanover Ins. Co.*[12] No caso *Construction Industry Services*, o Autor contratou um contador externo para atuar como assistente técnico para as questões de contabilidade. O contador também 'desempenhou um papel significativo na avaliação da força das reivindicações contra os acusados neste processo, e no assessoramento [do Autor] sobre o litígio.' Hanover procurou obter a divulgação das informações do assistente técnicos, bem como dos documentos elaborados por ele para serem utilizados pelo Autor. O Tribunal reconheceu a regra afirmada em *B.C.F. Oil* referente aos consultores que têm dupla função, prestar assessoria técnica e consultoria. Ainda assim, o Tribunal finalmente concluiu que, considerando que a delimitação entre os dois papéis do especialista não havia sido feita de forma clara, o Autor tinha duas escolhas: (1) divulgar os documentos ou (2) designar um novo especialista. O Tribunal salientou que a

11 232 F.R.D. 460, 465 (E.D. Penn. 2005),

12 206 F.R.D. 43, 52 (E.D.N.Y. 2001).

distinção entre documentos relacionados ao papel de assistente técnico e ao papel de consultor deve ser feita de forma clara, e que a parte que solicitar a divulgação dos documentos 'não deve ter que depender da manifestação [pela outra parte] na qual os documentos não foram considerados pelo especialista na formulação do seu parecer.'

No caso *Delcastor, v. Inc. Vail Associates, Inc.*,[13] Vail Resorts contratou um consultor de engenharia, Dr. Lampiris, para investigar um deslizamento de terra ocorrido em sua propriedade. Dr. Lampiris analisou o deslizamento de terra e preparou um relatório para Vail Resorts, que incluía suas observações fáticas e uma série de pareceres sobre a causa do deslizamento. Vail Resorts apontou Dr. Lampiris como uma testemunha, delimitando os fatos sobre os quais ele iria depor, mas recusou-se a divulgar o relatório contendo seus pareceres. O Autor requereu a divulgação do relatório. O Tribunal ordenou a divulgação dos relatórios, afirmando:

> A plausibilidade, consistência e credibilidade do depoimento de 'fatos' de Dr. Lampiris podem ser comprometidas pelos seus pareceres. Isto ocorre especialmente o caso quando os 'fatos' se baseiam parcialmente em observações subjetivas e são, portanto, até certo ponto, contaminados pelos pareceres de Dr. Lampiris em relação à causalidade'. O pretexto pode ser usado para criar-se a ilusão de uma distinção entre os tipos de depoimento, a fim de frustrar a produção de provas [por parte do Autor] acerca dos 'fatos e opiniões' dadas por seu especialista.

No caso *Karn v. Ingersoll Rand*,[14] uma cronologia médica foi apresentada ao perito profissional do Autor, que foi revista antes de entrevista-lo. O acusado solicitou a divulgação destas informações como parte dos requisitos de divulgação da Norma 26. [15]O Autor alegou que as informações eram produto de seu trabalho e que, uma vez que o especialista não elaborou seu parecer com base no relatório, elas não eram passíveis de divulgação. O Tribunal não concordou, observando que, sob a atual versão da Norma 26, a parte deve divulgar todas as informações 'consideradas' por um assistente técnico. O

[13] 108 F.R.D. 405 (D. Col. 1985)

[14] 168 F.R.D. 633 (N.D. Ind. 1996).

[15] idem em 635.

tribunal declarou que 'consideradas,' pode ser amplamente entendido também como simples análise, e não apenas 'baseada em', que exige confiança/ dependência nas informações. Como os especialistas tinham analisado os documentos, foi determinado que o documento deveria ser divulgado.

Da mesma forma, no caso *TV-3, Inc. v. Royal Insurance Co. of America,*[16] , o Autor procurou obter certas informações dadas pelos acusados aos seus especialistas depoentes. Os acusados se opuseram, confiantes na doutrina ***work-product***. O Tribunal rejeitou a crença dos acusados na doutrina do produto de trabalho (*work-product doctrine*) e declarou que o termo "considerado" "abrange: (a) todos os documentos e comunicações orais utilizados como base pelos especialistas na formulação dos seus pareceres; e (b) todos os documentos e comunicações orais revisados pelos especialistas relacionados à formulação de seus pareceres, ainda que, rejeitados ou não utilizados."

A conclusão que se extrai é que se um consultor terceirizado torna-se um assistente técnico, os documentos revisados por ele, bem como seus pareceres devem ser disponibilizados às partes durante um litígio ou arbitragem. Se o contratado não quer que os pareceres do consultor sejam divulgados, então este profissional não deve ser designado como assistente técnico. Se o contratado quer limitar o escopo do do assistente técnico, uma linha clara entre as duas funções deve ser estabelecida. Ainda assim, mesmo que o limite esteja definido, existe algum risco de que o Tribunal solicite a divulgação todos os documentos revisados e pareceres emitidos pelo especialista.

4 Questões Jurídicas

Como advogado residente (*resident attorney*), é esperado que você saiba quais os direitos e responsabilidades da empresa. Esteja preparado para perguntas como: estamos certos e vamos vencer? Certamente, você deve ter muito cuidado ao responder perguntas desse tipo. Você quer estar na melhor posição possível para responder diretamente as indagações jurídicas, com base na sua compreensão dos fatos. Portanto, comece imediatamente a definir a legislação aplicável e como essas normas podem afetar os seus argumentos jurídicos. Por exemplo, no cenário acima, os aspectos jurídicos que precisam ser abordados incluem:

[16] 193 F.R.D. 490 (S.D. Miss. 2000).

4.1 Termo de Consórcio e Termos dos Subcontratados. Os Subcontratados fazem partes de uma **Joint-Venture** *com o Consórcio ou são Empresas Independentes?*

O cenário fático apresenta um dilema contratual singular que o advogado interno precisa abordar desde o início da análise das questões jurídicas. Esta análise influenciará o curso das ações atinentes aos subcontratados da parte mecânica e da parte elétrica, bem como no impacto sobre o andamento dos pleitos deste projeto. Os subcontratados são parceiros do Contratado, ou são simplesmente empresas terceirizadas? O Vice-Presidente pode propiciar algum esclarecimento referente à estratégia para elaboração da proposta da licitação que permitiu ganhar o contrato com o Proprietário. Essa análise é importante porque esclarece as margens de preços dos serviços que cada participante concordou oferecer, já que seus serviços foram cotados pelos respectivos preços de custo, compartilhando-se o lucro único colocado na proposta global feita pelo Contratado. Suas participações nos lucros deveriam ser baseadas nos valores estimados de seus escopos de trabalho individuais. Como sempre, os melhores planos definidos podem, e geralmente dão, errado. Na presente situação, o projeto não tem nenhum lucro e o Contratado está sofrendo um prejuízo substancial. Além disso, os dois subcontratados também estão excedendo seus custos estimados, aumentando o problema. O termo de consórcio estipulou não somente a partilha de lucros, mas também a partilha dos prejuízos? Quais são as cláusulas relacionadas à divisão das perdas? Como as cláusulas contratuais deverão ser aplicadas se os subcontratados se recusarem a participar na partilha do prejuízo? O Contratado tem a obrigação de financiar os custos excedidos dos subcontratados? Estas são apenas algumas das questões com as quais o advogado terá que se confrontar no início do processo de solução dos conflitos. O advogado deve olhar não somente para as disposições expressas do termo de constituição de consórcio, mas também entender a intenção das partes no momento da contratação.

4.2 A não Concessão de Prorrogação de Prazo por Parte do Proprietário Constitui uma Aceleração do Cronograma? Como o Atraso da Subcontratada da Parte Elétrica Influencia no Direito do Contratado à Extensão de Prazo e de Compensação por Atraso/Aceleração?

Existem vários fatos que o departamento jurídico deve investigar, a fim de determinar se houve uma aceleração do cronograma. Antes de tudo, o que é aceleração do cronograma? Existe uma série de leis americanas que determina os requisitos para se comprovar a aceleração: (a) houve um atraso justificado, conforme definido pelo contrato ou jurisprudência; (b) notificação sobre o evento em atraso e fornecimento de assistência; (c) o proprietário recusou-se ou não concedeu uma prorrogação de prazo; (d) o proprietário ordenou expressamente ou sugeriu que o Contratado deve se ater à data de conclusão, sob a ameaça de indenização por perdas e danos; e (e) o Contratado realmente despende esforço extra para acelerar a execução dos trabalhos, resultando em custos adicionais.[17]

Sob o cenário apresentado, há fatos conflitantes que devem ser resolvidos, e a primeiro ponto a ser analisado é o Método do Caminho Crítico (*CPM schedule*). O que cronograma-base (*baseline schedule*) mostrou como caminho crítico do projeto, e o que foi modificado durante as atualizações mensais de progresso? Se houve alteração, por quê? O Contratado alega que o equipamento fornecido pelo Proprietário é defeituoso e não corresponde ao nível de montagem razoavelmente previsto nos cadernos de encargos. Além disso, os projetos elétricos e mecânicos estavam atrasados, e foram gerados muitos Pedidos de Informações que não foram respondidos em tempo hábil. O Contratado solicitou uma prorrogação de prazo, mas o Proprietário negou o pedido e exigiu que o trabalho fosse acelerado e concluído dentro do prazo, sob a ameaça de rescisão por inadimplemento. Os elementos necessários estão presentes para provar um pleito de aceleração do cronograma, no entanto, o Proprietário alega que o subcontratado da parte elétrica é o verdadeiro culpado e é a causa do atraso na conclusão estimada do projeto.

O que o Contratado deve fazer em seguida? Primeiramente, deve o advogado determinar se o Contratado registrou corretamente as ocorrências de atraso acima descritos nas atualizações mensais? Provavelmente não, uma vez que a maioria dos contratos determina que a lógica de um cronograma só pode ser modificada quando uma ordem de mudança foi executada para refletir o acordo sobre escopo adicionado, ou condições alteradas. Assim, o Contratado deverá desenvolver uma abordagem/metodologia de cronograma de Caminho Crítico separada e independente, que melhor reflita os supostos atrasos e os insira no cronograma-base e/ou em um cronograma de andamento atualizado. Em seguida, uma análise do

[17] Frasier Constr. Co. v. United States, 384 F.3d 1354 (Fed. Cir. 2004)

impacto de tempo deve ser realizada para demonstrar o efeito dos atrasos no caminho crítico e na data de conclusão do contrato.

Existem várias técnicas de programação e metodologias que podem ser utilizadas na análise das ocorrências de atrasos, das quais as mais comuns são: técnica do tempo total (*total time technique*), impacto no cronograma inicial (*impacted as-planned*), novas atividades e seu impacto nos trabalhos subsequentes (*fragnets*), análise contemporânea do cronograma (*window analysis*) e impactos no *as-built. (collapsed as-built)*. A escolha de uma técnica específica dependerá das circunstâncias e dos fatos que você está tentando provar. A norma jurídica mais frequentemente citada exige que as informações usadas na análise do atraso devem ser confiáveis. Citando o caso *Blinderman*, a *Court of Federal Claims* America declarou que, "a análise do Método do Caminho Crítico é boa somente na medida em que as informações sobre as quais ela se baseia são confiáveis."[18] Solicitar o apoio técnico de um especialista em cronograma pode ser importante para aumentar a confiabilidade da abordagem utilizada na análise, auxiliando o Contratado na obtenção da prorrogação do prazo.

Feito isso, o advogado e a equipe do projeto terão que analisar e refutar o argumento do Proprietário de que o problema de recrutamento de funcionários do subcontratado da parte elétrica é a verdadeira causa para a alteração do caminho crítico ou provar que o problema de recrutamento foi, na pior das hipóteses, um atraso concomitante na conclusão das obras. O termo atraso concomitante descreve uma situação na qual cada uma das partes é individualmente responsável pelo atraso no projeto durante o mesmo período. Se um período de atraso pode ser atribuído simultaneamente para o Proprietário e o Contratado, essas ações serão consideradas atrasos concomitantes, e o resultado disso é que o Contratado deve receber uma extensão de prazo justificada, mas que não seria passível de indenizações[19]. Assim, quando existem atrasos concomitantes justificados e atrasos de caminho crítico não-justificados, o Contratado consegue o prazo, mas não é remunerado. No caso *Connors Bros. Constr. Co.*, a VABCA (*Veterans Affairs Board of Contract Appeals*) declarou que "Quando o Governo causa atrasos que são concomitantes e atrelados aos atrasos causados pelo Contratado, o Governo pode não cobrar indenizações. O Contratado tam-

[18] Blinderman Constr. Co v. United States, 39 Fed. Cl, 529, 586 (1997)

[19] Morganti Nat'l Inc. v. Unites States, 49 Fed. Cl. 110, 132 (2001)

bém não pode ser compensado por tal atraso."[20] Novamente, contar com a ajuda de um especialista em cronogramas pode se fazer necessário, e certamente auxiliará na compreensão do argumento do Proprietário de que o subcontratado da parte elétrica é a verdadeira causa do atraso do caminho crítico do projeto, ou se seu atraso é concomitante.

Se o Contratado não for capaz de provar que o subcontratado da parte elétrica não é responsável pelos atrasos do projeto, mas que esses atrasos são concomitantes com os do Proprietário, a não-concessão da prorrogação de prazo por parte do Proprietário é legítima?

Com base na jurisprudência citada acima, o Proprietário deveria ter concedido uma extensão de prazo ao Contratado, e o fato de não ter concedido, além da ameaça de rescisão, constitui uma aceleração do cronograma, dando ao Contratado direito a ser reembolsado por todos os custos adicionais incorridos no esforço da aceleração. Todos os cinco elementos necessários para comprovar o direito ao reembolso pela aceleração por parte do Contratado estão presentes: (1) os atrasos do subcontratado da parte elétrica são concomitantes com os atrasos causados pelo Proprietário, o que dá direito a um atraso justificado; (2) o Contratado entregou a notificação de atraso, endossada por uma análise da Metodologia do Caminho Crítico; (3) o Proprietário recusou-se a conceder uma prorrogação de prazo; (4) o Proprietário exigiu que o Contratado acelerasse os trabalhos, sob ameaça de rescisão por inadimplemento; e (5) o Contratado incorreu em despesas adicionais, em decorrência da aceleração. Em resumo, teria sido mais vantajoso para o Proprietário conceder uma extensão de prazo, sem a compensação de quaisquer custos referentes ao atraso, com base na concomitância dos eventos que impactaram o caminho crítico e a conclusão do projeto. A jurisprudência apoia a posição do Proprietário de não indenizar o Contratado. Outrossim, o fato de o Proprietário não ter concedido uma extensão de prazo e a sua ordem para a conclusão do Trabalho dentro do prazo contratualmente estipulado constitui uma aceleração do cronograma que legitima o direito do Contratado a receber pelos custos adicionais incorridos.

[20] Conner Bros. Constr. Co., VABCA 2504, 95-2 BCA ¶ 27,910

4.3 O Proprietário Pode Rescindir o Contrato por Inadimplemento?

Neste cenário, o Proprietário ameaça o Contratado com uma rescisão por inadimplemento, caso este não acelere o seu Trabalho para recuperar os atrasos. Essa ameaça nunca deve ser feita levianamente, pois ela representa uma opção fatal para a relação entre as partes, a ser escolhida somente após uma análise cuidadosa e deliberada, na qual todas as demais alternativas imagináveis tenham sido excluídas. Rescindir um contratado principal por inadimplemento raramente falha em aumentar a desordem no projeto, e, sem dúvida, forçará uma ação judicial/arbitragem por rescisão ilegal, na qual o Contratado irá lutar até a morte para evitar que isso conste em seu registro. A Rescisão por inadimplemento trará um processo judicial ao Proprietário, ele terá uma batalha difícil de se vencer.[21]

Um Proprietário que rescindir um contrato por inadimplemento terá que provar que:

1. o Contratado violou o contrato substancialmente, com base na avaliação das circunstâncias referentes às falhas de performance, perda econômica, culpa, renúncia, reparação, mitigação, impraticabilidade e princípios de interpretação do contrato;
2. a violação material não foi induzida, precedida, ou, de outra forma, justificada pelas próprias violações materiais supervenientes da parte que rescinde o contrato;
3. a decisão de encerrar resultou do livre arbítrio e da boa-fé daqueles que têm autoridade para encerrar o contrato;
4. a parte inadimplente e as seguradoras receberam notificação concedendo uma oportunidade para remediar deficiências materiais que justificaram a rescisão;
5. a parte rescindiu o contrato em estrita conformidade com os procedimentos de rescisão do contrato;
6. a garantia de execução da parte inadimplente foi liberada para o exercício dos seus direitos de performance pós-rescisão;

[21] PHILIP BRUNER & PATRICK O'CONNOR, CONSTRUCTION LAW § 18:38 (2002) ("A aplicação de cláusulas de rescisão por inadimplemento é sujeita a fortes restrições de políticas públicas advindas do reconhecimento judicial da rescisão por inadimplemento como cláusula de confisco a ser estritamente interpretado...[e] a aplicabilidade de tal cláusula permanece sujeita a considerações prevalecentes de políticas públicas, transparência e equidade")

7. se não havia nenhuma garantia de performance, ou se a seguradora se recusou a reconhecer as suas obrigações de performance, a nova contratação realizada pela parte que rescinde foi necessária e razoavelmente realizada para mitigação de danos; e
8. os custos de conclusão reembolsáveis da parte que rescinde foram razoavelmente incorridos e devidamente contabilizados.[22]

À luz destes requisitos, o nosso Proprietário, sem dúvidas, precisaria citar a obrigação contratual do Contratado em fornecer um cronograma de recuperação para utilizar a inexistência de tal documento como base para a rescisão. No entanto, isso não seria suficiente.

> Uma vez que a rescisão é judicialmente vista como 'penalidade drástica', que deve ser imposta e sancionada somente por 'sólidas razões e provas concretas,' a análise da sua materialidade é crucial. A habilidade da parte para comprovar que a rescisão é válida depende de uma avaliação cuidadosa dos eventos que levaram à rescisão. Materialidade, performance, perda econômica, renúncia, mitigação, impraticabilidade e outros fatores indissociavelmente entrelaçados aos fatos e à lei devem ser abordados na avaliação da rescisão.[23]

Assim, o Proprietário em nosso cenário teria que defender sua rescisão provando que não desempenhou nenhum papel na criação da necessidade de um cronograma de recuperação, e que ele fez análise adequada para comprovar sua ausência de culpa antes de rescindir o contrato.[24] Uma semelhante defesa detalhada e complexa precisaria ser apresentada para dar suporte à rescisão, baseada na afirmação de que o Contratado não acelerou o seu cronograma.[25]

O Proprietário também precisaria notificar sua intenção de rescindir o contrato por inadimplemento e propiciar uma oportunidade para repa-

[22] idem em § 18:39.

[23] idem em § 18:40

[24] Ver District of Columbia v. Kora & Williams Corp., 743 A.2d 682, 694 (D.C. 1999)(falha em conduzir qualquer uma das análises de atraso citadas, como uma das muitas deficiências do Proprietário, que endossou a constatação de uma rescisão por inadimplemento não justificada.

[25] idem

ração.[26] Este dever emerge independentemente de ter sido estabelecido em contrato ou não.[27]

Se o Proprietário tem argumentos válidos e rescinde o contrato por inadimplemento devidamente, ele pode obter: (1) a conclusão do trabalho do Contratado, custeada pela garantia de performance (se houver), ou por uma empresa substituta contratada pelo Proprietário para completar o Trabalho; e (2) reembolso por parte do Contratado do custo para finalizar as obras, subtraindo quaisquer fundos contratuais remanescentes que o Proprietário não pagou para o Contratado, juntamente com o pagamento de perdas e danos e custos razoáveis do Proprietário.[28]

Se o Proprietário não tiver um argumento válido e/ou rescindir o contrato por inadimplemento impropriamente, o Contratado terá o direito de escolher uma das seguintes indenizações:

1. lucros cessantes (*expectancy damages*), visando colocar o Contratado na posição financeira que teria caso o contrato tivesse sido finalizado, permitindo assim a recuperação (a) do valor do contrato (com ajustes de prazo e custos) subtraindo os custos dos trabalhos não realizados; ou (b) dos custos de performance e de atraso não pagos, acrescidos de lucros cessantes, ou
2. danos emergentes (*reliance damages*), que visam colocar o Contratado na mesma posição jurídica que ocuparia, caso ele tivesse realizado o trabalho sem o contrato, permitindo, assim, a recuperação de custos de trabalho não pagos, e lucro razoável sem limitações por qualquer preço de contrato acordado, ou
3. indenização *(restitution damages)*, refletindo a medida em que o proprietário enriqueceu injustamente por conta do trabalho do Con-

[26] PHILIP BRUNER & PATRICK O'CONNOR, CONSTRUCTION LAW § 18:41 (2002) (Considerando o propósito corretivo da notificação de reparação, a rescisão pela parte não inadimplente sem notificação e sem oferecer uma oportunidade de reparar qualquer violação reparável, constitui materialidade suficiente para determinar que a rescisão, por si só, é uma violação substancial, resultando em uma rescisão ilegal").

[27] Ver McClain v. Kimbrough Const. Co., Inc., 806 S.W.2d 194, 198-199 (Tenn. Ct. App. 1990); U.S. for Use and Benefit of Cortolano & Barone, Inc. v. Morano Const. Corp., 724 F. Supp. 88, 98 (S.D.N.Y. 1989).

[28] PHILIP BRUNER & PATRICK O'CONNOR, CONSTRUCTION LAW § 18:43 (2002).

tratado, permitindo assim a recuperação do o valor justo/razoável não remunerado do Contratado na base valor de mercado.[29]

4.4 Cláusulas de Pleitos em Contratos e Subcontratos — como Elaborar (e não Renunciar) o Pleito durante a Continuidade das Obras?

Quando um pleito surge durante uma obra, o objetivo é manter o projeto em andamento. O Proprietário pode não querer analisar o pleito até que a obra seja concluída, enquanto que o Contratado pode querer resolver os assuntos pendentes assim que eles aparecem. Qualquer participante do projeto de construção que tenha alguma reivindicação sobre um projeto deve certificar-se de que ele aja adequadamente para resolver o problema.

Contratos de construção normalmente incluem cláusulas obrigando a parte a emitir prontamente notificações por escrito sobre pedidos de compensação adicional ou de prorrogação de prazo de contrato. Tais cláusulas são frequentemente unilaterais, a fim de que o prazo para o aviso se aplique somente para a parte requerente. Por exemplo, em um contrato principal, os prazos para notificações normalmente se aplicam apenas ao Contratado, e não ao Proprietário. Em subcontratos, os prazos para notificações de pedidos muitas vezes aplicam-se somente ao subcontratado e não para o contratado principal. Quando os contratos são, de fato, negociados entre partes com poderes de negociação compatíveis, os requisitos para notificações de pedidos frequentemente são feitos de forma recíproca.

O Tratado sobre as Leis de Construção, de Philip Bruner e Patrick O'Connor resume o valor das cláusulas de notificação, da seguinte forma:

> Notificações de pedidos feitas em tempo hábil são uma questão de equidade fundamental, que permite que o notificado: (1) avalie as implicações e a eventual responsabilidade que podem ser criadas; (2) investigue se o item pedido é verdadeiramente excede o compromisso contratual inicial; (3) documente as despesas incorridas no desempenho do trabalho extra; e (4) adeque o preço do contrato de forma justa antes que a memórias desapareçam gradualmente,

[29] idem em § 18:44.

documentos sejam perdidos e os fatos retrocedam para a "névoa da construção."[30]

Embora a maioria dos contratos contenham cláusulas de notificação, elas não são sempre aplicadas. Como Bruner e O'Conner escrevem, alguns tribunais desconsideram os prazos, a menos que algum prejuízo seja demonstrado:

> Historicamente, a cláusula que determina o aviso seja dado em 30 dias [na *Federal Changes Clause*] foi criada primeiro. Foi rapidamente desenvolvida uma exceção tão ampla, que sobrou muito pouco da regra: a menos que o Governo possa demonstrar que a notificação tardia teria sido prejudicial de alguma forma, a exigência de aviso seria desconsiderada. [citações internas omitidas]
>
> Há casos em que se demonstrou com sucesso que o atraso do Contratado em emitir o aviso tenha causado prejuízos para o Governo... mas estes são comparativamente raros. A exigência de prejuízo também não é a única exceção para o aviso de trinta dias. Se o ente contratante considerar o mérito do pleito, conclui-se que ele renunciou a exigência de aviso. [citações internas omitidas].
>
> Desde *Hoel-Steffen*[31], foram criadas duas grandes exceções à aplicação rigorosa da exigência de notificação em vinte dias: (1) quando o órgão contratante está ciente das circunstâncias que dão causa ao pleito... e (2) quando a notificação por escrito teria sido inútil. [citações internas omitidas][32]

As regras para a contratação federal estão resumidas no *Federal Government Construction Contracts* da seguinte forma:

> Certas exceções, nas quais o não cumprimento dos requisitos de notificação não seja fatal para o pedido de ajuste, são bem reconhecidas. Conforme consta em *Appeal of Korshoj Constr. Co.*,[33] as exceções

[30] PHILIP BRUNER & PATRICK O'CONNOR, CONSTRUCTION LAW § 4:35 (2002).

[31] Hoel-Steffen Constr. Co. v. United States, 456 F.2d 760, 763 (Ct. Cl. 1972).

[32] idem

[33] Appeal of Korshoj Constr. Co. 70 Interior Dec. 400 (I.B.C.A. Aug. 27, 1963).

são as seguintes: (1) o Governo, de fato, sabia das circunstâncias que constituíam o pleito; (2) O órgão contratante considerou a reivindicação em seus méritos, sem apontar para a ausência da notificação; ou (3) a ausência da notificação não foi prejudicial ao Governo.[34]

Alguns tribunais estaduais adotam o princípio federal de que as cláusulas de notificação não devem ser impostas sem que a parte comprove que a ausência de notificação tenha sido materialmente prejudicial. Por exemplo, no caso *Ayers v. Coty of New Castle*, um Tribunal da Pensilvânia determinou que uma exigência contratual de notificação por escrito para pedidos de indenização não se aplica a danos ou trabalho extra ocasionado... por ato da própria da cidade"[35]

Por outro lado, há estados que têm dado apoio literal mais forte para cláusulas de notificação de aviso. No caso *Marriott Corp. v. Dasta Construction Co., o Eleventh Circuit* adotou uma lei da Flórida para barrar um pleito baseado no descumprimento da cláusula contratual de sete dias para notificação. [36]No caso *A.H.A. General Construction, Inc., New York Court of Appeals* determinou que:

> Por não haver evidências de que a suposta má-conduta do apelante, de alguma forma, impediu ou dificultou o cumprimento dos pré-requisitos contratuais [de notificação] por parte do réu, deve ser concedida ao apelante uma moção para julgamento antecipado, arquivando a acusação [por falta de notificação obrigatória].[37]

A menos que o Contratado esteja operando em uma jurisdição onde a aplicabilidade das cláusulas de notificação é claramente limitada, é importante entender os requisitos das disposições contratuais pertinentes e,

[34] Federal Government Construction Contracts 236 (Adrian L. Bastianelli III et al. eds., 2d ed 2010).

[35] 10 Pa. Super. 559, 564 (Pa. Super Ct. 1899).

[36] 26 F.3d 1057 (11th Cir. 1994). See also Inland Dredging co., L.L.C. v Panama City Port Auth., No. 5:04CV280-RH/WCS, 205 WL 4813429 (N.D. Fla. Sept. 22, 2005) (a reivindicação de uma empresa de dragas foi barrada por não ter emitido a notificação por escrito dentro dos trinta dias de prazo estabelecidos contratualmente).

[37] A.H.A. Gen. Constr., Inc. v. New York City Hous. Auth., 92 N.Y.2d 20, 23-24, 699 N.E.2d 368 (1998).

cumprir os requisitos de notificação em tempo hábil, ou negociar um acordo por escrito a respeito da forma de aviso que irá satisfazer a outra parte, em conformidade com aquelas cláusulas.

4.5 Limites dos Contratuais e Subcontratos em Pleitos de Atraso

Os Contratados e subcontratados devem ler os contratos e compreender as cláusulas que abordam os limites para os pleitos de atrasos. Cláusulas de "não-ressarcimento por atrasos" transferem o risco de perdas para o Contratado. Isto quer dizer que no caso de atrasos de responsabilidade do Proprietário, cláusulas de "não-ressarcimento" previnem indenizações e limitam a reparação através de prorrogação de prazo. Tipicamente, nenhuma cláusula de danos por atraso é aplicada na *Common law*[38]. Contudo, diversos estados já adotaram normas que invalidam cláusulas de não ressarcimento de danos por atraso. [39]

Além disso, a jurisprudência tem reconhecido quarto exceções gerais à aplicação de cláusulas de não-ressarcimento por atraso nos casos em que (1) os termos da cláusula não dão cobertura a esse tipo de atraso[40], (2) o atraso não foi contemplado pelas partes[41]; (3) a duração não é razoável[42], ou (4) foi provocado por interferência ativa ou má fé do proprietário[43]. Nesses casos não será aplicada de forma a impedir o direito do contratado de recuperar o aumento de seus custos decorrentes do atraso. Os Contratados precisam ter consciência dessas exceções, independentemente dos

[38] AIA A201 (1997) does not include an express no damages for delay clause. However, as discussed, *supra,,* there is a mutual waiver of "consequential damages" under Article 4.3.10 which includes the owner's loss of rental expenses; loss of use, income, profit, and financing and the contractor's principal office expenses and loss of profit other than anticipated profits arising directly from the Work.

[39] Cite states with statutes invalidating no damage for delay clauses.

[40] John E. Green Plumbing & Heating v Turner Constr. Co., 742 F2d 965 (6th Cir. 1984) (no damages for delay in highway construction contract was upheld as unreasonable duration and constituted abandonment); E.C. Nolon Co., Inc. v. Michigan, 227 N.W.2d 323 (Mich. Ct. Appl. 1975) (delay of 9 ½ months on a 2-year contract unreasonable).

[41] J.B. Steel Contractors, Inc. v. C. Iber & Sons, Inc., 642 N.E.2d 1215 (Ill. 1994)

[42] Mississippi Transp. Comm'n v. Ronald Adams Contractor, 753 So.2d 1077 (Miss. 1998) (86-day delay in highway construction contract was upheld as unreasonable duration and constituted abandonment); E.C. Nolan Co., Inc. v. Michigan, 227 N.W.2d323 (Mich.Ct.App. 1975)(delay of 9 ½ months on 2-year contract unreasonable).

[43] Peter Kiewit Sons' Co. v. Iowa Southern Utilities Co., 355 F.Supp. 376 (S.D. Iowa 1973).

pleitos terem surgido no decorrer de um projeto ou forem descobertos ao final do projeto, visto que a cláusula de "não-ressarcimento por atraso" é tipicamente utilizada como defesa assegurada pelos proprietários.

Os tribunais também concluíram que a falha de um proprietário em conceder uma prorrogação de prazo é condição precedente à aplicação da cláusula de não-ressarcimento por atraso.[44] No caso *Mississippi Transportation Commission v. SCI, Inc.*, o contratado informou ao proprietário de que estava sofrendo atrasos devido às interferências que o Proprietário deveria ter removido antes do início da execução. O proprietário se recusou a conceder a solicitação de prorrogação de prazo. Não saber se teria do prazo fez com que o contratado acelerasse o trabalho para manter-se dentro do cronograma. Contudo, o trabalho acabou sofrendo atraso. Na ação por quebra contratual e danos por atraso movida pelo contratado, o proprietário utilizou a defesa da cláusula de não-ressarcimento. O júri decidiu o veredito a favor do contratado, apontando que a falha do proprietário em administrar solicitações de prorrogação em tempo hábil era considerado ato de má fé. O veredito foi mantido em recurso, muito embora a cláusula de não-ressarcimento por atraso excluísse o pagamento de danos "atribuídos a interferências ou pela operação de movê-las."[45] Sendo assim, nos casos em que o proprietário administra um contrato de forma a forçar o contratado a acelerar o trabalho, pode-se concluir que o proprietário abdicou de sua proteção perante a cláusula de não-ressarcimento por atraso.

4.6 Cláusulas de Indenização

Quando ocorrem atrasos em um projeto de construção, o contratado e o subcontratado devem revisar seus contratos e determinar sua exposição à indenização de danos. Cláusulas de indenização[46] são normalmente

[44] U.S. ex rel. Pertun Consr. Co. v. Harvesters Group, Inc., 918 F.2d 915 (11th Cir. 1990); Mississippi Transp. Comm'n v. SCI, Inc., 717 So.2d 332 (Miss. 1998).

[45] SCI at 338, fn. 2.

[46] The term stipulated damages refers generically to clauses more commonly referred to as liquidated damages. Stipulated damages is preferred in that the clause's validity has yet to be determined, and that the term liquidated damages is a judicial conclusion of a valid stipulated damages clause. An invalid stipulated damages clause is called a penalty and will not be enforced.

incluídas em contratos de construção. [47] A cláusula procura fixar o limite de danos no caso de atraso na conclusão de um projeto de construção. Teoricamente, uma predeterminação dos danos elimina a necessidade de mover ações por danos efetivamente incorridos, um problema custoso e de difícil comprovação.

Embora essas cláusulas sejam razoavelmente claras e diretas, elas podem levar a ações judiciais caso o Contratado queira desafiar a avaliação. A jurisprudência provê diversos fundamentos utilizados para desafiar as indenizações. Cláusulas de danos pré-estipulados não serão aplicadas pelos tribunais, exceto quando "A soma pré-acordada não aparenta ser insensata dentro do contrato, e é impossível apurar os danos reais, e não foi cometido nenhum tipo de fraude..." [48]

1. se a quantia estipulada tiver a intenção de ter a natureza de indenizatória e não punitiva;
2. se os danos que as partes possam razoavelmente prever sejam difíceis de contabilizar devido à sua indefinição ou incerteza, e
3. se o valor estipulado seja um ressarcimento razoável dos danos resultantes de quebra contratual.

Estes padrões são substancialmente semelhantes ao utilizado para multas compensatórias e penalidades. [49]

Os Proprietários enfrentam diversos desafios quando buscam o ressarcimento de danos por atrasos provocados pelo Contratado. Um proprietário deverá, além de demonstrar os motivos da quebra do contratado,

[47] Aside from wide utilization in private contracts, liquidated damages clauses are mandatory in a wide variety of federal government contracts. *See* The Use and Abuse of Liquidated Damages in Federal Defense Contracts: An Analysis, 8 OKLA, CITY U. L. REV. 251 (

[48] United States v. Bethlehem Steel Co., 205 U.S. 1-5, (1907). Though this case involved a stipulated damage clause relating to the shipment of gun carriage, the general doctrines of stipulated damages still apply to the construction industry.

[49] RESTATEMENT (SECOND) OF CONTRACTS § 356 (1982), Liquidated damages and Penalties. (1) Damages for breach by either party may be liquidated in the agreement but only at an amount that is reasonable in the light of the anticipated or actual loss caused by the breach and the difficulties of proof of loss. A term fixing unreasonably large liquidated damages is unenforceable on grounds of public policy as a penalty. (2) A term in a bond providing for an amount of money as a penalty for nonoccurrence of the condition of the bond is unenforceable on grounds of public policy to the extent that the amount exceeds the loss caused by such nonoccurrence.

quantificar seus danos com "certeza razoável." Para que isso aconteça, o proprietário deve estabelecer que seus danos não são "especulativos" e que podem ser apurados através de padrões aceitáveis, tal como valor de mercado, experiência prévia, ou dedução direta de circunstâncias conhecidas."[50] O requerimento de "certeza razoável" é particularmente difícil para o proprietário que procura recuperar suas perdas resultantes da abertura tardia de um novo negócio.[51]

Os tribunais reconhecem que cláusulas de indenização permitem que as partes controlem sua exposição ao risco ao estabelecer o pagamento por quebra adiantadamente. As partes abdicam do seu direito a uma reparação judicial que apure o dano real tendo a certeza por sua vez do pagamento à época da ocorrência. Consequentemente, cláusulas de danos estipulados são universalmente consideradas pelos tribunais como sendo válidas se a cláusula for "razoável dentro da totalidade das circunstâncias."[52] O valor em danos no contrato deve ser razoável sob o foco de "dano previsto ou real provocado pela quebra, as dificuldades da prova, e da inconveniência ou da inviabilidade em obter uma reparação adequada."[53] Se o valor de uma provisão de indenização for alto demais, pode ser considerado como multa, e assim, não pode ser executada. Contudo, visto que a validade de uma cláusula de indenização é determinada com base nas circunstâncias existentes na execução do contrato e não ao serem avaliadas, um valor de indenização que exceda os danos reais em base diária será provavelmente executada.

4.7 Renúncia a Danos Emergentes

A medida apropriada de danos resultantes da quebra de um contrato executável é frequentemente "a diferença entre o valor esperado do contrato

[50] United States v. Bethlehem Steel Co., 205 U.S. 1-5, (1907). Though this case involved a stipulated damage clause relating to the shipment of gun carriage, the general doctrines of stipulated damages still apply to the construction industry.

[51] Stipulated damages clauses in land sales contracts are subject to far less litigation, at least in Pennsylvania where the courts have established a ratio of 10 percent to be a reasonable sum to be established as liquidated damages in the event a party breaches the land sale contract, Kraft v. Michael, 166 Pa. Super. 57, 70 A.2d 424 (1950).

[52] Wassenaar v. Panos, 331 N.W. 2d 357, 111 Wis.2d 518, 524 (1983)

[53] Restatement (Second) of Contracts (1979) Section 402.718(1).

e o valor realmente recebido pela parte não-infratora."[54] O objetivo deste tipo de danos é colocar a parte prejudicada na mesma posição em que estaria caso a promessa tivesse sido cumprida e não de conferir ganhos inesperados.[55] As partes podem limitar ou modificar as reparações disponíveis em caso de quebra contratual, e consequentemente esta medida geral de danos está sujeita a essas cláusulas.[56]

Danos reais podem ser "perdas e danos" ou "danos emergentes".[57] Existe uma linha tênue que distingue esses dois tipos de dano. As tentativas dos tribunais de diferentes jurisdições de distinguir os danos renderam resultados inconsistentes que não conseguiram oferecer a clareza necessária para definição.

Perdas e danos são aqueles que têm origem necessariamente na quebra contratual e compensam pela perda que poderia ser prevista ou contemplada pelas partes como consequência de uma quebra.[58] A questão de determinados danos serem diretos ou emergentes passa pela linguagem

[54] Tenn. Gas Pipeline Co. v. Technip USA Corp., No. 01—6-00535, 2008 WL 3876141, at *5 (Tex. 1st D.C.A. 2008).

[55] Hees v. Burke Constr., Inc., 290 Conn. 1, 8, 961 A.2d 373, 378 (2009) ("The injured party, however, is entitled to retain nothing in excess of that sum which compensates him for the loss of his bargain . . . The concept of actual loss accounts for the possibility that the breach itself may result in saving of some cost that the injured party would have incurred if he had had to perform . . . In such circumstances, the amount of the cost saved will be credited in favor of the wrongdoer . . ."); State *ex rel.* Stovall v. Reliance Ins., Co., 278 Kan. 777, 789, 107 P.3d 1219, 1228 (2005) ("A party is not entitled to recover damages "not the proximate result of the breach of contract and those which are remote, contingent, and speculative in character.'").

[56] Tenn. Gas, 2008 WL 3876141, at *6 (discussing provision in general contract waiving recovery of "indirect, special, incidental or consequential loss or damage" and owners contention that damages awarded by jury were direct, not consequential, and thus should not have been limited by lower court). *See* part three, *infra,* for discussion of contractual limitations on recovery of damages.

[57] Tenn. Gas, 2008 WL 3876141, at *6

[58] Id.; *but cf.* Spang Indus, Inc., Ft. Pitt Bridge Div. v. Aetna Cas. & Sur. Co., 512 F.2d 365, 370 (2d Cir. 1975) ("It is also pertinent to note that the rule does not require that the direct damages must necessarily follow, but only that they are like to follow"); *see also* Roanoke Hosp. Ass'n v. Doyle & Russell, Inc., 215 Va. 796, 801, 214 S.E.2d 155, 160 (1975) (discussing direct damages as those that arise "naturally" or "ordinarily" from a breach of contract; they are damages that, in the ordinary course of human experience, can be expected to result from a breach); Pa. DOT v. Morrissey, Inc., 682 A.2d 9, 16, n. 15 (Pa Commw. 1996) (declining to decide whether recoverable damages must be "both (1) a natural and ordinary result of the breach, and (2) reasonably foreseeable and within the contemplation of the parties at the time they made the contact" because both tests were met).

contratual pertinente, mas pode também ser influenciada por fatores tais como a posição das partes no contrato.[59] Exemplos comuns de perdas e danos incluem valores contratuais não-pagos, custos de reparos, e custo prospectado reduzido devido a retrabalhos.

Danos emergentes são perdas da parte não-infratora que "resultam naturalmente, mas não necessariamente, da quebra."[60] Eles "devem ser previsíveis e ... diretamente ligado ao ato ilícito que deu causa a ele."[61] Um exemplo clássico de danos imprevistos é o lucro cessante.

O grau de prova em relação ao valor dos danos é mais alto para danos emergentes do que para perdas e danos, sendo que aqueles devem ser postulados com alto grau de especificidade. O autor deve provar que os danos são consequência direta do inadimplemento e que eram razoavelmente previsíveis pelas partes quando celebraram o contrato.[62] O "raciocínio geral para o princípio da previsibilidade é que uma Parte que antecipa as consequências de uma quebra contratual pode ajustar o valor do contrato para compensar o risco que está sendo assumido.[63]

[59] Mertric Constructors, Inc. v. Hawker Siddeley Power Eng'g, Inc., 468 S.E.2d 435 (N.C.App. 1996) (where subcontractor presented extensive documentation and witness testimony as to the nature and amount of damages suffered because of contractor's delay, contractor was "sophisticated corporation with extensive experience on projects of this nature," and subcontract specifically permitted recovery of delay damages).

[60] Tenn. Gas Pipeline Co. v. Technip USA Corp., No. 01-06-00535, 2008 WL 3876141, at *6 (Tex. 1st D.C.A. 2008). (*See also* K.C. Props. of N.W. Ark., Inc., v. Lowell Inv. Partners, LLC 373 Ark. 14, 24, 280 S.W.3d 1, 10 (2008) (defining consequential damages as those that "do not flow directly and immediately from the breach, but only from some of the consequences or results of the breach"); Roanoke Hosp., 214 S.E.2d at 160 ("Consequential damages are those which arise from the intervention of 'special circumstances' not ordinarily predictable.").

[61] Tenn. Gas, 2008 WL 3876141, at *6; Waterbury Feed Co., LLC v. O'Neil, 181 Vt. 535, 540 (2006).

[62] Spang Indus., 512 F.2d at 368 ("it is essential under Hadley v. Baxendale and its Yankee progeny that the notice of the facts which would give rise to special damages in case of breach be given at or before the time the contract was made. The principle urged cannot be disputed"); Schonfeld v. Hilliard, 218 F.3d 164, 172 (2d Cir. 2000). *But see* Roanoke Hosp., 214 S.E.2d at 160 (general rule that "contemplation must exist at the time of contracting" is not absolute).

[63] ABA Model Jury Instructions for Constr. Litig. 10.04 cmt. (citing, among other cases, Nat'l Controls Corp. v. Natl's Semiconductor Corp., 833 F.2d 491 (3d Cir. 1987) (stating that "[t]he element of causation defines the range of socially and economically desirable recovery." And requires not only " 'but-for' causation in fact" but also "that the conduct be a 'substantial factor' in bringing about harm")).

Contratos de construção frequentemente contêm uma renúncia a danos emergentes. Nos casos em que um contrato exclui danos emergentes de forma explícita, os tribunais normalmente entendem que o contratado abdicou do seu direito de pleiteá-los.[64] Encontram-se exceções nos casos em que a exclusão de danos emergentes foi feita de forma inconsciente ou se o contratado provar que ao negar danos emergentes ele fica sem qualquer reparação de danos no caso de quebra contratual.[65] Casos como este são raros, já que os tribunais entendem que a renúncia a danos imprevistos é uma decisão de alocação de risco que as partes acordam durante a negociação. Entende-se também que não é função do tribunal olhar além das formalidades contratuais.[66] Se o contratado faz um pleito de custos extras que inclua danos que estão dentro do escopo da renúncia a danos emergentes, é altamente improvável que tais danos possam ser recuperados. Para evitar a renúncia a danos emergentes, os contratados devem escolher entre não concordar com a renúncia ou provar que os danos reivindicados não poderiam ser considerados emergentes.

4.8 Renúncia ao Sigilo Advogado-Cliente?

Os advogados que enfrentam reivindicações em meio a execução do contrato devem reconhecer que estão operado em um ambiente que aumenta o risco de uma renúncia do sigilo advogado-cliente. O equilíbrio delicado entre gerir o projeto e gerir um pleito pode também criar uma linha tênue entre manter o sigilo advogado-cliente ou abdicar dele.

O sigilo advogado-cliente existe "para proteger não só o aconselhamento profissional àqueles que podem tomar alguma ação, mas também para fornecer informações ao advogado para que ele possa dar um aconselhamento correto e eficiente."[67] Este privilégio pode ser invocado quando existe uma das circunstâncias a seguir:

[64] M.A. Mortenson Company, Inc., v. Timberline Software Corp., 140 Wash2d 568, 998 P.2d 305 (2000); J.A. Balistreri Greenhouses v. Roper Corp., 767 P.2d 736 (1998); National Cash Register Company v. Modern Transfer Co., Inc., 244 Pa.Super. 138, 302 A.2d 486, 491 (1973).

[65] Appeal of J.P. Davenport Co. 70-2 BCA 845 ASBCA No. 14661 (1970); J.A. Balisteri Greenhouses v. Roper Corp., 767 P.2d 736, 738 (Co. Ct. App. 1988)

[66] M.A. Mortenson, *supra* at 314

[67] Upjohn Company v. United States, 449 U.S. 383, 391,101 S.Ct. 677, 684 (1981).

> (1) o detentor do privilégio é ou pretendia ser um cliente; (2) a pessoa com a qual se comunicou (a) é um membro de um tribunal, ou um de seus subordinados e (b) atua como advogado em relação a esta comunicação; (3) a comunicação é relativa a um fato sobre o qual o advogado foi informado (a) por eu cliente (b) sem a presença de estranhos (c) com o propósito de assegurar primeiramente tanto (i) uma opinião jurídica, (ii) serviços jurídicos ou (iii) assistência em um dado procedimento legal, e não (d) com o propósito de cometer um crime ou ilícito; e (4) o privilégio foi (a) reivindicado e (b) não foi renunciado.[68]

Estas circunstâncias podem ser mais difíceis de estabelecer quando os advogados precisam focar tanto na elaboração dos pleitos e como no andamento do projeto. Por exemplo, no meio da execução de um projeto, nem sempre é claro se o advogado atua como um advogado e/ou se está engajado para assegurar "aconselhamento jurídico" na condução das ações da empresa. Isto se prova particularmente verdadeiro para o departamento jurídico, que com frequência possui uma função ou cargo na área administrativa além de sua posição na área jurídica.[69] Quer seja interno ou externo, a linha que divide as funções jurídicas das administrativas pode tornar-se confusa porque, ao lidar com pleitos no meio do projeto, frequentemente depara-se com a necessidade/vontade de discutir ou aconselhar o pessoal do projeto acerca de como eles podem proceder com certas obrigações durante a execução do projeto.

A questão crítica a ser feita é se o jurídico age como advogado ou se alternativamente se engaja em comunicações para assegurar primariamente (i) uma opinião jurídica, (ii) serviços jurídicos ou (iii) assistência em qualquer procedimento de natureza jurídica. Esta consulta deve ser feita quando o advogado se envolver em qualquer uma das seguintes situações: (1) revisão, edição ou minutas da correspondência, relatórios semanais e

[68] Montgomery v. Leftwich, Moore & Douglas, 161 F.R.D. 224, 226 (D.D.C. 1995).

[69] Lindley v. Life Investors Ins. Co. of America, 267 F.R.D. 382, 390 (N.D.Okla. 2010)("Many courts have relied on two rebuttable presumptions (though often not stated expressly) regarding the role of the lawyer in determining the nature of the advice: (1) if outside counsel is involved, the confidential communication is presumed to be a request for and the provision of "legal advice"; and (2) if in-house counsel is involved, the presumption is that the attorney's input is more likely business than legal in nature.").

mensais, relatórios gerenciais ou relatórios de status ao Proprietário; (2) revisão, discussão, preparação ou atualização de cronograma do projeto; (3) revisão, discussão ou aconselhamento referente a controles do projeto ou planilhas de custos; (4) revisão, edição, minuta ou negociação de solicitações de alteração. Dependendo dos detalhes dessas ações e da jurisdição, a comunicação do advogado engajado em todos esses atos poderia não se enquadrar na proteção da questão de sigilo advogado-cliente.[70] Da mesma forma, o advogado deve ser cuidadoso ao reconhecer situações onde tais ações possam ser interpretadas para servir um propósito administrativo em vez de jurídico, o que significaria nenhuma proteção ao sigilo advogado-cliente em questões de comunicações relevantes. [71]

Durante a execução do projeto, é também ampliada a oportunidade de abdicar do sigilo advogado-cliente ao partilhar comunicação privilegiada "na presença de terceiros". Em meio à execução do projeto, o advogado e seus colegas de trabalho irão provavelmente interagir com certa frequência com representantes do Proprietário e subcontratados. Se um dos colegas de trabalho do advogado partilhar com o Proprietário ou representantes dos subcontratados qualquer tipo de informação com o advogado, considera-se que o privilégio foi renunciado.[72] Visto que e-mails e mensagens de texto são a versão atual de conversas casuais, isto pode ocorrer com mais

[70] Georgia-Pacific Corp. v. GAF Roofing Mfg. Corp., 1996 WL 29392, 64 USLW 2497 (S.D.N.Y. Jan 25, 1996) (NO. 93 CIV. 5125 (RPP))(In-house counsel that participated in review and negotiation of environmental provisions of contract forced to reveal communications he made to senior management regarding recommended negotiating positions based on the court's finding that the counsel "was not exercising a lawyer's traditional function . . . [because a]s a negotiator on behalf of management, [he] was acting in a business capacity"); Bhandari v. Artesia General Hospital, __ P.3d __, 2013 WL 4499152 (N.M. App.)(Court found memorandum from in-house counsel provided legal advice on how employee had failed to comply with his employment contract and hospital policies, nonetheless, denied attorney-client privilege protection because the document's primary purpose was to serve the hospital's business goal of obtaining the resignation of the employee and his spouse); Western Trails, Inc. v. Camp Coast to Coast, Inc., 139 F.R.D. 4 (D.D.C. 1991)(Data gathered under supervision of counsel in the course of rendering legal advice not protected by attorney-client privilege where party seeking protection produced nothing more than bare assertions that the information actually played a role in counsel providing legal advice).

[71] Neuder v. Battelle Pacific, 194 F.R.D. 289, 292 (D.D.C. 2000)("[W]here business and legal advice are intertwined, the legal advice must predominate for the communication to be protected.").

[72] Eagle Compressors, Inc. v. HEC Liquidating Corp., 206 F.R.D. 474, 480 (N.D. Ill. 2002).

frequência do que possamos suspeitar, tal como confirmado em diversos casos no procedimento de apuração de provas para litígio ou arbitragem.

Finalmente, na era Sarbanes-Oxley, proprietários e contratados devem cada vez mais encontrar-se com auditores externos que demandam informações detalhadas acerca de solicitações de alteração não-aprovadas e ações. O advogado deve estar ciente de que comunicações/documentos privilegiados partilhados com tais partes podem resultar na renúncia ao sigilo advogado-cliente.[73]

5 Questões Internas que o Departamento Jurídico e o Consultor Externo Devem Abordar

A existência de um pleito durante a execução de um projeto traz a tona uma série de questões internas que devem ser abordadas. A forma como o departamento jurídico direciona o seu foco nessas questões pode afetar significativamente tanto o pleito como a execução do projeto. Infelizmente, há ocasiões em que o que é bom para o pleito pode ser ruim para a execução das obras e vice-versa. Nesse momento, existirá um importante dilema para o departamento jurídico: nesse processo, é sua responsabilidade dar continuidade ao pleito, sem conduzir o projeto ao fracasso. Não há saída fácil para esse dilema. Contudo, a análise de algumas questões que surjam pode dar meios de melhor atacar o problema.

5.1 Conflito no Cronograma do Caminho Crítico

Como vimos no cenário fático acima, existe uma obra na qual o Contratado pleiteia o direito a uma prorrogação de prazo de seis meses em virtude dos atrasos causados por problemas com o equipamento fornecido pelo Proprietário. O departamento jurídico do Contratado reuniu todas as informações que dão suporte ao pleito, incluindo o mais recente Cronograma do Caminho Crítico. Examinando esse cronograma, o departamento jurídico do Contratado confirma que os atrasos são efetivamente

[73] Medinol, Ltd. v. Boston Scientific Corp., 214 F.R.D 113 (S.D.NY.2002)(Case confirms attorney-client privilege is lost if privileged item is shared with a third party and also demonstrates attorney work product doctrine can be waived by sharing confidential information with outside auditors).

ocasionados pelos equipamentos do Proprietário. Dois meses depois, o departamento jurídico revisa um esboço do cronograma que a equipe do Contratado está elaborando. Essa revisão revela que o novo documento demonstra que os atrasos que agora impactam no caminho crítico foram causados pelo trabalho insatisfatório do subcontratado para parte elétrica, e não por problemas com os equipamentos fornecidos pelo Proprietário. O departamento jurídico reúne imediatamente os responsáveis pela elaboração do esboço e informa que, da forma como está, o novo cronograma invalida o pleito de prorrogação de prazo de seis meses que a equipe tem conduzido pelos últimos dois meses. Os responsáveis informam que elaboraram o cronograma corretamente, mas estão dispostos a ouvir as sugestões do departamento jurídico. Esse departamento tem ampla experiência em tocar esse tipo de pleitos e acredita que certos fatos podem ser revistos, legitimamente e de boa fé, a fim de garantir que os problemas com os equipamentos do Proprietário continuem impactando no caminho crítico. O que o departamento jurídico deve fazer?

O cronograma contempla as sugestões do departamento jurídico e mantem os atrasos causados por culpa dos equipamentos fornecidos pelo Proprietário;

Elaborar um cronograma de forma que não fique clara a distinção de qual caminho crítico se analisa; e,

Elaborar um cronograma conforme premissas originais contratadas.

A resposta correta para esta questão é a c). Na tentativa de encontrar o adequado equilíbrio entre o gerenciamento do projeto e do pleito, o departamento jurídico deve se abster de conduzir a forma como algumas tarefas atinentes à execução do projeto são conduzidas. Ainda que o departamento jurídico tenha uma ampla experiência com cronogramas, a sua elaboração não é um trabalho jurídico, o qual deve ser legado a experientes profissionais especialmente contratados para a execução.

Deve-se evitar analisar a questão pelo ponto de vista ético, já que o departamento jurídico realmente acredita no seu trabalho e o faz de boa fé. Logicamente, sem essa premissa, o departamento jurídico não poderá atuar na alteração do cronograma simplesmente para proteger o pleito.

O perigo em se escolher a alternativa a), apesar dos padrões éticos e boa intenção, reside no fato de que se o Proprietário ou seus colaboradores descobrem a manobra, eles certamente concluirão que os padrões éticos e a boa intenção não foram observados na elaboração do cronograma. E mais, se o fato de o departamento jurídico ter influenciado na elaboração do cronograma vier a tona em uma ação ou em uma arbitragem, o pleito certamente será fracassado e, possivelmente, a credibilidade do contratado será questionada, a ponto de ameaçar outros pleitos. Por outro lado, especialistas em cronogramas terceirizados podem, por vezes, chegar a conclusões que são contrárias àquelas da equipe do projeto. Eles têm a vantagem de observar a situação de fora em conjunto com outras informações, o que significa que a opinião da equipe do projeto pode não ser fatal para o pleito de atraso.

Outros fatores podem ser observados que levariam à conclusão de que a alternativa a) pode ser a opção mais viável, assumindo que o departamento jurídico tenha sido auxiliado por um especialista em cronogramas terceirizado. Devido ao trabalho desse especialista, independentemente da opinião da equipe do projeto, o departamento possuirá fatos sólidos e confiáveis para embasar seus argumentos. Esses fatos fazem com que a alternativa a) seja, então, a mais apropriada. Independente disso, existe um risco ao se escolher essa ação devido à uma possível alegação de que as partes, para dar seguimento ao pleito, influenciaram a equipe na execução dos projetos.

A resposta b) não é uma opção viável porque frustra com a verdadeira finalidade de um cronograma de caminho crítico e coloca o Contratado em uma posição indefensável.

5.2 Formulários de Controle de Projeto que Atribuem os Atrasos ao Contratado e ao Subcontratado

No cenário posto, o departamento de controle de projeto desenvolveu um formulário de controle de não conformidades para auxiliar a contabilidade interna, que rastreia os gastos não previstos ou extra. Ao juntar informações para o pleito que está sendo elaborado, o departamento jurídico do Contratado toma conhecimento desse formulário e faz sua análise. Nessa verificação, o departamento jurídico nota que o documento contém informações detalhadas dos custos do projeto e ao final contempla opções que informam se a despesa foi causada por atraso do Proprietário, do Contratado ou do Subcontratado. Alguns formulários marcam atrasos do Contratado e do Subcontratado. O que o advogado deve fazer?

– Indica a quem o atraso deverá ser propriamente atribuído;
– Emitir os formulários sem a informação de quem causou o atraso; ou,
– Emitir os formulários na forma elaborada pelo departamento de Controles.

A sugestão aqui é a resposta b). Essa alternativa pode parecer conflitante com a resposta à questão anterior, que recomenda que o departamento jurídico deixe os profissionais de projeto fazerem seu trabalho. A distinção aqui ocorre porque os profissionais de projeto extrapolaram suas funções necessárias à execução do projeto. Nesses termos, o departamento jurídico deve garantir que a equipe foque apenas no seu trabalho, sem fazer assunções acerca do pleito.

Quando a equipe toma conhecimento da existência de pleitos pendentes, deve também ser informado que o trabalho que eles realizam podem tem um grande impacto nos pleitos. O departamento jurídico tem que ter certeza de que a equipe do projeto não extrapole suas funções tentado ajudar unilateralmente a causa. Muitas vezes, os colaboradores tomam ações que eles acreditam que irão ajudar, mas que, na verdade, acabam por criar documentos que contradizem os achados e conclusões dos especialistas em pleitos. Advogados experientes sabem bem que se pode facilmente subestimar as informações e análises necessárias para determinar adequadamente as verdadeiras causas do atraso em um projeto complexo. Assim, formulários de controle de projetos podem indicar que certos gastos não planejados por parte do subcontratado da parte elétrica estavam relacionados com trabalho que precisou ser feito novamente para corrigir defeitos, causando assim um atraso. Além disso, o pessoal de Controle de Projetos pode não ter informações adicionais disponíveis, reunidas e analisadas pelos especialistas em pleitos, que demonstram que os reparos em questão foram causados por uma alteração tardia do projeto nos equipamentos fornecidos pelo Proprietário.

Neste ponto, a função do Controle de projetos é de rastrear gastos não planejados e não de determinar de quem foram os atrasos que provocaram tais gastos. Sendo assim, o melhor a fazer é deixar que o Controle de Projetos documente informações que adquire no decorrer de suas tarefas. Esses colaboradores não devem especular, ainda que por vezes tais especulações venham dos dados obtidos. Assim, o melhor caminho a seguir é utilizar o formulário sem designar a causa da despesa não planejada.

Tal como indicado na discussão acima, as opções a) e c) não são boas respostas, já que nem o Controle de Projetos e nem os advogados podem ter informações suficientes para determinar adequadamente a verdadeira causa dos atrasos no decorrer do projeto. E se o projeto se prolongar por muitos anos, com especialistas externos contratados que chegaram a um ponto em sua análise em que acreditam que podem determinar adequadamente que é a parte em atraso? Esse cenário torna a) uma opção mais aceitável? O problema com a resposta a) é que o coloca novamente em uma situação em que parece que o advogado está tentando influenciar os resultados das ações. Como visto acima, isso cria um risco de interferência negativa que pode seriamente colocar em dúvida a credibilidade de todos os pleitos, bem como da execução do projeto.

5.3 Relatórios Mensais que não Colocam o seu Cliente em uma Posição Favorável

Como em qualquer projeto, a Gestão de Projetos em nosso cenário de fatos prepara relatórios mensais. Ao recolher todas as informações necessárias para fundamentar o pleito, o advogado lê alguns destes relatórios mensais e percebe que eles não colocam o Contratado em uma posição favorável em relação aos pleitos existentes e outras futuras disputas em potencial. O que deve então fazer o advogado?

- Incluir o ponto de vista do advogado nos relatórios mensais; ou
- Emitir os relatórios mensais em um formato menos controverso; ou
- Emitir os relatórios mensais da forma como foram preparados pela equipe de projetos.

A resposta recomendada para este dilema é a alternativa a). A preocupação neste caso é que as descrições que tratam diretamente dos pleitos e disputas futuras estão sendo escritas em detrimento aos interesses do Contratado. Pleitos e disputas futuras estão dentro do escopo de trabalho do advogado e representam algumas de suas principais responsabilidades. Da mesma forma, um forte argumento pode ser usado: o advogado tem não só direito, mas também o dever de intervir na documentação desses assuntos.

Relatórios mensais são geralmente revistos e acordados pelos representantes do Proprietário e Contratado antes de serem emitidos. Sendo assim, o advogado não pode necessariamente escrever relatórios em que advogue pela posição do Contratado em relação a pleitos e disputas futuras.

Contudo, precisamente porque o relatório mensal é considerado um documento bilateral, que carrega certo peso nos procedimentos de resolução de conflitos, o advogado pode fazer o possível para assegurar-se de que as descrições nesse documento não oferecem qualquer oportunidade para o experiente advogado da outra parte avançar ou inferir conclusões incorretas, impróprias ou desfavoráveis acerca da sua empresa ou cliente, sem fundamentação nos fatos reais.

O advogado pode e deve estar preparado para defender suas atitudes caso seja chamado a dar explicações. Diferente de outros assuntos, este é um caso em que o advogado pode categoricamente afirmar que estava fazendo o seu trabalho. O relatório mensal contém uma seção que descreve os pleitos e conflitos. Com responsabilidade direta sobre essas questões, não existe ninguém mais indicado para falar sobre elas. Este ponto presume (e recomenda) que o advogado limite suas ações a apenas redigir as descrições pertinentes aos pleitos e conflitos, e que não assuma a completa redação do relatório mensal.

A alternativa b) também se mostra apropriada, e em diversas ocasiões é onde determina o motivo pelo qual as partes não conseguem entrar em acordo. Mesmo assim, a alternativa b) parece ir contra a aceitação diligente do papel e responsabilidades do advogado. A alternativa c) parece ainda mais assim, o que faz dela uma resposta inaceitável.

5.4 E-mail Desfavorável dentro da Equipe do Contratado e/ou entre o Contratado e os Subcontratados.

Outro assunto interno que desafia o advogado durante o projeto, é ter que lidar com e-mails desfavoráveis que estão inevitavelmente gerados. Este assunto em particular geralmente não cria a tensão "bom para o pleito, ruim para o projeto", evidente nas questões discutidas acima. Na verdade, e-mails desfavoráveis podem igualmente ameaçar as ações e a execução do projeto. Além disso, e-mails deste gênero normalmente acarretam mais risco para o Contratado do que para o Proprietário. Semelhante ao nosso cenário de fatos, o Contratado está no meio, relacionando-se tanto com o Proprietário e com o Subcontratado, e frequentemente é colocado em posições divergentes em tópicos semelhantes.

Quer esteja representando o Proprietário ou o Contratado, o desafio imediato que o advogado enfrenta é de como manter o andamento do projeto sem gerar mais e-mails desfavoráveis. O advogado deve começar por reconhecer a baixa probabilidade de prevenir a geração de mais e-mails desfavoráveis à medida em que o projeto avança. Coloque isso na avaliação do entendimento da sua "posição razoável" em que uma resolução de conflitos diminui as consequências adversas de e-mails desfavoráveis. Outrossim, há passos que podem ser tomados para reduzir o número de e-mails desfavoráveis gerados.

Conduza um "Seminário de Comunicação Eficiente" com todos os seus empregados, incluindo a equipe do projeto e a alta-gerência, em que se enfatize os perigos provocados pela comunicação indisciplinada por e-mail. Esse seminário será mais eficiente se você utilizar e-mails reais, propriamente redigidos, enviados na empresa que ilustrem declarações descuidadas que podem provocar problemas em um pleito ou ainda danificar relações positivas com clientes. Não se esqueça do sigilo advogado-cliente em sua apresentação. Procure limitar participantes e materiais somente ao pessoal da empresa.

A necessidade de lidar com e-mails desfavoráveis oferece outro forte argumento em relação a razão de o advogado estar à frente das ações e na resolução de grandes disputas. Em tal posição, o advogado pode e deve direcionar todos os esforços necessários para apoiar a resolução dos conflitos e evitar o litigio, o que, se feito de forma correta, cobre grande parte do trabalho, além de e-mails com privilégio entre advogado-cliente e privilégio do produto entre advogado-cliente.[74] Outros deverão ser lembrados para se absterem de comentar sobre os pleitos e as disputas exceto nos casos em que tais comentários sejam feitos no escopo do trabalho com o advogado.

Enfatize que o advogado é agora responsável por estes tópicos especificamente para que o pessoal do projeto possa focar novamente na execução da obra.

O processo que se abre quando o advogado dirige todos os esforços necessários para suportar os pleitos e resolver as maiores disputas é tam-

[74] Upjohn, 449 U.S. 383, 101 S.Ct. 677.

bém útil ao separar comunicações confidenciais da correspondência que diz respeito ao projeto.

Sob este arranjo, o advogado estará muito mais acessível para consultas e suficientemente envolvido de forma a captar detalhes importantes. Com o advogado acessível e envolvido, as decisões corretas são tomadas quanto ao que deve ser incluído na correspondência do projeto e o que é considerado comunicação confidencial. Cria também uma situação em que a maioria, se não todas, as comunicações confidenciais dos pleitos e conflitos devem ser direcionadas ao advogado.

O advogado deve realmente estar encarregado (e ser consultado regularmente) para que o processo acima seja eficaz. Simplesmente colocar o advogado em cópia nos e-mails não prevê sigilo entre advogado e cliente e consequentemente não protege contra a divulgação.[75] Caso o advogado não esteja sendo consultado para aconselhamento legal, o sigilo entre advogado e cliente não se estende à correspondência/comunicações.[76]

Outro ponto que vem à tona é se as comunicações com os subcontratados podem ser protegidas. Sob as circunstâncias corretas, podem sim. Por exemplo, o Contratado e o subcontratado podem entrar em um acordo de defesa conjunta / de interesse comum. Contudo, deve se proceder com cautela. Esse acordo somente irá proteger contra a divulgação as comunicações que dizem respeito ao objeto do contrato.[77] Especificamente, a proteção limita-se somente aos documentos/comunicações que representam os esforços conjuntos das partes de assegurar ou defenderem-se contra os pleitos estabelecidos no contrato de defesa conjunta/de interesses comuns.[78] Assim, esse contrato não irá proteger contra a divulgação de correspondência contínua abordando a execução do projeto e o respectivo trabalho de cada uma das partes.

[75] In re Air Crash Disaster at Sioux City, 133 F.R.D. 515 (N.D.Ill. 1989).

[76] Fisher v. United States, 425 U.S. 391, 403, 96 S.Ct. 1569, 1577 (1976)("The privilege protects only those disclosures necessary to obtain informed legal advice which might not have been made absent the privilege.").

[77] In re Grand Jury Subpoenas, 902 F.2d 244 (4th Cir. 1990).

[78] In re Pacific Pictures Corp., 679 F.3d 1121 9th Cir. 2012).

5.5 Quando Personalidades Fortes e Bagagem Emocional Dominam o Cenário e a Lógica sai de Cena

Como o líder da equipe designado para resolver os inúmeros problemas do projeto, é essencial manter o controle do processo e não permitir que as emoções de alguns dos membros da equipe vão contra o objetivo da resolução da disputa. Na situação descrita por este cenário de fatos, é fácil de ver como as emoções das pessoas agem. Com um projeto que já está seriamente atrasado e prejudicado por fatores que podem ser considerados tanto favoráveis como desfavoráveis para os dois lados, não é incomum que personalidades fortes tentem ditar uma direção ou decisão da qual poderão se arrepender no futuro.

É aí que o conhecimento dos membros da equipe se mostra tão importante para o advogado interno. Agregada a experiência com o direito da infraestrutura, o advogado pode prever com mais certeza as ações em potencial que podem atuar em detrimento dos resultados desejados e interceptam a lógica e conhecimento jurídico para prevenir ou pelo menos minimizar comportamentos negativos por parte da equipe ou pelo Proprietário. Dois exemplos ilustram este ponto. Primeiramente, o Vice Presidente coloca muita coisa em jogo ao tentar obter aquilo que ele acredita ser um resultado favorável e pode inicialmente insistir em uma arbitragem sem compreender as ramificações negativas que essa ação poderia ter em relação ao Proprietário e ao sucesso do projeto. O advogado interno precisa explicar os prós e os contras que esta ação pode acarretar, não só no que diz respeito aos méritos do pleito, mas também no que diz respeito ao relacionamento com o Proprietário. Tal ação poderia resultar no projeto sendo colocado em "modo jurídico" ou partir para a guerra – "guerra" neste caso representada pela arbitragem. A oportunidade para chegar a uma resolução pronta e amigável da disputa provavelmente cairá por terra assim que a arbitragem é solicitada.

De forma semelhante, o representante do Proprietário, acreditando que o Proprietário possui tem vantagem devido aos problemas trabalhistas com o subcontratado pela parte elétrica, pode estar tentado a convencer o Contratado a deixar o trabalho ao recusar-se a conceder prorrogações de prazo ou emitir solicitações de alteração. Com este pensamento de "vantagem", o representante do Proprietário emite uma ordem para que o Contratado termine o trabalho no prazo certo por sua conta, tal como descrito neste cenário. Cabe ao advogado interno fazer com que as logica prevaleça e não permitir que sua equipe morda a isca que, se engolida, poderia resultar em descobrir que o Contratado violou a provisão de manter o andamento do projeto, já que aguardava a solução do conflito. Tentar uma solução amigável possui um apelo característico, caso a disputa termine em arbitragem. Criar e manter um diálogo civil com ambos os lados é crucial caso a disputa se resolva amigavelmente e o advogado interno se encontre na melhor posição de controlar este resultado.

6 Se Todo o Resto Falhar e um Pleito for Inevitável, qual é a Melhor Forma de Lidar com Ele?

6.1 Sugira uma Estrutura para Solucionar os Conflitos Durante o Andamento do Trabalho

6.1.1 Elevando o Nível das Negociações com a Equipe de Ambos os Lados

Ao se deparar com um pleito e possivelmente um contra pleito do Proprietário, o advogado interno deve rever negociações anteriores e determinar onde ocorreram quebras e as razões que levaram ao fracasso da solução amigável. Não é incomum que funcionários de projetos de cada lado tenham sido promotores e defensores de suas respectivas posições perante confrontos, sendo raiva e frustração o único resultado. Por mais que queiram encontrar um caminho para a resolução, o comprometimento é um processo de rara utilização. De fato, com frequência estes indivíduos tentam ampliar sua posição ou ganhar a qualquer custo sem reconhecer o potencial detrimento que podem causar ao mitigar perdas futuras e atingir a abordagem mais rápida e menos dispendiosa para completar o projeto. Muitas vezes, estes indivíduos investem bastante no resultado e tentarão alcançar esses resultados sem buscar a ajuda de outras pessoas dentro da própria organização, incluindo o Vice Presidente e o advogado interno. Em vez de procurar essa ajuda e aconselhamento, eles tentam e dominam a outra parte com pouco sucesso, o que cria ainda mais frustração para os jogadores individuais.

É importante que o advogado interno veja se o contrato entre as partes possui um processo que possa retirar a pressão dos "combatentes", como por exemplo um procedimento para negociação ou mitigação em níveis hierárquicos. Se o contrato não estipular um processo, é então recomendado que o advogado interno converse com a outra parte e sugira que elementos novos, ou que não estavam envolvidos anteriormente, que se encontram nas camadas mais altas da organização corporativa, entrem na discussão. Esta abordagem em níveis normalmente começa com o representante do Proprietário no projeto e o gestor de projetos do Contratado e progride até um nível executivo, e finalmente alcança os CEO's das respectivas empresas. Caso seja implementado, o primeiro benefício que pode ser percebido é a possibilidade que os representantes do projeto têm de voltar atrás e fazer aquilo que fazem melhor: construir o projeto. Em segundo lugar, e não menos importante, isto insere no jogo membros que podem compreender melhor os fatores de risco envolvidos em tomar posicionamentos incontestáveis. Se estes indivíduos não conseguem resolver o pleito, os próximos passos normalmente fornecem base para mediação e eventualmente arbitragem.

6.1.2 Contratando um Profissional Neutro para Aconselhar as Partes e Facilitar as Negociações

Por vezes, particularmente quando o tipo de projeto pode envolver uma indústria específica, tal como neste cenário, pode ser benéfico empregar um profissional do ramo de reconhecida experiência, que seja respeitado por ambas as partes, que possa ajuda-los simultaneamente a alcançar com sucesso a execução do projeto e a resolução do pleito. Este profissional deverá possuir extensa experiência, e ter tanto a habilidade de compreender os aspectos técnicos do processo de construção assim como a habilidade de determinar os fatores que podem ter gerado os pleitos e contra pleitos. Seria ideal também que esta pessoa possuísse a habilidade de ser um facilitador/mediador no contexto de solução alternativa de conflitos (ADR). Ter essa combinação de especialista na empresa e a habilidade de manter as partes envolvidas em discussões civis não tem preço. Este membro neutro do projeto pode examinar a fundo pontos que impactam o progresso dos trabalhos e ajudam a retomar o projeto, ao mesmo tempo em que aborda e resolve questões relacionadas aos pleitos. O profissional pode ajudar as partes a resolver questões tais como definir se o nível de montagem do equipamento fornecido pelo Proprietário realmente se desviou dos parâmetros contratuais; ou se as solicitações por informações feitas pelo Contratado são legítimas e se estão sendo prontamente respondidas; ou ainda se os problemas com a força de trabalho do subcontratado pela parte elétrica estão impactando o caminho crítico do cronograma. De forma ideal, o gestor neutro do projeto ganha a confiança das partes e ajuda a compreender os argumentos de cada lado. Por meio deste processo, o profissional desenvolve um diálogo para que logicamente e sem interferência das emoções se discutam os méritos das ações e que se encontrem soluções de comprometimento com cada questão do pleito de cada vez. Este gestor pode ou não ser um advogado, mas possuir o conhecimento de direito de construção é um atributo que certamente pode aumentar a credibilidade com as partes.

6.1.3 Conselho de Solução de Conflitos **ad hoc**

A utilização de conselhos de solução de conflitos em grandes projetos tem crescido significativamente nos últimos anos, tanto que se criou uma organização, a *Dispute Board Resolution Foundation – DBRF*, que estabeleceu diretrizes, procedimentos e práticas para este processo. A DBRF também fornece treinamentos para profissionais da indústria de construção, incluindo advogados, e os ensina na arte de como fazer recomendações para resolver disputas em um processo de audiências informais. Tal como promovido nos Estados Unidos, a DBRF adota uma abordagem de recomendação não-vinculante para a resolução de disputas ao passo que, a nível internacional, o conselho de solução toma uma decisão que se mostra vinculante até ser revertida numa decisão judicial ou arbitragem. Entretanto, em qualquer dos casos, a DBRF tem estatísticas que suportam uma taxa de sucesso maior do que 90% na resolução de disputas na área de construção civil sem recorrer a arbitragem ou à esfera judicial.

A utilização mais eficiente dos conselhos de solução de conflitos tem sido vista quando é implementado desde o início de um projeto, antes que qualquer disputa tenha surgido. Um conselho eficiente reúne-se pelo menos trimestralmente para monitorar o progresso do projeto. Visto que os membros desse conselho se reúnem com frequência e interagem com o pessoal do projeto durante o processo de construção, vários pleitos e conflitos são afastados sem precisar recorrer a uma audiência perante o conselho.

Contudo, o conselho de solução de conflitos utilizado com mais frequência é de natureza ad hoc e consequentemente só é utilizado quando ocorre uma disputa. Sob a perspectiva da abordagem ad hoc, as partes são solicitadas a redigir apresentações de seus argumentos em pleitos específicos para o conselho, que consiste normalmente de membros eleitos pelas partes, sendo o presidente selecionado pelos membros eleitos por ambas as partes, agindo todos de forma neutra. Realizam-se audiências algumas semanas após receberem os materiais escritos e apresentações são realizadas por cada uma das partes. Embora os materiais escritos tenham sido preparados pelos advogados, as apresentações são geralmente conduzidas por participantes do projeto que sejam mais familiarizados com as questões da disputa. Muitos contratados e proprietários acreditam que o conselho de solução de conflitos ad hoc é de fato atrativo, visto que as recomendações são não-vinculantes (você não fica preso a um resultado desfavorável), é feito por profissionais respeitados do ramo (cujas recomendações podem ser um indicador do que pode acontecer caso uma das partes recorra à arbitragem); o custo é baixo se comparado com outras formas de resolução alternativa de disputas e a vasta maioria dos conflitos são resolvidos sem mais procedimentos legais.

6.1.4 Utilizando um Mini-julgamento ou Processo de Avaliação Neutro Inicial

Uma outra forma de resolução de conflitos que tem sido utilizada efetivamente para permitir que o projeto continue enquanto a resolução do pleito acontece, é conhecida como mini-julgamento ou processo de avaliação neutro inicial. Assim como o processo descrito acima, nenhum destes métodos de resolução de conflitos é vinculante para as partes, mas fornece uma base para entender como uma parte neutra vê suas respectivas posições. No caso do mini-julgamento, as partes podem assegurar o uso de um juiz aposentado e entrar em acordo mútuo quanto aos procedimentos, que podem significar uma audiência durante um ou dois dias após a apresentação escrita dos fatos e do que a lei diz, por ambas as partes. O juiz aposentado fornece então sua decisão de caráter não-vinculante, a qual as partes precisam considerar cuidadosamente para determinar se essa decisão pode servir de guia à resolução do conflito entre as partes. Da mesma forma, o avaliador neutro, em conjunto com as partes, pode criar um processo que se encaixe às circunstancias apresentadas. A diferença significativa é de que o avaliador neutro normalmente possui o conhecimento técnico que as partes respeitam, ao passo que o juiz aposentado pode não possuir tal conhecimento. Em qualquer dos casos, as partes possuem um meio para rapidamente ver como um elemento neutro vê sua respectiva posição, o que pode ajuda-lo a decidir pelo comprometimento e chegar a uma resolução.

6.1.5 Arbitragens com Base no Valor do Pleito

Com base nos fatos acima, diversos pleitos de diferentes valores provavelmente aparecerão. As partes podem querer considerar utilizar procedimentos diferentes com base no tamanho dos pleitos. As partes podem considerar usar procedimentos para pequenas causas, tal como a utilização de um só árbitro para ações de valor inferior a 1 milhão de dólares. Um painel de três árbitros pode ser mais prudente em ações que excedem 1 milhão de dólares. Independentemente daquilo que as provisões de resolução de disputa estipulam, as partes deverão tentar estabelecer um processo de arbitragem que seja eficiente e eficaz em relação aos custos. A maior reclamação acerca da utilização do processo de arbitragem é que se tornou simplesmente outra forma de litígio, com produção de provas demoradas e longas audiências que resultam em custos legais exorbitantes. A única forma de evitar essa situação é que as partes tomem controle do processo, liderado pelo advogado interno, e que pensem em procedimentos que sejam justos para ambas as partes. Limitar o número de depoimentos, a produção de documentos e e-mails em pleitos específicos, e utilizar declarações de testemunhas como depoimento direto durante audiências são apenas algumas das formas de reduzir a despesa e duração do processo de arbitragem.

6.2 O Processo de Conciliação no Reino Unido

Um procedimento de resolução de disputas utilizado com frequência no Reino Unido é conhecido como conciliação. Este processo permite que as partes em um contrato de construção civil submetam disputas não resolvidas a um adjudicador para uma pronta decisão interina, de caráter vinculante até que a questão seja resolvida em um procedimento legal formal ou por acordo entre as partes.[79]

[79] Housing Grants, Construction and Regeneration Act 1996, United Kingdom Statute 1996 c 53 Part II (www.legislation.gov.uk/ukpga/1996/53/part/II).

Esta forma de conciliação desenvolvida de acordo com o *The Housing Grants, Construction and Regeneration Act 1996, Part II*, que entrou em vigor em Maio de 1998 (a "Lei"). A Lei busca fornecer um meio de rapidamente resolver disputas em construção civil de forma a que os projetos possam evoluir sem conflitos prolongados. [80]

Conciliação perante a Lei pode ocorrer somente quando existe um contrato de construção entre as partes. [81] A Lei define um contrato de construção como um acordo para qualquer das seguintes ocorrências:

a. a execução de operações de construção;
b. providenciar a execução de operações de construção por outros, seja como um subcontrato ou outro termo;
c. fornecer sua própria mão de obra, ou a mão de obra de terceiros para a execução de operações de construção;
d. realizar trabalho de arquitetura, projeto, ou supervisão; ou
e. aconselhar em relação à construção, engenharia, decoração interior ou exterior, paisagismo ou operações de construção.[82]

De acordo com a Lei, operações de construção diz respeito a operações que sejam compatíveis com qualquer uma das seguintes descrições:

a. construção, alteração, reparo, manutenção, extensão, demolição ou desmanche de edifícios, ou estruturas em formação, ou a formar, em parte do terreno (quer em caráter permanente ou não);
b. construção, alteração, reparo, manutenção, extensão, demolição ou desmanche de qualquer dos trabalhos em formação, ou a formar, em parte do terreno, incluindo, mas não se limitando, muros, obras viárias, redes de transmissão, aparatos de telecomunicações, pistas de pouso e decolagem aérea, portos e docas, estradas férreas, percursos de navegação fluvial, tubulações, reservatórios, poços,

[80] CG Group Ltd v. Breyer Group Plc [2013] EWHC 2722 (TCC)(www.adjudication.co.uk/archive/iframe/case/1544)("The statutory scheme provides a means of meeting the legitimate cash-flow requirements of contractors and their subcontractors. The need to have the 'right' answer has been subordinated to the need to have an answer quicly.").

[81] Housing Grants, Construction and Regeneration Act 1996 at § 108.

[82] Id. at §104.

esgotos, planta e instalações para propósito de drenagem de terra, defesa ou proteção de costa;

c. instalação em qualquer edifício ou estrutura de ferragens formando parte do terreno, incluindo, mas não se limitando a, sistemas de aquecimento, iluminação, ar condicionado, ventilação, fornecimento de energia, drenagem, saneamento básico, fornecimento de água ou proteção contra incêndios, ou sistemas de segurança ou comunicação;
d. limpeza externa ou interna de edifícios e estruturas, desde que realizados durante sua construção, alteração, reparo, extensão ou restauração;
e. operações que formam uma parte integral, ou que preparam, ou que prontificam, tais operações como as descritas acima neste inciso, incluindo limpeza do terreno, terraplanagem, escavação, escavação e perfuração de túnel, fundação, erguimento, manutenção ou desmanche de andaimes, restauro de canteiro, paisagismo, e fornecimento de pistas e outros trabalhos de acesso;
f. pintura ou decoração da superfície interna ou externa de qualquer edifício ou estrutura.[83]

Partindo do princípio que uma das Partes cumpre estas condições, pode seguir com sua disputa para conciliação a seu critério, contanto que a disputa tenha se "consolidado."[84] O requerimento de que a disputa seja "consolidada" é criado para assegurar que existiu uma oportunidade para negociações de boa fé que poderiam levar a uma resolução da questão.

Saber se uma disputa se consolidou antes ou depois do início de uma conciliação representa uma questão frequentemente usada para desafiar procedimentos e decisões. Geralmente, o requerimento pode ser satisfeito e uma contestação evitada se o seguinte acontecer:

> O objeto da ação ou questão foi trazido à atenção da parte oposta e essa parte teve a oportunidade de considerar e admitir, modificar ou rejeitar a ação ou afirmação.[85]

[83] Id. at §105.

[84] Id. at §108.

[85] Fastrack Contractors Ltd v. Morrison Construction Ltd,[2000] BLR 168 (TCC)(www.adjudication.co.uk/archive/iframe/case/76).

Opositores conscientes do requerimento "consolidado" já tentaram obstruir a conformidade ao arrastar negociações ou recusar-se a rejeitar adequadamente um pleito. Os tribunais, contudo, já esclareceram que tais ações são inaceitáveis.[86]

Estar em conformidade com o requerimento de disputa consolidada significa o pleito ou questão que chamou a atenção da parte opositora deve condizer com o que foi apresentado como disputa para conciliação. [87] A jurisprudência oferece diversas saídas, mas um requerente não pode assegurar uma conciliação que saia da ação básica e argumentos chave que inicialmente apresentou à parte oposta:

> A. parte pode refinar seus argumentos e abandonar opiniões não consideradas como mérito sem alterar fundamentalmente a natureza da "disputa" entre eles. Entretanto, o que uma parte não pode fazer é abandonar fatos que eram previamente de confiança ou argumentos fornecidos previamente e discutir que devido ao fato de que o "pleito" permanece o mesmo que foi feito anteriormente, a "disputa" também o é. O conceito por trás da adjudicação é que as partes em uma adjudicação devem primeiro ter tentado resolver suas diferenças entre si, por meio de uma troca aberta de visões e, caso não consigam, devem então submeter a um terceiro independente a decisão quanto aos fatos e argumentos que previamente ensaiaram entre si.[88]

A Lei especifica requerimentos mínimos que governam como a conciliação deve ser implementada e conduzida, a qual as partes podem adotar e expandir em seus respectivos contratos de construção ou que irão de outra forma ser impostos pela lei de acordo com o *Scheme for Construction Contracts Regulations 1998.* [89]

[86] Id.("The dispute could only arise when the claim is rejected in clear language. Obvious refusal to consider the claim or to answer it can, however, constitute such a rejection....").

[87] Id.

[88] Edmund Nuttall Ltd v RG Carter Ltd, [2002] EWHC 400 (TCC)(www.adjudication.co.uk/archive/iframe/case/206).

[89] Scheme for Construction Contracts (England and Wales) Regulation, United Kingdom Statute 1998 No. 649 (www.legislation.gov.uk).

O primeiro passo a ser tomado para implementar a adjudicação é que o autor ou "parte referenciada" deixe clara sua intenção de recorrer a uma disputa por conciliação por meio de uma Notificação de Conciliação à parte contrária e a qualquer parte do contrato.[90] Esta notificação deve estabelecer de forma breve o seguinte:

a. a natureza e breve descrição da disputa e das partes envolvidas,
b. detalhes de onde e quando surgiu a disputa,
c. a natureza da reparação que se busca, e
d. os nomes e endereços das partes do contrato (incluindo, onde seja apropriado, os endereços que as partes especificaram para recebimento de notificações.[91]

No máximo em 7 dias após a data da notificação de conciliação, a parte referenciada deve completar a seleção do conciliador e a referência da disputa por escrito para esse conciliador.[92] As partes podem designar um conciliador no contrato ou podem selecioná-lo entre diversas organizações que nomeiam conciliadores, que devem comunicar a seleção de um conciliador à parte referenciada dentro de cinco dias após recebimento da solicitação.[93] A referência escrita que segue para o conciliador ("a notificação de referência") deve estar acompanhada de cópias, ou de excertos relevantes, do contrato de construção e outros documentos nos quais a parte referenciada deseja se debruçar.[94]

Assim que o conciliador obtém a disputa, ele ou ela decide quanto ao procedimento a ser seguido e aos passos que serão dados para assegurar todos os fatos relevantes e matéria de direito necessária para determinar a disputa.[95] Isto pode incluir o pedido de produção de certos documentos, questionamento dos representantes das partes, realizar visitas aos canteiros de obra e selecionar especialistas, assessores ou conselheiros legais.[96]

90 Id. at Part I 1.
91 Id.
92 Scheme for Construction Contracts (England and Wales) Regulation at Part I 7.
93 Scheme for Construction Contracts (England and Wales) Regulation at Part I 5.
94 Scheme for Construction Contracts (England and Wales) Regulation at Part I 7.
95 Scheme for Construction Contracts (England and Wales) Regulation at Part I 13.
96 Scheme for Construction Contracts (England and Wales) Regulation at Part I 7.

A menos que as partes discordem, o conciliador deve tomar a decisão em no máximo vinte dias após a data da notificação de referência. [97] O prazo pode estender-se a quarenta e dois dias após a data da notificação, caso a parte referenciada assim o consentir. [98] Assim que o conciliador pronunciar sua decisão, ela tem caráter vinculante sobre as partes, que devem então cumpri-la até a disputa ser finalmente resolvida por procedimentos legais ou acordo entre as partes. [99]

As vantagens da adjudicação estatutária incluem um procedimento rápido, custos relativamente baixos e decisões interinas que permitem que o projeto siga em frente. O procedimento rápido pode também se provar como uma desvantagem significativa, particularmente para o réu. A parte referenciada pode investir tempo considerável no pleito, mas o réu pode ter consideravelmente menos tempo para elaborar uma resposta por conta de seu prazo apertado pelo qual o conciliador deve se decidir. Este cronograma também coloca dificuldades para que as adjudicações lidem com disputas complexas que não podem ser colocadas em breves resumos.

Todavia, a conciliação em sua forma atual é geralmente vista como a representação bem sucedida daquilo que é hoje um processo bem aceito no Reino Unido.

[97] Scheme for Construction Contracts (England and Wales) Regulation at Part I 19.

[98] Id.

[99] Scheme for Construction Contracts (England and Wales) Regulation at Part I 23(2)7.

SCL *Delay* e *Disruption Protocol*[1]

Richard Bailey

Introdução

Neste capítulo, examinamos o *Delay and Disruption Protocol* ("Protocolo") da *Society of Construction Law* (SCL), do Reino Unido. Analisamos seu desenvolvimento e implementação em todo o mundo, e veremos algumas críticas a ele.

Este capítulo não pretende ser uma revisão exaustiva do Protocolo, e sim apresentar ao leitor uma introdução aos Princípios Fundamentais nele contidos, além de oferecer uma visão geral do mesmo.

Podemos dizer que o Protocolo recebeu visões diversas e que foi de grande aceitação fora da jurisdição onde foi elaborado. O Protocolo recebeu pouca atenção nos últimos anos no Reino Unido, embora tenha sido favorecido na Austrália e Sudeste Asiático. Isto se deve em parte, como o leitor poderá ver neste capítulo, à larga utilização de modelos de contrato no Reino Unido e, de fato, deve-se também à orientação judicial relativamente clara que se posiciona como contrária a alguns princípios estabelecidos no Protocolo.

1 "The SCL Delay and Disruption Protocol", traduzido por Bruna Marcondes-Rolph.

Deve-se observar também que no Reino Unido, a SCL está em processo de revisão do Protocolo, que deve ser publicado entre o final de 2014 e começo de 2015[2].

Vejamos o histórico do Protocolo antes de analisá-lo a fundo.

1 Histórico do Protocolo

Para entendermos a origem do Protoclo , devemos retornar aos anos de 1999/2000, em particular aos casos dos tribunais ingleses *Henry Boot Construction (UK) Ltd v Malmaison Hotel (Manchester) Ltd* e *The Royal Brompton Hospital NHS Trust v Hammond,* nos quais questões de *delay* com folga de cronograma foram consideradas.

Ambos os casos foram temas de discussão considerável em grupos de construção. Um grupo da SCL decidiu começar a escrever o Protocolo com o auxílio desses temas e assim, oferecer orientação.

Um grupo com os principais nomes da época foi estabelecido para considerar o assunto e uma consulta inicial com pedidos de comentários foi publicada em novembro de 2001. Nesta altura, o comitê de criação considerou o Protocolo como futuro auxílio na elaboração de contratos e sugeriu a sua utilização como um livro-guia para decisores (juízes, etc.) na interpretação de contratos e na resolução de problemas em projetos.

A elaboração do Protocolo em si foi uma grande tarefa, e, embora um comitê de membros da SCL fosse responsável por sua redação, um número considerável de consultores convidados, incluindo o RIBA[3] e outras grandes instituições de engenharia civil e construção, participou por meio de comentários que foram incorporados ao Protocolo.

Em maio de 2002, foi publicada uma versão de um workshop do Protocolo incluindo termos contratuais, que foi novamente comentada por um número considerável de partes interessadas.

A *Society of Construction Law* do Reino Unido (SCL) finalmente publicou o Protocolo em outubro de 2002 (que foi reimpresso em março de 2003 e em 2004) com o objetivo expresso de "fornecer um meio através do qual

[2] A revisão foi publicada em julho de 2015, mas o presente estudo não analisa as eventuais alterações.

[3] *Royal Institute of British Architects.*

as partes possam resolver as questões *(delay and disruption)*, a fim de evitar ações judiciais desnecessárias".

Juntamente com o Protocolo, foi publicada uma nota esclarecendo o seu propósito.

Em abril de 2013, foi realizada uma reunião em Londres para celebrar o décimo aniversário da publicação do Protocolo. Mais de 100 pessoas, incluindo uma série de membros originais do comitê de criação, participaram da reunião. Nessa ocasião o Presidente da SCL, Lord Justice Jackson, sugeriu que o Protocolo passasse por uma revisão. Seguindo esta recomendação, o Conselho da SCL para o Reino Unido decidiu formar um grupo para refletir sobre o Protocolo e determinar como ele poderia ser atualizado, levando em consideração os desenvolvimentos na área de construção nos 10 anos anteriores. Seria contemplado também o fato de que o Protocolo, apesar da declaração de que sua intenção de uso seria aplicável somente no Reino Unido, tinha se tornado mais utilizado fora do seu território do que dentro dele.

Especificamente, o grupo ficou encarregado de revisar o Protocolo em relação aos seguintes aspectos:

1. Desenvolvimentos na lei e nas práticas da indústria de construção desde a primeira publicação do Protocolo em 2002;
2. Feedback quanto à abrangência do Protocolo desde aquele ano;
3. Desenvolvimentos em tecnologia desde 2002;
4. Aumento na demanda de grandes projetos, gerando maiores divergências entre projetos de pequena e grande escala; e
5. Evidências pessoais da utilização do Protocolo para projetos internacionais bem como projetos domésticos no Reino Unido. Não obstante, o comitê concordou que o Protocolo continuaria a privilegiar as demandas do mercado interno.

Considerando os aspectos acima, oito ítens foram incluídos nos termos de referência. São eles:

1. Se a preferência expressa deveria permanecer como uma metodologia de cronograma para análise de impacto quando os efeitos dos *delays* são conhecidos;

2. O menu e as descrições das metodologias de *delay* após a análise do evento - inclusive a incorporação adicional de metodologias utilizadas frequentemente;
3. Se o Protocolo deveria identificar a jurisprudência (Reino Unido e internacional) que faça referência a ele;
4. Registro de informações;
5. Ações judiciais globais e atraso concorrente (*concurrent delay*);
6. Abordagem à consideração de ações judiciais durante o projeto (extensão/paralisação - tempo e dinheiro);
7. Cláusulas-modelo; e
8. *Disruption*.

Na ocasião em que se escreveu este capítulo, o comitê ainda se reunia e a primeira consulta em relação aos ítens 1 e 2 acima já havia sido iniciada mas não redigida. Para o propósito deste capítulo, o autor considerou que os dois primeiros pontos provavelmente seriam adotados da forma como foram apresentados e, consequentemente, as alterações foram devidamente contempladas neste capítulo.

Para facilitar a leitura, as referências feitas neste capítulo remetem à primeira edição do Protocolo, exceto no que diz respeito aos tópicos 1 e 2 acima.

Finalmente, e provavelmente mais importante, um lembrete ao leitor: o real propósito do Protocolo é de estabelecer um exemplo da melhor prática na indústria da construção e é direcionado ao uso durante o andamento do projeto e não como guia para a resolução de disputas judiciais.

O autor também reconhece que o Protocolo é utilizado extensivamente em ações judiciais em todo mundo.

2 Estrutura do Protocolo

O Protocolo contém princípios fundamentais com relação a *delay* e ressarcimento, assim como notas de orientação em quatro seções, referentes:

a. Ao posicionamento do Protocolo quanto a princípios fundamentais e outros aspectos relacionados a *delay* e ressarcimento;
b. À preparação e manutenção de cronogramas e registros;
c. A extensões de prazo durante o projeto; e

d. Resolução de problemas de Extensão de Prazo, quando esta é contestada após a finalização do projeto - análise de *delay* retrospectiva.

O Protocolo oferece uma abordagem sugerida para lidar com as ações judiciais de Contratantes quanto a extensões de prazo e indenização por *delay*.

3 Utilização do Protocolo

O Protocolo foi desenvolvido como um código de boa conduta a ser utilizado antes da celebração e durante a vigência de um contrato, inclusive para avaliar e solucionar ações judiciais.

O método desenvolvido pelo Protocolo para gerenciar problemas com *delay e disruption* foi formulado para ser equilibrado e viável.

O Protocolo recomenda que as partes considerem e concordem em relação a diversos procedimentos e benefícios enquanto redigem um contrato, a fim de retirar incertezas e potenciais motivos para disputas.

O Protocolo não se destina a prevalecer sobre os termos de um contrato, contudo, os princípios fundamentais do Protocolo podem ser adotados expressamente em contratos. Caso o Protocolo venha a ser incorporado, deve-se assegurar a compatibilidade com os documentos restantes que fazem parte do contrato, e também que este possa ser modificado para a aplicação devida do Protocolo.

Nesta seção, forneço um resumo e comentário sobre os princípios fundamentais e notas de orientação do Protocolo. Veremos também jurisprudência de diversas jurisdições e as formas como muitos modelos de contrato abordam os problemas levantados pelo documento.

4 Cronograma e Registros

4.1 Princípio Fundamental

O Contratante deverá:

- Preparar um cronograma que mostra o modo e sequência dos trabalhos (o cronograma deverá ser aceito pelo Gestor do Contrato);
- Manter o cronograma atualizado para registrar o progresso; e

– Considerar Extensões de Prazo

4.2 Orientação

O Protocolo sugere em suas recomendações que um Contratante deve enviar um cronograma do projeto com a antecedência que for possível, relacionado ao modo e à sequência na qual os trabalhos deverão ser conduzidos. A sugestão se aplica igualmente a projetos menores.

– O Protocolo recomenda que as partes cheguem a um acordo quanto ao cronograma, especialmente no que diz respeito:
– Ao formato do cronograma;
– À interação com a declaração de método (que descreve como o Contratado pretende construir);
– Ao tempo dentro do qual o Contratado deve enviar um projeto de cronograma para aceitação;
– A um mecanismo para obter a aceitação do Gestor do Contrato quanto ao projeto do cronograma; e
– Aos requerimentos para atualizar e manter o cronograma aceito.
– As partes devem também concordar em relação ao software a ser utilizado para produzir o cronograma. O Protocolo também recomenda que as partes cheguem a um acordo quanto aos registros que deverão ser mantidos para permitir a análise de *delay*.

4.3 Comentário

Embora a constante atualização de cronogramas e registros geralmente seja vista como prática de bom gerenciamento, sabe-se que que esta tarefa consome bastante tempo, e portanto, deve ter seu custo considerado no momento em que se determina o valor total do contrato.

Em relação a projetos menores, aos quais o Protocolo recomenda que estas práticas se apliquem da mesma forma, um período adicional despendido na programação poderá não ser exigido ou viável. A utilização do mesmo cronograma poderá se mostrar difícil, devido a questões com direitos de propriedade intelectual ou acordos de licença. A possibilidade de as partes fazerem alterações no cronograma deve ser considerada no início. (Apesar da existência de um número limitado de softwares utilizados com o propósito de análise de cronograma nos dias de hoje.)

Além disso, atualmente os softwares necessários para a preparação de cronogramas são mais acessíveis e a experiência das pessoas quanto à sua utilização tem aumentado consideravelmente. No Reino Unido, na época em que se redigiu o Protocolo, não existia um único modelo de contrato que incluísse um requerimento para o Contratado fornecer um cronograma em nenhuma fase do trabalho. De fato, o modelo JCT [4]- o contrato que mais prevalece no Reino Unido - incluía somente uma data de início e término dos trabalhos.

O cenário mudou desde que o Protocolo foi publicado. O JCT já foi revisado duas vezes e hoje a maioria dos grandes contratos a partir do *Design and Build Form* incluem requerimentos para que o Contratado forneça o cronograma no início do projeto, e que o mantenha atualizado no decorrer da obra. O modelo NEC3 [5]vai além, e considera o cronograma como vital para a execução do contrato, sendo o Contratado responsável por reportar a evolução dos trabalhos, no que diz respeito ao cronograma, pelo menos a cada quatro semanas ou com maior frequência. Apesar de se registrar frequentemente que o Protocolo teve pouco impacto, pode ser dito que, devido à maior confiança em modelos de contrato no Reino Unido, o Protocolo certamente teve o efeito desejado.

5 Extensões de Prazo

Neste capítulo, para facilitar a interpretação, o autor utiliza o termo Extensões de Prazo. Aceita-se que em diferentes modelos de contrato aos quais se tente aplicar o Protocolo, as palavras utilizadas sejam diferentes, mas seu efeito é o mesmo. Igualmente, a linguagem utilizada é a mesma daquela utilizada no Protocolo, todavia os princípios, assim como todas as questões dentro do Protocolo podem ser igualmente aplicadas utilizando uma terminologia diferente, de acordo com os diferentes formatos de contratos.

[4] "Joint Contracts Tribunal"

[5] "New Engineering Contracts", oferecidos pelo Institute of Civil Engineers

5.1 Princípio Fundamental

a. Propósito

Uma Extensão de Prazo isenta o Contratado de danos relativos a responsabilidade por *delay* (como por exemplo Danos Apurados ou gerais, aos quais doravante chamaremos de Danos) por qualquer período anterior à data de término do contrato ou a qualquer data prorrogada.

b. Qualificação para Extensão de Prazo

O Contratado somente poderá requerer qualificação para uma Extensão de Prazo para os eventos nos quais o Contratante tenha assumido risco e responsabilidade. (Matriz de Risco do Contratante). Esta Matriz é normalmente estabelecida no contrato.

c. Procedimento para conceder Extensão de Prazo

A Extensão de Prazo deve ser concedida na medida em que a Matriz de Risco do Contratante for considerada como um impedimento da conclusão dos trabalhos na data então prevista em contrato, seja esta data originalmente prevista ou qualquer data que tenha sido revisada.

A qualificação para uma Extensão de Prazo deve se basear nos termos restritos ao contrato, e não na questão do Contratado necessitar ou não de uma Extensão de Prazo para que não haja responsabilização por Danos.

d. Efeitos do *Delay*

Para que uma Extensão de Prazo seja concedida não é necessário que a Matriz de Risco do Contratante já tenha de fato começado a afetar o progresso dos trabalhos do Contratado, ou que o efeito da Matriz de Risco do Contratante já tenha cessado.

e. Revisão gradual de Extensão de Prazo

Quando o pleno efeito da Matriz de Risco do Contratante não puder ser previsto com certeza aquando da avaliação inicial pelo Gestor do Contrato, Agente do Contratante, Engenheiro (Gestor do Contrato), o Gestor do Contrato deverá conceder uma Extensão de Prazo pelo efeito então previsto.

O Gestor do Contrato deverá considerar a Extensão de Prazo em intervalos conforme se dê o impacto real da Matriz de Risco do Contratante e a Extensão de Prazo seja aumentada (mas nunca diminuída, a menos que existam termos contratuais que o permitam), caso se considere apropriado.

5.2 Orientação

O Protocolo identifica que o maior efeito de uma Extensão de Prazo seja o de isentar o Contratado de sua responsabilidade por Danos durante o período da extensão, e não, como normalmente visto, de forma incorreta, para que se levante uma qualificação automática para ressarcimento por custos de extensão. Certos modelos de contrato estabelecem que *delays* específicos por risco do Contratante não qualificarão o Contratado a ser ressarcido por custos de extensão, como por exemplo *delays* resultantes de condições climáticas adversas. Dependendo do sistema jurídico dentro do qual o contrato é executado, podem existir outros direitos a extensões. Em *Common Law*, por exemplo, existe o Princípio da Prevenção, no qual um Contratante não poderá obter qualquer benefício por sua própria quebra contratual. De forma semelhante, uma série de sistemas de Direito Romano incluem provisões que podem fornecer ao Contratado proteção pelo atraso causado pelo Contratante, que não esteja estritamente no contrato.

O Protocolo sugere que embora nem todos os contratos demandem que o Contratado informe a ocorrência de uma Matriz de Risco do Contratante, quer esse evento venha a afetar a data de término do contrato ou não, o Contratado deve notificar o Gestor do Contrato quanto ao *Delay* do Contratante assim que tiver ciência. As partes devem então lidar de forma colaborativa com o impacto desse evento. Isto é novamente uma declaração de melhor prática de acordo com os autores do Protocolo. Seria justo dizer que na prática isto é o que normalmente ocorre mesmo nos casos em que o contrato em si não estabeleça nenhuma obrigatoriedade para as partes trabalhem em conjunto. De fato, existem ocasiões em muitos projetos de construção nos quais os trabalhos atrasaram de tal forma, que se mostrou difícil as partes continuarem a trabalhar juntas para calcular uma Extensão de Prazo.

A avaliação de um pedido de Extensão de Prazo deve ser feita no período de um mês antes de seu recebimento. O Gestor do Contrato não deve aguardar até que se saiba ao certo o efeito pleno da Matriz de Riscos do Contratante antes de avaliar um pedido de Extensão de Prazo. A Extensão de Prazo deve ser concedida dentro do efeito mais previsível e ampliado em um estágio posterior, caso seja apropriado. Deve notar-se que no Reino Unido e em nível internacional, a maioria dos contratos não estabelecem um período de tempo tão curto para que o Gestor do Contrato faça a avaliação.

Um contrato deverá permitir que o Gestor determine que uma Extensão de Prazo é devida por sua própria iniciativa, quer o Contratado tenha realizado o pedido ou tenha fornecido informações suficientes ou não. A cláusula deverá também qualificar o Contratado a uma Extensão de Prazo referente a um ato de prevenção ou quebra contratual por parte do Contratante. A consideração de uma Extensão de Prazo pelo gestor do contrato deve também levar em conta as questões disponíveis de *float* e concomitância. Considerando-se obviamente que *float* é visto como uma das mais obscuras artes em matéria de construção.

5.3 Comentário

O procedimento e limites de tempo para uma Extensão de Prazo é geralmente governado pelo próprio contrato, bem como incluso na maioria dos modelos de contratos. O período de um mês para a avaliação da qualificação do Contratado a uma Extensão de Prazo está de acordo com os contratos *Australian Standards*, por exemplo, AS2124-1992 (cláusula 35) e AS4000-1997 (cláusula 34,5). Contudo, e talvez ironicamente, os modelos JCT utilizados no Reino Unido, estabelecem um período de 12 semanas para que o Gestor determine uma Extensão de Prazo e este prazo se inicia somente na data de recebimento de informações suficientes ou 12 semanas subsequentes à finalização na prática dos trabalhos.

Dentro do modelo NEC3, existe um requerimento ao Gestor do Contrato para que este avalie de forma mais rápida para o propósito de um

Compensation Event[6](uma Extensão de Prazo no modelo NEC3). Contudo, este é o formulário que requer que o Contratado notifique um atraso dentro de 8 semanas da ocorrência do evento ou que então perca o direito de reivindicar compensação, o que não é previsto no Protocolo.

Levando isto um pouco adiante e observando alguns exemplos de como o Protocolo funcionaria e então comparando-o com a maneira em que muitos contratos funcionam na prática:

Em meu primeiro exemplo, permitam-me utilizar um projeto de construção de um conjunto de casas no Reino Unido utilizando o modelo JCT 2011 DB (JCT). Neste caso, vamos imaginar por um momento que ocorreu um atraso nos trabalhos devido a problemas nas janelas, tendo em mente que o Contratante instruiu o Contratado quanto à alteração de cor e fabricante das janelas.

Isto se define como uma Matriz de Riscos do Contratante mediante os termos do JCT e da maioria dos contratos. O Contratado tem somente 16 semanas até completar a Obra e, não fosse por esta tardia decisão do Contratante, a Obra seria concluída a termo. O Contratado coloca o Contratante sob aviso do *delay* e fornece todos os detalhes dos efeitos desse *delay* na Obra.

O Gestor do Contrato começa então a análise da qualificação.

O JCT segue o procedimento seguinte para a qualificação a uma Extensão de Prazo de acordo com a Seção 2 do Contrato:

Notificação de delay **por parte do Contratante**

2.24

1. Se e quando for aparente que o progresso da Obra ou de qualquer parte dela poderá sofrer atrasos, o Contratado deverá prontamente notificar o Contratante quanto às circunstâncias materiais, incluindo a causa ou causas do atraso, e deverá identificar na notificação qualquer acontecimento que em sua opinião seja um Relevant Event[7].

[6] Evento cujas consequências devem ser compensadas (extensão de prazo e/ou reconhecimento de acréscimo no preço).

[7] Um evento que não tenha sido causado pelo contratado e que, portanto, exige o reconhecimento de uma extensão de prazo e de ressarcimento das despesas surgidas a partir dessa

2. No que diz respeito a cada acontecimento identificado na notificação, o Contratado deverá, assim que possível, providenciar detalhes de seus efeitos esperados, incluindo uma estimativa de qualquer atraso na conclusão da Obra ou de qualquer parte dela além da Data de Conclusão pertinente, caso sejam relevantes na notificação ou em qualquer outra forma escrita.

3. O Contratado deverá prontamente notificar o Contratante sobre qualquer alteração material no atraso previsto ou quaisquer outros detalhes, e fornecer tais informações adicionais mediante solicitação razoável do Contratante.

Ajuste da Data de Conclusão

2.25

1. Caso receba uma notificação e detalhes conforme a Cláusula 2.24:

1. qualquer acontecimento que esteja descrito como causa para atraso seja um Relevant Event; e

2. a conclusão da Obra ou de qualquer parte dela venha a sofrer atrasos além da data de Conclusão relevante,

Então, o Contratante deverá conceder uma Extensão de Prazo ao ajustar a data posterior como Data de Conclusão da Obra ou de Parte da Obra que então venha a considerar justa e razoável, salvo onde estas Condições expressamente digam o contrário.

2. Sendo ou não concedida uma prorrogação, o Contratante deverá informar oficialmente o Contratado de sua decisão no que diz respeito a qualquer notificação, de acordo com a cláusula 2.24, assim que for praticável de forma razoável, e em qualquer acontecimento dentro de 12 semanas do recebimento dos detalhes requeridos. Quando o período do recebimento da Data de Conclusão for inferior a 12 semanas, a parte contratada deverá empenhar-se em fazê-lo antes da Data de Conclusão.

extensão.

3. O Contratante deverá em sua decisão informar:

1. a Extensão de Prazo concedida a tal Relevant Event; e

2. (no caso de decisão mediante a cláusula 2.25.4 ou 2.25.5) a diminuição de tempo que atribuiu a cada Omissão Relevante.

3. Após o primeiro ajuste de uma data de Conclusão posterior referente à Obra ou Parte dela, de acordo com a cláusula 2.25.1 ou através de um Ajuste Pré-Acordado mas sujeito às Cláusulas 2.25.6.3 e 2.25.6.4, o Contratante poderá, através de Notificação ao Contratado, providenciar os detalhes referidos na cláusula 2.25.3, ajustar uma Data de Conclusão para a Obra ou aquela Parte antes do previsto, caso o ajuste de tal data anterior para Conclusão seja justa e razoável, observando qualquer Omissão Relevante para a qual instruções foram emitidas após a última ocasião em que uma nova Data de Conclusão foi ajustada para a Obra ou Parte.

4. De acordo com a cláusula 2.25.1 ou através de um Ajuste Pré-Acordado mas sujeito às Cláusulas 2.25.6.3 e 2.25.6.4, após um primeiro ajuste da data de Conclusão da Obra ou de Parte dela, o Contratante poderá ajustar uma segunda Data de Conclusão para a Obra ou para aquela Parte antes do previsto, mediante Notificação ao Contratado, e providenciar os detalhes referidos na cláusula 2.25.3, desde que o ajuste da data de Conclusão anterior seja justo e razoável, e observando qualquer Omissão Relevante para a qual instruções foram emitidas após o último ajuste de uma nova Data de Conclusão para a Obra ou Parte dela, o Contratante poderá, e deverá ,através de notificação ao Contratado, providenciar os detalhes referidos na cláusula 2.25.3:

5. Em até 12 semanas após a Data de Conclusão da Obra ou de Parte dela, o Contratante poderá e deverá providenciar os detalhes referidos na cláusula 2.25.3 em uma notificação, caso a finalização ocorra antes da data de conclusão. São obrigações do Contratante:

1. ajustar uma Data de Conclusão para a Obra ou parte dela após a data anteriormente acordada, caso seja justo e razoável, observando quaisquer Relevant Events, quer esteja revisando uma decisão ante-

rior ou quer o Relevant Event já tenha sido especificamente notificado pelo Contratado de acordo com a Cláusula 2.24.1 ou não; ou

2. mediante as cláusulas 2.25.6.3 e 2.25.6.4, ajustar uma Data de Conclusão anterior àquela anteriormente acordada, caso seja justo e razoável no que diz respeito a qualquer instrução para Omissões Relevantes emitida após a última ocasião em que uma nova Data de Conclusão foi ajustada para a Obra ou Parte; ou

3. confirme a Data de Conclusão ajustada anteriormente.

6. Conquanto que:

1. o Contratado se empenhe constantemente em prevenir atrasos no progresso da Obra ou de qualquer Parte, independentemente da causa, e prevenir que a conclusão da Obra ou de Parte sofra atrasos ou sofra atrasos adicionais além da Data de Conclusão relevante;

2. no caso de qualquer atraso, o Contratado faça tudo o que for razoavelmente exigido à satisfação do Contratante para continuar com a Obra ou Parte dela;

3. nenhuma decisão do Contratante mediante as cláusulas 2.25.4 ou 2.25.5.2 altere a data de Conclusão da Obra ou Parte dela antecipadamente à Data de Conclusão Relevante; e

4. nenhuma decisão mediante as cláusulas 2.25.4 ou 2.25.5.2 modifique a duração de qualquer Ajuste pré-acordado, exceto nas ocasiões em que tal ajuste seja referente a uma Alteração, e que a Alteração seja em si o motivo de uma Omissão relevante.

Comparemos com os termos do Protocolo. Pode ser visto que o modelo JCT dispõe sobre a Matriz de Risco do Contratante e acontecimentos de risco neutros (clima e atrasos causados por fatos de terceiros, como órgãos da administração pública ou fornecedores de utilidades), o tempo atribuído ao Gestor do Contrato para revisar estes e deliberar sobre eles é superior a 12 semanas, enquanto que o Protocolo sugere 4 semanas. Isto acontece frequentemente, embora o modelo JCT tenha sido publicado 9 anos após a versão original do Protocolo.

O modelo JCT, de fato, dispõe sobre a determinação a ser feita em caráter provisório e, ainda que não determine expressamente, está implícito que o Gestor do Contrato deve revisar a Extensão de Prazo regularmente e de forma a que o período possa ser extendido. É também o caso de que o

Gestor do Contrato deva determinar em caráter final o direito do Contratado a uma Extensão de Prazo em 12 semanas antes da conclusão da Obra.

De forma semelhante, muito embora tenha sido publicado anos após o Protocolo, o seu efeito pode ser visto no modelo JCT, a partir do requerimento para a produção de um cronograma.

É válido mencionar que na perspectiva do Reino Unido, o *Technology and Construction Court* em Londres emitiu uma série de decisões recentemente no que diz respeito a Extensões de Prazo e à obrigatoriedade do Gestor do Contrato neste aspecto, e deixou claro que o Tribunal espera que se aplique uma abordagem de bom senso nos assuntos que se encontram, de certa forma, em desacordo com os requerimentos do Protocolo. Isto, contudo tem mais relação com a visão do Tribunal de que há um uso excessivo de especialistas em cronogramas, e que o custo disto tem se tornado completamente desproporcional aos pontos em debate em muitos casos.

Esta é certamente uma indicação de uma abordagem pragmática de um tribunal, que foi adotada com o intuito de não tornar as ações tão onerosas nos casos de ações judiciais de menor valor.

Um segundo exemplo, desta vez aplicando um modelo diferente, o modelo NEC3. Neste exemplo, comecemos com um projeto de construção de uma ponte.

Visto que se trata de um modelo NEC3, antes do início da obra, o Contratado preparou um cronograma que descreve detalhadamente as várias etapas da construção e o fator tempo para o fornecimento das informações.

O design foi concluído e a Obra começou no canteiro. Em um dos lados do rio sobre o qual a ponte seria construída, condições de solo inesperadas foram descobertas, e consequentemente o design dos pilares utilizados para suportar as principais colunas da ponte deveria ser refeito. De acordo com os termos do contrato, o Contratado deveria notificar o Agente do Contratante sobre *delay*, denominado no contrato como *Compensation Event;* a notificação deveria ser enviada dentro de 8 semanas, tal como requerido pelo contrato, e a notificação seria sustentada por um cronograma revisado, que especificaria o tempo necessário para revisar o design e prosseguir com os trabalhos dos alicerces. Além disso, os custos totais dessa alteração são fornecidos ao Agente do Contratante.

Os termos do modelo NEC3 no que diz respeito a um *Compensation Event* são:

61. Notificação de compensation events

61.1 Para **compensation events** que venham a surgir por parte do Gestor de Projeto ou do Supervisor ao dar uma instrução ou ao alterar uma decisão prévia, o Gestor de projeto deverá notificar o Contratado sobre o compensation event no momento do fornecimento da instrução ou da alteração da decisão anterior.

Ele também instrui o Contratado a submeter cotações, a menos que o acontecimento tenha em sua origem uma falha do Contratado ou cotações já tenham sido submetidas. O Contratado insere a instrução ou efetiva a decisão .

61.2 O gestor de Projetos pode instruir o Contratado a submeter cotações para uma instrução proposta ou uma mudança de decisão proposta. O Contratado não insere a instrução proposta ou não efetiva uma alteração proposta.

61.3 O Contratado deverá notificar o Gestor do Projeto sobre um acontecimento já ocorrido ou que possa ser considerado como compensation event no futuro se:

– O Contratado acredita que o acontecimento se trata de um compensation event e

– O Gestor de Projeto não notificou o Contratado quanto ao acontecimento.

Caso o Contratado não notifique um compensation event em até oito semanas após tomar ciência do acontecimento, ele não terá direito a alteração nos Preços, Data de Conclusão ou Data Chave, exceto no caso em que o Gestor de Projetos deveria ter notificado o Contratado e não o fez.

61.4 Caso o gestor de Projetos decida que um acontecimento notificado pelo Contratado

– Resulte de uma falha do próprio Contratado,

– Não aconteceu e não se prevê que venha a acontecer,

– Não tem qualquer efeito em termos de Custo Definido, Conclusão ou não cause a alteração de uma Data-Marco Intermediária; ou

– Não se trate de um compensation event especificado neste contrato

ele notifica o Contratado quanto à sua decisão da não alteração de Preços, Data de Conclusão e Data-Marco Intermediária.

Caso o Gestor de Projeto decida de outra forma, ele notifica o Contratado devidamente e o instrui a submeter cotações.

Caso o Gestor de Projeto não notifique a sua decisão ao Contratado no período

– De uma semana contada a partir da notificação do Contratado ou

– Um período maior com o qual o Contratado concordou,

O Contratado poderá notificar o Gestor de Projetos com essa finalidade. A falha do Gestor em responder à notificação no período de duas semanas após o seu recebimento será considerada como aceitação de que o acontecimento seja um compensation event e uma instrução para o envio de cotações.

61.5 Caso o Gestor de Projetos decida que o Contratado não concedeu um aviso prévio do acontecimento, algo que um Contratado experiente faria, ele deverá notificar esta decisão ao Contratado e instrui-lo a enviar cotações.

61.6 Caso o Gestor de Projetos decida que os efeitos de um compensation event são demasiadamente incertos de forma a serem previstos razoavelmente , ele presume quanto ao evento em suas instruções para enviar cotações ao Contratado.

Uma avaliação do acontecimento se baseia nestas suposições. Se qualquer uma delas posteriormente vier a ser vista como equivocada, o Gestor de Projetos notifica uma correção.

61.7 Um compensation event não é notificado após a data de defeitos.

...

63 Avaliando compensation events

63.1 As alterações dos Preços são avaliadas como efeito do compensation event conforme:

- O Custo Real Definido do trabalho já realizado,
- O Custo Definido Estimado do trabalho ainda não realizado e
- A taxa resultante.

A data em que o Gestor de Projeto instruiu ou deveria ter instruído o Contratado a enviar cotações diferenciará o trabalho que já foi realizado do trabalho ainda não realizado.

63.2 Se o efeito de um compensation event for o de reduzir o Custo Definido total, os Preços não serão reduzidos exceto conforme estabelecido neste contrato.

63.3 Um atraso na Data de Conclusão é avaliado como o período em que, devido ao compensation event, a Conclusão prevista ocorre posteriormente àquela estabelecida no Cronograma Aceito. Um atraso em uma Data-Marco Intermediária é avaliado como o período em que, devido a um compensation event, a data planejada em que a Condição estabelecida para uma Data-Marco Intermediária será cumprida se demonstra como posterior àquela estabelecida no Cronograma Aceito.

63.4 Os direitos do Contratante e do Contratado quanto a alterações nos Preços, Data de Conclusão e Datas-Chave são seus únicos direitos no que diz respeito a um compensation event.

63.5 Caso o Gestor de Projetos tenha notificado ao Contratado o entendimento de que o Contratado não informou um compensation event com a antecipação necessária que um Contratado experiente certamente informaria, o evento é então avaliado como se o Contratado tivesse informado antecipadamente.

63.6 Avaliação do efeito de um compensation event inclui margens de risco relacionados aos custos e ao tempo em matérias que tenham certa probabilidade de acontecer e que sejam consideradas como risco do Contratado perante este contrato.

63.7 As avaliações baseiam-se nas suposições de que o Contratado reage competente e prontamente ao compensation event, de que qualquer Custo Definido e tempo relacionados ao evento são devidamente contraídos, e de que o Cronograma Aceito pode ser alterado.

63.8 Um compensation event que seja uma instrução para alterar as Informações da Obra de forma a resolver qualquer ambiguidade ou incoerência é avaliado como se os Preços, a Data de Conclusão e as Datas-Marco Intermediárias foram a favor da interpretação mais favorável à Parte que não forneceu Works Information[8].

63.9 Caso uma alteração das Informações da Obra defina a Condição para uma Data-Marco Intermediária como incorreta, o Gestor de Projeto corrige essa descrição. Esta correção é levada em consideração ao avaliar o compensation event para a alteração de Works Information."

Como pode ser visto, o modelo NEC3 requer que o Gestor do Contrato aja de forma muito mais convergente com os termos do Protocolo. O Gestor do Contrato revisa a data e as partes entram em acordo com um cronograma revisado. Isto está muito mais alinhado com os requerimentos do Protocolo.

6 *Float*

Antes de expor as disposições relevantes do Protocolo, é válido considerar por um momento o que se quer dizer com *float*. Convém ressaltar que o que se segue não tem a intenção de se apresentar como uma exposição quanto ao significado da palavra *float* em um contrato de construção e também que uma visão geral neste capítulo não é o melhor lugar para uma discussão tão detalhada.

Float é, em sua essência, razoavelmente fácil de se definir: nos intervalos das fases de uma operação de construção que existem a fim de que um projeto seja concluído dentro do prazo determinado em contrato ou, como o Protocolo descreve ,"o período no qual uma atividade ou conjunto de

[8] Informações que foram tomadas como premissas para elaboração da proposta.

atividades pode ser alterado em relação ao prazo, sem causar atraso à data de conclusão de um contrato". Existe uma importante questão levantada por muitos comentadores quanto a quem **reconhece** o *float*.

Infelizmente, em quase todos os contratos não se declara quem deve reconhecer *float* em um projeto. Ouve-se com frequência que um Contratante deve reconhecer o *float*, mas, se diz igualmente que o Contratado é aquele que reconhece o *float* em um projeto.

O autor com frequência prefere dizer que a parte que reconhece o *float* é a parte que o identifica embora o Protocolo estabeleça que a definição do float é prerrogativa do projeto/Contratante.

Em certas formas contratuais, deixa-se claro quem define o *float* no contrato e nestes casos é quase que invariavelmente o Contratante que se considera como aquele que determina o *float*.

Com o crescente uso de cronogramas em muitos projetos de construção, tornou-se mais simples para as Partes identificarem onde se encontra o *float*, ainda que somente na teoria.

6.1 Princípios Fundamentais

a. no que se refere ao tempo

- Nos casos em que se observa *float* remanescente no cronograma na ocasião de uma Matriz de Risco do Contratante, uma Extensão de Prazo deverá ser concedida somente na medida em que o *Delay* do Contratante prevê reduzir o *float* total a abaixo de zero na trajetória de atividades afetadas pelo *Delay* do Contratante. Em outras palavras o Contratante é quem determina o *float* de acordo com o Protocolo.

b. no que se refere ao ressarcimento

- Se, como resultado de um *Delay* do Contratante, o Contratado não consegue concluir a Obra na data planejada (sendo essa data anterior àquela de conclusão do contrato), o Contratado deverá, em princípio, ter o direito de receber os custos diretamente causados pelo *Delay* do Contratante, apesar de não haver atraso na data de conclusão do contrato (e consequentemente nenhum direito à Extensão de Prazo), considerando também que na ocasião em que celebram o contrato, o Contratante tem ciência da intenção do Contratado de concluir a Obra antes da data de conclusão do contrato, e que essa intenção seja realista e executável. Um conceito quase que completamente improvável.

6.2 Orientação

O Protocolo descreve *float* como "o período em que uma atividade ou conjunto de atividades pode ser alterado em relação ao prazo, desde que não provoque atrasos na data de conclusão do contrato."

O Protocolo recomenda de forma enfática que a responsabilidade sobre o *float* deve ser adequadamente examinada no contrato, uma vez que ela pode essencialmente determinar o direito à Extensão de Prazo como consequência de um atraso do Contratante.,.

Um Contratado não deve obter automaticamente o direito à Extensão de Prazo simplesmente porque um atraso do Contratante em avançar retira o *float* do Contratado em uma atividade específica.

A posição do Protocolo é que um atraso do Contratante deva somente resultar em uma Extensão de Prazo nos casos em que se prevê a redução do *float* total a abaixo de zero na sequência das atividades afetadas pelo atraso, isto é:

O Projeto/Principal é responsável pelo *float*.

O Protocolo mais uma vez insiste na importância da elaboração de um cronograma e na sua constante atualização para viabilizar a identificação correta de *float* e as consequências do *delay* do Contratante (ou atraso concomitante) em relação ao *float*. Este é o princípio que tem sido adotado pelo modelo de contrato NEC3.

O Protocolo reconhece também que poderá existir um direito ao ressarcimento por atraso do Contratante, apesar de uma Extensão de Prazo não ter sido concedida por motivo de disponibilidade de *float*. Pode ser este o caso, porque as partes reconheceram de forma contratual que perda de *float* pode por sua vez trazer consequências financeiras para o Contratado, visto que, na celebração do Contrato, o Contratante tem ciência da intenção do Contratado em concluir os trabalhos antes da data de Conclusão no Contrato, o que, como comentado acima, é um acontecimento muito difícil de acontecer, já que demandaria abertura extrema por parte do Contratado.

Para evitar incertezas em tais circunstâncias, o Protocolo recomenda que as partes observem ambos os fatores, a relação entre *float* e o direito à

Extensão de Prazo, e o direito ao ressarcimento por perda de *float*, mesmo quando o direito à Extensão de Prazo não exista.

6.3 Comentário

Geralmente o *Float* não é examinado em modelos de contrato, embora desde a publicação original do Protocolo já se veja grande consciência em relação ao *float* e diversos aditamentos a modelos de contrato procurem abordar a falta que o Protocolo procura suprir. Já foi sugerido que esta recomendação seja adotada com o propósito de evitar disputas judiciais nas ocasiões em que o Contratante utiliza o *float* total e que o Contratado se torna responsável pelo pagamento de danos acordados ao final do projeto. Contudo, dado que estas recomendações são em certos aspectos inconsistentes com uma decisão importante no Reino Unido, resta observar se os tribunais aceitarão esta abordagem.

7 Atraso Concorrente

A área de atraso concorrente é uma daquelas em que as opiniões mudaram de forma marcante desde que o Protocolo foi publicado.

Existem três grandes casos no Reino Unido que abordaram concomitância em projetos de construção. São eles: *City Inn v. Shepherd Construction, Henry Boot Construction (UK) Ltd v Malmaison Hotel (Manchester) Ltd [1999] 70 Con LR32* e em *Royal Brompton Hospital NHS Trust v Hammond & Ors (No 7) [2001] 76 Con LR148* e *Walter Lilley & Company Ltd v Mackay.*

No caso *City Inn*, os tribunais Escoceses consideraram o tema de atraso concorrente e o Tribunal determinou que a abordagem correta seria a de **dividir o atraso**. Parece ter sido essa mesma a abordagem na Corte Inglesa no caso *Henry Boot.* A Corte Inglesa no caso *Mackay* negou recentemente que a abordagem "tudo ou nada" fosse a mais apropriada em termos de Extensão de Prazos.

7.1 Princípios Fundamentais

a. seu efeito sobre o direito a uma Extensão de Prazo:

- caso o Atraso na Conclusão por parte do Contratado ocorra ou tenha efeito concomitante com o Atraso na Conclusão por parte do Contratante, o atraso concorrente do Contratado não deve reduzir qualquer Extensão de Prazo devida.

b. seu efeito sobre um direito ao ressarcimento por extensão:
- Caso o Contratado incorra em custos adicionais, causados tanto pelo Atraso do Contratante e pelo Atraso concorrente do Contratado, deverá então o Contratado:
- Ser ressarcido à medida em que possa identificar separadamente os custos adicionais provocados pelo Atraso do Contratante daqueles provocados pelo Atraso do Contratado.
- Caso os custos adicionais tenham incorrido em qualquer ocasião como resultado de Atrasos do Contratado, este não terá direito ao ressarcimento.

c. identificação de *float* e concomitância:
- A identificação precisa do *float* e da concomitância é possível somente através de um cronograma adequado, devidamente atualizado.

7.2 Orientação

O Protocolo procura disponibilizar um meio em que problemas de concomitância possam ser resolvidos. Nas situações em que uma matriz de Risco do Contratante e Risco do Contratado ocorram simultaneamente, o Contratado deve, todavia, obter o direito a uma Extensão de Prazo pelo atraso da conclusão. Matrizes de risco que ocorrem em sequência, mas cujos efeitos são concorrentes, não devem também reduzir a duração da Extensão de Prazo devida ao Contratado, como resultado de um Atraso do Contratante. Para identificar a concomitância com precisão, um cronograma atualizado faz-se imprescindível.

A posição do Protocolo em relação à concomitância evita que um Contratante ou Gestor do Contrato obtenha vantagem sobre atraso do Contratado após a data de conclusão do contrato, ao emitir instruções e fazer alterações sem fornecer Extensão de razo. Ou seja, caso as novas instruções do Contratante causem o prolongamento do período dos trabalhos e a alteração da Data de Conclusão do Contrato, tal atraso será concorrente.

7.3 Comentário

A abordagem de causa "dominante" , frequentemente adotada a fim de determinar se um Contratado tem direito à Extensão de Prazo em circunstâncias de atrasos, ainda não foi aplicada pelo Protocolo. Visto que as disputas se originam com frequência devido a discussões conflituosas sobre as causas ou contribuições com atrasos, o Protocolo procura se distanciar da atribuição de culpa pelo *delay* e redução da Extensão de Prazo.

O Protocolo, de certa forma, leva em conta os interesses do Contratado em obter Extensão de Prazo a despeito do seu atraso concomitante. Esta posição foi adotada no Reino Unido em dois casos recentes: *Henry Boot Construction (UK) Ltd v Malmaison Hotel (Manchester) Ltd [1999] 70 Con LR32* e em *Royal Brompton Hospital NHS Trust v Hammond & Ors (No 7) [2001] 76 Con LR148.* Aparentemente a abordagem do Protocolo está se tornando a preferida no Reino Unido. No entanto, acompanhando o caso *Walter Lilley & Company Limited v Mackay*, fica claro que a tal interpretação não é a favorita das cortes inglesas. Pelo menos não no que diz respeito à consideração de Extensão de Prazo, em que os entendimentos sobre recuperação de perdas e despesas são muito mais variados.

Apesar da existência do direito a uma Extensão de Prazo, há um certo consenso no qual, antes de ter o direito ao ressarcimento concedido, o Contratado deve provar que incorreu em despesas adicionais por conta do atraso do Contratante, bem como em custos adicionais causados pelo atraso concorrente.

8 Análise de Atrasos Pós-evento

Uma das áreas mais criticadas e discutidas no que diz respeito ao Protocolo.

Não menos porque um vasto número de especialistas em *delay* já foram criticados pela forma como segmentaram as ações judiciais e posteriormente reivindicaram extensões de prazo, além da data real na qual os trabalhos foram concluídos, levando então à crítica de que, em suas análises de *delay* não consideraram verdadeiramente qualquer notificação sobre os fatos dos trabalhos. Outros, claro, concordam igualmente que isto é somente uma evidência de que o Contratado acelerou o trabalho visando concluir os trabalhos antecipadamente.

8.1 Princípio Fundamental

O adjudicador, juiz, ou árbitro, deve tanto quanto possível, colocar-se na posição do Gestor do Contrato à época da ocorrência da Matriz de Riscos do Contratante.

8.2 Orientação

A pessoa que avalia se o Contratado tem direito à Extensão de Prazo, deve utilizar um cronograma atualizado para estabelecer o estado dos trabalhos no período em questão, para determinar se o direito deveria ter sido reconhecido pelo Gestor do Contrato.

8.3 Comentário

A visão do Protocolo é correta em princípio, mas, em termos práticos, é difícil avaliar a quantidade de informações que um Gestor de Contrato tinha em mãos quando avaliou a ação judicial.

Diversas opiniões foram expressas quanto à metodologia a ser aplicada, mas, a orientação da corte do *Technology and Construction Court* em Londres é de que o simples uso do bom senso deveria ser adotado e que o gestor do contrato não deveria ser demasiadamente normativo em sua abordagem.

9 Mitigação de Atraso e Perdas

Esta talvez seja a sentença mais simples de se escrever, mas uma das questões mais complicadas de se analisar devidamente. Em parte, isto se deve ao fato de que diferentes sistemas jurídicos têm visões diferentes sobre as obrigações de uma parte em *delay* em mitigar seus efeitos. A maioria dos modelos de contrato não incluem disposição legal semelhante simplesmente por crer em um princípio geral de que um Contratado irá *atenuar as consequências dos seus delays.*

9.1 Princípio Fundamental

Sujeito ao Contrato, o dever de mitigar perdas não requer que o Contratado adicione recursos extra ou que trabalhe fora de suas horas de trabalho planejadas.

O Contratado não deve tomar providências insensatas que venham a multiplicar suas perdas.

9.2 Orientação

O Protocolo considera que o dever do Contratado em mitigar suas perdas possui duas extensões:

a. O Contratado deve tomar providências sensatas quanto a minimizar suas perdas; e
b. O Contratado não deve tomar providências insensatas que venham a multiplicar suas perdas.

É normal em contratos de construção pedir ao Contratado que faça tudo o que estiver ao seu alcance para evitar, superar ou reduzir atrasos. Este dever não implica em proceder a qualquer alteração no escopo que se mostre mais eficiente que o escopo original, tal como despender de mais recursos visando a anular o efeito de uma Matriz de Riscos do Contratante, por exemplo, quando adiciona recursos extra ao trabalhar fora de suas horas de trabalho planejadas. O Contratante deverá pagar ao Contratado os custos de tais providências de forma a mitigar a perda ao exigir que o Contratado o faça. O método, velocidade e fator tempo das atividades regidas pelo Contrato estão normalmente a critério do Contratado, que é sujeito a qualquer cronograma ou método acordado.

9.3 Comentário

O Protocolo é consistente com os princípios de *Common Law* em relação ao dever do Contratado em mitigar perdas, porém, este é um conjunto de regras bastante impreciso e, consequentemente, o autor questiona a sua força.

10 Relação entre Extensão de Prazo e ressarcimento

Esta é uma das áreas de interesse do autor e remonta a uns bons 15 anos de prática. Uma das concepções errôneas mais comuns de qualquer Contratado é pensar que, caso tenha o direito à Extensão de Prazo, tem direito também ao ressarcimento. Frequentemente, na mente de um Contratado, isto inclui um acontecimento que não se trata de fato de um atraso do Contratante. Diz-se com frequência que no Reino Unido foi um receio deste gênero, em que Contratados consideravam extensões de prazo e ressarcimentos como duas coisas firmemente ligadas, que quando o modelo JCT foi reescrito em 2005, os autores separaram as cláusulas referentes ao tempo e ao dinheiro, para que não se considerasse que uma necessariamente implicasse na outra.

Infelizmente, no Reino Unido, isso não funcionou.

10.1 Princípio Fundamental

O Direito à Extensão de Prazo não origina automaticamente um direito a ressarcimento.

10.2 Orientação

O Protocolo rejeita a concepção errônea de que existe um direito automático ao ressarcimento por tempo adicional exigido para completar o contrato.

O Protocolo conclui que:

> Não existe, portanto, ligação absoluta entre o direito à Extensão de Prazo e o direito ao ressarcimento pelo tempo adicional utilizado para completar o contrato.

10.3 Comentário

Esta visão é consistente com a maioria dos modelos de contratos que exigem que o Contratado reivindique os direitos à Extensão de Prazo e ao ressarcimento por prorrogação separadamente.

11 Avaliação de Modificações

11.1 Princípio Fundamental

O provável efeito total das modificações deve ser de pré-acordo entre o Contratante/Gestor do Contrato e o Contratado para, se possível, chegar a um preço fixo de uma modificação, incluindo custos diretos (custos trabalhistas, instalações e materiais) e custos referentes ao tempo, uma Extensão de Prazo acordada e revisões necessárias do cronograma.

11.2 Orientação

O Protocolo considera essencial a existência de uma lista de encargos e preços, que deverá ser utilizada no caso de alterções nas exigências do Contratante. Custos diretos aceitáveis acrescidos de uma margem razoável para despesas gerais e lucros deverão ser incluídos nos encargos. O Protocolo afirma que:

> Não se considera como boa prática ressarcir separadamente uma extensão e o elemento de *disruption* de uma série de diferentes modificações ou alterações ao final do contrato. Isto provavelmente levará o Contratado a apresentar uma ação judicial global, o que deve ser desencorajado.

As partes deverão procurar concordar no valor total a ser pago como consequência das modificações tão logo elas tenham sido realizadas. O Protocolo encoraja também provisões para situações nas quais uma modificação afeta um trabalho considerado invariável, e que esse trabalho invariável afetado seja então tratado como variável.

11.3 Comentário

Embora faça sentido comercial, a interpretação sugerida do Protocolo no que diz respeito a concordar com um valor justo por modificações baseadas em uma listagem de encargos, tal concepção pode não ser praticável ou mesmo razoável, particularmente em contratos de longa duração. De forma semelhante, no Reino Unido existem modelos de contrato específicos (o modelo *DB*), que não contêm uma listagem formal de custos ou encargos, visto que o Contratado assume o risco de completar o design.

12 Ressarcimento

12.1 Princípios Fundamentais

a. Base de cálculo de ressarcimento por prorrogação
- O Ressarcimento por Prorrogação não deve ser pago por nada mais além do trabalho concretamente realizado, tempo concretamente despendido ou perdas/despesas concretamente incorridas.
- O objetivo é manter o Contratado na mesma posição financeira em que estaria caso a Matriz de Riscos do Contratante não tivesse se concretizado.

b. Relevância de projeção de margem
- As projeções de margem possuem relevância limitada na avaliação de extensão e *disruption* provocada pela quebra de contrato ou qualquer outra causa que demande a avaliação de custos adicionais.

c. Período para avaliação de ressarcimento
- A avaliação de um valor devido será feita em referência ao período no qual o efeito da Matriz de Risco do Contratante foi percebida.

12.2 Orientação

A possibilidade de recuperação de ressarcimento por extensão depende dos termos do contrato e do atraso específico que provocou a extensão, variando caso o acontecimento seja um risco do Contratado ou do Contratante.

Um Contratado deve demonstrar que sofreu perdas e/ou encargos antes de obter o direito a ressarcimento, salvo quando exposto em contrário. Um valor contratual acordado por dia de extensão pode reduzir debates quanto à prova de tais perdas.

Uma forma de danos acordados.

O Protocolo sugere que, caso um Contratado não tenha considerado qualquer margem ou tenha considerado uma margem inadequada em relação a despesas gerais em sua projeção, não será necessariamente invalidado seu direito ao ressarcimento por extensão e/ou *disruption*, com base na recuperação de custos reais incorridos. Para ressarcimento baseado em perdas e/ou gastos reais, as projeções de margem não serão relevantes.

Contudo, projeções de margem podem ser um ponto de referência útil para a avaliação de extensão e *disruption* provocada por modificação. Podem ser utilizada pelas partes como um guia aproximado no entendimento de tais custos para avaliar o valor de trabalho variável, caso as partes assim o desejem.

12.3 Comentário

O Protocolo recomenda que um Contratado deve ter direito a ressarcimento por extensão para acontecimentos concomitantes que provoquem *delay*, caso o Contratado possa provar que suas perdas são resultantes de Atraso do Contratante. Todavia, se uma Matriz de Risco do Contratante e uma Matriz de Risco do Contratado tiverem efeito concorrente, o Contratado não terá direito a ressarcimento, exceto no caso em que perdas e/ou despesas distintas tenham origem na Matriz de Risco do Contratante, como por exemplo o período em que o Atraso do Contratante vá além da duração do Atraso do Contratado. Isto poderá gerar controvérsias em situações nas quais o período referente ao efeito de acontecimentos concorrentes não for claro.

Esta não é uma posição aceita pelo Reino Unido onde os tribunais indicaram que quando houver concomitância no atraso, o Contratado deverá ter direito à Extensão de Prazo, porém não à recuperação de perdas e despesas do período relevante de concomitância.

Como princípio, é certamente visão do autor que permitir que um Contratado seja ressarcido por um período em que ele também se encontrava em atraso culpável parece conflitante com o princípio jurídico de que uma parte não deve se beneficiar de sua própria falha.

13 Ações Judiciais Globais

Esta tem sido uma área de debate considerável desde o tempo do Protocolo e após. Existem diversas visões sobre ações judiciais globais e muito vai depender de qual lado da cerca contratual você se encontra.

13.1 Princípio Fundamental

A prática não muito incomum dos Contratados que participam de ações judiciais conjuntas ou globais sem substanciar causa e efeito é desencorajada.

13.2 Orientação

Os parágrafos 1.14.2 e 1.14.3 do Protocolo desencorajam com veemência as ações judiciais globais que não substanciam a causa e os efeitos do atraso.

13.3 Comentário

Idealmente, este entendimento sobre as ações judiciais conjuntas ou globais deveria ser adotado, mas, em alguns casos, isto pode ser demasiadamente oneroso para os Contratados, especialmente quando se trata de projetos menores. Embora consistente com a relutância geral dos tribunais em aceitar ações judiciais globais, em circunstâncias apropriadas, os tribunais aceitam tais ações judiciais. No caso australiano de *John Holland Pty Ltd v Hunter Valley Earthmoving Co Pty Ltd*, o juiz *McClellan* considerou irrelevante o fato de que a ação foi descrita como uma "ação judicial global". O juiz considerou que "um autor que tem uma reivindicação não terá seu direito de processar negado simplesmente porque existem dificuldades em identificar com precisão cada elemento individual da ação judicial". A ação judicial global por custos de *delay* poderia ser aceita, visto que existiam provas suficientes para estabelecer que o autor sofreu perdas quantificáveis e que cabia ao tribunal determinar a quantia apropriada à qual o autor tinha direito.

A visão dos tribunais ingleses é semelhante à visão declarada na Austrália que diz que o detalhe é o mais importante. Se for o caso de que os detalhes de uma ação judicial são tão complexos que não são passíveis de tratamento separado, então a visão do tribunal é que uma ação judicial global pode ser bem-sucedida. É uma visão semelhante àquela expressa em relação à utilização de fórmula 's, embora este capítulo não seja o lugar para uma revisão do uso de fórmula 's em construção.

14 Aceleração

Novamente este é um dos assuntos espinhosos sobre o qual diversas opiniões foram expressas.

14.1 Princípio Fundamental

Se o contrato estipula a aceleração, o pagamento deve ser feito nos termos oficialmente acordados. Se o contrato não faz qualquer menção, as partes devem concordar quanto à base de pagamento antes de iniciar a aceleração. Na falta de acordo, medidas devem ser tomadas por qualquer uma das partes para que se resolva a disputa ou diferença sobre direito à Extensão de Prazo, de acordo com os procedimentos de resolução de disputas do contrato.

14.2 Orientação

Onde a aceleração estiver em acordo, o Contratado não possui o direito de reivindicar custos de extensão por qualquer período de Atraso do Contratante, anulado pela aceleração. Quando um Contratado acelera por iniciativa própria, não obtém direito a ressarcimento.

É importante então aplicar os termos do contrato para alcançar um acordo alternativamente no que diz respeito à aceleração, e resolver qualquer disputa sobre direito a Extensão de Prazo antes de tomar medidas de aceleração.

14.3 Comentário

A abordagem sugerida no Protocolo em relação à necessidade de aceleração, seguindo os procedimentos para reivindicar uma Extensão de Prazo, podem não ser realistas na prática, quando houver uma necessidade urgente de superar os efeitos de atrasos. É cada vez mais frequente perceber que a maioria dos modelos de contratos modernos estabelecem o requerimento para estipular cotações seguido de um método sofisticado para a instrução de aceleração. No entanto, esta continua sendo uma das instruções menos utilizadas em qualquer contrato.

15 *Disruption*

15.1 Princípio Fundamental

Caso a *disruption* seja provocada pelo Contratante, isto poderá resultar em um direito a ressarcimento tanto de acordo com o contrato ou como quebra de contrato.

15.2 Orientação

O Protocolo determina que *disruption* tem um significado diferente de *delay*. No contexto de um contrato de construção, *disruption* refere-se à perda de produtividade, tumultos, impedimento ou interrupção do desempenho de um Contratado. Diferentemente de *delay*, *disruption* pode não levar à conclusão tardia dos trabalhos. Geralmente, o Contratado é ressarcido por *disruption* somente na medida em que ela é provocada pelo Contratante. Embora muitos modelos de contratos não abordem *disruption* expressamente, um Contratado deve manter registros apropriados do canteiro de obra de forma a auxiliar o gestor do contrato a realizar avaliações de *disruption* adequadas.

15.3 Comentário

O Protocolo não estabelece que um Contratado deve ser ressarcido por *disruption*. Declara apenas a possibilidade de que isso ocorra. Sob a perspectiva de um Contratado, este princípio não constitui uma base sólida para exigir ressarcimento. No mais, a posição do Protocolo é de que *float* não se reserva ao uso exclusivo do Contratante ou do Contratado e de que o Contratado somente possui direito à Extensão de Prazo caso o Atraso do Contratante seja crítico para a Data de Conclusão. Críticas já foram feitas apontando o efeito de que um Contratado não terá direito à Extensão de Prazo por Atraso do Contratante, caso isso venha a atrasar a sua evolução ou impeça a finalização do trabalho antes da data de conclusão.

O autor observa que ressarcimento por *disruption* tem sido um princípio aceitável no modelo JCT por muitos anos.

16 Outras Orientações

16.1 Procedimento para Extensão de Prazo

O Protocolo determina a adoção de um procedimento para permitir a avaliação de requerimentos para extensões de prazo. Recomenda que o cronograma seja utilizado pelo gestor do contrato como ferramenta principal na determinação da Extensão de Prazo. Além disso, evidências atuais devem ser anexadas para garantir que a Extensão de Prazo resultante seja justa e razoável. Este ponto foi amplamente adotado pelo modelo NEC3 e, cada vez mais, pelas versões mais complexas do modelo JCT.

16.2 Contestação de Extensão de Prazo após a Conclusão

O Protocolo sugere que a análise do impacto dos acontecimentos seja feita de forma retrospectiva no caso dos princípios estabelecidos pelo mesmo e a gestão do cronograma terem sido praticados durante os trabalhos. Se os princípios e orientações do Protocolo não tiverem sido adotados, o método para analisar e avaliar *delay* e extensão dependerá em grande escala:

a. das condições relevantes do contrato;
b. da natureza dos acontecimentos que provocaram a situação;
c. do valor da disputa;
d. do período disponível;
e. dos registros disponíveis;
f. da informação disponível a respeito do cronograma;
g. do nível de habilidade do programador do cronograma e sua familiaridade com o projeto.

O Protocolo considera que os adjudicadores, juízes ou árbitros devam, no limite do praticável, colocar-se na posição do gestor do contrato à época da Matriz de Risco do Contratante, para determinar se um Contratado possui o direito à Extensão de Prazo.

17 Uma Abordagem Australiana da Distribuição de *Delay*

Vejamos agora como uma jurisdição de *Common Law* interpretou a questão de **distribuição** de *delay*. Recentemente foi possível presenciar ações nos tribunais australianos cujo objetivo era apaziguar o efeito um tanto draconiano do "princípio de prevenção", em circunstâncias nas quais houve contribuição simultânea para o atraso, tanto pelo principal como pelo Contratado.

Os tribunais parecem preparados para determinar que uma parte contratual, que foi impedida de cumprir suas obrigações devido à conduta da outra parte, não possa depender dessa falha, caso não pudesse ter cumprido com sua obrigação contratual em qualquer circunstância.

Na Austrália, os tribunais já tentaram listar os princípios relevantes em relação ao conceito de prevenção de *delay* em contratos de construção:

a. Dada uma cláusula de Extensão de Prazo aplicável ao atraso culpável principal, juntamente com um regime ou mecanismo contratual para esse fim, o atraso real principal possui o efeito de obrigação de Extensão de Prazo e que o fator tempo não seja entendido como "livre";
b. O dito atraso do principal deve ser real em vez de em potencial;
c. De forma semelhante, deve existir causa real para o atraso; e
d. O impacto geral do atraso do principal deve ser apurado como uma questão de fato.

Juiz Rolfe em *Turner Corp Ltd (in provisional liquidation) v Co-ordinated Industries Pty Ltd (1995) 11 BCL 202* e em recurso *(1996) 12 BCL 33;* seguido de *Australian Development Corp v White Constructions (1996) 12 BCL 317.* Na decisão de *Turner*, sua Excelência considerou que o "princípio de prevenção" deveria ser aplicado somente em circunstâncias em que o principal provocou o atraso real, e que não era suficiente declarar que o principal potencialmente possa ter provocado atrasos na conclusão da obra.

O atraso do principal deve ser "julgado em todas as circunstâncias do caso" e pode determinar o pagamento de reparação ao Contratado.

18 Impacto do Protocolo

Mesmo com intenção de uso do Protocolo como um guia na interpretação de cláusulas de *delay* e *disruption*, o documento recebeu críticas sobre a sua falta de conformidade com provisões presentes em modelos de contrato de construção.

Contudo, o Protocolo não tem a intenção de ser consistente com a abordagem usual, e sim apresentar um modelo ideal de funcionamento a ser utilizado no futuro. Algumas alterações subsequentemente feitas em alguns modelos de contrato incluem:

a. Esclarecimento de tempo e riscos de custos a serem arcados pelo principal;
b. Flexibilidade ampliada para diversificar a forma como o trabalho é gerenciado;
c. Especificação detalhada no estabelecimento de cronogramas, declarações de método e registros do histórico de evolução; e
d. Capacidade de diversificar os recursos, métodos ou sequência dos trabalhos.

Outra crítica ao documento é que este deveria ter sido redigido como um protocolo, não como uma ferramenta de orientação. Caso o Protocolo fosse um documento mais prescritivo, sua aplicação seria mais consistente.

Os custos crescentes com cronogramas, manutenção de registros e administração constituem um fator impeditivo à ampla adoção do Protocolo.

Dois anos após a sua primeira publicação, o Protocolo não pode descrito como "unanimidade no Reino Unido, Austrália ou qualquer outro lugar. Nos últimos anos, contudo, partes dele têm sido adotadas no Reino Unido e a sua totalidade tem sido aplicada como método de resolução de disputas em uma série de outras jurisdições de *Common Law*, tornando-se também referência para Contratos de Construção em escala mundial.

Ainda assim, é claro que o Protocolo constitui um guia útil na administração de um contrato e na resolução de disputas. Seus princípios fundamentais, a necessidade de esclarecimento e de pré-acordo entre as partes numa série de fatores, que frequentemente levam a contestações durante a redação de um contrato ou em possíveis alterações, provavelmente surtirão o efeito desejado de reduzir o número de disputas judiciais em relação a *delay* e *disruption*.

Uma Visão Prática ao Termo Disruption em Pleitos Construtivos

Felipe Gutierrez

Introdução

A existência de divergências de opinião entre as diferentes partes envolvidas na condução de projetos de engenharia e construção é praticamente tão certa quanto a morte. A variável de incerteza reside, portanto, no momento em que ela ocorrerá bem como no processo que será seguido pelas partes para solucionar tais desacordos. Neste mercado, um dos assuntos mais relevantes e discutidos nos últimos 10 anos é como lidar com tais diferenças quando a discordia está intimamente relacionada a atrasos e interferências[2] no planejamento e realização de projetos e obras – este artigo trata com interesse esta matéria.

O tema, que demanda atenção e esforço de profissionais e acadêmicos altamente qualificados no mundo todo, é considerado neste artigo com a modesta intenção de comentar diferentes pontos de vista e, de forma limitada, relatar alguns exemplos e casos para facilitar o entendimento do tema.

[2] Por falta de uma palavra mais apropriada na língua portuguesa, neste artigo o termo Disruption (da língua inglesa) será tratado como "interrupção", "interferência" e em alguns casos, será usado o próprio termo original, em inglês.

Reconhecendo a importância e complexidade do tema "atrasos e interferências" no cenário mencionado, a Sociedade de Direito da Construção[3] (*Society of Construction Law* ou "SCL") da Inglaterra publicou em outubro de 2002 o conhecido, e muito comentado, protocolo para a tratavida de atrasos interferências (*Delay and Disruption Protocol* ou "Protocolo"). Trata-se de um documento bastante interessante com considerações importantes a respeito do assunto atraso e *"disruption"* em projetos de construção que detalha os principais conceitos que possibilitam ao bom entendimento do tema.

O Protocolo também apresenta um guia de procedimentos e entendimentos sugeridos para o tratamento comum da matéria. De acordo com o website da SCL, o Protocolo foi criado para a determinação e quantificação de extensões de prazos e de compensação resultante de atrasos e interferências. Segundo a SCL, a utilização de metodologias específicas e a transparência da informação no tratamento destes assuntos são fatores chave na prevenção e resolução de disputas.

Mais recentemente, após passar por um longo período de amadurecimento, reconhecimento e crítica, e de ter sido posto à prova internacionalmente, o Protocolo passou por atualização. Após um período de ampla consulta pública, sem limites geográficos, em abril de 2015, a SCL emitiu uma versão revisada do Protocolo incluindo (com alguma limitação de escopo) várias atualizações que depois de aprovadas resultou no documento denominado *"Rider 1 to the Protocol"*. Para o entendimento adequado e atualizado das questões consideradas no Protocolo, era necessária a consideração de ambos documentos de forma complementar. O resultado da revisão e atualização do restante do Protocolo era esperado com ansiedade pela comunidade acadêmica e profissional e foi publicado em fevereiro de 2017 (inicialmente se esperava para o final de 2015).

Este artigo foi inicialmente escrito antes da publicação da 2ª Edição do Protocolo, em março de 2016, com isso, certos aspectos do novo protocolo nao serão abordados. Por outro lado, o objeto deste artigo foi apresentar conceitos e entendimentos relacionados ao assunto Disruption e considerou-se desnecessário, para esta finalidade, reformular o texto original para tratar das atualizações referidas. Não obstante, foi incluido a este artigo

[3] https://www.scl.org.uk/

um Anexo II[4] que reproduz um texto publicado recentemente tratando os principais ajustes de entendimento e esclarecimentos trazidos na nova versão do Protocolo.

Como este artigo trata principalmente do tema interferências em projetos de engenharia e obras, não poderia deixar de mencionar o Protocolo e sua influência sobre o tema. Após uma breve introdução ao Protocolo, serão tratados alguns dos seus principais conceitos e aplicações e será apresentado um conciso histórico passando pelo seu surgimento, desenvolvimento e aprimoramento.

Finalmente, ao longo deste artigo serão apresentadas frações de estudos de casos com a finalidade de facilitar o entendimento prático de alguns dos conceitos apresentados e finalmente apresenta-se uma conclusão com pontos de vista atuais sobre os assuntos discutidos neste documento.

1 Algumas Definições Relevantes

1.1 Disruption

Com o objetivo de se nivelar o entendimento do termo *Disruption*, seguem alguns comentários e definições relevantes:

Disruption de acordo com o Protocolo:

> Disruption (as distinct from delay) is disturbance, hindrance or interruption to a Contractor's normal working methods, resulting in lower efficiency. If caused by the Employer, it may give rise to a right to compensation either under the contract or as a breach of contract

Como se nota, o Protocolo apresenta logo em sua definição a existência de uma distinção importante entre "atraso" e "disruption" pois a confusão é bastante comum, como se comenta a seguir.

Dentre as palavras escolhidas pelo Protocolo para clarificar o entendimento do termo, pode-se destacar as seguintes palavras em português que facilitam a compreensão do conceito: interrupção, dificuldade, limitação, interferência e paralisação.

[4] Este texto foi copiado em sua integra, no idioma original (ingles), conforme apresentado no pagina web www.whitecase.com.

Explica-se que o termo disruption é representado pela alteração dos métodos e procedimentos construtivos, por parte do Construtor, resultando em perda de produtividade (ineficiência). Aqui a idéia é que o Construtor se vê obrigado a alterar o plano inicial devido a eventos fora de seu controle / responsabilidade.

Em sua última parte, a definição explica que esta perda de produtividade pode resultar num direito a compensação (financeira e de prazo) de acordo com previsões contratuais ou então, justamente como resultado da não conformidade com o contrato.

Nelson, D. (2011) apresenta uma definição muito parecida e levemente adaptada para o termo:

> Disruption is loss of productivity, disturbance, hindrance or interruption to a Contractor's normal working methods, resulting in lower efficiency. In the construction context, disrupted work is work that is carried out less efficiently than it would have been, had it not been for the cause of the disruption. If caused by the Employer, it may give rise to a right to compensation either under the contract or as a breach of contract.[5]

Nota-se que, de forma proposital, o autor mencionado faz questão de incluir logo no início de sua definição para interferência, o fato de que estas devem ser consideradas equivalentes à perda de produtividade. Este ponto de vista será explorado mais detalhadamente a seguir neste artigo e é também a base do conceito utilizado no desenvolvimento deste documento.

Bramble BB & MT Callahan (2015) definem o termo *Disruption* na indústria da construção como uma interrupção na sequência dos trabalhos executados quando comparados ao processo e atividades planejados ou ainda como evento que impede que o construtor possa executar suas atividades conforme planejado.

Esta definição, apesar de ser um pouco simplificada, ajuda no entendimento por trás do conceito básico do termo em discussão e vale a pena ser

[5] Foi incluída no Anexo 1 deste artigo, para referência e curiosidade, a transcrição completa (em inglês) do guia apresentado no Protocolo para a utilização, determinação e tratativa do tema *Disruption*.

considerada quando se aprofunda na identificação, análise, e discussão de pleitos em obras relacionados a interrupções.

O *Recommended Practice standard*18[6] da AACEi define interferência, neste contexto, como uma ação ou evento que obstrui uma entidade no prosseguimento e realização de trabalhos, ou partes de trabalhos, conforme originalmente planejado ou programado.

Mais uma vez, apesar de genérica, esta definição também ajuda no entendimento do conceito. O documento da AACEi referido na nota de rodapé apresenta informações mais detalhadas e recomenda boas práticas sendo um bom guia adicional para o domínio mais completo do tema explorado neste artigo.

1.2 Outras Definições Importantes

O Protocolo também inclui um "Anexo A: Definições e Glossário" que apresenta de maneira objetiva a definição de importantes temas como os que seguem:

- Aceleração
- Análise e Método do Caminho Crítico
- Atraso Compensável
- Atraso Crítico
- Atraso Permitido
- Análise de Impacto no Tempo (Time Impact Analysis)
- Caminho Crítico
- Concorrência e Atraso Concorrente
- Evento Compensável
- Extensão de Prazo
- Folgas
- Mudança/Variação
- Marcos
- Lógica de Dependências (de atividades num cronograma)
- Planejamento Aprovado
- Planejamento As-Built

[6] AACE® International Recommended Practice No. 25R-03, *Estimating Lost Labor Productivity In Construction Claims TCM Framework*: 6.4 – *Forensic Performance Assessment*, Rev. April 13, 2004.

O domínio destes conceitos se torna muito importante para o bom entendimento dos fatos ocorridos durante a execução de uma obra e principalmente para a tratativa de desvios verificados na execução das obras que podem (ou devem) ser considerados como impactos causados por interrupções e interferências.

1.3 Definições Ausentes no Protocolo

Interessante comentar que o Protocolo não inclui em seu Anexo A definições de alguns termos relevantes como "produtividade" e "eficiência" (ou ainda perda de produtividade e ineficiência). Estes termos são muito importantes pois ajudam a consolidar o entendimento necessário para a compreensão fundamental do tema *Disruption*. Como comentado a seguir neste artigo, existem vários fatores importantes que individualmente e muitas vezes concomitantemente, impactam de forma definitiva a capacidade de um construtor de entregar obras e projetos na velocidade, custo e qualidade acordados na assinatura do contrato.

1.4 Impacto Cumulativo de Alterações

Quando se fala de *Disruption* deve-se também considerar o acúmulo de várias causas e impactos (às vezes chamado de "impacto cumulativo"[7]) e como estes fatores, ao coexistirem, resultam em alterações tão significativas no andamento de projetos e obras que as consequentes perdas de prazo e custo dificilmente podem ser individualmente identificadas para uma adequada determinação da relação causa-efeito. Neste sentido, a Figura 1 apresentada na sequência ilustra de forma gráfica uma grande quantidade de fatores que podem impactar a produtividade real observada em projetos e construções.

[7] Jones, R.M. (2001) apresenta detalhes e perspectivas interessantes sobre o tema em sua obra "*Lost Productivity: Claims for the Cumulative Impact of Multiple Change Orders*".

A identificação isolada, análise e apresentação de pleitos relacionados ao impacto acumulado de várias causas pode ser um assunto extremamente complexo. Tão difícil como apresentar de maneira clara e convincente, conseguir entendimento comum entre as diferentes partes e interesses observados no universo da construção torna-se um dos maiores desafios na resolução de disputas neste segmento. Por este motivo, apesar de ter sido ilustrado como uma das possíveis fontes de justificativa para perdas causadas por *Disruption*, este artigo não se dedicará a explorar este tema.

Apresenta-se a seguir, em 5 passos, uma maneira alternativa e clara para demonstrar o conceito por traz do termo *Disruption*.

1. Suponha que a Figura 2 abaixo, uma poça d'água, representa um projeto em seu estado originalmente planejado, ou seja, sem problema nenhum de atraso, custos não previstos ou alterações de escopo.

Figura 2: Poça d'água representando um projeto planejado

2. Agora imagine que um atraso incorrido no projeto, a título de exemplo causado por uma licença não obtida em tempo adequado, seja representado na figura como uma gota caindo na poça d'água.

Figura 3: Gota d'água impactando a poça original

3. Como indicado a seguir, na Figura 4, claramente pode-se identificar a gota (no exemplo seria o evento causador do atraso) e o impacto resultante deste evento na poça d'água (no exemplo, o atraso). Neste exemplo, temos um evento causador que resulta em um impacto e ambos elementos podem ser facilmente observados, individualmente identificados e relacionados e o impacto resultante pode ser quantificado sem maiores complicações.

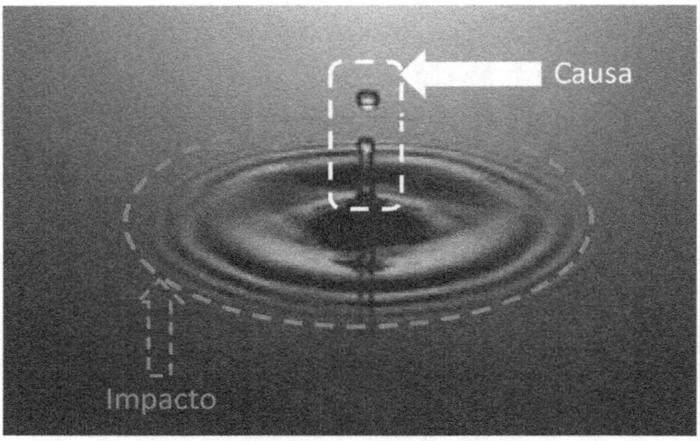

Figura 4: Causa e efeito identificados

4. A situação fica muito mais complexa quando muitos eventos independentes causam impactos independentes e estes impactos, causados originalmente por eventos independentes, por sua vez causam outros impactos adicionais entre si, ou então, alteram de alguma forma os impactos originais (Figura 5).

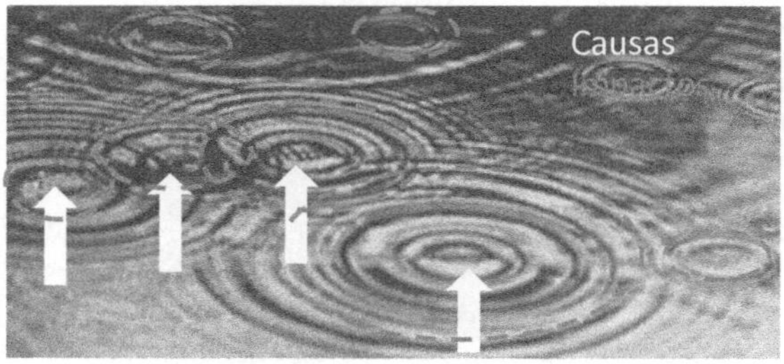

Figura 5: Causa e efeito identificados

5. *Disruption* em sua essência pode ser claramente representado pelos impactos resultantes dos eventos originais ou ainda pelos novos even-

tos que tenham resultado em impactos ainda não observados até aquele momento. Nestas ocasiões, a identificação e quantificação dos impactos finais/totais é possível, porém, a identificação precisa da relação causa-efeito nestes cenários, pode ser praticamente impossível. A Figura 6 ilustra o cenário descrito.

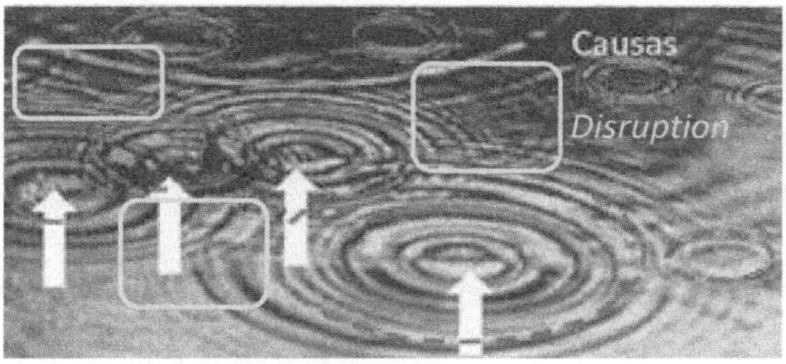

Figura 6: *Disruption*

2 Breve Apresentação do Protocolo[8]

2.1 Estrutura do Documento

Adicionalmente à breve introdução ao Protocolo mencionada no início deste artigo, apresenta-se aqui, de forma objetiva, a estrutura do documento para facilitar sua leitura. Levar em conta os comentários que seguem pode facilitar a leitura e absorção dos conceitos mais relevantes do Protocolo.

O Protocolo é constituído por uma seção principal onde são explicados alguns princípios básicos que direta ou indiretamente, fazem referência aos assuntos "atraso", "*disruption*" e "compensação"; este último, diretamente relacionad aos dois primeiros. O documento continua sendo desenvolvido com a apresentação de anotações e procedimentos recomendados no seguinte formato:

- Seção 1: Apresenta princípios básicos e outras considerações relacionadas a atrasos, *Disruption* e compensação pelo impacto causado por estes temas;

[8] Ver Anexo II sobre atualizações do Protocolo em sua 2ª Edição.

- Seção 2: Apresenta recomendações a serem consideradas na elaboração de contratos de construção e no planejamento e manutenção de documentos e registros relacionados à programação e monitoramento do prazo na execução de projetos e obras;
- Seção 3: Apresenta recomendações para a tratativa de extensão de prazo quando avaliada ao longo da execução de projetos (análise contemporânea); e
- Seção 4: Apresenta recomendações para a tratativa de extensão de prazo quando avaliada após a conclusão dos projetos (análise retrospectiva).

Em sua última parte, o Protocolo apresenta uma série de conclusões e uma dedicatória. O documento ainda é suportado pelos seguintes 4 anexos:

- Anexo A: Definições e Glossário
- Anexo B: Cláusula Modelo para Especificação de Programação (Planejamento)
- Anexo C: Cláusula Modelo para Especificação de Registros (Documentação)
- Anexo D: Ilustrações Gráficas dos Temas Tratados no Protocolo

2.2 Comentários sobre a Utilização do Protocolo

O Protocolo foi criado para ajudar profissionais envolvidos no ambiente de obras como engenheiros, administradores, advogados e outros, a lidarem com a gestão contratual em construção da maneira mais transparente e profissional com especial ênfase à tratativa de temas como a análise de atrasos, interrupções e também seus impactos na entrega de projetos. As principais utilidades do Protocolo são:

- Ser utilizado como um guia de boas práticas antes que contratos de construção sejam formalizados e aceitos pelas partes interessadas diminuindo as incertezas e potenciais pleitos ao longo do projeto;
- Ser utilizado como um guia de boas práticas ao longo da gestão destes contratos de construção; e

- Ser utilizado como um guia de boas práticas de apoio na tratativa e avaliação de disputas e na resolução de controvérsias para os temas atrasos e *disruption*.

Por outro lado, o Protocolo não foi criado com a intenção de substituir total ou parcialmente cláusulas contratuais, na construção. Nos casos em que se faz referência ao Protocolo em um contrato de construção, é aconselhável que a totalidade do contrato seja estudada cuidadosamente antes do aceite final para se assegurar que estas referências estejam refletidas de maneira uniforme e consistente ao longo de todo o documento, pois assim foi concebido o protocolo.

3 Pleitos em Obras Causados por Interferências

3.1 Exemplos de Projetos com Pleitos Baseados em Disruption

Várias obras literárias e artigos acadêmicos e técnicos apresentam exemplos que ajudam a identificar a existência de casos de *disruption* na vida real. Pickavance, K. (2005) lista uma série interessante de projetos britânicos que ocorreram em anos recentes e que experimentaram sérias dificuldades na tratativa de pleitos relacionados a interrupções. Entre eles, a obra menciona casos notórios como listados a seguir que representaram um impacto acumulado de aproximadamente oito bilhões de libras esterlinas por ano aos cofres públicos daquela nação:

- Estádio de Wembley;
- O *Millennium Dome*;
- A biblioteca Britânica;
- O edifício do Parlamento Britânico;
- O hospital Brompton;
- O veículo leve sobre trilhos de Docklands; e
- A extensão da linha do metro Jubilee.

3.2 Origem e Complexidade de Pleitos por Interferências

Durante a implementação de um projeto ou a execução de obras, é muito comum se observar alterações e/ou modificações ("*Change*") em relação ao prazo, custo e escopo planejados pelos construtores. Estas mudanças são absolutamente comuns nestes contratos e é bem aceito no mercado internacional que tais mudanças possam impactar o custo e o prazo dos projetos. Geralmente estas variações ocorrerem devido a alterações no escopo dos trabalhos planejados e/ou realizados ou ainda devido a modificações resultantes de impactos por atraso ou interferências (em relação ao planejado). Estes impactos podem ser causados pelo contratante, pelo contratado, por terceiros, por "atos de Deus" ou ainda por uma combinação de dois ou mais destes fatores.

A sobreposição e acúmulo de impactos múltiplos, como os referidos, podem resultar em atrasos, ineficiência e aumento de custo na execução dos projetos. Esta perda de eficiência e consequente aumento de prazo e custos por parte do construtor, muitas vezes é gerada por atividades e trabalhos que não estão diretamente relacionados aos eventos causadores destes impactos. Nestes casos de difícil comprovação da relação direta de causa-efeito, reside a origem dos pleitos baseados na teoria da "interferência" (denominados em inglês como "*disruption claims*"). Estes pleitos são de complexa comprovação e convencimento por parte de quem deve receber o pleito (exatamente por essa complicada natureza desde sua origem).

Como bem colocado por Nelson, D. (2011),

> One of the main reasons for this is that productivity losses are often difficult to identify and distinguish at the time they arise, as opposed to other money claims which are more directly concerned with the occurrence of a distinct and compensable event together with a distinct and direct consequence....

Em português, o racional por trás desta dificuldade é baseado no seguinte:

- Perdas por improdutividade são de difícil identificação e isolamento para análise e comprovação no momento em que ocorrem; e

- A determinação clara da relação causa-efeito entre os fatos ocorridos e a perda "compensável[9]" é quase sempre uma tarefa muito difícil e por vezes impossível.

A tarefa de quantificar e comprovar tais perdas e danos é uma das atividades mais complexas no processo da resolução de disputas em projetos e obras (do ponto de vista técnico/prático). Normalmente, o ônus probatório é do construtor, que, portanto, precisa demonstrar de maneira clara, adequadamente suportada e persuasiva que o impacto no custo e prazo incorridos ocorreram de fato e mais que isso, que foram resultantes de mudanças e acontecimentos que estavam além de seu controle e previsibilidade como condições climáticas extremas, restrições de acesso às obras, etc.

Apesar de não ser uma opinião comumente encontrada na comunidade que lida com controvérsias em construções, de acordo com Williams et al, (2008), justificar os impactos diretos resultantes de *Disruption* e atrasos é uma tarefa relativamente simples. No entanto, mesmo este ponto de vista é contrastado em sua própria obra quando se refere à dificuldade que se pode encontrar para justificar e quantificar um pleito para compensação de custos e prazo adicionais relacionados aos impactos indiretos na obra.

A complexidade comentada anteriormente também foi apontada por Lal, H & Telford, T. (2003) que conclui sobre a necessidade latente pela utilização de métodos confiáveis e transparentes para a quantificação de impacto de custo e prazo resultantes de interrupções. Também é ressaltada a importância de esforços para a contínua melhoria destes métodos bem como a necessidade de que sejam consistentemente utilizados por construtores na apresentação de seus pleitos. A preocupação apontada pelos autores é ainda suportada ao concluir que esta quantificação é geralmente prejudicada devido aos seguintes pontos:

- A função e produtividade esperada da mão de obra geralmente não são bem conhecidas para cada obra especificamente;
- Esta produtividade não é adequadamente mensurada e monitorada (quando é monitorada de alguma forma); e

[9] Faz-se necessária a distinção entre perdas compensáveis e não compensáveis, pois, o reclamante só tem direito a ser reembolsado por perdas efetivamente ocorridas e que tenham sido causadas por razões ou responsabilidades que não lhe sejam imputáveis.

- A relação entre as quantidades orçadas[10], o custo unitário dos materiais previstos na obra e as atividades do cronograma (planejamento) geralmente não é direta, objetiva ou clara.

Além do comentado até este momento, pode-se dizer que é de aceitação comum a dificuldade existente na quantificação, apresentação e comprovação de pleitos por interrupções. Esta situação leva muitas vezes o construtor a apresentar pleitos para a compensação por perdas por interrupções com base no método do Custo Total (os diferentes métodos serão apresentados mais adiante), sem a apresentação detalhada dos itens, atividades e eventos identificados como problemáticos. Isto corrobora com a observação sobre os problemas que enfrenta o construtor ao tentar apresentar e disponibilizar informações precisas e convincentes neste tipo de pleito. A apresentação de pleitos de forma imprópria, apenas confirma a dificuldade em sem comprovar as interrupções, seus elementos e ainda a determinação de quais perdas são efetivamente compensáveis dentro do contrato.

Os construtores preocupados com este tema devem implementar, minimamente, políticas e procedimentos que os assegurem que seus contratos possuam uma cláusula que trate o tema *Disruption* e que esta cláusula considere todas as causas mais relevantes que poderiam resultar em perdas por estes motivos. Além disso, também é recomendável que sejam incorporados sistemas e procedimentos adequados para a gestão de documentos e informações dos projetos. Esta prática permitirá aos construtores a comprovação eficiente e adequada de seus pleitos quando eles ocorrem. Outro benefício obvio resultante da implementação de ações desta natureza é o aumento nas suas chances de não serem penalizados por atrasos, cláusula comumente encontrada nestes contratos.

Em resposta às dificuldades comentadas anteriormente, além de outros objetivos menos relevantes para este estudo, observa-se um movimento longínquo e intenso na criação de modelos de contrato[11], cláusulas padrão, métodos de cálculo e outras iniciativas. Apesar destes esforços, se observa

[10] Em inglês é *Bill of Quantities* (BoQ).

[11] Uma pesquisa interessante publicada por Dhanushkodi, U. (2012) apresenta com um nível de detalhe suficientemente esclarecedor alguns dos principais diferentes modelos de contrato que têm sido desenvolvidos globalmente, notadamente o FIDIC (*Federation Internaionale des Ingenieurs-Conseils*), JCT (*Joint Contracts Tribunal*) e NEC (*New Engineering Contracts*). Estes 2 últimos com maior utilização no Reino Unido.

cada vez mais presente na pauta de construtores uma preocupação com a baixa eficácia e sucesso de pleitos por *Disruption*. Na próxima seção deste documento serão explorados alguns dos métodos mais relevantes para a identificação, cálculo e apresentação de pleitos desta natureza. Trata-se de métodos reconhecidos globalmente e que facilitam de forma mais ou menos objetiva a apresentação estruturada e a valorização das perdas incorridas por construtores.

4 Métodos de Quantificação de Perda /Impacto

Pelos motivos listados anteriormente, é relevante comentar que existe uma série de métodos comprovados e utilizados internacionalmente para o cálculo e demonstração de perdas geradas quando se observa perda de produtividade e interferências em obras. Apesar da variedade destes métodos ser tão extensa quanto os próprios motivos e fatos causadores destas situações, vale destacar os métodos mais comumente observados e de certa forma mais aceitos nos tribunais e cortes arbitrais internacionais. Os pleitos por compensação financeira (perdas e danos) baseados em perda de produtividade em obras (ou ineficiência) são calculados principalmente com base nas seguintes técnicas/métodos:

1. Método do Custo/Prazo Total (*Total Cost / Total Time*)
2. Método do Custo/Prazo Total Modificado (*Modified Total Cost/ Time*)
3. Comparação de Níveis de Produtividade (*Comparison of Productivity Levels*)
4. Método "*Measure Mile*[12]"
5. Abordagem Fator (*Factor Approach*)

Como será apresentado a seguir, a determinação da utilização do melhor método deverá ser definida no caso a caso e dependerá de vários fatores, entre eles, a quantidade e qualidade de informação disponível e do momento no tempo (no ciclo de vida do projeto) em que a quantificação das perdas é realizada. A seleção do método também aumentará ou

[12] O termo é utilizado em inglês de forma corriqueira no Brasil e outras regiões da América Latina portanto o manteremos desta forma neste artigo.

diminuirá as chances do "reclamante", seja a decisão tomada pelas próprias partes ou por um terceiro independente como em casos de arbitragens ou disputas judiciais. O Gráfico 1[13], a seguir, ilustra de forma gráfica e bastante didática esta relação.

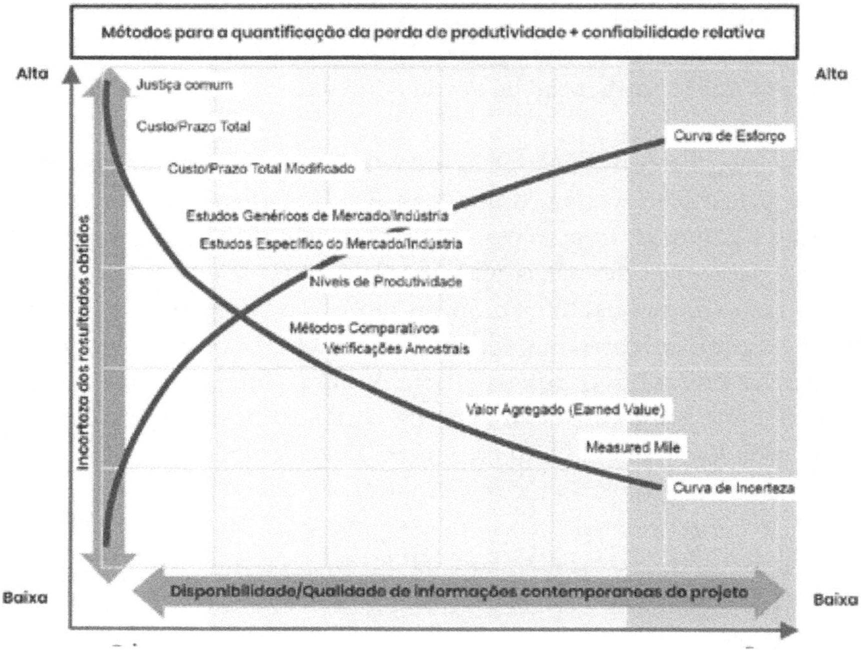

Gráfico 1: Relação entre qualidade de informação e método de quantificação de perdas

A seguir apresenta-se uma breve, não exaustiva, explicação de cada um dos métodos listados anteriormente:

[13] Nelson, D. (2011): Figura adaptada da obra de Ibbs, Long, Nguyen e Lee (2007): *Quantified Impacts of Project Change*. O gráfico reproduzido foi traduzido ao idioma Português.

*4.1 Método do Custo Total (***Total Cost***)*

Este método considera que todo custo efetivamente incorrido pelo construtor deve ser pago pelo contratante. Desta forma, o pleito é calculado por meio da apresentação do custo total efetivo subtraindo-se a soma do valor do contrato com aditivos e variações aprovadas ao longo dos trabalhos.

Neste método, considera-se que todos os impactos negativos do projeto (tanto de prazo quanto de custo), foram de responsabilidade do proprietário e, portanto, devem ser pagos por este ao construtor. Por este motivo, e considerando-se que na prática, em geral, esta hipótese é pouco provável, trata-se do método menos aceito por parte de árbitros e tomadores de decisão. O Gráfico 2 abaixo representa esquematicamente o conceito:

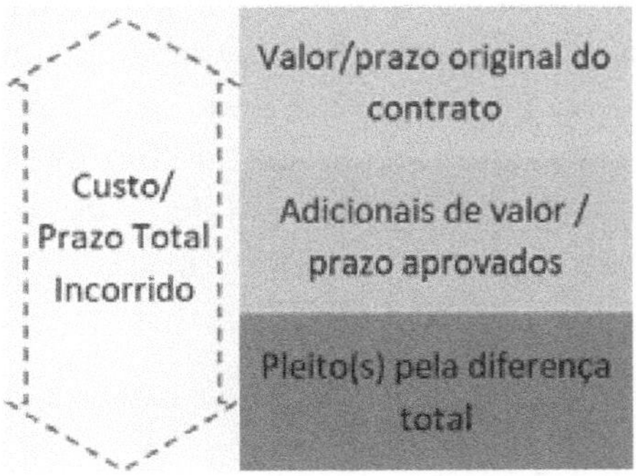

Gráfico 2: Representação gráfica do Método do Custo Total

A utilização deste método pode ter melhor aceitação em casos onde o projeto como um todo sofreu tanta "interrupção" (tantas mudanças) que o seu desempenho efetivo é amplamente diferente do planejado e acordado entre as partes no momento de assinatura do contrato. A quantidade demasiada de mudanças impacta diretamente a praticidade e possibilidade de manutenção e criação de registros que comprove cada um dos impactos causados por cada uma das causas e neste caso, ainda mais difícil de se provar a relação causa-efeito.

De forma mais direta, os 4 pontos a seguir representam um guia básico dos elementos minimamente necessários para a utilização desta modalidade:

- Inexistência de métodos alternativos para o cálculo das perdas pleiteadas;
- A proposta original do construtor era adequada e justa;
- Os custos efetivamente incorridos foram razoáveis; e
- O construtor não foi responsável pelo aumento do custo/prazo observado.

*4.2 Método do Custo Total Modificado (***Modified Total Cost***)*

Muito parecido e pelo mesmo motivo não tão bem aceito pela comunidade mais sofisticada envolvida na determinação e aprovação de pleitos em construção, o método do Custo Total Modificado leva em consideração imperfeições no planejamento e execução por parte do construtor e portanto, reconhece de maneira objetiva que a oferta apresentada inicialmente à época da fase de contratação não era perfeita (assumindo os potenciais desvios resultantes desta análise). Também se reconhece que alguns eventos e atividades causadas pelo construtor resultaram no aumento de custo/prazo incorrido. O Gráfico 3 a seguir representa o conceito:

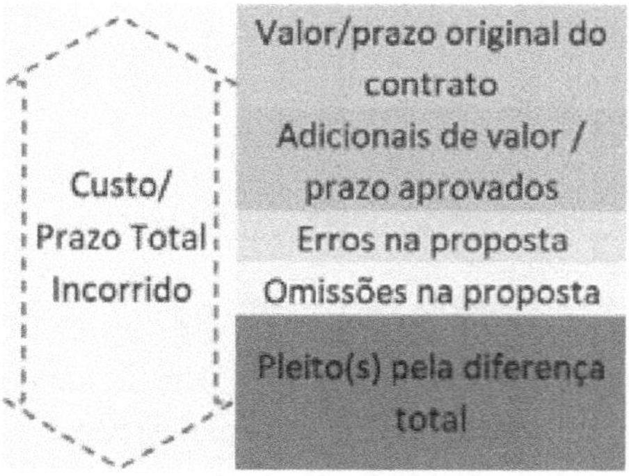

Gráfico 3: Representação gráfica do Método do Custo Total Modificado

O construtor pode ter maior chance de aceitação de seu pleito (pelo proprietário ou terceiro tomador da decisão como um juiz ou árbitro) quando ele apresenta juntamente com seu pedido de compensação uma perícia independente. Apesar de pouco frequente, este trabalho teria o máximo de credibilidade em situações onde o envolvimento do perito (desde a sua seleção) fosse iniciado e monitorado por ambas as partes para evitar-se que o perito tivesse acesso à informação inicial de proposta (esta análise também seria construída pelo perito).

Este método depende fundamentalmente da habilidade e capacidade do construtor de demonstrar a razoabilidade dos custos estimados à época da proposta e dos custos efetivamente incorridos. O pleito é então calculado como a diferença entre o custo total incorrido e a somatória do valor original do contrato somado de possíveis imperfeições na proposta inicial bem como a aprovação/aceite mútuo de algumas mudanças ao longo das obras.

4.3 Comparação de Níveis de Produtividade (**Comparison of Productivity Levels**)

Não existe um método que possa ser definido como "preferido" para a comprovação de perda de produtividade pelo mercado ou pelas cortes e tribunais arbitrais, no entanto, uma das maneiras mais observadas atualmente é a comparação de índices de produtividade em períodos onde o projeto/obras aconteciam de forma "normal" (ou não impactado) com períodos considerados impactados por algum motivo qualquer (ex: chuvas excessivas, greves, impossibilidade de entrar com as equipes em campo, etc.).

Apresenta-se a seguir um exemplo simples para facilitar o entendimento do conceito:

A construtora estimava concluir todo o serviço de concretagem no período seco (antes das chuvas do verão), no entanto, devido a atrasos de 6 meses atribuíveis ao proprietário, foi obrigada a concluir parte destes serviços durante o período de chuvas;

Sabe-se que o serviço de concretagem é mais produtivo (mais eficiente) no período seco;

Os registros reais, efetivos, do projeto certamente poderão servir de base para se comprovar que a produtividade no período seco, como planejado, é melhor do que no período úmido, comprovando, portanto, uma perda de produtividade;

Neste exemplo, o indicador (nível de produtividade) que poderia ser utilizado para a comprovação da perda de produtividade, seria calculado dividindo-se: [a] a quantidade de horas diretas (mão de obra) empenhada no serviço; por [b] a quantidade de concreto executado (M^3) nos distintos períodos (seco/úmido).

O método da comparação de níveis de produtividade é um método utilizado em vários tipos de pleitos e naturalmente ele é tão eficiente quanto a qualidade e rastreabilidade das informações utilizadas para se realizar os cálculos e apresentações dos resultados destas análises.

4.4 Método "**Measure Mile**[14]"

O "*Measure Mile*" é um método cada vez mais comentado e aceito na comunidade internacional para se calcular o impacto financeiro/econômico resultante por perdas de produtividade de mão de obra. De forma resumida, esta técnica busca comparar o nível de produtividade do construtor durante momentos impactados da obra (ou seja, com a observação dos eventos causadores de mudança e/ou interrupção), com o nível de produtividade empiricamente observado para serviços e atividades similares, em momentos não impactados (ou minimamente impactados).

Utilizando-se os índices de produtividade em momentos não impactados, determina-se a quantidade de prazo e esforços que deveriam ter sido aplicados para a conclusão das obras, caso aqueles fatores causadores não tivessem ocorrido. Ao comparar-se este nível de produtividade conceitual[15] com os efetivamente dispendidos, pode-se chegar a uma determinação razoável no nível de perda efetivamente incorrida pelo construtor. Gutierrez, F.A.I (2014).

A Figura 5 a seguir representa de forma bastante simples o conceito. Neste caso a produtividade planejada/pretendida pelo construtor era constante ao longo dos 15 meses do projeto e representada pelo número 5 (para fins ilustrativos pode-se supor que este índice represente a quantidade de dias necessários para o asfaltamento de 1 km de rodovia). Nota-se pelo gráfico que em momentos "não impactados", o construtor conseguiu desempenhar uma produtividade apenas um pouco pior do que a planejada, no entanto, entre os meses 5 e 12 (período impactado), a produtividade ficou bastante comprometida tendo chegado a ser quase 2x pior do que a planejada para o período. Este tipo de representação gráfica de informações reais, rastreáveis e adequadamente suportadas, se acompanhada por motivos causados pelo proprietário, pode aumentar muito a chance de sucesso num pedido de compensação por meio de um pleito. A simplicidade deste

[14] O termo é utilizado em inglês de forma corriqueira no Brasil e outras regiões da América Latina portanto o manteremos desta forma neste artigo.

[15] O termo "conceitual", nesta situação, quer dizer empiricamente observando e calculando.

tipo de informação e representação de resultados das análises faz com que árbitros e juízes se sintam mais à vontade e convencidos para decidir a favor do demandante.

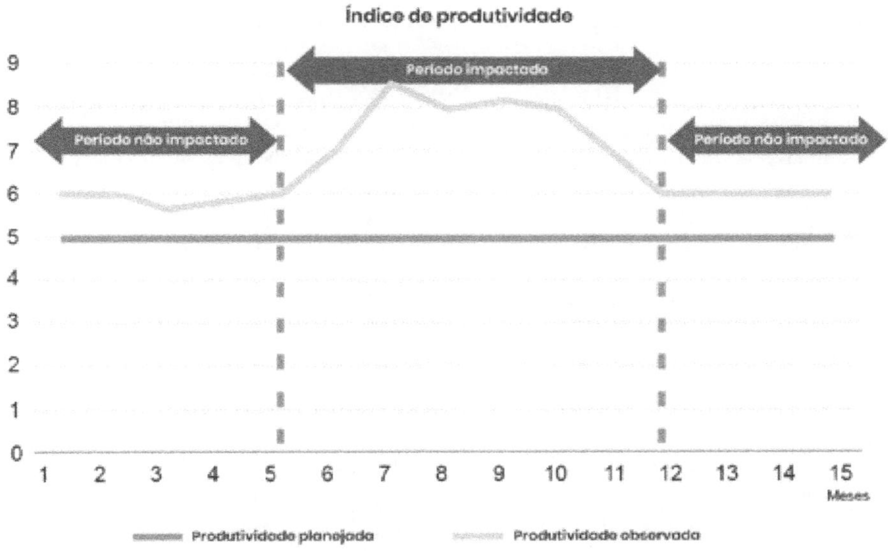

Gráfico 4: Comparação de Índices de Produtividade

*4.5 Abordagem Fator (***Factor Approach***)*

De forma genérica, esta abordagem é baseada na avaliação de perda de eficiência/produtividade e consequente aumento real de custos resultantes da ocorrência de diversos "eventos causa" (ex: dificuldade de acesso ao site, mudanças e condições climáticas adversas, etc.). Vide Figura 1 apresentada anteriormente.

Internacionalmente é cada vez mais frequente observar cortes e tribunais arbitrais reconhecendo a adequação desta tese como base para suporte, cálculo e quantificação destas perdas. Esta técnica (abordagem fator) é mais eficiente quando se pode comprovar que seria muito complexo e custoso para o construtor manter controles e registros financeiros e contábeis específicos e suficientes para determinar a relação causa-efeito de forma direta e objetiva num pleito por compensação de perda de eficiência em projetos mais complexos.

Ainda nesta linha, nota-se que várias organizações e estudiosos desenvolvem e publicam estes fatores de produtividade que ajudam a determinar os impactos financeiros e econômicos resultantes destas perdas por ineficiência. A título de curiosidade e detalhe, a tabela[16] a seguir apresenta os principais itens que podem ser associados ao tema:

A. Causas indiretas de ineficiência	**B. Causas diretas de ineficiência (segue)**
1. Solicitações de Mudanças formais	4. Interferência por parte do Proprietário
2. Mudanças Construtivas	5. Planos e Especificações Desatualizados
3. Atrasos	6. Operações/Atividades Concorrentes
4. Aceleração (dirigida e construtiva)	7. Restrição de Acesso ao *Site*
5. Condições alteradas do *Site*	8. Atrasos no Recebimento
	de Materiais e Equipamentos
B. Causas diretas de ineficiência	9. Mudanças de Direcionamento
1. Condições Climáticas Adversas	10. Dimensão Ideal das Equipes
2. Horas Extraordinárias	11. Trabalhos Realizados Fora da Sequencia
a. Fatiga	a. Redirecionamento e
b. Perda de Recursos Humanos	Re-mobilizacão de Equipes
3. Disponibilidade de Mão de Obra	12. Outros
a. Falta de Mão de Obra Qualificada	a. Proteção da Propriedade do Dono
b. Curvas de Aprendizado	b. Ambiente Hostil

Tabela 1: Fatores que afetam a produtividade em obras

A utilização deste método depende principalmente da credibilidade das fontes das informações utilizadas, da abertura da parte receptora da informação/demanda, da utilização de dados reais da obra específica, não podendo o construtor utilizar fatores observados em outras obras da empresa pois cada obra possui uma realidade e ainda da possibilidade de se envolver o testemunho técnico e de fatos ocorridos na obra especificamente considerada.

5 Comentários Finais

Este artigo trata de conceitos básicos no entendimento e tratativa de pleitos classificados como *Disruption claims* na condução de projetos de engenharia e de construção. O documento também comenta sobre como lidar com as diferenças de opiniões quando estes pleitos estão intimamente relacionados a atrasos e interferências. Foram apresentados entendimentos

[16] Informação obtida em Dieterle R. A. and DeStephanis A. (1992).

comuns e outros nem tão comuns sobre o tema e com a intenção de aclarar, de forma limitada, também se apresentou alguns exemplos de casos reais onde se observaram pleitos por interrupções.

O artigo ressalta a importância e os principais aspectos do Protocolo para atrasos e interferências (*Delay and Disruption Protocol*) da SCL e detalha de forma sucinta e objetiva as principais considerações do documento a respeito do assunto atraso e *"disruption"*. Também explica como estão apresentados o guia de procedimentos e entendimentos sugeridos para o tratamento comum da matéria. Este estudo ainda comenta o processo de atualização do Protocolo, de seu desenvolvimento recente, suas aplicações e faz comentários e observações sobre seus aspectos práticos.

Na mesma linha da SCL, conclui-se que, para se obter sucesso na determinação de extensões de prazos e de compensação resultante de atrasos e interferências, é necessária a utilização de metodologias específicas e transparência na apresentação de informações e análises. Apresentou-se ainda uma quantidade limitada das metodologias mais frequentemente utilizadas na quantificação e comprovação de pleitos por interrupções por profissionais mais sofisticados na indústria da construção.

Espera-se que este artigo sirva de apoio, ainda que de forma inicial, para construtores e contratantes envolvidos na tratativa e resolução de pleitos em obras resultantes de interrupções. Tentou-se atender a esta missão por meio do esclarecimento de aspectos macro do Protocolo, que sem dúvida, constitui um guia útil na administração de um contrato e na resolução de controvérsias em projetos de engenharia e construção.

Anexo I

Guia do Protocolo para a utilização, determinação e tratativa do tema *Disruption*

> 1.19.2 *Disruption is often treated by the construction industry as if it were the same thing as delay. It is commonly spoken of together with delay, as in "delay and disruption'. Delay and disruption are two separate things. They have their normal everyday meanings. Delay is lateness (eg delayed completion equals late completion). Disruption is loss of productivity, disturbance, hindrance or interruption to progress. In the construction context,*

disrupted work is work that is carried our less efficiently than it would have been, had it not been for the cause of the disruption.

1.19.3 *Disruption to construction work may lead to late completion of the work, but not necessarily so. It is possible for work to be disrupted and for the contract still to finish by the contract completion date. In this situation, the Contractor will not have claims for an EOT, but it may have a claim for the cost of the reduced efficiency of its workforce.*

1.19.4 *Not all disruption is subject to the payment of compensation. The Contractor will be able to recover disruption compensation only to the extent that the Empoyer causes the disruption. Most standard forms of contract do not deal expressly with disruption. If they do not, then disruption may be claimed as being a breach of the term generally implied into construction contracts, namely that the Employer will not prevent or hinder the Contractor in the Execution of its work.*

1.19.5 *Disruption has to be established in the normal cause and effect manner. Disruption is not just the difference between what actually happened and what the Contractor planned to happen. The objective of the compensation for disruption is to put the Contractor in the same financial position it would have been in if the disruption had not occurred.*

1.19.6 *The most common causes of disruption are loss of job rhythm (cause by, for example, premature moves between activities, out of sequence working and repeated learning cycles), work area congestion caused by stacking of trades, increase in size of gangs and increase in length or number of shifts. But these are also symptoms of poor site management.*

1.19.7 *The starting point for any disruption analysis is to understand what work was carried out, when it was carried out and what resources were used. For this reason, record keeping is just as important for disruption analysis as it is for delay analysis. The most appropriate way to establish disruption is to apply a technique known as 'the Measured Mile'. This compares the productivity achieved on an un-impacted part of the contract with that achieved on the impacted part. Such a comparison factors out issues concerning unrealistc programmes and inefficient working. The comparison can be made on the man-hours expended or the units of work performed. However care must be exercised to compare like with like. For example, it would not be correct to compare work carried out in the learning curve part of an operation with work executed after that period.*

1.19.8 *It may be difficult to find un-impacted parts on some contracts. Comparison of productivity on other contracts executed by the Contractor may be an acceptable alternative, provided that sufficient records from the other contracts are available to ensure that the comparison is on a like for like basis. Failing that, it might be acceptable to use model productivity curves and factors developed by a number of organizations from data collected on a range of projects (eg by US Army Corps of Engineers, International Labour Organziation, Mechanical Contractors' Association of America Inc, Chartered Institute of Building etc). These curves provide general guidance and they should be used only if they are relevant to the working conditions and type of construction and are supported by evidence from the party seeking to prove disruption.*

1.19.9 *When establishing the compensation for disruption it is necessary to isolate issues that can affect productivity but are unrelated to the Employer's liability. These issues can include weather, plant breakdowns, dilution of supervision, contractor management and acceleration. The Contractor has an obligation to manage its own change efficiently and any failure to do this should not be compensated.*

1.19.10 *The use of unsupported percentage additions to assess disruption is not advocate. However, on very simple contracts where evidence of disruption can be demonstrated, this practice may be acceptable, provided that the percentage addition is small (for guidance, no more than 5% on labour and plant).*

1.19.11 *It is essential for the Contractor to maintain and make available to the CA good site records in order that the CA may carry out proper assessments of disruption. The Contractor should also be required to give prompt notice of disruption, in order that the CA can promptly investigate the claim.*

1.19.12 *It is recommended that the compensation for disruption caused by variations should be agreed as soon as possible after completion of the variation and where practicable included with the valuation of the variation (See Guidance Section 1.7.7).*

1.19.13 *It is recommended that the compensation for disruption caused by other events that are the liability of the Employer be compensates by the actual reasonable costs incurred, plus a reasonable allowance for profit if allowed by the contract.*

Referências

AACE® International Recommended Practice No. 25R03 (2004), Estimating Lost Labor Productivity In Construction Claims TCM Framework: 6.4 – Forensic Performance Assessment, Rev. April 13, 2004.

Bramble BB & MT Callahan (2005): Construction Delay Claims, Aspen, New York.

Dhanushkodi, U. (2012): Contract Strategy for Construction Projects, A dissertation submitted to The University of Manchester for the degree of MSc Construction Project Management in the Faculty of Engineering and Physical Sciences (MACE).

Dieterle R. A. and DeStephanis A. (1992): Use of Productivity Factors in Construction Claims, 1992 TRANSACTIONS of the American Association of Cost Engineers.

Nelson, D. (2011): Figura adaptada da obra de Ibbs, Long, Nguyen e Lee (2007): Quantified Impacts of Project Change.

Ibbs, Long, Nguyen and Lee (2007): Quantified Impacts of Project Change", Journal of Professional, Issues in Engineering Education and Practice.

Jones, R.M. (2001): Lost Productivity: Claims for the Cumulative Impact of Multiple Change Orders, Public Contract Law Journal, Vol. 31, No. 1.

Gutierrez, F.A.I (2014): The Role of Construction Costs Specialists on Construction Claims Resolved in International Arbitration, ICEC IX World Congress.

Lal, H & Telford, T. (2003): Quantifying and Managing Disruption Claims, ISBN: 0 727731653

Nelson, D. (2011): The Analysis and Valuation of Disruption, Hill International Inc.

Pickavance, K. (2005): Delay and Disruption in Construction Contracts, 3a Edição, LLP, ISBN 1-84311-426-7.

Protocolo (2002): The Society of Construction Law Delay and Disruption Protocol, Society of Construction Law.

Protocolo (2015): Rider 1 to The Society of Construction Law Delay and Disruption Protocol, Society of Construction Law.

The Second Edition of the SCL Delay and Disruption Protocol. https://www.whitecase.com/publications/alert/second-edition-scl-delay-and-disruption-protocol Acessado em 26/03/2019.

Contratos de aliança na Austrália: Um Estudo Comparativo de Contratos de Relacionamento[1]

Doug Jones

Introdução

A indústria australiana da construção experimentou um desejo crescente de implementar mudanças na modelagem de seus contratos. A iniciativa deve-se ao fato de o relacionamento entre as partes de um projeto de construção convencional ser intrinsecamente antagônico, frequentemente levando a disputas longas e caras. Isto surge, em parte, do método tradicional de remuneração de preço global para construção, que põe os interesses econômicos do proprietário e do contratado em radical oposição. Muitos proprietários, consultores, e doutrinadores concluíram que para resolver esses problemas as inovações não podem consistir em simples remanejamento do risco dentro da estrutura antagônica existente, mas também em reavaliação radical da natureza do relacionamento entre contratante e contratado. Neste sentido, o conceito de contrato colaborativo ou de relacionamento desenvolveu-se como desafio à futilidade das posições divergentes convencionais das partes em contratos de construção. No

[1] "Alliance Contracting in Australia: A Comparative Study of Relationship Contracting", traduzido por Bruna Marcondes-Rolph.

entanto, como toda inovação, há aspectos que devem ser entendidos para que sejam esclarecidos todos os pontos necessários à sua implementação.

Embora o conceito de contrato de relacionamento seja amplo e inclusivo, as discussões tendem a focar-se inicialmente em parcerias, e mais recentemente em Contratos de aliança, excluindo outros tipos de contratos de relacionamento. Este capítulo discutirá os atributos, inclusive algumas vantagens e desvantagens de cinco opções alternativas de entrega de projeto de contratos de relacionamento.

1 Introdução aos Contratos de Relacionamento

Reconhece-se, cada vez mais, o quão contraproducente é a mentalidade de "soma zero" que tradicionalmente caracteriza a indústria da construção. A crença da obtenção do lucro à custa da outra parte é estruturalmente amparada no contrato convencional de construção e gera uma variedade de ineficiências. O rotineiro desperdício de tempo e dinheiro das partes na defesa de suas posições contratuais cria um relacionamento indesejável para todos os envolvidos. Mesmo quando ausente qualquer desentendimento ou litígio, os custos de gerenciamento de projeto incluirão, por exemplo, documentação completa e detalhada para o caso de disputas futuras, pois as partes, nesses casos, irão lidar com a imputação de culpas, ao invés de buscar soluções conjuntas. À medida que as diferenças de opinião passam de desacordos psicológicos a discussões legais, os conflitos tornam-se mais arraigados e complexos. Cria-se, então, uma cultura "defensiva" de conduta de negociações contratuais, na qual as partes procuram transferir o maior grau de risco possível umas às outras.

Além do mais, o contrato convencional de construção nem sempre conduz a resultados bem-sucedidos. Basta observar, por exemplo, o antagonismo de interesses gerado entre contratante e contratado pelo método tradicional de remuneração a preço fixo. Essa modalidade remuneratória perpetua um ambiente de rivalidade, prejudicando a qualidade total da entrega do projeto. Os trabalhos de idealização do projeto não visam a melhor solução para os propósitos do cliente, mas sim conformá-lo com as limitações inflexíveis de custo em busca de lucro. Os interesses do construtor, igualmente, serão no sentido de reduzir custos, mesmo que isso signifique produzir resultados medíocres. Os mecanismos contratuais típicos, tais como perdas e danos e garantias de performance, só geram incentivos negativos de execução e irão, no máximo, assegurar conformidade com os requisitos contratuais mínimos. Há portanto, muito pouco em um contrato tradicional que incentive o alto desempenho. Contudo, muitos proprietários, consultores e doutrinadores chegaram à conclusão de que inovações na elaboração de contratos que procuram tratar desta situação devem fazer mais do que meramente realocar riscos dentro da estrutura antagônica existente. O que se exige é a reavaliação radical da natureza do relacionamento entre contratante e contratado.

Partindo deste raciocínio desenvolveu-se o conceito de 'contratos de relacionamento'. A expressão abrange um leque largo e flexível de abordagens para tratar do relacionamento contratante–contratado, baseado no reconhecimento de que o relacionamento cooperativo entre proprietário e construtor gera benefícios recíprocos. Para tanto, estabelece-se um cenário no qual aproximam-se os interesses do proprietário e do contratado de modo a que todos saiam ganhando. O resultado desejado é a melhoria na qualidade de trabalho, combinado com a redução dos custos com disputas. Há várias derivações de contratos de relacionamento, mas este capítulo irá abordar apenas três: parcerias, aliança e o gerenciamento, com foco específico em projeto de aliança.

Embora as execuções dos contratos tenham sempre exigido a presença de bom relacionamento contratual, é importante reconhecer a orquestração necessária para realizar a reestruturação do relacionamento básico entre o cliente e o contratado. A Associação Australiana de Construtores (ACA), endossou calorosamente os contratos de relacionamento alicerçados em "bom senso, flexibilidade, adaptabilidade, inventividade, prudente alocação de riscos, imparcialidade, compromisso, e reflexão destes valores de comportamento entre as partes contratantes; e modelos de contratos e metodologias executivas provadas que otimizam os resultados do projeto e trazem ótimos benefícios comerciais para todas as partes envolvidas". [2]

Dentro do endosso amplo e geral de contratos de relacionamento da ACA, extraem-se algumas ideias-chaves específicas:

[2] A Associação Australiana de Construtores, *Contrato de Relacionamento: Optimising Project Outcomes* (1999), disponível em: < http://www.constructors.com.au/publications/rc_general/Relationship%20Contracting%20Optimising%20Project%20Outcomes.pdf>

- o proprietário deve ter em mente que às vezes pode ser melhor aceitar e administrar seus riscos do que transferi-los;
- alinhar as metas do proprietário e do contratado em um compartilhamento de perdas e ganhos facilita a obtenção de um resultado otimizado;
- contratos de relacionamento permitem que ações conjuntas melhorem os resultados do projeto ao invés de focar apenas na penalização das não-conformidades.

As várias formas de contratos de relacionamento combinam estas ideias com diferentes elementos e com graus menores ou maiores de formalidade. Elas variam do desenvolvimento cooperativo de projetos através de parcerias a contratos de alianças formais e o desenvolvimento de relacionamentos de longo prazo com os grupos de contratados.

2 Parceria[3] – O Acordo Informal

O termo "parceria" foi usado de diversas maneiras, mas descreve melhor uma situação onde as partes de um contrato`*hard-dollar*' tradicional tentam suavizar sua natureza divergente estabelecendo orientações de relacionamento através de um guia de parceria não vinculante. Esse guia enfatizará o compromisso das partes em adotar valores tais como confiança, negociação justa, boa-fé e cooperação pelo período de duração de seu relacionamento contratual.

A parceria não é sinônimo de contrato de aliança. O aludido termo é melhor compreendido se tratado não como um contrato mas como um acordo descrevendo as atitudes e os processos consultivos que as partes aspiram mutuamente. O guia fará parte integrante do contrato e não criará direitos e deveres legais e vinculativos. Consequentemente, a parceria está na ponta mais informal do espectro de contratos de relacionamento. Não exige revisar os mecanismos contratuais convencionais que regulam, por exemplo, remuneração ou soluções de conflitos. A parceria é uma abordagem equilibrada que revela um compromisso com a negociação de boa-fé e estabelece normas de relações positivas, mantendo a alocação de riscos e responsabilidades no próprio contrato.

[3] No original, 'partnering'.

No entanto, a utilidade da parceria não deve ser superestimada. Apesar de sua aparente atratividade como ferramenta de equilíbrio, manter um pé em cada lado tem certas desvantagens fundamentais.

Em primeiro lugar, o acordo de parceria pode dar origem a algumas incertezas quanto aos direitos e as obrigações das partes envolvidas. Embora o acordo não seja, à primeira vista, instrumento legalmente vinculativo, o comportamento das partes em assumir a parceria pode induzir o Judiciário a crer que as partes assumiram deveres de negociação justa mais amplos do que aqueles comumente encontrados nos contratos comerciais. Como resultado, os tipos de garantia dados pelas partes podem dar origem a deveres de boa-fé a serem buscados judicialmente tanto em cortes de *civil law* quanto de *common law*.

Além disso, a parceria pode não querer abordar com a abrangência necessária os aspectos que a tornaria genuinamente útil dentro do arsenal dos contratos de relacionamento. Nesses casos, o acordo escamoteia um relacionamento intrinsecamente antagônico que não oferece nenhum incentivo comercial real para a cooperação mútua das partes. Ademais, a coexistência do guia de parceria com o contrato principal pode às vezes gerar inquietudes. Por exemplo, certas provisões contratuais, tais como cláusulas de liquidação de danos, contradizem o espírito da parceria.

Portanto, o sucesso da parceria fica única e exclusivamente a critério da boa vontade das partes em aderir voluntariamente aos seus princípios. A cultura do país pode ser relevante nesse sentido. Por exemplo, valores duradouros de confiança e compromisso sustentam a cultura comercial no Japão. Talvez por isso não surpreenda a abordagem bem-sucedida da parceria na indústria de construção japonesa. Contudo, nas culturas em que as partes sejam mais propensas a se comportar de maneira contraposta, como tem tradicionalmente sido o caso da indústria de construção australiana, as parcerias provaram não ser suficientemente potentes para superar comportamentos arraigados. Nesses casos, uma opção mais robusta pode ser necessária.

3 Contratos de Aliança - O Alinhamento de Interesses Comerciais

Contratos de aliança ficam localizados na outra ponta do espectro dos contratos de relacionamento. Este é o nível máximo dos contratos de relacionamento com relação à criação e construção de novas infraestruturas.

Uma aliança é uma estrutura colaborativa na qual as partes trabalham juntas para alcançar os resultados do projeto. A estratégia rejeita a natureza divergente do contrato tradicional de construção de preço fixo, procurando alinhar formalmente os interesses comerciais dos respectivos participantes. Em contraste com um guia não-vinculativo anexo ao contrato, a aliança exigirá que as partes concordem formalmente em compartilhar tanto o risco quanto as recompensas. Estas não são declarações vagas de boa intenção, mas termos contratuais vinculativos que basicamente reposicionam os relacionamentos entre as partes. O compartilhamento de riscos e recompensas retira o incentivo para as partes defenderem seus próprios interesses à custa do outro e fomenta a abordagem cooperativa na busca do 'melhor para o projeto'.

Como em qualquer modelo contratual, sempre há variações. A melhor maneira de entender como os princípios da aliança são usados é olhar, primeiro, para o contrato de aliança puro e identificar suas características mais importantes, e a partir de então explorar diversas variações do modelo. Além do mais, é necessário examinar os vários desafios enfrentados por participantes de contratos de aliança, inclusive questões de transparência e os vários tipos de responsabilidades aos quais as partes contratantes possam ser expostas.

3.1 Contrato de Aliança Puro

O contrato de aliança puro é a forma mais comum de uma aliança, consubstanciando a emanação quintessencial dos contratos de relacionamento. Há diversas características importantes do modelo que contribuem coletivamente para alinhar os interesses das partes envolvidas.

Os contratos de aliança puros geralmente envolverão o compartilhamento de todos os riscos e recompensas do projeto entre as partes, o que inclui a mentalidade de que ou "todos ganhamos ou todos perdemos". Em termos simples, o contrato de aliança estabelecerá uma meta de custo e uma curva de risco/recompensa, permitindo que os benefícios de eventuais economias do projeto ou o ônus de quaisquer despesas extras sejam compartilhados de acordo com uma fórmula pré-estabelecida. Desta forma, o incentivo tem um ímpeto comercial que é estabelecido no próprio contrato. Além do objetivo básico de não ultrapassar a meta de custo e o tempo de conclusão, o contrato pode introduzir outros referenciais, geralmente conhecidos como indicadores de desempenho ("KPIs") com os quais mede-se desempenho e concede-se bônus. Os KPIs podem incluir, por exemplo, padrões ambientais ou de segurança e a satisfação de expectativas da comunidade. Os participantes deverão ajustar essas cláusulas no início do projeto de acordo com os custos normais do negócio. A curva de risco/recompensa pode ser delineada de modo consideravelmente mais complexo, dando peso a objetivos críticos e multiplicando recompensas para desempenho extraordinário, ou impondo penalidades por desempenho ruim.

Este princípio de compartilhamento de risco/recompensa é muito maior em alianças puras quando consideramos um segundo aspecto importante dos contratos de relacionamento: tomadas de decisão consensuais. De modo prático, isso requer a existência de um conselho da aliança composto por representantes de todas as partes, os quais devem tomar todas as decisões chaves e resolver todas as questões que surgirem, por unanimidade. O conselho da aliança é um importante elemento do contrato, já que traz um sentimento coletivo na tomada de decisões e permite às partes solucionar quaisquer desacordos no momento de sua aparição, o que é crucial para preservar as boas relações. O requisito de unanimidade fomenta a cultura de compromisso e cordialidade durante o projeto, assim como a busca por soluções colaborativas e criativas. Isto é uma despedida bem-vinda às duras táticas de disputas que frequentemente caracterizaram as relações entre as partes de um contrato de construção.

A terceira característica chave é a existência de disposição contratual que impeça as partes de acionar legalmente umas às outras, exceto no caso de dolo. Como resultado, as partes concordarão em não usar arbitragem ou litígios judiciais como técnica de resolução de conflitos. Isso representa a adoção contratual dos princípios de 'sem culpa' e 'sem disputas", considerados por muitos um aspecto vital dos contratos de relacionamento. Esses princípios são cruciais ao contrato de aliança porque incentivam os participantes a atuarem no sentido de alcançar o "melhor para o projeto". A falta de recursos legais de disputas retira o incentivo dos participantes de agirem unicamente para proteger seus próprios interesses. Em vez disso, seus melhores interesses são alcançados quando os objetivos do projeto são realizados.

O contrato de aliança puro é baseado nas próprias cláusulas contratuais, pois o alcance de metas que se aplica à aliança é definido e estipulado no próprio contrato. O contrato de aliança puro é distinto de um programa, ou aliança estratégica, levando em conta as considerações abaixo.

Para cada novo projeto, o proprietário empreende um processo rigoroso de seleção, chamando empresas ou consórcios a apresentarem suas propostas e, por fim, determinando seus licitantes preferidos através de uma série de entrevistas e *workshops*. Dado que a meta de custo é estabelecida de forma conjunta depois do processo de seleção, os contratantes não são selecionados de acordo com a melhor proposta, mas sim pelas seguintes variáveis:

a) experiência relevante.
b) evidência da capacidade do licitante para atender ao escopo dos trabalhos.
c) desempenho anterior em projetos semelhantes.
d) habilidades técnicas e de gerenciamento.
e) capacidade de recursos e inovação.
f) metodologia executiva.

Tradicionalmente, portanto, o preço não foi critério de competição entre os proponentes de uma aliança. Isto continua a ser uma área aquecida de debate entre o governo e as empresas (veja abaixo).

3.2 Aliança Híbrida

O termo 'aliança híbrida' é uma expressão ampla que se refere às alianças que adotam alguns, mas não todos os conceitos contratuais constantes em uma aliança pura. Alianças híbridas tomam várias formas mas são motivadas pelo desejo comum de perseguir os desvios de um modelo de aliança pura para suprir algumas das suas deficiências.

Por exemplo, algumas alianças podem ser estruturadas para permitir que decisões sejam tomadas de outras maneiras que não apenas por unanimidade. Isto pode ser feito para evitar potenciais consequências involuntárias destas decisões, tal como a preocupação de que o requisito de decisões unânimes seja interpretado como obrigação de concordar, o que a tornaria inexequível. Em vez disso, um mecanismo de quebra de impasse poderia ser introduzido para fornecer um caminho caso um acordo unânime não possa ser alcançado.

Há também as alianças que não incluem completamente o conceito de 'sem culpa', tal como as que exigem que outras partes, alheias ao contrato, aceitem um nível maior de responsabilidade legal por trabalho defeituoso ou negligência. Estas alianças híbridas contém modelagens que variam entre expandir a definição de dolo à não liberação das responsabilidades de terceiros alheios ao contrato.

O último modelo é essencialmente um contrato tradicional *cost-plus* que inclui as estruturas de gerenciamento da aliança, e até o compartilhamento de ganho e de perda com base nos indicadores KPI . Isto é semelhante às parcerias, discutidas acima, exceto que nas estruturas de gerenciamento da aliança qualquer acordo de compartilhamento de ganho e perda está embutido no contrato..

As alianças híbridas não estão atreladas ao conceito de "modelagem única" no que se refere às estratégias de contrato. Elas permitem que os proprietários selecionem e escolham as características da aliança genuína que acomodem melhor os objetivos e as características de cada projeto.

3.3 Vantagens e Desvantagens

Em comparação ao contrato convencional de construção, o contrato de aliança, como um modelo de contratação, facilita várias práticas que podem resultar em redução de custos. São algumas dessas práticas:

- O contratante adquire um melhor entendimento das necessidades do proprietário desde o começo do projeto.
- O proprietário é capaz de utilizar melhor a habilidade dos outros participantes, definindo melhor suas exigências e evitando desperdício.
- Há uma redução nos custos das partes na defesa de seus interesses.
- Os problemas que surgem são encarados por uma busca criativa e conjunta por soluções.
- As partes são incentivadas a se esforçarem por uma prática melhor e por resultados formidáveis, ao invés de fazerem meramente o mínimo exigido para evitar penalidades ou o encerramento de contrato.

Em conjunto, estes fatores com sua capacidade de evitar discussões e desperdício, têm enorme potencial de finalizar o projeto de acordo ou abaixo do orçamento e dentro do prazo estipulado. Esse fato é reconhecido pela implementação cada vez mais crescente de contratos de aliança por várias agências do governo australiano.

Adicionalmente, contratos de aliança permitem que agências públicas garantam um bom desempenho de forma mais rigorosa, respeitando-se os elementos não valorados do contrato, o que pode ser crucial ao contratante. Como produto de intenso escrutínio pelas partes interessadas e pelo público em geral, nas obras públicas é desejável que o contratante esteja habilitado a controlar elementos sem valor econômico, tais como o meio-ambiente, segurança e as relações com a comunidade. Além disso, a flexibilidade dos mecanismos dos indicadores KPI é tal que o proprietário pode moldá-los de forma a atingir o desempenho desejado, por meio de medidas objetivas. Por exemplo, na aliança realizada no *Northside Storage Tunnel* da *Sydney Water*, o contratante introduziu um novo indicador KPI "a comunidade," e e o Museu Nacional da Austrália incorporou no contrato o "emprego para pessoas nativas". Portanto, é evidente que a estrutura dos projetos de aliança é suficientemente flexível para fornecer benefícios a proprietários e projetos em uma série infinita de circunstâncias.

Não obstante as vantagens mencionadas, há assuntos específicos de responsabilidade que surgem em contratos de aliança que não surgiriam em processos convencionais de contratação e apresentação de propostas, aos quais o proprietário deve dedicar importante consideração. Quando o proprietário é um ente público, questões relativas à probidade estão em jogo, como será discutido abaixo.

3.3.1 Questões de Probidade

Contratos de aliança do setor público devem demonstrar probidade, ou integridade, em suas contratações, estabelecimento de meta de custo e indicadores KPI e na avaliação de performance do contratado. Demonstrar o custo-benefício, a existência de negociação justa e responsabilidade com o dinheiro público é mais difícil quando os critérios de preço da licitação são mais flexíveis e, principalmente, quando os critérios da avaliação de desempenho são estabelecidos em conjunto pelas partes. No entanto, é possível adotar procedimentos para lidar com tais preocupações. Os contratos de aliança são conduzidos em um contexto de total transparência, com informações contábeis disponíveis, e isto pode ser útil para superar questionamentos acerca da probidade da contratação. Adicionalmente, há técnicas específicas que, asseguram a probidade das contratações.

Em relação à seleção de empresas interessadas é importante que o processo seja competitivo, garantindo um procedimento aberto e transparente. A publicação e liberação do edital ao mercado não representa nenhuma mudança significativa da prática atual. A busca pela proposta mais vantajosa pode ser alcançada com a aplicação dos critérios de seleção adequados. Por exemplo, o requisito de "demonstrar capacidade de minimizar o capital e os custos operativos do projeto sem sacrificar a qualidade" foi aceito pelo *Australian National Audit Office*[4] como suficiente para atingir o princípio da economicidade e vantajosidade da proposta, para o projeto do *National Museum of Australia*.[5] A avaliação foi conduzida com um determinado número de fatores, incluindo a avaliação das alterações e dos pleitos em projetos anteriores, sugestões acessíveis para economias no custo do projeto do Museu, bem como maneiras em que os concorrentes propuseram a redução de custos sem sacrificar a qualidade.

Questão de relevo é saber como avaliar a probidade da meta de custo proposta pelos participantes, o que poderá ser avaliado tanto pelo controle externo mediante a comparação das estimativas dadas pelos participantes com as regras de mercado (BAU, *business as usual*) durante o processo licitatório, como pela análise de exequibilidade dos preços propostos, comparados aos esperados de uma proposta convencional. Esta avaliação pode ocasionar uma revisão da meta de custo inicialmente calculada pelos participantes. No que tange à avaliação de desempenho da meta de custo e outros indicadores KPIs, a aliança terá que assegurar que as informações ficarão disponíveis para fiscalização tanto dos participantes como de terceiros.

Em alguns casos, as partes do contrato de aliança acordam um termo de aliança provisório permitindo que um trabalho preliminar (geralmente atividades não construtivas) seja empreendido enquanto estas questões estejam sendo desenvolvidas. Isto pode aumentar significativamente o

[4] Órgão semelhante ao Tribunal de Contas da União

[5] G. Caine, *Ensuring Accountability in Your Alliance Contract - National Museum of Australia Experience*,papel apresentado na Conferência do Centro de Educação de Direito: Contratos com o Governo, (Canberra, 29 de agosto 2000).

custo da licitação para o contratante, especialmente com relação à despesa com profissionais especializados (tais como advogados e contadores) para aconselhá-lo. Há também, indubitavelmente, a necessidade de disponibilizar recursos e significativo tempo adicional pelo contratante para se familiarizar com esta forma alternativa de contratação.

3.3.2 Responsabilidades Gerais

A questão da responsabilidade do contratado em um contrato de aliança é potencialmente contenciosa. A cláusula "sem-culpa, sem-disputa" geralmente liberará os participantes de responsabilidade por tudo, com exceção de dolo. Isto significa que o proprietário não terá direito às perdas e danos acarretadas pelo desempenho negligente, imperito ou imprudente do contratado ou de terceiros. Embora a cláusula "sem-disputa" opere igualmente para todas as partes e impeça que qualquer uma delas faça um pleito é o contratante que será afetado mais frequente e severamente de modo negativo. Isto se deve ao fato de que, geralmente, são terceiros que executam a maioria ou todo o trabalho. Assim, o proprietário inevitavelmente dá um "salto de fé" ao iniciar um contrato de aliança e deve fazê-lo só quando exista um alto grau de confiança nos participantes da aliança e no êxito do projeto.

Tem-se sugerido que não há nenhuma razão pela qual o contratado não deva ser responsável pelos riscos que estejam claramente dentro de seu controle em um contrato baseado em desempenho.[6] Alocar essa responsabilidade é uma escolha prudente, já que é questionável se a estrutura de incentivo sozinha é suficientemente robusta para assegurar um desempenho satisfatório, especialmente porque já houve ocasiões nas quais o contratado incluiu lucros ocultos em sua proposta de custos de desempenho.[7]

Finalmente, há casos de contratos de aliança atribuindo, expressamente, responsabilidades por obrigações como projeto, contratação, testes e defeitos, na "aliança". Como a aliança é uma entidade hipotética, sem nenhum suporte em lei específica, este tipo de uso é conceitualmente

[6] M. Misko & M. Fielding, Contratos Baseados em Desempenho: Alguns Assuntos Legais e Contratuais, papel apresentado à FMA da Austrália: Workshop em Contrato de Desempenho (Sidney, 27 de maio de 1999).

[7] Veja, por exemplo, *Placer (Granny Smith) Pty Ltda v. Theiss Contractors Pty Ltda*, não relatado (Tribunal Supremo da Austrália Ocidental, 14 de abril de 2000).

confuso. Pode ser visto como uma responsabilidade recíproca dos participantes um com o outro, mas isto outra vez implicaria no contratante aceitando responsabilidade por obrigações que estejam claramente dentro do controle do contratado.

3.3.3 Responsabilidade pelos custos

Como descrito acima, o contratado e os terceiros são pagos com base nos custos diretos apresentados e alguns custos indiretos independentemente de o projeto extrapolar ou não o orçamento. Eles são pagos por custos, por exemplo, em caso de retrabalhos devido à falha de projeto ou por retificação de erros oriundos da negligência do contratado. Assim o risco de custos mais altos ou imprevistos recaem sobre o contratante, embora seja possível ao contratado administrar um risco específico. Se o contratado executa uma trabalho defeituoso, o mesmo deve, naturalmente, ser reparado. Na ausência de violação intencional, os custos de reparação serão arcados pelo proprietário. O mesmo se aplica a erros do projeto.

Este resultado é reforçado por problemas que surgem com relação ao seguro do projeto. A maioria das apólices de seguro disponíveis para projetistas são as de "seguro de responsabilidade", nas quais a seguradora não pagará a menos que o projetista seja o "responsável". Quando um acordo de aliança declara que o projetista (assim como todos os demais participantes) não é responsável, exceto por dolo, é improvável que uma apólice comum o cubra, pois pode existir cobertura para negligência profissional, mas a maioria das apólices excluem responsabilidade por dolo. Consequentemente, se o proprietário quiser ter qualquer conforto nesta área, deve exigir alguma forma de apólice de seguro que abarque as responsabilidades desejadas. Infelizmente para o proprietário, as seguradoras são geralmente relutantes em assumir o risco de assegurar a parte que seja exonerada de qualquer responsabilidade pessoal.

3.3.4 Responsabilidade de Relacionamento

Ainda há uma grande incerteza quanto aos efeitos legais e contratuais dos compromissos envolvidos num contrato de relacionamento de um projeto de aliança. Comprometer-se com honestidade, confiança e compartilhamento pode alterar significativamente as obrigações legais das partes. É necessário um cuidado especial nas delicadas questões de boa-fé e possíveis relações fiduciárias.

O contrato de aliança invariavelmente impõe uma obrigação expressa ou subentendida de boa-fé sobre os participantes. Isto pode resultar numa obrigação para as partes de envidar seus esforços para tornar efetivo o princípio contratual da boa-fé, ou, ao ainda, agir de maneira razoável em todas as circunstâncias.

Além do mais, contratos de aliança podem ter o potencial de criar obrigações fiduciárias involuntárias devidas mutuamente, já que tais arranjos pressupõem que as partes ajam em nome dos interesses uns dos outros.[8] Tal implicação faria com que as obrigações dos participantes ficassem significativamente mais pesadas, obrigando-os, entre outras coisas, a revelarem todos os atos e circunstâncias relevantes, a agirem com extrema boa-fé e a não permitirem que seus próprios interesses entrem, potencialmente ou de fato, em conflito com os interesses dos outros participantes. Os participantes que violassem uma obrigação fiduciária também seriam expostos a um extenso rol de penalidades aplicáveis pelo judiciário.

As disposições da *Common Law* no que tange à boa-fé e obrigações fiduciárias está longe de permitir uma solução no âmbito de contratos de relacionamento, em particular para as alianças. Sem dúvida, a melhor maneira para evitar incerteza em tais áreas é antecipar e lidar com tais obrigações do contrato de aliança como, por exemplo, expressamente estipular se um relacionamento fiduciário será criado e se a obrigação de boa-fé cria qualquer responsabilidade além das obrigações específicas de desempenho do contrato.

4 Aliança Estratégica – Relacionamento a Longo Prazo

A aliança estratégica compartilha algumas características fundamentais com o contrato de aliança: ambos fazem provisão para riscos de desempenho e incentivos, assim como ambos se alicerçam sobre a intenção declarada das partes em trabalhar cooperativamente em um relacionamento aberto e não-antagônico, a fim de alcançar os objetivos acordados. No entanto, a aliança estratégica distingue-se do contrato de aliança em um

[8] Misko & Fielding, supra n. 5, 13. Aqui, o argumento dos autores é baseado numa analogia de alianças para empreendimentos conjuntos .

ponto fundamental, do qual fluem todos os outros pontos de distinção: é concebida como um relacionamento a longo prazo entre as partes, perdurando por mais de um projeto.

Como consequência, alianças estratégicas empregam uma forma bastante diferente de alocação de recursos. Esta forma de contrato de relacionamento é adequadamente empregada quando o proprietário requer o desempenho de tarefas rotineiras, ou uma série de projetos semelhantes ou relacionados, e procura desenvolver um relacionamento próximo e de longo prazo com o contratado que assume estas responsabilidades. Em tais circunstâncias, uma aliança estratégica é uma contratação contínua do trabalho de uma empresa, na qual as partes concordam em alcançar metas mútuas e compartilharem os benefícios da aliança. São várias as razões de se instituir uma estrutura de aliança a tão longo prazo:

- O compromisso permite que o contratante treine o seu pessoal e se prepare, confiante em um retorno razoável dos investimentos;
- A duração do acordo incentiva o contratado a usar de precaução em seu planejamento e nas soluções dos problemas que possam surgir;
- Os custos de oferta e de transição são reduzidos de forma significativa;
- O contratante acumulará experiência e conhecimento das exigências do proprietário, permitindo melhoria contínua durante todo a duração do contrato.

Evidentemente, deseja-se que este tipo de relacionamento a longo prazo entre proprietário e contratante seja amigável. A aliança estratégica é um modelo contratual esboçado exatamente para aumentar ao máximo a sustentabilidade de uma relação boa e próxima entre as partes por um período prolongado de tempo.

Essencialmente, o acordo é a terceirização de serviços com base em um contrato *"cost-plus"* com incentivos propostos para alcançar os objetivos do proprietário. No entanto, o acordo de uma aliança estratégica é estruturado de modo a que alguns aspectos comportamentais contidos em contratos de relacionamento – o desenvolvimento de confiança, proximidade e cooperação entre as partes – sejam encorajados por meio de incentivos comerciais dispostos no contrato. Sem, de fato, alterar a propriedade do projeto, uma aliança estratégica facilita o cultivo de uma atitude de "proprietário" por parte do provedor de serviços para com a instalação que esteja mantendo. Idealmente, uma aliança estratégica deve ser utilizada por partes que genuinamente vêem o acordo como a formação de uma nova entidade (caso assim seja possível denominar) – aliança – estabelecida em termos de um quase coleguismo. O acordo da aliança estratégica incorporará um dever expresso, assumido pelos participantes, de agir em defesa dos interesses da aliança, bem como de forma sincera e de boa-fé e de incluir uma cláusula de "não disputa", fazendo com que todas as diferenças de opinião sejam resolvidas unanimemente, dentro da aliança, e por um conselho de liderança composto por representantes de cada uma das partes que irá administrá-la.,

Os aspectos comportamentais de uma aliança estratégica podem ter um impacto real nas reduções de custo, já que uma característica importante do ambiente de aliança é a boa vontade e capacidade de manejar alterações de escopo do contrato existente. É menos provável que os participantes recorram da alteração do contrato, reduzindo tanto o custo da obra quanto os valores gastos nos pleitos decorrentes de alteração contratual. Da mesma forma, alguns eventos tais como condições latentes e discussões industriais deverão ser solucionados, na medida do possível, de forma rápida e dentro da aliança, evitando assim os principais impactos de custos das discussões quanto a quem deve arcar com o risco.

Uma das características peculiares da aliança de estratégia é a ideia de "tarefas essenciais". Como o retorno dos recursos comprometidos pelo contratado é de longo prazo, e talvez não tenha base definida, será garantida ou alocada uma quantidade de trabalho – tarefas essenciais –, durante o período que persistir a aliança. As tarefas essenciais são consideradas imprescindíveis em uma aliança estratégica, e geralmente são estimadas para ocorrer durante um período de cerca de 5 a 7 anos.[9]

Com relação à porcentagem dos recursos que deve ser disponibilizada à aliança estratégica pelo contratado, concluiu-se que nenhuma deva utilizar mais de 30% dos recursos de administração do contratado" e que "o compromisso total para com a aliança não deva utilizar mais de 50% do total de seus recursos técnicos e gerenciáveis".[10]

[9] W D. McGeorge, Angela Palmer e Kerry London,*Construction Management: New Directions,* 242 (2002).

[10] McGeorge et al, supra n. 8, 243.

5 Aliança de Custo de Produção com Meta Competitiva

Outro tipo de contrato de aliança é a aliança de custo de produção com meta competitiva ('TOC'- *target out-turn cost alliance*). Essa modalidade foi desenvolvida em resposta à sofisticação crescente dos acordos de aliança e a necessidade de melhorar o valor custo-benefício em projetos de construção. O modelo desvia-se do contrato de aliança puro quando adiciona a concorrência das propostas na etapa da licitação. Como explicado anteriormente, a seleção de parceiros para uma aliança pura tradicional é baseada somente em critérios qualitativos, focando na qualidade da entrega e não no custo em si. A omissão do preço nos critérios de seleção significa que o valor da aliança TOC e o acordo proposto de compartilhamento de perdas e de lucros, não serão considerados para a escolha da melhor proposta.

Contudo, em uma aliança TOC competitiva, antes da seleção final, cada proponente desenvolve uma estimativa da meta e dos custos de produção no processo de preparação de suas propostas. O primeiro passo desses processos é o proprietário escolher dois interessados ('NOPs' - *non-owner participants*) dentre o painel inicial de proponentes para desenvolverem uma aliança TOC para o projeto. As despesas para o desenvolvimento de uma programação de custos para o projeto é geralmente do contratante, responsável por reembolsar o proponente derrotado. O proprietário fará então uma seleção final dos proponentes da licitação baseado em uma matriz de dados que inclui as respectivas estimativas de custos da aliança TOC, assim como uma série de requisitos qualitativos.

O raciocínio para este desenvolvimento é a necessidade de se estimar com certo grau de certeza o custo do negócio. As alianças geralmente fornecem uma opção contratual mais flexível para permitir que as partes desenvolvam a TOC em colaboração após a seleção do contratante. Este modelo demonstra ser conveniente para projetos com portfólios complexos ou de riscos imprevisíveis, ou quando as especificações da produção e o alcance do projeto tendem a mudar durante o projeto e a construção dos trabalhos. No entanto, uma abordagem colaborativa ao custo pode sacrificar a certeza do custo inicial e pode não resultar em uma aliança TOC mais competitiva, comprometendo assim os resultados da variável custo-benefício. Ter proposta de custo competitivo é uma ideia defendida por alguns como sendo a solução para este problema.

Há debate substancial acerca destes assuntos e muitos interessados têm opiniões diferentes sobre a capacidade da proposta de preço competitivo oferecer melhor custo-benefício para grandes projetos. De um lado, há unanimidade entre os participantes da indústria de que licitações de preço não sustentariam o melhor custo-benefício em projetos complexos e grandes projetos com risco maior, e que este é maximizado somente por um modelo de projeto de aliança pura. Do outro lado, o governo e outros contratantes discutem que a aliança competitiva é um desenvolvimento necessário e importante para maximizar o custo-benefício em contratos de aliança.

Discussões no mercado frequentemente concluem que essa competição pelo preço danifica a cultura fundamental de colaboração que faz parte das alianças. A base desta afirmação reside no argumento de que a competição de preço no processo de seleção posiciona as partes em lados opostos da mesa. É dito que isto compromete o desenvolvimento inicial de confiança e de comunicação aberta inicial entre o contratante e o contratado, que é vital para produzir resultados de qualidade e minimizar disputas. Portanto, o uso de competitividade em qualquer abordagem colaborativa enfraqueceria o estabelecimento das sinergias produtivas que são criticamente necessárias aos projetos mais complexos e aumentaria o custos das despesas indiretas, não oferecendo qualquer ganho óbvio por selecionar a melhor solução. Essencialmente, pode-se argumentar que fomenta-se melhor colaboração quando proprietários e participantes (NOPs) bem-sucedidos fazem o cálculo de estimativa do TOC em conjunto, depois do processo de seleção.

Não obstante, este argumento sobre o possível dano causado pelas propostas de preço-competitivo à cultura colaborativa de uma aliança é considerado um exagero. Os contratantes e o governo defendem que propostas de preço-competitivo não subvertem a cultura colaborativa, e que, de fato, produzem resultados desejáveis em termos de incentivos de inovação. Eles alegam que incentivando competitividade entre os participantes (NOPs) promovem-se soluções inovadoras no início do processo de aquisição, de modo que os proponentes da aliança conduzam a proposta do TOC com a melhor oferta possível. Para garantirem o projeto, os NOPs são incentivados a mostrarem inovação nas economias de custo de suas propostas.

Outra crítica dirigida ao modelo competitivo de aliança é o prolongamento desnecessário da programação do projeto decorrente da avaliação da proposta, contrastando com contratos de aliança puros. Além do mais, argumenta-se que se adicionam custos desnecessários no processo de seleção de proposta, já que a estimativa de custo realizada pelo proponente perdedor exige reembolso do contratante. Como consequência, a aliança TOC competitiva exige que o capital inicial investido pelo proprietário seja consideravelmente mais alto do que quando se desenvolvem projetos de aliança TOC únicos.

Entretanto, tal crítica é infundada, na medida em que ignora o papel do modelo competitivo de aliança, dentro do contexto mais amplo de se obter o melhor custo-benefício. Aceita-se que este processo exigirá o comprometimento de maiores recursos do contratante, porém investindo mais tempo e recursos no processo competitivo de aquisição, os proprietários podem obter maior economia de custos a longo prazo. Além do mais, a competitividade de preço, reduz a necessidade de auditores independentes e robustece a estimativa de custos do proprietário. Ademais, o argumento de que o desenvolvimento paralelo de duas propostas de aliança TOC num ambiente competitivo levará mais tempo do que o desenvolvimento de uma única TOC num ambiente não-competitivo, não procede pois, desde que o proprietário esteja suficientemente equipado, as forças competitivas provavelmente o levarão ao resultado oposto.

Essencialmente, as discussões mais avançadas chegam a propor que a competitividade de uma TOC competitiva gera somente benefícios ilusórios, que não justificam a suposta extensão do tempo e do custo nem o dano causado no relacionamento entre o contratante e o NOP. Mais uma vez, além dos contra-argumentos já esboçados, proprietários enfatizam que o modelo competitivo de uma TOC permite que o proprietário veja como cada proponente atua, de modo que uma avaliação mais robusta das qualificações de cada equipe de NOP seja feita antes de seleção. Desta forma, o governo tem a oportunidade de 'experimentar antes de comprar', aumentando assim as chances de selecionar o proponente mais capaz de oferecer o melhor custo-benefício.

A TOC competitiva também satisfaz o imperativo político de se estabelecer o custo do projeto em um ambiente controlado, absolvendo assim o poder público da crítica que uma aliança TOC não seja uma estimativa justa do custo do projeto. O modelo de aliança competitivo também pode reduzir o risco de processo de proponentes malsucedidos. Com mais confiança sobre os critérios quantitativos de seleção, o governo terá mais capacidade de demonstrar imparcialidade no processo de seleção da proposta quando comparado com o processo de seleção de uma aliança pura.

Vê-se que há opiniões defendidas com firmeza, tanto por contratantes como por contratados, fundados ambos os lados no debate do custo competitivo em uma aliança. De certa importância, no entanto, é o fato que esses questionamentos podem se tornar acadêmicas dependendo das escolhas políticas feitas pelo governo. Para jurisdições em que o governo segue a política de oferecer propostas de custo competitivo para contratos de aliança, a questão torna-se um resultado certo. Um exemplo de tal política é a mantida pelo governo do estado australiano *Victorian*, onde propostas de custo competitivo são o modelo padrão do Tesouro. Em tais exemplos, participantes do setor privado não têm nenhuma escolha, a não ser desenvolver propostas de preço-competitivo caso pretendam manter seu ponto de apoio em aquisições públicas.

6 Recentes Avanços em Contratos de Aliança

Em 2009 o Departamento do Tesouro e Finanças de *Victorian*, em cooperação com *New South Wales*, *Queensland* e *Western Australian*, promoveram estudo empreendido por Evans & Peck[11] sobre como melhorar o custo-benefício em alianças. O estudo enfatizou a importância crescente de alianças, com $65 bilhões de projetos de aliança concluídos na Austrália, nos doze anos anteriores a 2009[12], como mostrado na Figura 1, além de afirmar que essa modelagem contratual foi integralmente adotada pelo setor público.

Um dos resultados mais significativos do estudo de Evans & Peck foi que, em média, o aumento da estimativa de custo do projeto entre a criação do plano de negócio e o custo real na conclusão foi da ordem de 45-55%.[13] Isto é especialmente significativo quando comparado com os valores equivalentes de projetos empreendidos por parcerias público-privadas (PPPs) e modelos tradicionais de contratação. PPPs tendem a aumentar de 5-10% as estimativas de custo do plano de negócio e do custo real na conclusão, e

[11] Department of Treasury and Finance, Victoria, In Pursuit of Additional Value: A benchmarking study into alliancing in the Australian Public Sector (2009) disponível em <http://www.dtf.vic.gov.au/project-alliancing> (Evans & Peck Study").

[12] Ib, 7.

[13] Department of Treasury and Finance, Victoria, above n 10, 35.

os modelos tradicionais algo em torno de 20%. Embora haja diferença considerável, o estudo indica que as alianças são particularmente populares para projetos envolvendo alto risco e incerteza, fazendo com que seja difícil ter estimativas exatas na etapa de criação do plano de negócio. O estudo continua refletindo que as alianças são menos dependentes de um plano de negócio forte quando comparadas a outros métodos de contratação.

Figura 1: O uso de alianças nos setores públicos e privados[14]

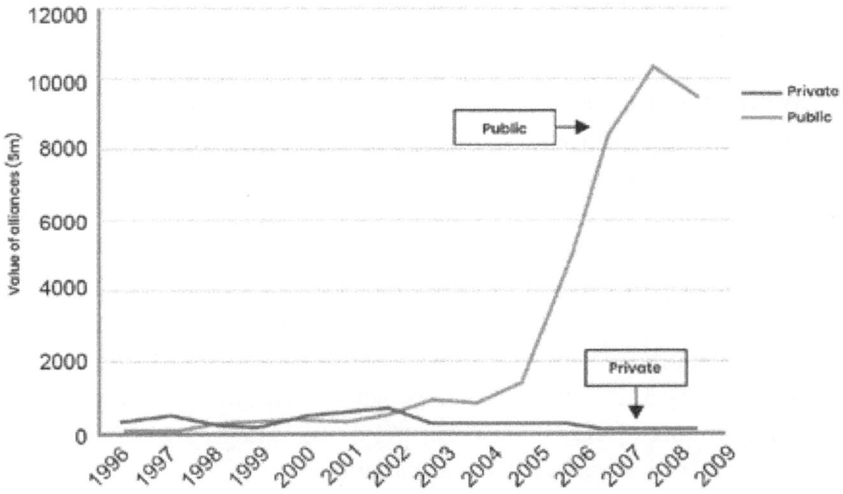

Outro achado do estudo de Evans & Peck foi que as alianças são frequentemente a escolha padrão para os modelos de contratação pelos departamentos do governo. No entanto, o estudo indica que nem todos os projetos são candidatos ideais para uma aliança e que se deve ter cuidado ao escolher o modelo de contratação mais apropriado. O estudo inclui a seguinte lista de características que fazem com que a aliança seja a escolha ideal:[15]

- Inúmeros riscos complexos e/ou imprevisíveis com interface intrincada;

[14] O gráfico foi extraído do Departamento de Tesouraria e Finanças, Victorian, acima n 8, 8.
[15] Ib, 35.

- Questões delicadas levantadas pelos interessados;
- Ameaças complexas externas das oportunidades que só podem ser administradas de maneira eficaz conjuntamente;
- Prazos muito apertados (impulsionados por riscos do projeto mais que pela capacidade de organização);
- Especificações técnicas que não possam ser claramente definidas de início, e/ou uma alta probabilidade de mudanças no alcance do escopo durante o projeto e a construção (por exemplo, devido a mudança tecnológica, influência política etc.);
- Uma necessidade de envolvimento do proprietário ou a adição de valor significativo na hora da entrega.

Estas características podem ser contrastadas com as que já foram identificadas como sendo usadas para justificar a escolha de uma aliança, mas que não necessariamente melhorem o custo-benefício pela escolha de uma aliança:[16]

- Para fazer do projeto algo mais atraente para os participantes (NOPs), especialmente no contexto de um mercado de construção flutuante.
- Para se adiantar o início de um projeto através do envolvimento dos participantes (NOPs), desde os primeiros estágios do projeto.
- Para alcançar resultados excepcionais.

Um dos resultados mais interessantes do estudo foi apontar que a realidade divergia do sentimento das partes, de terem alcançado resultados excepcionais.[17] No entanto, proprietários de todas as alianças que participaram do estudo relataram que bons relacionamentos haviam se desenvolvido e que os participantes da aliança trabalharam em equipe de modo eficaz.[18] Mais além, não havia nenhuma indicação de conflitos em qualquer dos contratos que não houvessem sido resolvidas dentro da própria aliança.[19]

Uma crítica recorrente no estudo foi o uso de critérios de seleção não baseados em custo *('soft dollar')* para escolher os participantes de aliança.

[16] Ib, 53.
[17] Ib, 39.
[18] Ib, 37.
[19] Ib, 82.

Enquanto os participantes (NOPs) geralmente têm forte preferência pelos critérios de seleção não baseados em custo, foi indicado que o custo-benefício entre as alianças poderia ser melhorado por meio do uso de critérios de seleção híbridos, nos quais o custo não é um fator exclusivo, mas ainda é levado em conta.[20] O estudo propõe que com a recomendação do uso de critérios de seleção híbridos, poderia ser possível estabelecer uma meta de custo mais exata, diminuindo assim a lacuna entre a estimativa de custo do plano de negócio e o custo real do projeto, como mencionado acima. Notou-se que ao se utilizar a competitividade com o custo, o custo final foi de 5-10% menor se comparados aos casos de competição não baseada em custo, com nenhum efeito detectado quanto aos relacionamentos da aliança.

Enquanto o estudo de Evans & Peck atraiu a crítica[21] do mercado, a maioria das respostas indica satisfação com o fato que se tenha feito uma pesquisa sobre esse modelo de contratação que está em amadurecimento, apesar de algumas reservas sobre as minutas prévias e as conclusões alcançadas. O estudo alega que se suas recomendações forem adotadas, o custo real de entrega para projetos de aliança possa ser melhorado de 5-15%, sem consequências negativas associadas.[22] Certamente a pesquisa indica que mesmo que os projetos de alianças não sejam uma panacéia para todos os assuntos relacionados à entrega de projetos, quando usado adequadamente, pode ser uma ferramenta eficaz e eficiente.

7 Gerenciador – Verdadeiro Contratado

Mais uma emanação dos contratos de relacionamento é a figura do gerenciador. Trata-se de uma estrutura inovadora que compartilha algumas de suas características com os contratos 'design e construção' (D&C) e outros

[20] Ib, 69.

[21] Associação de Grandes Contratantes de Queensland (QMCA), Resposta do QMCA ao Department da Tesouraria e Finanças, Estudo de análise comparativa e relatório sobre alianças de projeto no setor público australiano, intitulado *'In Pursuit of Additional Value'* disponível pelo link <http://www.qmca.com.au/resources>; PCI, PCI Resposta ao DTF's Estudo de análise comparativa disponível pelo link <http://www.pci-aus.com/links_publications.asp>; Association de Alianças da Australasia, *So, What's wrong with Alliancing*? disponível pelo link <http://www.alliancingassociation.org/Content/Attachment/Whats%20Wrong%20with%20Alliancing%20- %20Aug%202010%20Feature1.pdf>.

[22] Departmento da Tesouraria e Finanças, Victoria, acima n 10, 9.

com os relacionamentos vistos na construção e nos modelos de gerenciamento de projeto discutidos abaixo.

O modelo se originou na Austrália e foi usado extensivamente pelo Departamento de Defesa Australiano assim como por uma variedade de contratantes do setor privado. O gerenciador é basicamente um contratado D&C que é responsável pela entrega do projeto, desde o enquadramento correto até a etapa do comissionamento. O acordo geralmente é firmado entre o proprietário e o gerenciador, o qual então irá subcontratar todo o projeto e a construção que surjam desse contrato primário.

Isto difere da construção ou da gestão de projeto, nos quais o contratado fornece apenas os serviços de gerência, e o contratante deve contratar diretamente o projeto e a obra. Sob o modelo de gerenciamento contratual ora proposto, o proprietário tem uma única conexão contratual com o gerenciador. Um gerenciador é, portanto, o "contratado" no sentido real da palavra, pois sua responsabilidade contratual é de realmente entregar os trabalhos, não simplesmente administrar sua entrega.

Embora muitos contratados D&C mais modernos também tendam a terceirizar muitas de suas obrigações, o gerenciador se distingue dos contratos D&C por preço global mais comuns em dois aspectos chaves: papel e risco.

7.1 O Papel dos Contratados

Embora a estrutura contratual deste modelo impute ao gerenciador a responsabilidade de executar e entregar os trabalhos, seu papel chave é o gerenciamento do projeto. Consequentemente, o gerenciador subcontrata suas obrigações de projetar e construir em sua totalidade. Neste caso, os únicos serviços executados pelo próprio gerenciador, por meio de seus recursos internos, são o gerenciamento e o serviços de consultoria fornecidos no projeto, e também a obtenção das informações preliminares da obra, tais como delimitação do local, plantas e canteiros.

Mesmo que a diferença prática entre um gerenciador e um contratado D&C possa não ser imediatamente evidente, já que ambos tendem a terceirizar a maioria de suas obrigações ao invés de usarem recursos internos, as divergências se dão no grau de controle que o proprietário detém sobre a seleção dos subcontratados. Enquanto um contratado D&C tem a autonomia de indicar empresas de sua escolha, o gerenciador deve empreender as subcontratações fazendo consultas com o proprietário, que dará a decisão final de aprovar ou rejeitar os proponentes. Este direito é coerente com a obrigação que o proprietário tem em reembolsar o gerenciador por custos decorrentes do projeto e da construção.

Outra diferença notável entre um gerenciador e um contratado D&C é que o primeiro fornecerá um gerenciamento de projeto mais extensivo e consultoria ao proprietário durante toda a duração dos trabalhos. Esta abordagem colaborativa entre contratado e proprietário é coerente com os princípios cooperativos de contratos de relacionamento. Para identificar os exemplos de colaboração em um projeto, é necessário explicar o processo de escolha do modelo de contratação, quando um proprietário decide usar um gerenciador.

O projeto normalmente prosseguiria desta forma: inicialmente, o proprietário convida proponentes potenciais para serviços de gerenciamento e definição das instalações do local da obra. Assim que um proponente for escolhido como gerenciador, este coordenará a etapa de viabilidade do projeto, inclusive a contratação dos consultores necessários e o aconselhamento ao proprietário quando se faça necessário. Se o projeto não progredir após a etapa de viabilidade, o contrato poderá ser encerrado.

Por conseguinte, a fase de elaboração do projeto será executada pelo gerenciador, desde o anteprojeto até o projeto executivo. Durante todo este processo, o gerenciador consultará sempre o proprietário, que tem a palavra final quanto a todas as decisões tomadas. Primeiro, o gerenciador deve preparar um anteprojeto a ser aprovado pelo proprietário. Depois, convida-se os proponentes para elaboração do projeto. Embora o gerenciador possa recomendar um candidato, a decisão final está novamente sujeita à aprovação do proprietário. Quando o proponente ganhador tenha finalizado o projeto, ele deve ser aprovado pelo proprietário antes do início da construção. O procedimento final se difere de um contrato *Turnkey*, sob o qual o proprietário minimiza seu envolvimento na fase de elaboração do projeto para evitar diluir a responsabilidade do contratado quanto ao projeto e de afetar qualquer garantia apresentada.

Durante a fase de construção, o gerenciador tem um extenso rol de responsabilidades, quais sejam:

a) aconselhar sobre a estratégia apropriada de contrato para cada etapa;
b) gerenciar o processo de propostas e a adjudicação das etapas;

c) engajar os subcontratados para executar o trabalho de construção;
d) supervisionar o cronograma físico e financeiros para os trabalhos;
e) supervisionar os trabalhos para assegurar que a execução seja realizada de acordo com as especificações técnicas do projeto.
f) administrar e gerenciar das subcontratações.
g) instituir um sistema de controle de custos.
h) administrar relações com a comunidade.
i) gerenciar as relações de mercado do projeto.

Coerente com a filosofia colaborativa dos contratos de relacionamento, o processo de seleção dos subcontratados para a construção é executado pelo gerenciador, com aprovação do proprietário. Novamente, o proprietário exerce controle significativo sobre a decisão de dar a aprovação final ao candidato nominado. Este procedimento é idêntico àquele usado na seleção de um projetista.

A etapa final do projeto em que o gerenciador é envolvido é a fase do comissionamento. Durante esta fase, o contratado coordena a transferência do projeto e retifica quaisquer defeitos que se tornarem aparentes durante o período de garantia.

7.2 Risco

Outra característica peculiar entre um gerenciador e um contratado D&C é o nível de risco suportado. O gerenciador é exposto a baixos riscos, tanto de custo como de tempo, comparado aos riscos suportados por um contratado D&C por preço global.

Com relação aos custos, enquanto o contratado D&C convencional recebe remuneração a preço global, o gerenciador é remunerado por uma combinação de preço global e custos reembolsáveis. Consequentemente, o contrato D&C coloca o risco do aumento dos custos no contratado, enquanto o gerenciador fica isento de muitos dos riscos relacionados ao custo. A quantia global é designada para pagar pelos serviços de gerenciamento e de instalações da obra e permite que o contratante extraia seu lucro. Em contraste, os recursos pagos pelo gerenciador ao subcontratados D&C e aos consultores são reembolsados pelo proprietário. Esta forma de remuneração *'cost-plus'* transfere, portanto, todos os riscos de custo do projeto para o proprietário, exceto aqueles de gerenciamento e instalações da obra. Existe algum grau de limitação ao direito a reembolso do contratante, a fim de assegurar que o gerenciador não é reembolsado por nenhum custo incorrido de maneira injusta. Os custos contraídos por alterações não autorizadas, correção de defeitos, inadimplências ou atos injustos por parte do contratado que gerencia que consequentemente dão causa à exclusão de responsabilidades das partes terceirizadas do regime de reembolso.

Riscos relacionados a atrasos também são frequentemente suportados pelo proprietário. O gerenciador só terá uma "ideia" do prazo para conclusão, no sentido que somente será exigido que faça o 'melhor possível' para chegar ao prazo inicialmente proposto. Se o mesmo não for alcançado, não há perdas e danos a serem pagos. Este perfil de risco é benéfico, pois facilita conflitos comerciais com o proprietário. No entanto, como o contratado recebe uma quantia global fixa para seus serviços de gerenciamento, fica claro seu próprio interesse comercial em alcançar a conclusão o mais cedo possível, visando a preservação da margem de lucro. Desta forma, a conclusão oportuna não se dá em virtude de um relacionamento antagônico imposto pela ameaça de pleitos entre o proprietário e o contratado, mas sim pelo alinhamento de interesses comerciais de ambas as partes.

7.3 Vantagens e Desvantagens

A estratégia do gerenciador procura capturar os benefícios do modelo de contratação D&C, flexível ao controle do proprietário. Se o proprietário escolher este modelo, gozará das seguintes vantagens sobre um projeto de entrega convencional:

- Há o ponto da responsabilidade única. Em administrar o contrato, o proprietário apenas deverá fiscalizar as atividades do gerenciador, a única parte com a qual tem um relacionamento contratual (fora qualquer consultor independente engajado pelo proprietário);
- O proprietário tem um alto grau de controle sobre o gerenciamento do projeto, especialmente por direito de escolher os consultores e subcontratados que serão escolhidos, bem como o direito de aprovar o projeto;

- Apesar do risco limitado imposto ao gerenciador, o equilíbrio de custos é alcançado pelo fato de que aqueles incorridos por culpa do gerenciador não serão reembolsados;
- O gerenciador pode influenciar no design do projeto, trazendo suas considerações de construção em conta. Além do mais, o fato de o proprietário ter um poder decisório significativo sob este modelo faz com que haja uma falta de incentivo para as demoras na aprovação dos projetos. Portanto, em termos de projeto, o modelo do gerenciador tem recursos para dar o melhor de ambos os mundos ao proprietário;
- O proprietário pode aproveitar as habilidades de gerenciamento do contratado. Enquanto que sob a contratação tradicional de projeto as habilidades de gerenciamento do contratante estão voltadas para a contenção de gastos, a fim de produzir uma margem para si, o gerenciador realmente economiza para o proprietário;
- A estrutura do gerenciador deve ser apropriada para um projeto, sendo que os custos finais do mesmo não possam ser previstos desde o começo;
- Os interesses financeiros de um proprietário e de um gerenciador são alinhados mais intimamente do que os sob os contratos mais tradicionais. Com isto faz-se possível reduzir um comportamento antagônico e os custos em defender a posição contratual de cada uma das partes;
- O grande componente do preço de contrato que mantém baixos os riscos do gerenciador de modo que poucos seguros serão incluídos nas propostas, que serão mais competitivas;
- O elemento reembolsável é estabelecido por preços de mercado e os custos são transparentes e de fácil contabilidade.

As desvantagens ao proprietário quando um projeto é entregue por um gerenciador incluem:

- Poucas informações são utilizadas de base para o projeto, dando ao proprietário uma ideia vaga da estimativa de custo final na hora do comissionamento, sendo que o controle de custos uma área deve ser vista pelo gerenciador;

- A exposição de risco do proprietário é maior que sob um contrato de construção tradicional, embora isto naturalmente queira dizer que o proprietário pode administrar seus riscos assim como queira;
- O extenso processo consultivo necessário para tomar decisões quanto ao projeto e quanto aos prováveis consultores e subcontratados pode aumentar o custo e a duração do projeto;
- Exige-se habilidade considerável na administração de contrato pelo proprietário a fim de eliminar todos os custos não reembolsáveis causados pelo gerenciador.

O modelo do gerenciador permite assim o envolvimento do contratante desde o início do projeto, com colaboração próxima durante todo o período de duração. Isto significa que o proprietário pode alcançar a conclusão do projeto da maneira que deseja, usando o envolvimento da empresa e *know-how* sem a necessidade de um compromisso de gerenciamento de alto nível. O proprietário pode compartilhar alguns riscos associados a um grande projeto de construção com um contratado e pode alcançar flexibilidade máxima ao determinar os elementos a serem incluídos num projeto e o design desses elementos. Ao mesmo tempo, fornece o proprietário com o *know-how* de gerenciamento de uma organização contratada em auxiliar e aconselhar a elaboração do projeto e construção das obras ao planejar para se manter dentro de uma meta de prazo e de custo para a entrega.

8 Conclusão

O conceito de contratos de relacionamento tem um alcance geral desde parcerias até contratos de aliança, os quais oferecem uma forma mais dinâmica de modelos de contratação com abordagem mais colaborativa. Dentro deste grande espectro, há muitos meios pelos quais os aspectos antagônicos indesejáveis dos contratos de preço global possam ser melhorados. Infelizmente, desenvolvimentos na área foram entendidos como uma "moda" que, quando promovida sem pensar, pode levar a consequências involuntárias e à crítica de conceitos úteis que, se não banalizados nem simplificados demais, podem ser trazidos à tona para adicionar grande valor às contratações. Este fenômeno nem sempre é apoiado pelo anseio contínuo do mercado acostumado a formas normais que, embora valiosas em situações bem-entendidas e repetitivas, podem levar à asfixia e às vezes à perversão da inovação.

Não obstante, a aliança é uma inovação em contratos de relacionamento que ganhou popularidade na indústria de construção australiana, particularmente no setor público. A aliança reorganiza os interesses das partes e, em troca, rejeita a natureza antagônica do tradicional contrato de construção de preço fixo. Em vez disso, promove a adoção de uma abordagem colaborativa do que é "melhor para o projeto". Isto é alcançado pela implementação de indicadores KPIs como metas de desempenho do projeto, que podem ser determinados conjuntamente para alcançar as metas e resultados desejados por ambas as partes. O ímpeto comercial compele as partes a alcançarem estes objetivos, e ao fazer assim, promove a colaboração entre as partes para completar o projeto dentro de um alto padrão que excede os requisitos contratuais mínimos. É este reposicionar radical dos interesses das partes dentro da esfera contratual que é exclusivo aos contratos de aliança. As alianças têm, portanto, o potencial de se sobressair em áreas onde outros métodos de contratação não alcançam.

Contratos De Aliança:
Reflexões Sobre os Desafios Para o Mercado Brasileiro

Leonardo Toledo da Silva

Introdução

No início da década de 90, a British Petroleum ("BP"), companhia petrolífera multinacional, encontrava-se frente a um grande desafio. Algumas de suas licenças de exploração de óleo e gás em bacias do Mar do Norte tinham grande dificuldade de demonstrar sua viabilidade econômica e financeira. Além disso, algumas pressões competitivas tornavam importante que tais projetos iniciassem sua produção o quanto antes. O cenário, na ocasião, colocava em xeque a própria existência da indústria de exploração de óleo e gás no Mar do Norte.

Diante desse grande desafio, a BP compreendeu a necessidade de buscar novas práticas de implantação de seus projetos de óleo e gás, de forma a reduzir o seu alto *capex*. Acreditou, na ocasião, que um aspecto seria central para a obtenção de um projeto bem-sucedido: o relacionamento colaborativo entre os seus principais envolvidos. Os diretores da BP perceberam que, nos seus projetos anteriores, o custo incorrido para lidar com conflitos entre os envolvidos era excessivo, não só pelo custo direto do conflito, mas pelas consequências indiretas deste desalinhamento ao próprio projeto.[1]

Iniciou então essa tentativa de mudança de paradigmas adotando como teste uma de suas licenças mais problemáticas, a do "Campo Andrew", cuja viabilidade econômica já havia sido reprovada pelo conselho da BP em ocasiões anteriores. A estratégia de seus diretores era revisar profundamente práticas que vinham criando um equilíbrio comportamental complicado, com forte desalinhamento entre participantes e, consequentemente, com um alto custo de implantação.

O sucesso do projeto, na ocasião, com a adoção dessas novas práticas, foi retumbante.

O orçamento obtido inicialmente, antes da adoção das novas práticas, ou seja, considerando formatações tradicionais de projeto, havia sido de £$ 450 milhões. O novo orçamento, elaborado já após a adoção das novas práticas, foi de £$ 373 milhões, e, na ocasião, havia a sensação de que esse número era inatingível, tanto que um dos sócios detentores da licença de exploração preferiu sair do projeto, alienando sua participação.[2] O resultado final excedeu a mais otimista das expectativas. O projeto acabou por ser concluído com 6 meses de antecedência e pelo custo final de £$ 290 milhões.

Iniciava-se ali uma história de sucesso do modelo organizacional que, posteriormente, passaria a ser denominado *contrato de aliança*.

Passadas mais de duas décadas, os contratos de aliança acabaram por ter um maior desenvolvimento na Austrália e Nova Zelândia, onde se mostraram um modelo de sucesso, principalmente em projetos públicos. Recentemente, no entanto, há notícias de que mesmo o modelo do contrato de aliança está em mutação nestes países.

No Brasil, no entanto, a adoção desse modelo não tem sido tão tranquila. Embora não haja uma demonstração empírica, notícias do mercado dão conta de que a maioria dos poucos projetos que se propuseram a adotá-lo acabaram por mostrar certa dificuldade de efetiva adoção das práticas colaborativas associadas aos contratos de aliança.

[1] Terry Knott, *No business as usual*: an extraordinary North Sea Result, p. 15.

[2] Bob Scott, Competitive advantage through alliancing, p. 27-28.

Mas, afinal, por que esse modelo parece não decolar efetivamente no Brasil? Teria o brasileiro o estofo cultural necessário para a adoção desse tipo de modelo colaborativo?

O presente artigo tem o objetivo de efetuar uma reflexão acerca dos principais desafios e problemas que os *contratos de aliança* parecem estar enfrentando no cenário brasileiro de construção. O objetivo, portanto, é o de iluminar algumas práticas adotadas no cenário internacional que possam ter um efeito benéfico justamente nos pontos em que, na visão do autor, as alianças de projeto brasileiras parecem ainda estar "patinando".

1 Os Contratos de Aliança

1.1 Noções Gerais

1.1.1 O Pressuposto da Aliança: Cooperação Entrega Resultado

Antes do início dessa reflexão acerca dos principais problemas e desafios dos contratos de aliança no cenário nacional, cumpre trazer ao leitor algumas noções gerais sobre o tema, de uma forma muitíssimo resumida.[3]

Pode-se afirmar que o modelo organizacional do *contrato de aliança* parte da visão de que o relacionamento cooperativo entre os principais agentes envolvidos – o que pode incluir, além do próprio dono do projeto, o construtor, os fornecedores dos projetos de engenharia, das tecnologias etc – é um elemento crucial para o atingimento do sucesso nos projetos. É importante compreender que é esse o pano de fundo de todos os outros aspectos dos contratos de aliança. Todas as ferramentas e princípios adotados no contrato de aliança, que são diferentes das formatações contratuais tradicionais, buscam gerenciar adequadamente o relacionamento dos agentes envolvidos, objetivando estimular postura cooperativa.

Vejamos, então, muito resumidamente, quais são esses princípios e ferramentas que permitem esse adequado gerenciamento relacional, nos

[3] Para uma análise detalhada do tema, v. Leonardo Toledo Da Silva, Contratos de Aliança. Direito empresarial e ambiente cooperativo. Tese de Doutorado, Universidade de São Paulo, 2014, ou ainda Jim Ross, Introduction to Project Alliancing (on engineering & construction projects), April 2003 update. artigo apresentado na Alliance Contracting Conference, em 30 de abril de 2003, Sydney.

contratos de aliança, que o diferem das formatações contratuais mais tradicionais.

1.1.2 Os Princípios da Aliança

O conteúdo e a formatação dos contratos de aliança podem variar bastante a depender do contexto. É possível, no entanto, para fins didáticos, elencarmos quatro principais características organizacionais desse modelo contratual, que estão presentes invariavelmente nessa estrutura contratual.

A primeira delas é o compartilhamento coletivo de riscos e benefícios (*Pain Share/Gain Share Mechanism*), pelo qual o arranjo de remuneração contratual deve garantir que os membros da aliança suportem conjuntamente um resultado bem-sucedido ou malsucedido ao final do projeto. Ou seja, a título de exemplo, enquanto nas formatações contratuais tradicionais um estouro orçamentário (o chamado *cost overrun*) possa ser atribuído a uma única parte (aquela para quem o risco foi alocado), nos contratos de aliança ele deve ser dividido entre as partes. Os riscos consequentemente ficam alocados de forma compartilhada e não individual. O objetivo é garantir que o próprio arranjo comercial do contrato não coloque atores-chave do projeto em situação de constante desalinhamento de interesses.[4]

Uma segunda característica usual em contratos de aliança é o complexo modelo de governança compartilhada entre os seus membros, incluindo o empreendedor, dono do projeto, e os demais fornecedores-chave que serão incluídos no bojo da aliança (chamados pela literatura de "*Non Owner Participants*" ou "NOPs"). Ou seja, em um contrato de aliança, as decisões relacionadas ao projeto são tomadas conjuntamente pelos membros da aliança, incluindo tanto o dono do projeto quanto os NOPs, em um arranjo organizacional complexo, que pode envolver diferentes instâncias, com competências e com procedimentos específicos. Nessa governança, as partes devem se assegurar de que as decisões sejam tomadas "*no melhor interesse do projeto*", de tal modo que eventuais interesses individuais de cada membro da aliança não prejudiquem os interesses do projeto. É usual ainda que as

[4] Para compreensão do mecanismo e do arranjo de remuneração muitas vezes utilizado em contratos de aliança, vide Leonardo Toledo da Silva, Contratos de Aliança..., cit., p. 66-69.

decisões sejam tomadas por consenso, de modo que os membros da aliança busquem sempre o consenso internamente na tomada de decisão.[5]

Um terceiro aspecto, nos contratos de aliança, é o seu comprometimento com a cultura "*no blame, no dispute*". Esse princípio é compatível com os demais e pode ser traduzido em dois principais corolários:

> Pelo primeiro deles, nenhuma das partes será considerada culpada por uma falha não intencional na execução do projeto. Ou seja, não cabe ser perquirida a culpa de qualquer das partes na implementação do projeto, mas somente condutas intencionais ou dolosas. Pelo segundo corolário, devem as partes procurar a solução dos eventuais conflitos da aliança, dentro da própria governança da aliança, evitando a intervenção judicial ou arbitral.[6]

Um último aspecto crucial aos contratos de aliança é o regime total de transparência ("*open book*") entre os membros da aliança, característica essencial para que as partes cultivem o ambiente necessário à criação endógena de confiança e, consequentemente, tenham as bases comportamentais necessárias à colaboração recíproca.

Mais uma vez é importante enfatizar o fato de que a descrição acima é muito sucinta. Não é objetivo deste artigo efetuar uma descrição do modelo e sim questionar pontos em que, na visão do autor, o modelo tem sido utilizado de forma inadequada, no contexto de projetos brasileiros.

2 Os Desafios ao Mercado Brasileiro

2.1 O Contrato de Aliança não se Resume ao seu Modelo de Incentivo Econômico

Muitos dos problemas que os contratos de aliança têm enfrentado no cenário brasileiro estão ligados a uma compreensão inadequada do modelo pelas organizações envolvidas. Um primeiro problema de compreensão, digno de nota, no cenário tupiniquim, em nossa visão, está no fato de que muitas partes reduzem as alianças ao seu modelo contratual de incentivo econômico.

[5] Idem, p. 69-72.

[6] Leonardo Toledo da Silva. Contratos de Aliança. Cit., p. 20.

O que percebemos é que muitas partes entendem o contrato de aliança somente como um modelo contratual no qual há um regime de remuneração atrelado a uma matriz de riscos compartilhados. Tivemos, por diversas vezes, discussões com tomadores de decisão que entendiam que a aliança não era diferente, por exemplo, de um EPCM com riscos compartilhados, ou um contrato por administração com custo-alvo.

Percebe-se, em alguns gestores brasileiros, uma certa tendência reducionista, em achar, somente por terem celebrado um instrumento contratual com um regime de remuneração atrelado a riscos compartilhados, que os "times" envolvidos naturalmente irão se comportar de forma colaborativa, ocasionando o sucesso do projeto. O que acaba ocorrendo é que, por terem essa visão reducionista, esses gestores tendem a não ter o mesmo cuidado com outros elementos "informais" de gestão de projeto, não estritamente atrelados ao arcabouço contratual formal.

Passa despercebido a alguns agentes brasileiros um aspecto que a literatura internacional, e sobretudo a australiana, já apontou. Em recente estudo, na Austrália, demonstrou-se empiricamente que os chamados elementos "informais" têm até maior correlação estatística com o sucesso do projeto do que os elementos contratuais formais. Ou seja, o que efetivamente gera esse sucesso, segundo se demonstrou, está muito mais ligado a fatores informais do que ao modelo de incentivo econômico assegurado em instrumento contratual.

Os elementos informais, apontados como tendo a maior correlação estatística com o sucesso do projeto, foram os seguintes: (1) a existência de liderança adequada; (2) a existência de um gerente de relacionamento com autoridade suficiente e recursos para construir e manter a cooperação durante a vida do projeto; (3) *workshops* de equipe para integração, avaliação, inovação etc.; (4) mecanismo compartilhado de comunicação, inclusive por meio de um mecanismo de tecnologia da informação integrado; e (5) integração de engenharia, com a participação de subcontratados, fornecedores e principais contratados.[7]

Simplesmente assinar um contrato que diz que as partes devem colaborar não fará com que as pessoas envolvidas, automaticamente, o façam, mesmo quando o comportamento colaborativo seja, teoricamente, mais

[7] L. Chen e K. Manley, Validation of an Instrument to Measure Governance and Performance on Collaborative Infrastructure Projects, p. 43-44.

eficiente, em razão do regime de riscos compartilhados assegurado em contrato. O comportamento humano escapa à estrita racionalidade econômica, no caso.

O arcabouço contratual formal é também importante, pois funciona como uma espécie de estrutura formal de governança, com base na qual as partes se comunicam e constroem toda a confiança necessária à condução do projeto durante o seu período de implementação. No entanto, sem a adição de mecanismos informais de gestão, a estrutura formal proporcionada pelo contrato, por si só, não trará os resultados colaborativos esperados.

Há, portanto, em nosso entender, por alguns gestores, um problema de compreensão do modelo do contrato de aliança que, por reduzi-lo ao regime contratual formal de divisão de riscos, menospreza outros elementos tão ou mais importantes para o sucesso do empreendimento. Voltaremos a falar sobre alguns desses elementos informais ao longo de nossas considerações.

2.2 Desafios Relacionados à Escolha do Modelo

Vários são os desafios e problemas associados aos projetos em aliança com os quais tivemos contato. Todavia, a raiz dos principais problemas de desenvolvimento das alianças de projeto diz respeito à falta de compreensão quanto ao real comprometimento necessário para adoção do modelo.

O que acaba ocorrendo, conforme mencionam PURCELL e ROSS, é que a lógica para se adotar uma aliança pode parecer tão autoevidente que "os participantes tendem a embarcar em uma aliança sem a compreensão ou sem o comprometimento suficientes sobre o que realmente é necessário para fazer uma aliança funcionar".[8] Ou seja, a lógica subjacente aos contratos de aliança é tão clara – a redução de ineficiência decorrente do comportamento adversarial – que leva alguns dos tomadores de decisão envolvidos a acreditar que se trata de um modelo de simples implementação.

Não tem nada de simples implementar uma aliança. Muito menos em um contexto cultural de conflitos no qual se encontra o mercado das empresas de construção, em nosso país.

Em alguns dos projetos em que estivemos envolvidos ficava evidente que a escolha do modelo, no caso, não havia sido suficientemente refletida

[8] John Purcell e Jim Ross, Project alliancing – not a universal panacea, p. 1-2 (tradução nossa).

pelas organizações envolvidas, sobretudo pela parte que, de maneira geral, usualmente define o modelo a ser adotado, que é o dono do projeto. Do lado do dono do projeto, havia um grande interesse em adotar um modelo capaz de entregar um empreendimento dentro do menor custo e sem atrasos. Pelo lado dos fornecedores, NOPs, havia também um certo problema de compreensão. Alguns dos fornecedores envolvidos pareciam ver a aliança somente como um modelo de baixa exposição de riscos aos NOPs.

O que nos parecia claro é que não se percebia, na ocasião, o tipo de esforço organizacional que seria necessário para adoção do modelo, tanto pelo lado dos NOPs quanto pelo lado do dono do projeto. PURCELL e ROSS ressaltam que, embora haja muitos exemplos bem-sucedidos de alianças de projeto, a decisão de adotar o modelo não deve ser tomada levianamente. Segundo esses autores,

> [...] embora uma aliança realmente bem estabelecida não deva falhar em entregar bons resultados, é importante compreender o nível de investimento e comprometimento necessário para que as alianças funcionem e as circunstâncias sob as quais elas tendem a apresentar melhor custo benefício, comparativamente a outros modelos.[9]

Por possuir um modelo de gestão muito diverso dos projetos tradicionais, é crucial que o cuidado organizacional das partes envolvidas em contratos de aliança seja muito maior, especialmente, durante uma fase de transição de uma cultura de conflitos para uma cultura de colaboração.

2.3 Desafio Cultural

2.3.1 Apego à Cultura Adversarial

Uma primeira e óbvia decorrência dessa tomada de decisão quanto à utilização deste modelo organizacional sem a sua devida compreensão parece ser a resistência dos times envolvidos em abandonar a cultura adversarial, usual em projetos de maior complexidade. A tendência natural das partes, nessa situação, é a de, diante de qualquer desafio do projeto, esquecer

[9] Idem, p. 1 (tradução nossa).

completamente o princípio colaborativo de relacionamento e retornar ao modelo "*business-as-usual*" de comportamento.

Assim, embora tenham formado uma aliança, as partes, diante de qualquer insegurança, passam a se comportar tal qual o modelo com o qual já estão acostumadas. O apego à cultura adversarial dos contratos EPC (*Engineering, Procurement and Construction*)[10] é notório no cenário de projetos brasileiro.

O que muitas vezes se verifica é que as pessoas da equipe do dono do projeto continuam a agir como meros "fiscalizadores" das obras, tais como em um contrato EPC tradicional, agindo como se o resultado final do projeto dependesse exclusivamente do desempenho dos NOPs. A equipe destes, por sua vez, acaba voltando a comportamentos inadequados à aliança, como o de não compartilhamento amplo de informações das obras, ou a de criação de um gerenciamento individualizado de *claims*. Esse cenário acaba gerando uma situação óbvia de polarização de interesses entre as equipes das partes envolvidas, algo que a aliança justamente pretendia evitar.

Trata-se de um cenário péssimo ao dono do projeto. Isso porque, de um lado, ele não terá os benefícios de uma aliança, já que as equipes envolvidas não se comportarão como tal, nem a segurança jurídica de um contrato EPC, pois formalmente não foi o contrato que celebrou. Há de se ter, portanto, um cuidado genuíno em se alterar as práticas usuais, sempre buscando fomentar nas partes comportamentos colaborativos, que sejam o "melhor para o projeto".

É comum que, para justamente garantir comportamentos condizentes com o modelo colaborativo, os projetos se utilizem da figura dos *facilitators*, que são consultores imparciais especializados justamente na prevenção de conflitos no âmbito da governança das alianças[11]. Outro recurso usual é a realização de diversos *workshops* entre as equipes, o que facilita o prévio alinhamento e a comunicação das partes. Um dos que pode ser realizado, na primeira etapa das alianças, é um *workshop* de variações, no qual as partes, de boa-fé, já procuram antever quais serão os pontos que poderão demandar variações ao longo do projeto e discutem como deverão lidar concretamente com a situação. Esse tipo de recurso tende a auxiliar

[10] Para compreensão da cultura adversarial dos Contratos EPC, a que nos referimos, vide LEONARDO TOLEDO DA SILVA, *Contratos de Aliança...*, cit., p. 42.

[11] VICTORIAN DEPARTMENT OF TREASURY AND FINANCE, *Project Alliancing Practitioners Guide*, p. 57.

muito processos de adaptação de projeto, ao longo das obras, adaptações que, inexoravelmente, irão ocorrer em projetos de maior complexidade.

2.3.2 O Papel Estratégico do Dono do Projeto na Criação de um Ambiente Colaborativo

Há, ao nosso ver, um aspecto fundamental para que um ambiente colaborativo seja construído e que está diretamente ligado à figura do dono do projeto.

Entendemos que a postura adequada do dono do projeto, sobretudo no início de uma aliança, terá um peso maior para o sucesso do projeto em termos colaborativos, comparativamente ao comportamento dos NOPs.

É do dono do projeto a prerrogativa de definição do modelo que melhor atende aos anseios de seu empreendimento. Cabe a ele adotar um comportamento colaborativo, desde a fase de seleção dos NOPs. Estes, na prática, estarão sendo convidados a, por reciprocidade, também adotarem um comportamento colaborativo. Estarão ligeiramente desconfiados do quão genuínas são as intenções colaborativas do dono do projeto. Com a continuidade do projeto, o passar do tempo, e a manutenção de uma cultura genuína de colaboração pelo dono do projeto, a tendência é que os NOPs passem a adotar colaboração por reciprocidade.

Foi o que ocorreu, por exemplo, no caso paradigmático do Campo Andrew, citado na introdução deste artigo. Quando a BP propôs um chamado a uma espécie de "revolução comportamental", os NOPs envolvidos tenderam à desconfiança. Com a continuidade dos trabalhos iniciais, no entanto, a confiança do time envolvido foi construída e a desconfiança afastada, dando azo a um ambiente extraordinário de inovação e desempenho colaborativo. [12]

Neste sentido, tivemos a oportunidade de atuar em algumas alianças de projeto, cuja sugestão de adoção do modelo havia partido das principais construtoras envolvidas que, inclusive, forneceram ao dono do projeto informações e minutas contratuais correspondentes. A nossa impressão, em tais projetos, é a de que esse processo de convencimento pelas construtoras ao dono do projeto para adoção desse modelo deixava um certo sabor de desconfiança entre as partes. Justamente a parte que estava em

[12] Bob Scott, Competitive advantage through alliancing, p. 19-20.

posição de "convidar" os NOPs à colaboração recíproca ainda havia de ser convencida das vantagens da colaboração.

Embora o contrário não seja impossível, especialmente em uma fase de adaptação cultural, pela qual o mercado brasileiro terá de passar, seria melhor que do dono do projeto partisse a genuína iniciativa de adoção de comportamentos colaborativos. Alianças cuja sugestão do modelo tenham partido dos NOPs parecem ter um desafio muito maior para construção de um ambiente de confiança e colaboração.

2.3.3 O Cuidado na Escolha das Lideranças Envolvidas

Um outro aspecto organizacional que, no contexto brasileiro, deve ser cuidado muito de perto é a escolha das lideranças profissionais a serem alocadas ao projeto. Em projetos nos quais estivemos presentes, ficava evidente a escolha de lideranças com perfis excessivamente apegados a modelos adversariais de gestão de contratos. Essas lideranças, embora tecnicamente muito experientes, acabavam por adotar comportamentos inadequados, que se "cascateavam" para toda a equipe da aliança.

É presumível que as partes, e sobretudo o dono do projeto, preferencialmente, escolham profissionais cujo perfil comportamental seja compatível com estratégias colaborativas. É, portanto, crucial que sejam escolhidas lideranças que estejam mais abertas ao aprendizado de novas práticas, sobretudo em fases de transição de cultura.

Em modelos tradicionais não colaborativos, por vezes, os gestores indicados pelo dono do projeto, por serem clientes dos NOPs, acabam adotando uma certa postura de superioridade hierárquica em relação a estes. Nos contratos de aliança, tal atitude seria muito prejudicial. É crucial a escolha de lideranças que estejam aptas a trabalhar em condições de paridade com as lideranças indicadas pelos NOPs. A literatura sugere que essa paridade na tomada de decisão também tem um papel importante na construção de um ambiente de confiança recíproca. Daí porque, inclusive, as decisões costumam ser tomadas pelo consenso dos membros da aliança.

Estudo realizado recentemente, na Austrália, sugere que, além da forte experiência e capacidade técnica dos gestores de projeto envolvidos em alianças, algumas *soft skills* são cruciais. Essas *soft skills* incluiriam habilidades relacionais e de liderança da equipe, capacidade de comunicação, especialmente com *stakeholders*, habilidade para confiar e inspirar confiança, capacidade de trabalhar com transparência, resiliência e comprometimento para lidar com desafios e eventos inesperados. Segundo o referido estudo, embora tais características sejam úteis e vantajosas em outras modalidades de gerenciamento de projetos, nos contratos de aliança, elas se tornam críticas.[13]

2.3.4 A Questão do Processo de Escolha dos NOPs

A questão da escolha dos NOPs pelo dono do projeto é também um óbvio ponto de atenção na formação das alianças. Esse é, inclusive, um dos pontos de maior polêmica na literatura envolvendo os contratos de aliança, na Austrália e Nova Zelândia. O debate contrapõe aqueles que creem que a concorrência para contratação dos NOPs não deve levar em consideração aspectos comerciais de preço e aqueles que acreditam que deve. Há ainda aqueles que ficam "no meio do caminho" entre uma e outra visão.

Não pretendemos nos debruçar nessa polêmica.[14] Para os fins deste artigo, vale apenas efetuarmos algumas ponderações sobre uma singularidade que pudemos observar nas alianças de projeto em que estivemos envolvidos, aqui no Brasil, e que pode ter algum impacto na governança do projeto.

Trata-se do fato de que, diferentemente do que parece ocorrer em outros mercados, por aqui, a aliança tem sido realizada somente entre o dono do projeto e um único NOP, normalmente uma das grandes construtoras *epecistas* do mercado brasileiro. Assim, essa formatação bilateral parece decorrer de uma certa tradição contratual, nos quais uma única empresa, titular de uma grande experiência e capacidade organizacional, funciona como uma espécie de guarda-chuva de responsabilidades e um centro de integração e organização do projeto, formando o chamado *single point responsibility.* [15] Aliás, era curioso verificar que, em alguns dos casos em que tivemos contato, mesmo quando os NOPs formavam um consórcio entre empresas, faziam-no como consórcio horizontal, no qual as empresas executavam em conjunto um mesmo escopo.

[13] D. H. T. Walker e B. M. Lloyd-Walker, Profiling Professional Excellence in Alliance Management Summary Study Report, 2011.

[14] Para uma explicação dessa polêmica, v. Jim Ross, Introduction to Project Alliancing, p. 11, e Doug Jones, Relashionship Contracting, p. 27-29.

[15] Joseph A. Huse, *Understanding and Negotiating*, p. 18.

Embora não possamos afirmar de modo peremptório que essa conformação tenha um resultado necessariamente deletério ao projeto, o fato é que a experiência bem-sucedida de Austrália e Nova Zelândia, assim como as alianças do Mar do Norte, não seguiam essa estrutura, adotavam uma conformação plurilateral. Da mesma forma, parece presumível que, ao não se incluirem alguns fornecedores-chave, no bojo da aliança, eles possivelmente atuarão como uma espécie de subcontratado do NOP único, ou mesmo como contratado autônomo do próprio dono do projeto. É possível que, como decorrência, não tenham o mesmo alinhamento de interesses e sinergia que se busca ao incluí-los dentro da governança e *pool* de riscos da aliança.

Não se pretende afirmar aqui que todos os fornecedores do projeto devem ser incluídos no contrato de aliança. Isso seria impensável. Há de se fazer, todavia, uma análise estratégica para inclusão de alguns dos principais fornecedores cujo escopo seja muito crítico para o desenrolar do empreendimento.

2.4. A Importância da Primeira Etapa (de Formação da Aliança)

Em qualquer projeto complexo, a realização de um planejamento adequado é um fator-chave para o sucesso da fase de implantação das obras do empreendimento. Essa constatação é ainda mais aguda em projetos organizados pelo regime de aliança.

Há, nessa fase de planejamento, uma armadilha perigosa. Uma vez que o projeto ainda não foi devidamente aprovado pela governança interna do dono do projeto, já que o orçamento ainda não foi concluído e, portanto, o custo estimado ainda não é sabido, há um incentivo perverso para uma redução exagerada de custos. E essa economia, na primeira etapa, pode ser desastrosa, especialmente em projetos de grande complexidade, como são aqueles mais adequados à adoção de modelos flexíveis e colaborativos, como a aliança.

Na aliança, essa primeira etapa de planejamento há de ser ainda muito mais cuidadosa e ampla do que em modelos tradicionais de implementação de projetos. O trabalho necessário irá muito além do mero desenvolvimento da engenharia e orçamentação e será muito próximo do trabalho de implementar, com diferentes sócios, uma Sociedade de Propósito Específico. Conforme já tivemos a oportunidade de explicar,

> O trabalho desenvolvido na primeira etapa do projeto será, de fato, do ponto de vista da gestão, similar à constituição de uma *sociedade de propósito específico*, embora com contornos próprios do contexto das alianças. Normalmente, serão realizadas as seguintes atividades: (i) *workshops* de alinhamento dos objetivos da aliança e alinhamento de culturas coorporativas; (ii) identificação de riscos; (iii) obtenção de aprovações e principais licenças; (iv) desenvolvimento da engenharia e orçamento do projeto; (v) definição de procedimentos relevantes ("Plano de Gestão do Projeto"); (vi) Definição das "Áreas-Chave de Resultado" (KRAs) e Indicadores-Chave de Performance (KPIs).
>
> Ao final dessa primeira etapa, as partes, no bojo da aliança, apresentarão o "custo-alvo" ("Target Outturn Cost" ou "TOC"), que será levado à apreciação do dono do projeto para que este, fora da governança da aliança, decida, de forma unilateral, se irá ou não partir para a próxima etapa do projeto. Essa etapa de constituição e desenvolvimento da aliança é considerada de extrema importância para consolidação do chamado "espírito da aliança", necessário para que, posteriormente, as partes trabalhem na busca de um objetivo comum.[16]

Há, portanto, muito além da engenharia e orçamentação, a necessidade de que, nessa primeira etapa, seja realizado um forte alinhamento entre os membros da aliança, preparando todos os envolvidos para a etapa efetivamente mais custosa do projeto, que é a etapa de execução propriamente dita. E fica claro que, para um momento de transição entre culturas de execução de projeto, esse alinhamento é não só necessário, mas essencial para o sucesso da segunda etapa. Não nos parece possível, portanto, a realização de uma aliança exitosa sem um forte investimento, financeiro, de foco e de pessoal, na primeira etapa do projeto.

2.5 O Papel dos Advogados e o Problema da Desnaturação das Alianças

O papel a ser desenvolvido pelos advogados em contratos de aliança é um tema bastante importante. Em tese, as alianças se propõem justamente a

[16] LEONARDO TOLEDO DA SILVA, *Contratos de Aliança...*, cit., p. 65.

evitar um ambiente conflituoso, no qual os advogados costumam assumir certo protagonismo.

Fica óbvio que, no contexto das alianças, os advogados devem assumir um papel bastante distinto do que estão acostumados.

Tivemos a oportunidade de participar de algumas negociações de clausulados contratuais em tal modalidade, nas quais ficava patente a dificuldade de muitos assessores jurídicos em aceitar alguns dos princípios centrais do modelo contratual da aliança. Alguns desses assessores tinham dificuldade, por exemplo, em aceitar conceitos como a não responsabilização por culpa ou mesmo o compartilhamento de riscos e responsabilidades. É crucial que, para que não haja um enorme desperdício de tempo e foco, as partes iniciem esse processo de negociação com um forte alinhamento de conceitos jurídicos.

Em um dado caso com o qual tivemos contato, um dos assessores jurídicos do NOP procurava, por exemplo, constantemente trabalhar o clausulado no sentido de atribuir ao máximo responsabilidades ao dono do projeto, sempre de forma individualizada. O que se percebia era que o referido assessor procurava replicar os *standards* jurídicos com os quais estava acostumado. Ocorre que, na medida em que obtivesse sucesso em aumentar o espectro de responsabilidades individuais ao dono do projeto, colocaria em risco o próprio modelo colaborativo da aliança.

Em um outro caso a que tivemos acesso ao contrato, após sua celebração, percebia-se que o clausulado final também atribuía uma série de responsabilidades e riscos individualizados entre os membros da aliança, incluindo alguns riscos sensíveis ao projeto, como os riscos relacionados aos projetos de engenharia.

Essa condição de excessiva alocação individualizada de risco, em nossa visão, pode desnaturar o modelo colaborativo das alianças.

O problema é que, na medida em que haja um espectro muito relevante de riscos individualmente alocados, abre-se margem a governanças individualizadas de gestão de tais riscos. Governanças paralelas para solução de um mesmo problema são exatamente o tipo de condição que as alianças pretendem evitar, pois, além de ineficientes, geram, naturalmente, um ambiente de polarização de interesses entre as partes.

No contexto de negociação de contratos de aliança, é importante que os advogados envolvidos procurem compreender que, atuar em defesa dos interesses de seu cliente, nesse caso, significará atuar no melhor interesse do próprio projeto, do contrário poderá desnaturar o modelo, e, ao final, acabar atuando contra os interesses de seu próprio cliente. É recomendável inclusive que, se possível, as partes tenham, além de seus assessores individuais, um *deal counsel* comum e imparcial, que atue na garantia do interesse da aliança, acima do interesse individual das partes.

3 Conclusões

À guisa de conclusão, em vista de tudo o que foi dito, vale voltarmos a um dos questionamentos realizados na introdução desse artigo: teria o brasileiro o estofo cultural necessário para a doção desse tipo de modelo colaborativo?

Essa é uma questão que sempre vem à tona, quando falamos de contratos de aliança.

Ao longo deste texto, repetimos, insistentemente, a menção de que uma transição cultural se faz necessária. E que, para fazermos essa transição, o cuidado com alguns pontos deverá ser redobrado. Não vemos, no entanto, razão para acreditar que nossos profissionais não seriam capazes de fazê-la.

O presente artigo sugere alguns bons pontos de atenção para que essa transição ocorra. Com os cuidados devidos, acreditamos que nossas organizações, e as pessoas que as formam, são perfeitamente capazes de trabalhar de forma colaborativa. Essa transição deve ocorrer não de uma vez só, no mercado como um todo. Mas, aos poucos, de projeto em projeto, de organização em organização.

Não há dúvidas de que, ainda que as alianças não venham para ficar, na forma exata que vieram, muitas dos princípios por elas propostos irão afetar irreversivelmente as práticas de trabalho da indústria da construção como um todo. Está claro que há uma ineficiência inadmissível no formato adversarial de trabalho com o qual nosso mercado se habituou.

Embora há quem veja com certo romantismo os contratos de aliança, acreditamos que a questão seja eminentemente econômica. Para usar a linguagem mais coloquial do mercado, "há muito dinheiro sendo deixado na mesa". Em nossa visão, talvez um tanto quanto liberal, o mercado não costuma ser complacente demais com ineficiências. Em algum momento, ele as captura. Quando algumas organizações começarem a "acertar a mão" em práticas colaborativas, as demais terão de se adaptar e acompanhar. É questão de tempo. E quando essa onda chegar, a lógica capitalista impera: ou se adapta ou sai do mercado.

Referências

CHEN, L.; MANLEY, K. Validation of an Instrument to Measure Governance and Performance on Collaborative Infrastructure Projects. J. *Constr. Eng. Manage.*, 140(5), 04014006, 2014.

HUSE, Joseph A. *Understanding and Negotiating Turnkey and EPC Contracts*. 2. ed. Londres: Sweet & Maxwell, 2002.

JONES, Doug. Relashionship Contracting. The Projects and Construction Review. 2. ed. Editor Júlio César Bueno. *Law Business Research Ltd*, London, p. 22-31, Sep. 2011.

KNOTT, Terry. *No business as usual*: an extraordinary North Sea Result. London: Britannic House, 1999.

LACEY, James. Project Financing of Alliance-Based Projects. *Construction Law International*, v. 6, Issue 1, p. 18-26, Mar. 2011.

MACDONALD, Charles C. *Value for Money in Project Alliances*. 2011. Tese (Doutorado) – RMIT University.

MCINNIS, Arthur. *Relational Contracting Under the New Engineering Contract*: A Model, Framework, and Analysis. Society of Construction Law, UK, 2003.

PURCELL, John; ROSS, Jim. *Project alliancing – not a universal panacea*. Engineers Australia (EA), 2013. Disponível em: <http://www.pcigroup.com.au/publications_pci/>.Acesso em: 14 nov. 2014, p. 1.

ROSS, Jim. Introduction to Project Alliancing (on engineering & construction projects), April 2003 update. Artigo apresentado na *Alliance Contracting Conference*, em 30 de abril de 2003, Sydney.

SCOTT, Bob. Competitive advantage through alliancing. Artigo apresentado na *6ª Conferência Européia do European Construction Institute*, em novembro de 1994, Lisboa.

TOLEDO DA SILVA, Leonardo. Aliança à brasileira. In: ––––––– (Org.). *Direito e infraestrutura*. São Paulo: Saraiva, 2011. v. 1.

–––––––. Aliança nos projetos. *Construção Mercado*, São Paulo, p. 46-47, out. 2012.

–––––––. Os contratos EPC e os pleitos de reequilíbrio econômico-contratual. In: –––––––. (Org.). *Direito e infraestrutura*. São Paulo: Saraiva, 2011. v. 1.

–––––––. Contratos de Aliança. *Direito Empresiarial e Ambiente Cooperativo*. 2014. Tese de Doutorado. Universidade de São Paulo, São Paulo.

VICTORIAN DEPARTMENT OF TREASURY AND FINANCE. *Model Alliance Development Agreement*, Melbourne, out. 2010.

–––––––. *Model Project Alliance Agreement*, Melbourne, out. 2010.

–––––––. *Project Alliancing Practitioners Guide*. Department of Treasury and Finance. Melbourne, abr. 2006, 150 p.

–––––––. *The Practitioners' Guide to Alliance Contracting*. Melbourne, out. 2010, 159 p.

WALKER, D. H. T.; LLOYD-WALKER, B. M. Profiling Professional Excellence in Alliance Management Summary Study Report, Sydney, *Alliancing Association of Australasia*, 2011.

------; HARLEY, J.; MILLS, A. Longitudinal Study of Performance in Large Australasian Public Sector Infrastructure Alliances 2008-2013, Melbourne, RMIT University, Centre for Integrated Project Solutions, p. 1, 2013.

WASSENAER, Arent van. Alianças e parcerias como métodos de assegurar a entrega de projetos melhores. In: TOLEDO DA SILVA, Leonardo (Org.). *Direito e infraestrutura.* São Paulo: Saraiva, 2011.

UEMA DO CARMO, Lie. *Contratos de construção de grandes obras.* 2012. Tese (Doutorado) Universidade de São Paulo, São Paulo.

Demora Concurrente: Propuesta de Solución a una Responsabilidad Compartida[1]

José Andrés Lama Bustinza

"Aunque la cadena es larga, cada eslabón suena a cosa cierta"
Sir Arthur Conan Doyle

Introducción

Son diversas las controversias generadas durante la ejecución de un proyecto de construcción, generándose mayor nivel de conflicto en casos donde no existe una sola vía de solución o no se tienen claros los caminos por optar. El mencionado ambiente se dificulta no sólo por la confluencia de distintas disciplinas en proyectos de esta naturaleza, sino además, porque la controversia se basa en determinar una porción de responsabilidad en casos donde concurren 2 (o más) actos propiciados por cada parte contratante y que generan a la vez una misma demora. Esto ocurre en lo que

[1] Texto elaborado en base a la exposición "Concurrent Delay in International Projects. A comparasion between English, Scottish and Peruvian Law" efectuado el 12 de octubre de 2015 en el Estudio Borgërs, en la ciudad de Berlin, Alemania.

denominamos demora concurrente, tema discutido en diferentes jurisdicciones y al que se ha atribuido diferentes métodos de solución.

En nuestro país la demora concurrente no ha sido tratada de modo sistemático y ha podido ser materia de negociación entre contratantes sin un análisis profundo sobre las distintas aristas que involucra dicha circunstancia. Diversas cortes extranjeras han tenido pronunciamientos disímiles y en ciertos casos controversiales; no sólo por la complejidad en el análisis de hechos que esto suscita, sino además, por la importancia de establecer un determinado resarcimiento considerando a ambas partes contratantes responsables de una misma demora.

El presente artículo tiene por finalidad proponer un procedimiento de solución ante una demora concurrente acorde a nuestra sistema jurídico, partiendo de la doctrina nacional y extranjera, considerando también diversos pronunciamientos proveniente de juntas de solución de disputas (conocidos también como *adjudication boards*), de tribunales arbitrales y de cortes judiciales proveniente de otras jurisdicciones. Revisaremos en esta aventura, diversas fuentes perteneciente al sistema del *commonlaw*, con el fin de encontrar elementos comunes que nos ayuden a determinar los posibles escenarios a los que nos enfrentamos con el objetivo de alcanzar una solución adecuada, no sólo a las partes en discusión, sino además, a la industria en su conjunto.

Primer Escenario

Para iniciar esta interesante discusión y como paso previo a la revisión del concepto de demora concurrente, deseo proponerles un ejemplo basado en hechos de la vida real. Durante la construcción de un puente como parte de una vía de acceso a una central hidroeléctrica, y específicamente, durante los trabajos de preparación del terreno para la construcción de los terraplenes, el contratista **C** descubre un conjunto de restos arqueológicos que le impide la consecución de los trabajos programados hasta el despeje total de éstos, según la normativa de protección de bienes históricos[2]. El inicio de los trabajos de corte de terreno estaban programados para el día siguiente al descubrimiento mencionado. Según el contrato, será **Y** el res-

[2] De acuerdo a la Ley N° 28296, Ley General del Patrimonio Cultural de la Nación, se requiere proteger los bienes culturales al momento de su descubrimiento.

ponsable en asumir los riesgos arqueológicos, encargándose del procedimiento respectivo ante la Autoridad Administrativa de llevar adelante las coordinaciones técnicas para el correspondiente levantamiento de éstos en el sitio. La empresa **Y** por lo tanto asumía la responsabilidad de cubrir cualquier impacto que sufra el proyecto a consecuencia de dicho evento en tiempo y costo. El despeje total de restos arqueológicos no iba durar menos de 10 días.

Como vemos en el gráfico (1), desde el día 1 la obra es impactada por el evento arqueológico mencionado, el cuál afectó directamente las actividades de corte de terreno, la ejecución del rocaplen y piedraplen, en un total de 10 días. Asimismo, **Y** conoció con antelación al evento arqueológico que **C** no podía contar con la maquinaria a tiempo, teniendo un atraso inusual de 13 días debido a un grave inconveniente de transporte. Según el contrato, la entrega oportuna de la maquinaria y materiales en el frente de obra es de entera responsabilidad de **C**. Debido a la lejanía de la localidad en donde se encuentra la obra, la llegada de la maquinaria no puede efectuarse en menor tiempo. Siendo así ¿Quién debería asumir los impactos de tiempo y costo por los días que concurren el atraso de la maquinaria con el evento arqueológico? ¿con qué instrumentos contamos para proponer una solución efectiva?

En el gráfico (1)[3] donde se detalla el impacto en el cronograma.

Escenario 1: Restos Arqueológicos y Falta de Maquinaria

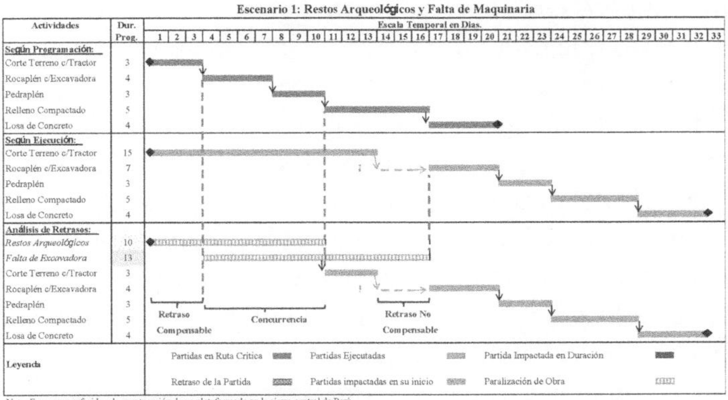

Nota: Es un caso referido a la construcción de un plataformado en la sierra central de Perú.
- En el día 1 a primera hora se encontraron presuntos restos arqueológicos. El contratante ordenó la paralización de Obra.
- En el día 1 el contratista cumplió con tener el tractor; en el día 4 el contratista debió contar con la excavadora, sin embargo, recién la tuvo en obra el día 16 en la tarde.
- En el día 10 el contratante levanta la restricción relacionada a restos arqueológicos; el contratista efectuó el corte con tractor, luego registró inactividad por falta de excavadora.
- En el día 17 el contratista reinició la obra.

[3] Gráfico elaborado en colaboración con el ing. Alexis Rodriguez Cabanillas. El ingeniero Rodriguez es ingeniero civil, PMP® y perito CIP, con experiencia en gerencia, supervisión y ejecución de proyectos públicos y privados. Es miembro de la Sociedad Peruana de Derecho de la Construcción.

1 Marco Conceptual

La demora concurrente es aquella situación donde dos o más eventos atribuible de modo indistinto a cada parte contractual, repercuten de modo coincidente en el progreso de una o más actividades críticas, afectando el plazo de ejecución contractual. Asimismo, la afectación puede ser inmediata o postergada, en relación al surgimiento de dichos eventos.

Como sabemos, ciertos eventos pueden producir efectos no de manera inmediata sino tiempo después de su surgimiento, por distintas razones, sea porque las actividades afectadas no comienzan a ser ejecutadas o porque éstas al serlo no llegan a ser parte de la ruta crítica aún. Por ello, el enfoque más acertado para tratar este tipo de hechos debería referirse a la demora producida como efecto de determinados eventos concurrentes, y no sólo considerar la concurrencia de eventos en sí misma.

Es importante tomar en cuenta, como más adelante lo detallaremos, que la doctrina mayoritaria trata la demora concurrente en relación a actividades que son parte de la ruta crítica. En distintas oportunidades, cuando se ha analizado la demora, algunos tratadistas lo han utilizado indistintamente para hablar sobre "demora en el progreso" y "demora en el cumplimiento"[4]. La demora en el progreso se refiere a aquel atraso que afecta cualquier tipo de actividad con holgura. Por el contrario, la demora en el cumplimiento será aquella demora que afecte las actividades en ruta la crítica, puesto que esta última tiene relevancia en relación al plazo de ejecución del contrato. En el presente trabajo en todos los casos la demora será tratada en relación al segundo concepto.

Sin embargo, no podemos dejar de observar los casos en donde contractualmente la holgura puede ser un derecho reconocido a favor del contratista. Existen casos donde el contratista ha planificado la culminación de los trabajos antes de la fecha contractual por distintas razones que lo motivan a hacerlo: sea por la obtención de un bono de culminación temprana ofrecido contractualmente, por razones climatológicas o por simple conveniencia comercial al necesitar prepararse para el siguiente proyecto, entre otras tantas razones. En estos casos la holgura en sí misma es una herramienta fundamental para una de las partes, con un determinado valor

[4] Dennys, N., Reaside, M. y Clay R. Hudson's Building and Engineering Contracts. 10a Edición. Londres: Sweet & Maxwell, 2008. Pagina 639.

patrimonial y pasible de vulneración por cualquier cambio en las condiciones de trabajo o simplemente a solicitud del propietario. Coincidimos con la sugerencia que expone el Protocolo de Demora y Disrupción de la Sociedad de Derecho de la Construcción de Reino Unido[5] (en adelante el Protocolo) para el reconocimiento del derecho a la holgura sólo en caso el propietario haya podido conocer la intención del contratista antes de la culminación del contrato, y siempre que el contratista sea realista que la finalización del proyecto antes de la fecha contractual es un objetivo alcanzable. Si se reúnen los requisitos mencionados estaremos de acuerdo que el contratista disponga de la holgura del cronograma, debiendo ser compensado en caso de vulneración por hechos atribuibles a la otra parte. Entonces, al llevar adelante el análisis sobre la demora concurrente en actividades con holgura, también creemos conveniente considerar los derechos otorgados en el contrato y el reconocimiento de la culminación anticipada del proyecto en las condiciones mencionadas líneas arriba.

Posiblemente durante el análisis de eventos concurrentes, sea común detectar la prevalencia o relevancia de un evento sobre el otro, donde la solución de este tipo de conflicto podría sugerir la referencia a la teoría que denominamos como causa dominante[6]. Aún en este caso también estamos ante una demora concurrente, donde confluyen dos eventos (atribuibles a ambas partes) que producen una cierta demora.

Asimismo, cierta parte de la doctrina y jurisprudencia extranjera como la inglesa determina a la demora concurrente como aquella situación donde un cronograma sufre una demora como resultado de dos o más eventos atribuibles a ambas partes, donde se presume que dichas causas tienen un equivalente grado de fuerza en sus efectos. Dicha fuerza en sus efectos o

[5] Protocolo de Demora y Disrupción de la Sociedad de Derecho de la Construcción de Reino Unido (The Society of Construction Law UK Delay and Disruption Protocol), elaborada por el Comité de Redacción del Protocolo de la SCL de Reino Unido. Londres, Octubre 2002. Pagina 24.

[6] El enfoque de la Causa Dominante (The dominant cause approach) ha sido considerada en diversos tribunales ingleses como una herramienta para determinar la responsabilidad total en la demora concurrente. Esto se aprecia en casos como Henry Boot Construction v Malmaison Hotel (1990), Walter Lilly & Co. Ltd v Mackay (2012), entre otros.

fuerza causal[7] es tratado por John Marrin[8] como un elemento relevante para la determinación de la causa dominante en demoras concurrentes. Sin embargo, lo determinante en esta controversia va más allá de conocer el momento de ocurrencia o cuál de los eventos tiene mayor fuerza causal, sino por encima de estos, conocer el efecto real sobre el cronograma de actividades y la atribución de responsabilidad según la valoración de hechos, como veremos más adelante.

La discusión en torno de la demora concurrente abre una serie de aristas por resolver, las cuales se pueden resumir en las dos más importantes: determinar quien debe asumir el costo de los impactos y determinar el modo de cálculo para establecer la correspondiente compensación. La finalidad del presente trabajo será proponer un determinado procedimiento para resolver este tipo de situaciones, considerando la experiencia extranjera y la legislación nacional vigente.

2 La Demora Concurrente en la Experiencia Internacional

Actualmente existen dificultades para determinar el método de cálculo de daños por demoras concurrentes. Una de las principales razones de este inconveniente es la existencia de más de un método o parámetro que analice la concurrencia de hechos atribuibles a las partes y sus efectos en el cronograma.

La práctica extranjera (en su mayoría proveniente del *commonlaw*) nos otorga ciertas luces sobre los aspectos más importantes a considerar ante una demora concurrente y propone posibles soluciones, las que podemos analizar a partir la legislación peruana y la doctrina proveniente del sistema de derecho civil. El presente trabajo recoge la experiencia inglesa, la escocesa y la estadounidense a fin de establecer los parámetros que nos ayuden a proponer un procedimiento de solución ante las demoras concurrentes dentro de nuestro sistema de derecho civil.

[7] Causative Potency: según John Marrin el causative potency o fuerza causal diferencia el tipo de evento en una concurrencia para determinar cuál de dichas causas ha tenido un real efecto en la demora frente a otra en donde sus efectos son casi irrelevantes.

[8] Marrin, John. "Concurrent Delay Revisted". Un artículo presentado a la Sociedad de Derecho de la Construcción de Reino Unido (SCL UK) en el Evento organizado por dicha institución en Londres el 4 de diciembre de 2012. Publicado y Editado por SCL UK en Londres en febrero 2013. Página 2.

2.1 El Examen 'But For', la Causa Dominante y el Evento Relevante en los Tribunales Ingleses

Inicialmente los tribunales ingleses se encontraron divididos en dos métodos de solución alrededor de las demoras concurrentes. Por un lado fue recurrente el análisis "*but for*" (o "de no ser por.." en su traducción al español) y por otro el análisis de la causa dominante. Más adelante los tribunales en su mayoría prefirieron el método de causa dominante como el más efectivo al proponer un análisis más completo de los eventos a partir de sus efectos.

2.1.1 Análisis según el Examen "But For"

El análisis "but for" ha sido en muchas ocasiones utilizado como método de defensa por los propietarios frente a los reclamos vinculados directamente con las demoras concurrentes. En caso de existir dos eventos en conflicto, uno de responsabilidad del propietario y otro atribuible al contratista, el contratista no podría demostrar que hubiese completado la prestación a su cargo "si no hubiera sido por" (*but for*) los efectos causados por el evento de su propia responsabilidad. Es decir, aún si no hubiesen existido los hechos que le impidieron culminar su actividad crítica (por hechos de responsabilidad del propietario), ésta tampoco habría sido terminada por los eventos que son de su propia atribución[9]. En muchas ocasiones sostener el análisis "but for" ha sido efectista, dejando entre líneas que los dos eventos tenían la misma relevancia como causas vinculadas a una misma demora.

Sin embargo, para muchos este análisis ha sido criticado hasta el punto de calificarlo como inadecuado para el análisis de demoras concurrentes, según el mismo juez Dayson el caso *Boot v. Malmaison*, quien sostuvo lo siguiente:

> En primer lugar, en la aplicación de la cláusula 25, un evento relevante puede aún tomarse en consideración cuando opera una determinada concurrencia de eventos con otro evento no relevante.

[9] La regla de análisis "But for" fue analizada en el caso Orient-Express Hotels Ltd v Assicurazioni General Spa [2010] EWHC 1186. Párrafo 85.

> En otras palabras, de acuerdo a la regla "si no fuera por" (o but for), un evento A es sólo la condición de un resultado B, si B no habría ocurrido "si no fuera por" A, por lo que (en concurrencia) esto no tiene aplicación.[10]

Más adelante, el juez Dayson hace un análisis de los hechos presentados en el caso *Henry Boot v Malmaison* para determinar la no utilidad del examen "but for". El juez en mención cita como ejemplo la concurrencia de escasez de mano de obra (responsabilidad del contratista) frente a condiciones climáticas inusuales (riesgo contractualmente asumido por el propietario), los cuales surgen casi al mismo tiempo afectando en una semana el cronograma contractual. En dicho ejemplo, según la regla "but for" sería posible sostener cualquiera de los eventos no habría ocasionado demora si no fuera por la ocurrencia del segundo evento, lo que a todas luces es errado. Si la escasez de mano de obra es removida del escenario de hechos, la demora habría ocurrido de todas maneras ya que las condiciones climáticas adversas hubiesen impedido de todos modos el correspondiente avance. Del mismo modo, si fuese la condición climatológica el evento excluido, la demora igual hubiese ocurrido ya que la escasez de mano de obra igual detendría el ritmo de trabajo, impactando el cronograma. Por lo tanto, las condiciones climáticas adversas tampoco podrían calificarse como la causa de demora según el análisis "but for".

Si el efecto de los eventos mencionados fueran secuenciales, uno detrás de otro y uno fuese la causa del otro, podríamos utilizar el examen "but for". Sin embargo, la dificultad en relacionar la causa que origina cada uno de los eventos y la disgregación de los efectos de éstos inciden en la no posibilidad de utilizar este análisis.

2.1.2 El Enfoque de la Causa Dominante

El enfoque de la causa dominante ha sido un método de defensa recurrente a fin de establecer la responsabilidad de uno de los contratantes la total afectación. La causa dominante es por definición la causa que tiene mayor importancia e influencia sobre cualquier otra razón en relación a

[10] Henry Boot Construction (UK) Ltd v Malmaison Hotel (Manchester) Ltd (1999) 70 Con LR 32, TCC aplicado al caso City Inn Ltd v Shepherd Construction Ltd [2010] CSIH 68. Párrafo 15.

una demora en el cronograma de trabajo. Parte de la doctrina sostiene que este enfoque se basa en determinar cuál de las causas tiene mayor influencia e influencia para ser determinada como la real causa de demora, cuestionando así la existencia de una real concurrencia de eventos o demora concurrente.

El concepto de causa dominante ha sido tratado por diversa jurisprudencia proveniente del *Commonlaw*, tal como ocurrió en el caso *Fairweather & Co Ltd v London Borough of Wandsworth* donde el juez James Fox-Andrews sostuvo lo siguiente:

> El enfoque de Causa Dominante ante un caso de demoras concurrentes sugiere que la concurrencia surge, por un lado a raíz de un evento de riesgo atribuido al propietario y otro, por un evento de riesgo atribuido al contratista, y sólo uno de ellos se determina como una causa dominante de la demora del proyecto y prevalece sobre la otra causa de demora [11].

La causa dominante se basa directamente en la preponderancia o potencia causal (*causative potency*) del evento de responsabilidad de una de las partes para determinar cuál de los eventos ha tenido mayor prevalencia sobre el otro u otros. Para gran parte de la doctrina, el evento con mayor preponderancia es el real origen de los efectos adversos.

Es a partir de la potencia causal de un determinado evento que se le asignará mayor responsabilidad al agente autor de dicho evento sobre el otro. La preponderancia o potencia causal se puede determinar a partir de ciertas características, vínculos o efectos que tiene un evento frente a otro, con el fin de detectar cuál de los eventos tiene mayor dominancia, en algunos casos, como origen principal de la demora. Descubrir y demostrar el elemento determinante de dominancia es la tarea asignada a quien argumenta la existencia de una Causa Dominante en una demora concurrente, y ello se deberá basar en elementos que puedan ser comprobados objetivamente mediante pruebas.

Por su parte, en relación a la potencia causal el juez Drummond hace un breve análisis sobre de este concepto en el caso *City Inn*, descartando en

[11] H. Fairweather & Co Ltd v London Borough of Wandsworth (1987) 39 BLR 106 (OR). Nota 49, pagina 120. Citado por Richard Long. Op cit. Pagina 14

dicho caso la existencia de una causa dominante. Para Drummond el enfoque de la causa dominante debe ser descartado cuando se trata de eventos que no tienen ningún vínculo entre sí y no existe evidente prevalencia de ninguno de ello, aún cuando uno de los eventos pudiera tener un efecto sustancialmente mayor en el impacto total, según sostiene a continuación:

> "en mi opinión ninguna de las causas de atraso puede ser considerada como causa dominante; cada una de éstas tuvo un efecto significativo en la no culminación a tiempo (el proyecto)... es más, el retraso en la entrega de instrucciones relacionado con la máquina de ventilación de gas y la estructura de acero del techo tuvo un mayor efecto en el progreso del trabajo a un grado sustancialmente mayor que las cuestiones que involucran las fallas del contratista. Consecuentemente **el presente caso es una de concurrencia de eventos**". (el subrayado es nuestro) [12].

En el caso *Fariweather*[13] mencionado anteriormente, el juez Fox-Andrews excluyó expresamente la existencia de un caso de causa dominante sobre la cual pudiese apoyarse para determinar la parte vencedora. En dicha controversia el atraso se suscitó tanto por la huelga de trabajadores junto con una demora a consecuencia de variaciones e instrucciones provistas con atraso por parte del propietario. El Juez Fox-Andrews[14] resolvió que era totalmente incorrecto realizar un examen de causa dominante ya que no existía un evento suficientemente influyente, por encima de los demás eventos y con los daños producidos.

De este modo, para determinar la causa dominante será necesario verificar la potencia o fuerza causal de cada uno de los eventos en relación directa con la demora producida.

En el gráfico (2) vemos un ejemplo de causa dominante, donde verificamos con claridad la predominancia de la fuerza causal del evento A sobre el evento B en un mismo cronograma de avance de obra. Supongamos que el evento A representa lluvias extraordinarias que impiden el avance normal de las actividades, y el evento B la escasez de mano de obra para la misma

[12] Caso City Inn v Shepherd Construction Ltd (2007) Corte Outer House. Párrafo 158.

[13] Caso H Fairweather & Co Ltd. v London Borough of Wandsworth (1987) 39 BLR 106.

[14] Caso H Fairweather citado por John Marrin QC en Concurrent Delay Revisted. Op cit. P. 13.

actividad afectada por las lluvias. De acuerdo al contrato, la responsabilidad en la escasez de trabajadores se encuentra asignado al contratista, mientras que las lluvias extraordinarias, como eventos de fuerza mayor, son asignados al propietario. En este escenario, las lluvias extraordinarias inician antes del evento vinculado a la escasez de mano de obra, prolongándose hasta después que la obligación del contratista es cumplida por éste. Para el lapso de tiempo de escasez de mano de obra habría surgido una demora concurrente absoluta, considerando además un evento dominante (las lluvias extraordinarias).

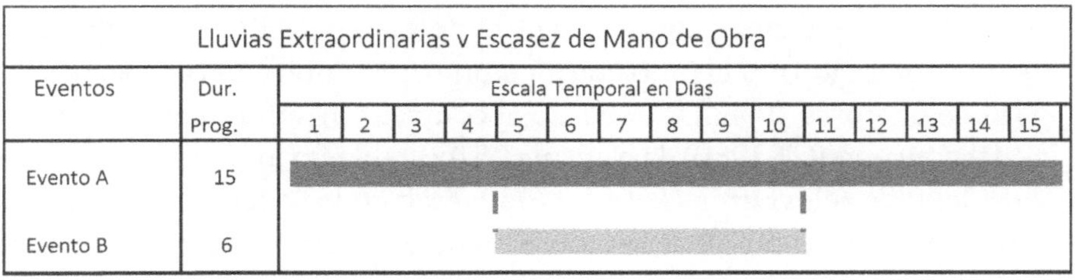

Gráfico (2)

Como consecuencia de los hechos mencionados e ilustrados en el Gráfico (2)[15], el contratista reclama 15 días de atraso y el reembolso del impacto económico sufrido durante dicho tiempo. Tal como vemos, la 'fuerza dominante' producida por el evento A es claramente superior en comparación con el evento B, donde el evento A comienza antes y termina después del B. Aun cuando no hubiese existido escasez de mano de obra para la actividad en cuestión, de todas maneras hubiese sido imposible avanzar con dicha actividad a consecuencia de las lluvias extraordinarias. Siendo A la causa dominante de los eventos concurrentes mencionados, el propietario deberá otorgar al contratista la ampliación de plazo contractual y el impacto económico total por el lapso de 15 días. Ello coincide con el tiempo transcurrido hasta la finalización del evento A. Por lo tanto, en este ejemplo el factor de dominancia es el elemento temporal; es decir, el lapso de tiempo del evento A frente a B, considerando que A comienza antes y terminar después que B.

15 Gráfico (2) elaborado en colaboración con el ingeniero Rodriguez. Op. cit
de **causa - efecto,d cuando las consecuencias afectan**
opietariote **a un simple caso de causa - efecto,.**

2.1.3 El Evento Relevante y el caso Malmaison

No hay duda que lo resuelto por el juez Dyson en el caso *Henry Boot Construction v Malmaison Hotel* es considerado, hasta el momento, el referente más importante entre los tribunales ingleses en torno a la solución de la demora concurrente.

La empresa Malmaison encargó a la constructora Henry Boot la construcción de un hotel bajo el modelo de contrato JCT edición 1980[16] (Contrato JCT 1980) para que el constructor Boot culminara dicho hotel en la ciudad de Manchester el 21 de noviembre de 1997. Sin embargo, la culminación no se alcanzó sino hasta el 13 de marzo de 1998. El arquitecto (agente nombrado por el propietario) otorgó una ampliación de plazo hasta el 06 de enero de 1998. De acuerdo al contrato (inspirado en las cláusulas del contrato JCT 1980), la cláusula 25.4 estableció una serie de eventos considerados **relevantes** (*Relevant Envents)*, bajo los cuales el propietario asumía el riesgo total sobre las consecuencias de éstas durante la marcha del proyecto.

A consecuencia de la demora, *Malmaison* notificó a *Boot* del incumplimiento y dedujo daños liquidados (según el cálculo de daños establecido contractualmente) ascendente a £ 250,000.

Posteriormente *Boot* decidió demandar en sede arbitral a *Malmaison* una ampliación de plazo por 16 semanas fundamentalmente por dos razones: a) por la demora en el nombramiento del subcontratista Cameron PLC y del inicio de su intervención, nombramiento que dependía de la aprobación de Malmaison y que tuvo directa relación con el atraso de las actividades a cargo de éste; y b) las distintas variaciones y envío de información tardía por parte Malmaison impactaron en el avance del trabajo a cargo de Boot.

La demora en el nombramiento del subcontratista impidió que la entrega del proyecto no se efectué sino hasta el 13 de marzo de 1998. Ante esto, *Malmaison* alegó que la demora se produjo por culpa de *Boot* al no otorgarle al subcontratista el acceso a las áreas a tiempo. Asimismo, de un análisis de las actividades pendientes, para *Malmaison*, la demora en

[16] Modelo de contrato elaborado por Joint Contracts Tribunal (JCT) entidad formada en 1931 por la Royal Institute of British Architects (RIBA) y The National Federation of Buildings Trades Employers (NFBTE). JCT viene publicando desde 1939 una serie de modelos estándar de contratos de construcción y guías prácticas para la contratación de servicios vinculados a la construcción de distintos tipos de edificaciones.

los trabajos son consecuencia de las fallas provenientes de Boot y que las variaciones y demás actos atribuibles a *Malmaison* no afectaron actividades en ruta crítica.

En relación al reclamo b), Boot alegó que hubo una excesiva demora en proveer información técnica del proyecto y demora en la aprobación de ciertos los planos. Para Boot tanto la demora en el proceso de nombramiento del subcontratista y la entrega de información con atraso califican como eventos relevantes (*Relevant Events*), de acuerdo a la cláusula 25.4 del contrato. Para el tribunal la discusión principal se basaba en un caso de demora concurrente, generado por eventos atribuidos a cada parte. Por último tanto en sede arbitral como en la judicial se sostuvo que el contratista falló en proveer suficiente evidencia mediante la cual se pueda aislar la afectación económica de la demora atribuida tanto al contratista como los atribuidos al propietario.

En la resolución del caso *Malmaison* el juez Dyson hace referencia directa al caso *Balfour Beatty v Chestermount Properties (1993)*[17] en lo referente a la interpretación a la cláusula 25 del contrato (también bajo el modelo JCT). En dicho caso el juez Colman señaló que el propósito de otorgar una ampliación de plazo contractual fue la de fijar el periodo de tiempo adicional incurrido como efecto de los eventos relevantes, siguiendo el estándar de lo justo y razonable. En el caso *Balfour Beatty v Chestermount* el juez asocia el estándar de justicia y razonabilidad al otorgamiento de derechos a favor del contratista cuando se trata de eventos relevantes, lo que ocurre en la mayor parte de jurisprudencia inglesa en estos temas.

Más adelante el juez Dyson determinó como punto esencial de la disputa el enfrentamiento de un evento relevante con otro que no lo es, de responsabilidad del contratista. Para dicho juez en caso existiesen dos causas que generan una demora concurrente, si uno de éstos es un evento relevante (de responsabilidad del propietario) y el otro no, entonces el contratista tiene derecho al otorgamiento de una ampliación de plazo por el periodo de demora causado por el evento relevante, sin elaborar mayor análisis en lo que a concurrencia se refiere.

Si bien es cierto el propietario argumentó (en defensa del reclamo hecho por el contratista) que el evento considerado relevante no afectó directa-

[17] Caso Balfour Beatty Ltd v Chestermount Properties Ltd [1993] citado por el juez Dyson en el caso Henry Boot v Malmaison Hotel (Manchester) [1999] párrafo 17.

mente una actividad en ruta crítica, hecho que fue considerado por el juez al momento de analizar la cláusula 25. Para éste, dicha cláusula no establece la posibilidad de negar la ampliación de plazo a favor del contratista en caso el evento relevante no afecte a la ruta crítica. Para el juez Dyson, lo más importante no es sólo comprobar que el evento relevante haya causado demora de modo efectivo, sino también que sea probable que la pueda generar a futuro[18], por lo que se le debe otorgar una ampliación de plazo al contratista aún en este escenario. Para el juez Drummond Young en el caso *City Inn v Shepherd Construction Limited*, hizo una referencia directa al caso *Malmaison* afirmando que en dicho caso el evento relevante acusado (no entrega de información técnica oportuna por parte del propietario) generó atraso de modo indirecto, afectando la ruta crítica de todo el proyecto[19], por lo que sí se justificó el otorgamiento de una ampliación de plazo al contratista.

El eje gravitante de la controversia, según el juez Dyson, fue el acuerdo de las partes para establecer un cierto número de eventos y considerarlos relevantes (bajo el modelo el contrato JCT 1980), incluyéndolos en la cláusula 25.4. Así lo deja claro en el párrafo 13:

> ...está acordado que si hay dos causas concurrentes de demora, uno de los cuales es un evento relevante, y el otro no, entonces el contratista tiene derecho a una ampliación de plazo por una demora causada por un **evento relevante**, no obstante el efecto concurrente con otro evento.[20] (el subrayado es nuestro)

De este modo se resalta la prevalencia del evento relevante (*Relevant Event*) ante cualquier otro evento (de responsabilidad del contratista) como consecuencia de un acuerdo primordialmente entre las partes[21]. En base a

[18] Caso Henry Boot v Malmaison (Manchester) [1999] párrafo 15.

[19] Winter, Jeremy. "How Should Delay be Analysed – Dominant Cause and Its Relevance to Concurrent Delay". Un artículo presentado ante la Sociedad de Derecho de la Construcción de Reino Unido en la Conferencia Internacional efectuada en Londres, entre el 6 y 7 de octubre de 2008. Londres: Enero, 2009. Pagina. 19.

[20] Fragmento del párrafo 13 del caso Henry Boot v Malmaison.

[21] Cocklin, Matthew. "International Approaches to the Legal Analysis of Concurrent delay: Is there a Solution for English Law?" Un artículo basado en el primer premio Hudson de competencia de ensayo de 2012, presentado en el encuentro organizado por la Sociedad de

dicha interpretación, el caso *Malmaison* trasciende en los tribunales ingleses como punto de referencia ineludible al momento de analizar los efectos concurrentes que afectan el cronograma de trabajo, donde se establece una clase de evento ante el cuál sucumbe cualquier otra causa de atraso.

En esta línea de ideas, el mismo Protocolo de Demoras y Disrupción de Reino Unido (en adelante el Protocolo) evoca el principio de prevalencia del evento de responsabilidad del propietario en el punto 9 referente a los Principios Centrales Relacionados a la Demora y Compensación:

> 9. Demora concurrente – su efecto sobre el derecho a la Ampliación de Plazo
>
> Cuando un atraso para la culminación atribuible al Contratista se produce o tiene efecto concurrentemente con un atraso para la culminación atribuible del Propietario, el atraso concurrente del contratista no debería reducir ningún Ampliación de Plazo (AdP) adeudado (véase la Sección de Guía 1.4.1 y 1.4.7)[22].

l correspondiente os pornos para llegar a la soluci

Este enfoque ha sido mayormente adoptado en los tribunales ingleses, tal como lo demuestra el juez Akenhead en el caso *Walter Lilly & Co Ltd v Mackay* [2012]:

> ...soy claramente de la opinión que donde exista una cláusula de ampliación de plazo como el acordado en este caso y donde el atraso es causado por dos o más causas, donde uno de los cuales otorga el derecho al contratista a una ampliación de plazo al ser un evento relevante, [entonces] el contratista tiene derecho a una ampliación de plazo completa... de todo el periodo de demora causado por el evento relevante en cuestión[23].

Derecho de la Construcción de Reino Unido en Londres el 9 de abril de 2013. Londres, Abril 2013. Página 3.

[22] Delay and Disruption Protocol. The Society of Construction Law . Op cit. página 7.

[23] Caso Walter Lilly & Co Ltd v Mackay [2012] EWHC 1773 (TCC), [2012] BLR 503, 143 Con LR 79. Citado por Matthew Cocklin en "International Approaches to the Legal Analysis of Concurrent Delay: is there a Solution for English Law?". Op cit. página 4.

Por otro lado para la mayor parte de la doctrina, el estudio sobre la demora concurrente (considerando además el caso *Malmaison*) excluye casi por completo el principio de prevención del derecho anglosajón, el cuál determina que, ante un acto o evento de responsabilidad de una de las partes el efecto directo es convertir en imposible o impracticable para la otra parte la ejecución de su propia prestación dentro de un plazo estipulado[24]. Creemos que dicha posición es acertada toda vez que ambas pudieron haber generado actos con similar prevalencia o eficacia sobre una misma demora. Por tanto, el principio de prevención no alcanza a resolver una disputa que versa sobre demora concurrente.

2.2 La Distribución de Responsabilidad en el Derecho Escocés (Apportionment)

El método de distribución de responsabilidad (o *apportionment*) recogido en el caso *City Inn Limited v Shepherd Construction Limited* como resultado de la búsqueda de una solución razonable, justa y eficaz. Dicho pronunciamiento judicial es considerado de gran relevancia en el derecho escocés en lo que se refiere a demoras concurrentes.

El propietario (City Inn) contrató a Shepherd para la construcción de un hotel en Temple Way, Bristol el 11 de noviembre de 1998. Las partes redactaron el contrato considerando el modelo estándar del Contrato de Construcción JCT 1980 (similar a lo ocurrido en el caso *Malmaison*). La culminación del proyecto se acordó para el 25 de enero de 1999. Según la cláusula 24 sobre daños liquidados, se estableció en £ 30,000 el pago por semana de atraso que debía cancelar el contratista en caso sea culpable en el atraso en el cronograma contractual.

A pesar que el propietario toma posesión parcial del sitio el 26 de enero de 1999, los trabajos continuaban ejecutándose. El arquitecto (agente del propietario) emitió el 27 de abril de 1999 el certificado de culminación mediante el cuál se dejaba constancia que el contratista había cumplido con sus prestaciones el 29 de marzo de 1999. Considerando que el arquitecto ya había otorgado 4 semanas de ampliación de plazo por la emisión de instrucciones de modo tardío, para éste el contratista tuvo una demora de 5 semanas. Dicha circunstancia motivó una deducción total de £ 150,000.00.

[24] Caso Adyard Abu Dhabi v SD Marine Service [2011] EWHC 848 (Comm), [2011] BLR 384, 136 Con LR 190, párrafo 282. Citado por Matthew Cocklin. Op. Cit. Página 5.

Esta situación originó el reclamo del contratista ante el adjudicador[25], quien resolvió a favor del reclamante, ordenando que el propietario reembolse los £ 150,000.00 y otorgarle una ampliación de plazo total de 9 semanas. En virtud de ello, el propietario demandó judicialmente contra lo resuelto por el adjudicador, señalando que el contratista es el único responsable de las 5 semanas de atraso debiendo asumir los daños correspondiente. Se basó en dos razones principalmente. La primera se refirió al incumplimiento del contratista del procedimiento que debía seguir previo a la solicitud de reconocimiento de ampliación de plazo, procedimiento que incumplió. Producto de dicho incumplimiento perdió su derecho a una extensión para la ejecución de los trabajos (cláusula 13.8 del contrato). Por lo tanto, aún en caso el arquitecto se haya demorado en emitir las instrucciones correspondientes, el contratista no puede solicitar ninguna ampliación de plazo. La segunda razón se sustentó en el hecho que ninguna de las instrucciones emitidas por el arquitecto causó demora en las actividades críticas. Por último, para *City Inn*, aún en el supuesto negado que la demora en la emisión de instrucciones del arquitecto haya afectado alguna de las actividades críticas, dicho evento concurre con las fallas del contratista durante la ejecución de sus obligaciones.

Por su lado, el contratista sostuvo que tuvo derecho a un total a 11 semanas de ampliación de plazo. Dicho lapso de tiempo es el resultado principalmente de la entrega tardía de información vinculada a los cambios en las instalaciones de gas del hotel, a cambios en el tejado considerando un sistema especial para su construcción e instalación de materiales y demora en la emisión de información técnica requerida en campo. Una de las razones en la demora de información técnica y la generación de distintas variaciones fue la destitución del equipo de diseño contratado por el propietario. Ello generó una demora sustancial en la determinación de una serie de cambios en el diseño final del proyecto.

El juez de primera instancia determinó que el atraso fue resultado de una concurrencia de eventos, por un lado la demora en la provisión de instrucciones o variaciones por parte del arquitecto (agente del propietario), los cuales son considerados como eventos relevantes (*relevant events*). Por otro lado, la demora en el trabajo de los ascensores y de las escaleras

[25] El contrato entre City Inn y Shepherd Construction tuvo la cláusula de solución de controversias ante un adjudicador nombrado por las partes, quien fuera Mr. John Spencely.

del hotel fue atribuida directamente al contratista. Para el juez *Drummond* ninguna de estas causas es dominante, puesto que cada uno de estos eventos tiene un papel significativo en la demora del proyecto, no existiendo ninguna predominancia de un evento sobre otro.

Para el juez Drummond Young el escenario presentaba una demora concurrente, teniendo por un lado eventos relevantes (de riesgo del propietario) y eventos de responsabilidad del contratista, siendo apropiado, en su opinión, el uso de la regla de la distribución o *Apportionment*. Para Drummond dicha regla otorgaba la posibilidad de una evaluación justa teniendo como solución ideal la distribución de daños, asumiendo cada parte los costos generados por la demora en proporción a su responsabilidad.

Para poner en práctica la regla de la distribución era necesario, según el juez *Drummond*, considerar dos elementos[26]: el grado de culpabilidad de los agentes en cada uno de los hechos atribuibles a éstos, y por otra parte, la importancia de cada evento en relación a la demora en su totalidad.

En el caso *City Inn v Shepherd Construction* los eventos relevantes (como es la entrega tardía de información al contratista) recaen en la culpa evidente del propietario. Por otro lado, la falla del contratista también tienen un contenido de culpa acusado por la ineficiencia en sus procedimientos constructivos.

En relación al 'peso' o importancia de cada uno de los eventos que influyeron en la demora, para el juez Drummond existen dos cuestiones potencialmente importantes[27]: el primero es la duración de la demora causada por cada uno de los eventos, factor relativamente sencillo de obtener. El segundo factor es la relevancia de cada uno de los eventos en relación al atraso generado en el proyecto de modo global. Por lo tanto, un evento que sólo afecta a una pequeña parte de la edificación puede ser calificado de menor importancia frente a otro que afecte la mayor parte de la edificación o que tenga una significativa importancia en la marcha de los demás trabajos o en función del atraso total del cronograma. Creemos que este último factor es de incuestionable importancia a fin de realizar una asignación equitativa de responsabilidad ante una demora concurrente, toda vez que la responsabilidad debe también estar en función de la afectación al objeto principal del contrato como es el proyecto.

[26] Caso City Inn v Shepherd Construction Limited. [2007] CSOH 190. Párrafo 159.

[27] Caso City Inn. Op cit. Párrafo 16.

El aporte más significativo del método de distribución (o *apportionment*) sugerida por el juez Drummond Young es la búsqueda de una asignación de impactos en función de factores como el grado de culpa de los agentes y el 'peso' de cada evento en la demora global del proyecto. A nuestro entender, el método de distribución escocés puede ser considerando como uno de los más completos, no sólo por la importancia de los elementos que involucra, sino además, por otorgar cierta valoración a éstos en el resultado final, sea por un análisis subjetivo (nivel culpa de los agentes) o por uno objetivo (influencia en los trabajos a nivel global).

En relación a las 11 semanas de ampliación solicitadas por el contratista debido a las actividades impactadas por del propietario, el juez Drummond analizó la demora producida en los trabajos de las escaleras del hotel y la instalación de los ascensores, ambos ejecutados con atraso por el mismo Shepherd (contratista). El magistrado escocés sostuvo que al plazo solicitado por el contratista se le debe deducir el atraso generado en las actividades bajo su responsabilidad.

Por otro lado, se analizó también la tardía emisión de ciertas instrucciones relacionadas con los conductos de gas y la instalación de las estructuras metálicas del techo (de responsabilidad del propietario), lo que atrasó gravemente el cronograma. Considerando que el efecto de los eventos relevantes (de responsabilidad de *City Inn*) impactaron más gravemente el cronograma que los actos de responsabilidad del contratista, en la distribución de responsabilidad, el juez asignó mayor responsabilidad a los eventos relevantes que a las dos actividades ejecutadas con atraso por parte del contratista.

El mencionado magistrado decidió asignar cierta responsabilidad a cada una de las partes según los principios de razonabilidad y justicia mediante el método de distribución (o *apportionment*) otorgando finalmente al contratistas 9 semanas de ampliación de plazo.

En cuanto al costo, el contratista demandó en sede judicial el costo equivalente a dos semanas de atraso adicionales (previamente el adjudicador le había otorgado un monto equivalente a 9 semanas de atraso). Sin embargo, Drummond Young sostuvo que el contratista tiene derecho al reembolso económico siempre que pueda identificar el costo causado por la demora atribuible totalmente al propietario[28]. Asimismo, el magistrado citó en su

[28] Ibidem. Párrafo 166.

resolución el caso *John Doyle Construction Ltd v Laing Managament* el juzgador sostuvo que las pérdidas causadas tanto por el contratista como por el propietario deberían ser distribuidas entre ambas partes.

El juez Drummond decidió utilizar el mismo método para el cálculo de costos, considerando la importancia de cada una de las causas en relación con la demora resultante y el grado de culpabilidad de cada uno de los contratantes. En este mismo balance de hechos, el magistrado escocés determinó que los contratistas tuvieron sólo derecho a recuperar el impacto económico en relación a 9 semanas y no de las 11 que en total demandaban. Por lo tanto, al contratista no se le otorgó mayor compensación que el otorgado por el adjudicador. En segunda instancia la corte se pronuncia sobre la pertinencia de establecer un método razonable y justo a la luz de la concurrencia de demoras, considerando por un evento relevante y uno de responsabilidad del contratista al mismo tiempo. En esta tarea, la corte de segunda instancia ratificó el razonamiento hecho por el juez Drummond en referencia a la distribución de impactos.

La importancia que tiene para la justicia escocesa el caso *City Inn v Shepherd Construction* no solo por el interés de emplear un método justo y razonable frente a un caso de demoras concurrentes, sino además, porque intenta utilizar un ejercicio no menos complejo como es el análisis de culpabilidad y el nivel de influencia de ciertos eventos en relación a una determinada demora global. El enfoque de distribución de impactos es un ejercicio sagaz y sumamente agudo, el cuál marca considerable distancia frente al propuesto en el caso *Henry Boot v Malmaison*, ya que no se agota sólo en asignar el impacto en base una clase eventos (contractualmente establecido) como es el evento relevante, sino que avanza un poco más, justificando un fallo mediante una asignación más cercana a la realidad, el cuál considera las propias acciones de los intervinientes.

2.3 La Demora Concurrente en la Experiencia Norteamericana

Desde el primer caso de demoras concurrentes que se registró en Estados Unidos con *Stewart v Keteltas (Nueva York, 1867)*[29] la judicatura norteame-

[29] Caso Stewart v Keteltas del Estado de Nueva York de 1867. WL 6457 (1867). Este caso es citado por James Zack, y Federico R., Emily en "Concurrent Delay – the Owner's Newest Defense". Construction Forum. Building on the lessons learned in construction dispute avoidance and resolution. Navigant Consulting, 2011. Página 3.

ricana estableció que el propietario no podrá exigir una compensación económica al contratista por una demora cuando el mismo propietario había contribuido también con dicha demora. Más adelante, la jurisprudencia norteamericana estableció a partir de 1944 un concepto uniforme de demora concurrente, la cuál es más resumida y pragmática frente a sus pares ingleses y escoces, fundándose principalmente en la independencia de cada uno de los eventos que conforman la demora concurrente y el cálculo de afectación de cada uno de los eventos en un mismo periodo de tiempo[30]. Es justo la independencia de los eventos la característica recogida por la Asociación Americana de Ingeniería de Costos (AACE por sus siglas en inglés) como una de las principales en una demora concurrente:

> Las demoras concurrentes se producen cuando dos o más eventos no relacionados e independientes retrasan el proyecto. Cuando dos o más partes contribuyen a una sola demora al proyecto y éstas tienen una misma causalidad o se encuentran relacionados, el evento no se considera que tiene dos causas concurrentes. La diferencia entre la demora concurrente y 'la causa mutua' es sutil, pero de vital importancia que cada examinador debe observar y conciliar[31].

Creemos pertinente resaltar la característica advertida por la AACE ya que, mientras que en la concurrencia de demoras siempre debemos identificar dos eventos diferentes en su origen, en una demora de "causa mutua" podemos advertir un mismo evento donde el atraso se produce o incrementa a consecuencia de actos de ambas partes, pudiéndose advertir la responsabilidad mutua de un mismo evento. Dicho fenómeno se le conoce en nuestro derecho como la concausa, tema que será abordado más adelante. Este punto fue considerado además como parte de la resolución del caso *Beauchamp Constr. Co. v United States (1994)*[32].

Asimismo la mayoría de tribunales estadounidenses han adoptado una posición más flexible en comparación de sus homólogos británicos al elegir un determinado método de solución. La elección del método ha depen-

[30] De acuerdo a lo resuelto en el caso Tyger Constr. Co. v United States, 14 Cl. Ct. 430, 437 (1988) citado por James Zack y Federico R., Emily. Op. Cit. Página 4.

[31] AACE International Recommended Practice No 29R-03 "Forensic Schedule Analysis", AACE International, Morgantown, WV, 2011, Section 4.2.C.1- Pag. 102.

[32] Caso Beauchamp Constr. Co. v United States, 31 Fed. Cl. 177, 259 (1994).

dido en gran medida de la complejidad de la controversia y de las pruebas que las partes libremente ha aportado en dichos procesos. Además de esta flexibilidad las cortes estadounidenses ostentan una considerable experiencia en este tipo de disputas, lo que ha motivado a distintos jueces de otras jurisdicciones a rescatar gran parte de sus pronunciamientos. Para muchos la judicatura estadounidense es un referente importante a nivel internacional en lo que a análisis de demoras concurrente se refiere.

Como resultado del avance de la industria de la construcción norteamericana y la constante preocupación a nivel judicial, la doctrina hace mención directa a 3 enfoques que son utilizados por los tribunales estadounidenses para resolver controversias referidas a demoras concurrentes[33]:

a. Enfoque "tiempo pero no dinero".
b. Regla de distribución según el Método de Ruta Crítica (CPM)
c. Regla de la asignación de responsabilidad según el Método de Jury Verdict

2.3.1 Enfoque "Tiempo pero no Dinero"

La práctica de otorgar una ampliación de plazo a favor del contratista y a la vez negarse a una compensación económica se originó en Estados Unidos de modo muy temprano frente al surgimiento de las controversias en torno a la concurrencia de eventos. Dicha regla fue una respuesta vertida por la Corte que resolvió el caso *Jefferson Hotel v Brumbaugh*[34], prefiriendo la aplicación de ésta en contraposición a la distribución de daños (o *apportionment*), en tanto se carezca de certeza sobre el nivel de responsabilidad de cada una de las partes en un escenario de concurrencia. En el caso *Jefferson*

[33] Para la mayor parte de la doctrina, la judicatura norteamericana considera los tres enfoques mencionados, tal como señala J. Livengood, en "Comparison of English and U.S. Law on Concurrent Delay". Insight to Hindsignt, Navigant Consulting. 2014, y M. Cocklin en "International Approaches to the Legal Analysis of Concurrent Delay. Is there a solution for English Law?" Artículo publicado por la Sociedad de Derecho de la Construcción de Reino Unido. Londres, Abril 2013.

[34] Jefferson Hotel Co v Brumbaugh 168 (1882) citado por Mathew Cocklin en "International Approaches to the Legal Analysis of Concurrent Delay: Is there a Solution for English Law?". Un documento basado en el artículo ganador del premio Hudson 2012 al mejor ensayo, presentado en la reunión de la Sociedad de Derecho de la Construcción de Reino Unido en Londres, el 9 de abril de 2013. Página 9.

v Brumbaugh, el juez determinó que no era posible hacer ninguna distribución de los impactos en tanto no se pueda segregar el costo resultante de la concurrencia proveniente de cada una de las partes en controversia. En tanto la segregación de impactos producida por eventos atribuibles a cada una de las partes no pueda efectuarse, la distribución de daños será imposible. De la misma manera se resolvieron los casos *Stweart v Ketetas* y *Shook v Dozier*[35]. En gran parte del siglo XX las cortes se declararon imposibilitadas para determinar una real distribución de daños donde era evidente que las consecuencias negativas habían sido originadas por ambas partes

En el caso *Blinderman Construction Co v. The United States*[36], el contratista solicitó la compensación de gastos y ampliación de tiempo por los eventos atribuibles al propietario. El contrato estableció la posibilidad de un ajuste en el precio por algún incremento en el costo a causa de una suspensión, demora e interrupción atribuible al gobierno, excepto cuando los trabajos hubiesen sido suspendidos, atrasados o interrumpidos por alguna otra causa, incluyendo el incumplimiento o negligencia del contratista. De este modo las partes acordaron claramente la restricción del derecho de reembolso en caso exista al menos un hecho atribuible al contratista. Dicho contrato no otorgó ningún espacio de interpretación ni tampoco fabrica cierta categoría de eventos -como lo hace la jurisprudencia inglesa en lo que se refiere a eventos relevantes- para otorgar derechos a favor del contratista atribuyendo la mayor carga de responsabilidad al propietario.

Al momento de resolver la corte determinó que el contratista contribuyó con la demora y sostuvo lo siguiente:

> Cuando ambas partes contribuyen con la demora, ninguno puede recuperar daños a menos que se pruebe una clara distribución de demora y de mayores costos atribuible a cada una de las partes (...)
>
> Generalmente, las cortes van a denegar el reembolso cuando las demoras son 'concurrentes o entrecruzadas' y el contratista no ha

[35] Caso Shok v Dozier (1909) citado por John Livengood. Navigant. En "Comparison of English and U.S. Law on Concurrent Delay". Insight to Hindsight, Navigant Consulting, 2014. Pag. 10.

[36] Blinderman Construction Co. v. The United States, 695 F. 2d 552 (10 de diciembre de 1982). Citado por Long J., Richard, En "Analysis of Construction Delay on Constrution Claims". Long International: Littleton, 2014. Pagina 5.

satisfecho su obligación de separar su demora de los imputables al gobierno.

De este modo las cortes norteamericanas han mantenido una postura sumamente conservadora en lo que se refiere a la asignación o distribución de responsabilidad en demoras concurrentes. La principal intención del juez norteamericano el caso *Blinderman* fue trasladar a la parte demandante la difícil tarea de demostrar la disgregación de impactos según la intervención de cada una de las partes.

En la controversia *Cline v the United States*[37] el juez sostuvo explícitamente la pertinencia de denegar el reembolso de impactos económicos al contratista pero si otorgarle una ampliación de plazo acorde a las reales demoras sufridas durante la concurrencia. El juez sostuvo lo siguiente:

> La demora concurrente no impide ampliaciones de plazo, pero sí prohíbe la compensación monetaria para los gastos generales fijos diarios reclamados por Cline porque en tales gastos habrían incurrido (considerando la demora concurrente) incluso si no hubiese ocurrido la demora atribuible al Gobierno.

Entre los tribunales norteamericanos no hubo discusión en el otorgamiento de una ampliación de plazo a favor del contratista siempre que el propietario haya sido parte de la demora en concurrencia. Dicho discernimiento se basa en analizar el nivel de intervención de las partes tanto en tiempo como en dinero. Si hay una concurrencia de eventos atribuibles a ambas partes, basta que se demuestre que el propietario también es culpable para otorgar mayor plazo. En caso de impactos económicos, el análisis debe ser más minucioso y hacia ello los tribunales norteamericanos han requerido un examen más profundo en base al material probatorio y al análisis técnico financiero de daños.

Por su parte, en los casos *Coath & Gross v U.S.* y PCL Construction Services v U.S. los tribunales fueron enfáticos en sostener que las solicitudes

[37] Apelación efectuada por Cline Construction Cia. En Cline Construction Company v The United States. ASBCA No. 28600 (23 de Agosto de 1984). Citado por Long J., Richard, En "Análisis of Construction Delay on Constrution Claims". Long International: Littleton, 2014. Pagina 7.

de recuperación de costos y demás impactos económicos son denegados a menos que claramente se pueda distribuir la responsabilidad a cada una de las partes a partir de las pruebas otorgadas[38]. Este enfoque se refleja claramente en lo mencionado por el tribunal de apelaciones en el caso *J.B.L. Construction Company In. v U.S.* (1985), el cuál señaló lo siguiente:

> ...Cuando los atrasos son el resultado de una combinación de causas, y ambas partes tienen la culpa a tal punto que no es posible determinar el grado de culpabilidad de cada uno, el Gobierno pierde su derecho a evaluar los daños y perjuicios y el contratista pierde el derecho a cobrar costos de atraso...[39]

En el caso *Smith v The United States*[40] el gobierno resolvió el contrato que tenía con Smith por incumplimiento a consecuencia de una supuesta demora atribuible a este último. El contratista sostuvo que la falla en su desempeño se basó en una disrupción originada por actos del propietario. El contratista demandó mayor reconocimiento de tiempo y resarcimiento por daños. Sin embargo, la corte determinó la existencia de una demora concurrente y sostuvo que el contratista no pudo discriminar el periodo real de atraso atribuible a cada una de las partes. La corte resolvió lo siguiente:

> Un contratista no puede acumular daños del gobierno debido a la demora en caso el contratista fue parte de una demora concurrente. 'Generalmente la corte va a denegar el reembolso donde exista demora concurrente o entrecruzada'...Aún donde ambas partes son responsables por la demora; un contratista puede no recuperar el daño a menos que se pueda asignar la demora y los gastos a cada una de las partes. La carga (de la prueba) en la asignación de demora recae en el demandante. La Corte va a denegar el reem-

[38] Caso Coath & Gross Inc. v US 101 Ct Cl 702 (1944). Páginas 714-715. Citado por Citado por Matthew Cocklin. Op. Cit. Pagina 10.

[39] Caso J.B.L. Construction Company Inc. v United States. VABCA No. 1799 (7 de noviembre de 1985). Citado por Richard J. Long en "Analysis of Concurrent Delay on Construction Claims" . Op. Cit. Pagina 12.

[40] Caso Smith v The United States, 34 Fed. Cl. 313 (25 de Octubre de 1995). Citado por Richard J. Long en "Analysis of Concurrent Delay on Construction Claims". Op. cit. Página 13.

> bolso de daños cuando la demora es concurrente y el contratista no ha establecido su demora por separado de la que es atribuible al gobierno. El reclamo por demora [del demandante] requiere de un análisis de validez donde éste cite los ejemplos claros demostrando la causa de demora atribuible al gobierno, y la situación del demandante en esos periodos de tiempo citados.

El enfoque norteamericano es claro al establecer como requisito esencial, previo al otorgamiento de reembolso favor del contratista, la determinación precisa de los daños atribuibles tanto al contratista como al propietario. A pesar de las pruebas presentadas en los casos de *Cline, Blinderman, Jefferson* o *Smith,* la controversia en torno a la demora concurrente se ha convertido en un examen con cierta complejidad, impidiendo un pronunciamiento a favor de cualquiera de las partes en lo que a daños se refiere, dentro del enfoque "tiempo pero no dinero" (*time but not money*) en tanto no exista un apropiado análisis técnico que determine la asignación de impacto económico proveniente a cada una de las partes. En resumen, hasta la primera mitad del sigo XX hubo una gran aversión por parte de los tribunales norteamericanos en pronunciarse sobre el cálculo de responsabilidad cuando 'no se tenía ningún nivel de certeza' al respecto, adoptándose lo que se conoce como la 'regla contra la discriminación de daños (o '*rule against apportionment*')[41].

2.3.2 Regla de Distribución según el Método de Ruta Crítica (CPM)

Como sabemos, la distribución de impactos no fue un método utilizado al inicio por las cortes norteamericanas; sin embargo, conforme la industria avanzó en conocimientos y tecnología tanto en los procesos constructivos como en gestión de proyectos, las partes y la judicatura decidieron aportar nuevos métodos con el fin de alcanzar un resultado más certero de distribución de daños producidos por cada una de las partes.

[41] Caso Hotel Jefferson v Brumbough, citado por Matthew Cocklin en "International Approaches to the Legal Analysis of Concurrent Delay: Is there a Solution for English Law?" Un documento basado en el artículo ganador del premio "Hudson Prize" otorgado por la Sociedad de Derecho de la Construcción de Reino Unido. Londres: 2013. Pag. 9.

En la búsqueda de este tipo de solución y durante el desarrollo de nuevos procesos de gestión de proyectos, surge la necesidad de distribuir los costos de las demoras concurrentes utilizando un instrumento más científico que jurídico, como es el uso del Método de Ruta Crítica (o CPM en sus siglas en inglés) con el fin de determinar la proporción de responsabilidad de cada una de las partes.

Mediante el Método de Ruta Crítica o *Critical Paht Method* (en adelante CPM) podemos identificar el tiempo máximo que debe ser ejecutada una serie de actividades para que el proyecto en su totalidad sea ejecutado sin sufrir demoras. Por tanto, la ruta crítica no es otra cosa que la concatenación de actividades relacionadas entre sí que cuentan con un determinado plazo de ejecución, donde cualquier impacto de tiempo en dicha ejecución repercute directamente en el plazo de todo el proyecto. El CPM es un método propio del área de gestión de proyectos, el cuál es útil no sólo en la planificación de actividades en general, sino además para identificar las actividades críticas (o en ruta crítica) y no críticas. La mencionada discriminación tiene como finalidad establecer un 'mapa' de actividades, previniendo o mitigando posibles impactos de tiempo que pudieran suscitarse a consecuencia de eventos que afecten las actividades programadas. En resumen, una ruta crítica muestra el plazo máximo programado para desarrollar un proyecto determinado. En caso se produzca una demora en alguna de las actividades críticas, el proyecto sufrirá un atraso equivalente a la demora sufrida en dicha actividad o actividades.

De este modo el CPM nos ayuda a determinar la ruta crítica en el conjunto de las actividades que conforman un proyecto, considerando además el tiempo estimado para ejecutar éste. La determinación de la red de actividades críticas se asemeja a un río que fluye desde su punto de origen (inicio del proyecto) hasta su desembocadura (culminación), y que cualquier obstrucción a ese flujo repercutirá directamente en un atraso al trabajo global proyectado. Dentro de la red de actividades que representa el proyecto en su totalidad se encuentran otras actividades, las que denominamos no críticas. Por definición, dichas actividades serán aquellas que consideran una determinada holgura para su ejecución, entendiendo por holgura aquella cantidad de tiempo en la que una actividad (no crítica) puede atrasarse sin comprometer la fecha de culminación del proyecto.

La jurisprudencia norteamericana sostiene mayoritariamente que el requisito indispensable de una demora concurrente es que dicha demora afecte la ruta crítica del proyecto. Esto último es sostenido claramente en diferentes sentencias como en el caso *George Sollitt Construction v US*:

> Si los atrasos causados por el gobierno no interfirieron con la ruta crítica del proyecto, no hay costos relacionados con el atraso en la finalización de éste que se le deba al contratista. Para el reembolso debido al atraso del proyecto, no sólo debe el demandante 'separar' sus atrasos de los que supuestamente fueron causados por el gobierno, sino también [demostrar que] los atrasos deben haber afectado las actividades en ruta crítica[42].

Considerando que los impactos de demoras concurrentes siempre deben basarse en actividades contenidas en la ruta crítica del proyecto, los tribunales norteamericanos propusieron un método más científico para determinar la distribución de daños mediante el uso del CPM. De este modo los jueces pueden asignar la responsabilidad a cada una de las partes identificado el impacto producido en la ruta crítica por cada evento, asignando dicha responsabilidad en cada actividad afectada dentro del sistema de red de actividades (*network*) o programa de actividades establecida por el CPM. Por lo tanto, la asignación de responsabilidad dependerá en determinar si el contratista o el propietario son culpables de la afectación de la actividad A, B o C que conforman la ruta crítica identificada. A nuestro entender, este camino es más riguroso que los mencionados hasta el momento, debido principalmente por proponer un tenaz análisis científico de los hechos.

Cabe mencionar además que el enfoque de distribución norteamericano (distribución mediante el CPM) se aleja del *apportionment* escocés, en tanto el primero se base en parámetros de comprobación más objetiva, el segundo tiene menos aversión a la valoración subjetiva para analizar el nivel de culpa entre las partes.

[42] Caso George Solitt Construction v. U.S., 64 Fed. Cl. 299, 241 (2005). Citado por John Livengood en "Comparsion of English and U.S. La won Concurrent Delay". Op. Cit. Pagina 11.

2.3.3 La Asignación de Responsabilidad según el Método Jury Verdict

El método *Jury Verdict* tiene como finalidad la asignación de responsabilidad en relación a una proporción entendida como la 'cantidad' de culpa del agente, basado principalmente en la relevancia o 'peso' de cada uno de los eventos en relación con la afectación global del proyecto. A diferencia de otros métodos, éste no requiere un análisis detallado del programa o cronología de hechos (como lo hace el CPM). Para cierta doctrina como la expuesta por John Livengood[43], se requieren de ciertos requisitos para que el tribunal utilice dicha herramienta. La primera de ellas es la existencia de dos eventos que concurran de modo absoluto afectando la ruta crítica. Una segunda es encontrar, en base a las pruebas aportadas, la relación proporcional que existe entre el daño generado por cada uno de los eventos con la afectación global del proyecto. En otras palabras, éste segundo requisito se debe entender como el análisis del 'peso' o importancia de cada uno de los eventos concurrentes en relación a la demora resultante. Asimismo, la doctrina norteamericana menciona dos requisitos más a considerar[44] para del mencionado método. El tercer requisito será la imposibilidad de utilizar cualquier otro método que tenga por finalidad discriminar la responsabilidad de las partes en demoras concurrentes. Por último el cuarto requisito será la existencia de criterios que otorguen cierta convicción en el proceso de asignación justa y razonable de daños a cada una de las partes. Uno de los criterios que podría permitir al juzgador tener la convicción sería justamente el análisis del 'peso' o 'relevancia' de cada uno de los eventos en relación con el monto final del daño.

En el caso *Raymond Construction of Africa v US* observamos este tipo de análisis, el cuál se sostiene en parámetros más subjetivos que los utilizados por el CPM:

> ...En realidad, no hay ninguna base en el expediente que permita una asignación precisa de responsabilidad por el atraso total ... según el contrato, entre el atraso del demandado en la adquisición de equipo, ... el atraso [del gobierno] en el transporte de equi-

[43] Ibidem. Pagina 12.

[44] Bramble Barry y Michael Cahllan. "Construction Delay Claims". Cuarta edición. En Construction Law Library. Wolters Kluwer: New York, 2011. Página 12

> pos .. al lugar de trabajo, y las deficiencias del subcontratista. En tal situación, parece que una cosa sólo es factible hacer, una conclusión basada en la naturaleza del **jury verdict** en relación al atraso de la parte demandada ... siendo responsable (la parte demandada) de un tercio del atraso general de los trabajos y, por lo tanto, (es responsable) de un tercio de los gastos adicionales indirectos ... [45]

De este modo, el método *jury verdict* es utilizado en los Estados Unidos por diversas juntas de solución de disputas, tribunales arbitrales y cortes judiciales para asignar determinados daños[46] cuando no puede ser realizado con certeza, siendo el mejor camino establecer una aproximación razonable a partir de las pruebas ofrecidas. De esta manera el método *jury verdict* es utilizado en demoras concurrentes para asignar de modo razonable, según las pruebas aportadas, el monto a ser asumido por cada una de las partes culpables de la demora. De hecho, los tribunales norteamericanos reconocen la utilidad del método *jury verdict* cuando no es posible diseccionar (o separar) la responsabilidad en demoras concurrentes, aún tomando en cuenta las pruebas, los hechos y un adecuado estudio sobre el atraso en el cronograma de trabajo.

Cabe considerar que el método *jury verdict* siempre tendrá como punto de inicio elementos objetivos como la demostración de demora y los daños resultantes, a partir de los cuales el juzgador podrá construir una asignación equitativa, debiendo justificar siempre ésta de un modo razonable.

2.4 La Demora Concurrente en el Derecho Peruano

Al momento de tratar las controversias o temas de interés relacionadas directamente con el Derecho de la Construcción, nuestro sistema jurídico tiene un tratamiento diferenciado en lo que corresponde a la ejecución de obras, tanto en el ámbito público o en el ámbito privado.

En el ámbito público, la contratación del Estado se encuentra regulado, de acuerdo al modo de intervención que éste realiza, mediante la Ley de Contrataciones del Estado, Ley N° 30225 (en adelante Ley de Contrataciones del Estado) y por la ley que promueve la Inversión Privada Mediante

[45] Livengood, John. Op. Cit. Página 12.

[46] Bramble Barry y Michael Cahllan. Op. cit. Página 13

Asociaciones Público Privadas y Proyectos en Activos (en adelante Ley de APP), Decreto Legislativo N° 1224, junto con sus respectivos reglamentos. En dichos cuerpos legislativos no hay tratamiento alguno sobre demoras concurrentes. En el ámbito de obras públicas (regulado por la Ley de Contrataciones del Estado), ante un incumplimiento o evento que afecte el cronograma de obra y que sea de responsabilidad de la Entidad, el contratista puede solicitar la correspondiente ampliación de plazo y compensación económica cumpliendo ciertos requisitos establecidos normativamente. Aún cuando exista una demora concurrente, el contratista podrá acceder siempre al derecho de ampliación de plazo, no sólo porque la legislación otorga (de modo casi inmediato) el derecho a la compensación una vez verificado el atraso por culpa de la Entidad y ciertos requisitos de forma, sino además, porque la normativa de contratación pública no da cabida a cuestionar dicha compensación en virtud de una demora concurrente. Por lo tanto, siguiendo el principio de legalidad[47], la Entidad esta obligada a resolver la solicitud de reconocimiento, sin ir más allá a fin de discutir la existencia de una posible demora concurrente. Caso contrario ocurre con la Ley de APP; si bien no existe un tratamiento claro sobre demora concurrente, dicha norma otorga mayor flexibilidad al Estado en los procedimientos de negociación de los contratos de concesión. Dicha flexibilización, en el marco de promoción de inversión privada, no descarta la posibilidad discutir diversas compensaciones a favor del Concesionario por disputas originadas por una demora concurrente durante el desarrollo de los proyectos de infraestructura.

Por otro lado, el ámbito privado ofrece diversos caminos de solución ante una demora concurrente, considerando además la experiencia extranjera ya expuesta.

En referencia al código civil peruano como primera fuente de análisis, creemos importante revisar, en primer lugar, ciertos artículos que nos pudieran dar mayores alcances en torno a las demoras concurrentes. Como segundo paso podremos revisar lo manifestado por la doctrina proveniente del sistema de Derecho Civil (en contraposición con el sistema del *Commonlaw*) en referencia a los elementos más importantes en torno a la demora concurrente. Como último paso, dilucidar los caminos de solución

[47] De acuerdo al principio de legalidad toda actividad Estatal debe estar autorizada mediante la normativa correspondiente para que pueda determinarse su actuar lícito.

a los cuales acceder, en concordancia con el derecho peruano y el enfoque propuesto en otras jurisdicciones.

2.4.1 La Demora Concurrente en el Código Civil Peruano

La demora concurrente puede ser tratada como parte del derecho de responsabilidad contractual, ya que a partir de una determinada responsabilidad podremos asignar un determinado daño a ser compensado. De acuerdo al derecho positivo y a la doctrina del sistema de Derecho Civil en general, los elementos esenciales de la responsabilidad civil contractual son la antijuricidad, dolo o culpa, nexo causal y daño. Para el caso en concreto creemos que son dos de los elementos mencionados los más importantes de a considerar. En primer lugar, el análisis del dolo o culpa, a fin de determinar el nivel atribución del agente y calcular su responsabilidad al momento de asignar la correspondiente compensación. En segundo y último lugar se encuentra la determinación del daño, elemento de sustancial interés de las partes involucradas en una demora concurrente.

Antes de analizar los elementos más relevantes de responsabilidad civil que mencionamos, revisemos brevemente si el código civil contiene algún camino de solución en torno a la demora concurrente.

El artículo 1317° del Código Civil menciona la consecuencia de un incumplimiento por hechos ajenos al deudor. La norma menciona lo siguiente:

> **Artículo 1317.**- El deudor no responde de los daños y perjuicios resultantes de la inejecución de la obligación, o de su cumplimiento parcial, tardío o defectuoso, por causas no imputables, salvo que lo contrario esté previsto expresamente por la ley o por el título de la obligación.

El mencionado artículo dispone la exclusión de responsabilidad de daños al agente que no ejecuta su prestación en el modo convenido por causas que no se le pueden atribuir. Por lo tanto, en una demora concurrente si el contratista no puede ejecutar su prestación porque el propietario no ha cumplido con entregar el frente de trabajo programado, el contratista no será responsable en la cobertura de daños (y posibles penalidades) por dicho incumplimiento. Esta norma tiene una referencia directa al principio de prevención (*Principle of Prevention*) del derecho anglosajón[48] ya mencionada líneas arriba, donde una de las partes impide a la otra la ejecución de una determinada obligación y como consecuencia de ello, la primera no podrá exigir a la segunda ningún resarcimiento.

Ante un caso de demoras concurrentes, tanto el artículo 1317° como el principio de prevención anglosajón son útiles en referencia a la obligación de uno de los agentes y no considera el segundo evento y con ello, la responsabilidad de la otra parte (segundo autor principal de la demora concurrente). Vemos que la aplicación del artículo 1317° se agota sólo en la responsabilidad de una de las partes, faltando el análisis de responsabilidad en relación a los actos que corresponde al segundo acto en concurrencia. Por lo tanto el artículo 1317° y/o el principio de prevención del *Commonlaw* no son útiles para solucionar las controversias en torno a la demora concurrente.

Otra figura que pudiera tener cierta proximidad al tema en discusión es la contenida en el artículo 1326° del Código Civil. La mencionada norma dispone lo siguiente:

> **Artículo 1326.-** Si el hecho doloso o culposo del acreedor hubiese concurrido a ocasionar el daño, el resarcimiento se reducirá según su gravedad y la importancia de las consecuencias que de él deriven.

La premisa propuesta por el artículo 1326° supone la generación de un daño (sea culposo o doloso) que haya sido originado no sólo por el deudor, sino además por el acreedor. Por lo tanto, la mencionada premisa que se enfoca en la concurrencia de culpa de dos agentes productores de un mismo daño. Este caso dista de la figura de una demora concurrente, no sólo por la interdependencia de los actos de ambos agentes en referencia al daño en la primera figura, sino además, porque en la segunda figura (demora concurrente) los actos de los dos agentes pueden originarse en momentos totalmente distantes y el efecto principal de ambos (la demora) puede surgir más tarde (demora de eventos con efecto diferido).

48 El juez Lord Denning MR de la Corte de Apelaciones en el Caso Trollpe & Colls v North West Metropolitan Regional Hospital Board, mencionó el concepto del Principio de Prevención y la imposibilidad del agente que impide el cumplimiento de la prestación de la otra parte de solicitar resarcimiento. Este caso fue citado por John Marrin. Op Cit. Página 4.

En la concurrencia de culpa o concausa existe la generación de un solo daño y puede presentarse de distintas maneras[49]. De este modo puede surgir un acto lesivo de uno de los agentes y concurrir con actos de terceros, con un evento fortuito o con un acto originado por la misma víctima del daño como lo señala explícitamente el artículo 1326°.

Por lo tanto, lo más importante en la concurrencia de culpa es la determinación del daño como resultante de una sumatoria de actos lesivos que inciden en su determinación. Dicho conjunto de actos no pueden analizarse por separado, sino, deben ser estudiados en conjunto y de modo indivisible en relación con el daño a resarcir. En esto incide su principal diferencia frente a la demora concurrente, toda vez que ésta última contiene eventos totalmente independientes en su ejecución, pudiendo efectuarse en momentos totalmente distintos y la existencia de todos éstos no siempre son determinantes para la producción del daño. Por lo tanto, el artículo 1326° del Código Civil tampoco soluciona los casos materia de análisis del presente trabajo.

Al no encontrar ninguna camino directo de solución en el Código Civil ante una demora concurrente, debemos emprender un breve recorrido por la doctrina y diversas instituciones reconocidas en nuestro derecho con el fin de establecer una solución efectiva.

2.4.2 La Responsabilidad Contractual y la Demora Concurrente

La responsabilidad civil abarca todos los actos ilícitos que generan algún tipo de daño, sea por contravenir una norma de cumplimiento general (como una ley) o un acuerdo (un contrato). A partir de ello, y tal como lo señala el derecho positivo y la mayor parte de la doctrina proveniente del sistema del Derecho Civil, la responsabilidad civil se divide en contractual y extracontractual. No cabe duda que, dada la relación jurídica entre los agentes responsables de los eventos concurrentes, la responsabilidad civil útil para la presente discusión es la contractual, como ya lo hemos mencionado.

Para llevar adelante el análisis de los elementos más importantes de la responsabilidad contractual en torno a la demora concurrente, es necesario

[49] Barchi, Luciano, Felipe Osterling y otros. "Código Civil Comentado por los mejores 100 Especialistas". Tomo VI. Gaceta Jurídica. Lima: 2004. Pagina 944.

considerar que dicho examen es útil exclusivamente para eventos donde existen elementos de culpa entre los agentes intervinientes. Por ello, de existir eventos neutros (originados por causas externas o naturales como es la fuerza mayor o un hecho fortuito), el caso requeriría de diferentes caminos de análisis.

La existencia de responsabilidad civil contractual y por lo tanto, la obligación de indemnizar a la 'víctima' de un daño requiere, como señala la mayor parte de la doctrina, la confluencia de cuatro requisitos: una conducta antijurídica (incumplimiento del contrato), un factor de atribución del agente (por dolo o culpa), la generación de un daño (en virtud del cual se ordena una determinada indemnización) y el nexo causal entre el hecho y el daño generado (relación de causa y efecto entre el incumplimiento y el daño)[50].

A partir de los elementos que conforman la responsabilidad civil contractual, como ya mencionamos líneas arriba, no creemos relevante detenernos en lo que corresponde a la conducta antijurídica o al nexo causal, ya que dichos componentes son identificados inequívocamente ante un caso de demora concurrente sin requerir mayor discusión. Por el contrario, creemos fundamental detenernos en torno al daño y al factor de atribución del agente como materia prima a utilizar para la determinación de responsabilidad ante una demora concurrente. El concepto de culpa y su gradualidad pueden pueden ser elementos sumamente útiles en este objetivo.

Creemos que la responsabilidad civil contractual y en especial la determinación de daños y el análisis de culpa del agente nos puede dar caminos, en base a conceptos ya propuestos en nuestro sistema de Derecho Civil, a fin de construir un procedimiento efectivo y útil como método de solución.

2.4.2.1 Factores Subjetivos en la Responsabilidad Civil Contractual

En el surgimiento de una demora el daño será el detrimento económico generado por el atraso en el cronograma, la que será asumida por cualquiera de las partes, según la distribución de responsabilidad establecido contractualmente o como resultado de una controversia. En este escenario la discusión girará en torno a la asignación de responsabilidad, y como

[50] DIEZ PICAZO, Luis y GULLON, Antonio. "Sistema de Derecho Civil." Editorial Tecnos. Madrid 1995. Séptima edición. T. II. Pág. 598.

consecuencia de ella la determinación del daño a compensar. Ante dicha situación ¿qué factor o factores nos ayudan a realizar una asignación justa de responsabilidad ante una demora concurrente?

Sobre responsabilidad contractual, la mayor parte de la jurisprudencia nacional se ha pronunciado a partir de parámetros objetivos para determinar el monto a indemnizar. De este modo, como ocurre con frecuencia con resoluciones judiciales de países pertenecientes al sistema de Derecho Civil, el juez determina objetivamente los daños a partir del procedimiento de liquidación acordados (contractualmente) o mediante el examen de los daños realmente probados. Por lo tanto, ante la solicitud de resarcimiento por incumplimiento contractual, el método generalmente aceptado en nuestra judicatura para la liquidación del monto a indemnizar se ha basado en parámetros objetivos de cálculo.

Sin embargo, el inconveniente surge cuando a partir de las pruebas y el análisis de hechos no se pueda efectuar una real asignación de responsabilidad en relación a los daños generados por ambas partes. Ante este situación, cabe encontrar las vías de solución más convenientes en nuestro sistema jurídico, en concordancia con lo resuelto en otras jurisdicciones según lo expuesto en el presente trabajo.

Creemos que uno de los caminos más efectivos es el principio de distribución o *apportionment* escocés, donde el parámetro subjetivo en referencia al grado de culpa es una herramienta efectiva a fin de obtener una distribución justa y equitativa. Dicha propuesta que nos obliga a realizar un examen no menos complejo. La gradualidad de la culpa o análisis del nivel de responsabilidad es un elemento ya presente en nuestro derecho, pero a pesar de ello, no ha sido utilizado ni tratado como debiese. A continuación veremos si es útil revisar la gradualidad de culpa del agente infractor a fin de dar paso a la distribución de responsabilidad como método de solución ante este tipo de controversias.

Nuestra legislación en materia de responsabilidad civil recoge el criterio de atribución objetiva del agente, donde la imputabilidad del deudor (sea por culpa o dolo) se establece ante la comprobación de un incumplimiento de la obligación pactada. Como dice Osti, la parte que incumple siempre responderá por su incumplimiento, a no ser que se aporte la prueba positiva de la causa no imputable, entendida ya como sinónimo de un caso fortuito[51]. Por lo tanto, la culpa del deudor infractor se determina sólo por la comprobación del incumplimiento de una obligación, sea por un hecho u omisión, dejando el examen de gradualidad de culpa como un asunto ajeno al referido sobre la existencia de la responsabilidad en si misma. Ello se desprende del artículo 1321° y del artículo 1329° del Código Civil. Nuestra legislación civil realiza un tratamiento objetivo tan similar a lo que el derecho italiano denomina como 'culpa contractual', según lo explica Doménico Barbero[52]:

> ...el deudor que no ejecuta exactamente la prestación debida, está obligado al resarcimiento del daño si no prueba que el incumplimiento o el retardo ha sido determinado por imposibilidad de la prestación proveniente de causa no imputable...

La mencionada 'culpa contractual' que evoca el derecho italiano también es recogida por el artículo 1315° y 1316° del Código Civil Peruano. Ello es un elemento más que nos demuestra que en nuestro sistema jurídico existe poca incidencia en el análisis de la gradualidad de culpa del agente en la producción del daño. Este hecho no sólo se experimenta en el derecho peruano o italiano, sino además en la mayor parte de jurisdicciones pertenecientes al sistema de Derecho Civil, como ocurre en el derecho alemán donde el deudor responsable por incumplimiento responde por todo género de culpa[53], o la obligación de indemnizar que propone el derecho francés[54] a quien no cumple su prestación sólo como consecuencia de los daños que acarreó dicho incumplimiento.

[51] Osti, Giuseppe. Revisione Critica della teoría sulla impossibilitá della prestazione. En Rivista di Diritto Civile. Anno X. Soceità Editice Liberaria. Milano: 1954. Citado en la Obra "Codigo Civil Comentado por los 100 mejores Especialistas". Op. Cit. Página 854.

[52] Barbero, Domenico. Sistema del Derecho Privado. Tomo III Obligaciones. Traducción de Santiago Sentis Melendo. Buenos Aires: 1967. Pagina 68.

[53] Ennecceruss, Ludwig. Derecho de Obligaciones. Revisión por Henrich Lehmann. Volumen Primero, Doctrina General. Segunda Edición. Barcelona: 1954. Pagina 226.

[54] "Si el deudor no cumple su obligación y como debiera, el acreedor tiene derecho de obtener una indemnización por daños y perjuicios, es decir, una suma en dinero equivalente al provecho que hubiera obtenido del cumplimiento efectivo y exacto de la obligación, a título de indemnización por el perjuicio sufrido". Mencionado por Planiol y Ripert, en "Tratado práctico de Derecho Civil francés". Tomo VII, Las Obligaciones (segunda parte). No. 821, página 132.

A pesar de la mencionada herencia del sistema de Derecho Civil referente al uso de la 'culpa contractual', nuestro sistema no se ha cerrado sólo a este tipo de culpa. Por el contrario, el Código Civil Peruano ha dejado una ventana abierta al análisis de la gradualidad de culpa como requisito previo al establecimiento de responsabilidad por daños. De este modo, el artículo 1321° establece distintos tipos de culpa, estableciendo una consecuencia específica para cada una de ellas:

> **Artículo 1321.-** Queda sujeto a la indemnización de daños y perjuicios quien no ejecuta sus obligaciones por dolo, culpa inexcusable o culpa leve.
>
> El resarcimiento por la inejecución de la obligación o por su cumplimiento parcial, tardío o defectuoso, comprende tanto el daño emergente como el lucro cesante, en cuanto sean consecuencia inmediata y directa de tal inejecución.
>
> Si la inejecución o el cumplimiento parcial, tardío o defectuoso de la obligación, obedecieran a culpa leve, el resarcimiento se limita al daño que podía preverse al tiempo en que ella fue contraída.

Como señala el derecho positivo y lo trata la doctrina, existen tres tipos de conducta del agente a partir de los cuales se realiza una determinada asignación de daños: dolo, culpa leve y culpa inexcusable. Lo más importante del artículo 1321° es, sin lugar a dudas, la diferenciación en el resarcimiento de daños a partir de la actuación del infractor. Por dolo debemos entender que es todo incumplimiento del deudor donde éste tiene plena conciencia de no cumplir su obligación, sea con el propósito de causar o no daño al acreedor[55]. Por lo tanto, independientemente de la intención de hacer daño, lo importante en el dolo es la intención premeditada de no cumplir en razón de un beneficio que conlleva su incumplimiento. Por otro lado, la culpa será, de modo lato, aquella falta de diligencia del agente que cause el incumplimiento, sin ser consciente ni tener interés en incumplir una determinada obligación. Ahora bien, entre culpa leve y la culpa inexcusable el elemento diferenciador se encuentra en el nivel de negligencia del actor. Por culpa leve (como señala el artículo 1320° del Código Civil) será la omisión de dili-

[55] Osterling, Felipe. "Inejecución de Obligaciones: Dolo y Culpa", en homenaje al doctor Rómulo E. Lanatta Guilhem. Cultural Cuzco Editores, 1986. Página 352.

gencia ordinaria esperada de un determinado deudor al cometer el incumplimiento. La teoría de la culpa, y en especial, la culpa leve fue tratada en Roma, dividiéndola en culpa leve *in abstracto* y culpa leve *in concreto*[56]. Ambos tipos de culpa leve confluyen en lo que conocemos como la falta de diligencia que comúnmente se le podría requerir al deudor, sea por su oficio, especialidad o experiencia.

Por otro lado y de acuerdo a lo que dispone el artículo 1329° y la doctrina mayoritaria, la culpa grave o inexcusable será aquella culpa que tendrá el agente cuando éste, por negligencia y sin intención, haya procedido con torpeza, abandono o descuido extremo y no haya ejecutado su prestación a satisfacción. Si bien las legislaciones y jurisprudencias de la mayor parte de países que han adoptado el sistema de Derecho Civil determinan la responsabilidad contractual por factores objetivos, nuestra legislación también ha dado la oportunidad de asignar un nivel de responsabilidad del infractor teniendo como referencia un factor subjetivo de trascendencia: el grado de culpa del agente infractor.

El artículo 1321° dispone que, en caso de negligencia inexcusable o dolo, el infractor deberá cubrir el daño emergente y el lucro cesante como resultado directo e inmediato del incumplimiento. En el caso de culpa leve, la reparación deberá limitarse sólo al daño que podía preverse al momento en que se cometió el incumplimiento. Independientemente de la razón que llevó al legislador a equiparar el efecto de la culpa inexcusable con el de dolo (manteniéndolos en el mismo 'nivel de responsabilidad'), nuestra legislación civil ha hecho un claro tratamiento de asignación de daños fundándose en el aspecto subjetivo del agente. Nuestra legislación nos muestra que el factor psicológico del deudor al momento de incumplir su obligación es un elemento relevante en la asignación de daños.

Más allá del análisis probatorio sobre el dolo y la culpa inexcusable, o la demostración de los daños a ser indemnizados, no cabe duda que el factor de atribución subjetivo juega desde hace tiempo un rol importante en la res-

[56] El derecho francés acoge la figura de culpa con base románica, a entender por culpa leve in bastracto y culpa in concreto. La culpa leve in abstracto era aquella en que incurría quien no prestaba los cuidados de un bonus et diligens pater familias (buen padre de familia) o persona de diligencia común. La culpa leve in concreto se determinaba por medio del propio deudor, a saber si había puesto o no los mismos cuidados que en sus otros asuntos. Se debía determinar si era una persona muy cuidadosa o responsable. Esta diferenciación lo menciona el profesor Felipe Osterling Parodi en "Inejecución de Obligaciones: Dolo y Culpa". Op. Cit. Pagina 359.

ponsabilidad civil, teniendo la presencia de dos elementos de fundamental relevancia: i) la presunción (*iuris tantum*) de la culpa leve (artículo 1329° del Código Civil) frente a la carga probatoria del perjudicado en caso de dolo y/o culpa inexcusable (artículo 1320° del Código Civil); y ii) la diferenciación de la clase de daños a ser indemnizados de acuerdo al nivel de culpa del agente. Considerando que nuestra legislación civil (el cual toma como base el derecho romano en lo que se refiere a la teoría de culpa) ha considerado el factor de atribución subjetivo del agente como elemento importante en la responsabilidad civil contractual, nada obsta para considerarlo como elemento esencial para establecer un método de distribución de daños ante una demora concurrente.

2.5 Propuesta de Solución ante Una Demora Concurrente en el Perú

Con el fin de proponer un procedimiento eficiente de solución ante una demora concurrente, es necesario diferenciar dos tipos de concurrencia, a fin de emprender de modo correcto ciertas etapas del procedimiento. La primera concurrencia se determina por aquella donde ambas partes tienen algún nivel de participación, tanto por acción u omisión, generándose una concurrencia con doble intervención. Por otro lado, hay ciertas demoras concurrentes originadas por la acción de eventos donde existe sólo la intervención de una de las partes y por otro lado la intervención de fuerzas ajenas, como los hechos fortuitos o los casos de fuerza mayor. Esta última clase de casos se pueden identificar como aquellas de intervención unitaria, característica relevante en ciertos casos para determinar el método adecuado ante este tipo de controversias.

La dificultad en la solución de disputas por concurrencia de demoras se centra principalmente en determinar la responsabilidad de cada uno de los contratantes (materia de discusión de las distintas doctrinas y jurisprudencias ya expuestas). El juzgador encargado de resolver la controversia deberá discriminar los daños y el tiempo que cada una de las partes han generado por sus actos, omisiones o eventos externos asignados a cada uno de ellos y de ese modo, establecer una justa y equitativa asignación de responsabilidad. Con el fin de alcanzar dicho objetivo, creemos importante emplear el siguiente procedimiento de solución, el cual es el resultado del análisis de la doctrina y la jurisprudencia extranjera en concordancia con nuestra legislación y doctrina.

El procedimiento de solución se conforma por los siguientes métodos o pasos a emplear para resolver un caso de demora concurrente:

i. Análisis de la Causa Dominante (*Dominant Cause*)
ii. Empleo del Método de Ruta Crítica (CPM)
ii. Distribución (o *Apportionment*) de Responsabilidad

Es fundamental considerar el orden de los tres pasos o métodos expuestos, toda vez que el análisis y la actividad probatoria se hace cada vez más profundo y complejo conforme se pasa de un método al otro.

2.5.1 Método de la Causa Dominante (Dominant Cause)

El análisis de la causa dominante o *Dominant Cause* (como lo denomina la doctrina extranjera) se basa en la determinación del evento con la mayor preponderancia sobre el resultado causado por la demora, como ya lo expusimos en el acápite 1.2 del presente trabajo. La teoría de la causa dominante ha estado presente en diversos pronunciamientos judiciales en países como Reino Unido como en Estados Unidos, donde los tribunales judiciales acuden a dicho análisis antes de pasar a otras vías de solución, como ocurrió en el caso *City Inn*[57], tanto en primera como en segunda instancia.

Podemos también proponer un ejemplo adicional al que ya fuera mencionado en el acápite 1.2 con el fin de observar con mayor detenimiento el razonamiento del juzgador para identificar el elemento de mayor preponderancia, y de ese modo, confirmar la existencia de una causa dominante.

En primer lugar revisemos una vez más el ejemplo citado según el gráfico (2) perteneciente al acápite 1.2. En dicho ejemplo el elemento de temporalidad (días de lluvias) tuvo mayor preponderancia sobre el evento referido a mayores recursos. En el gráfico (2) se observa claramente esta prevalencia, donde el evento meteorológico dura mayor cantidad de tiempo frente a la necesidad de mayor mano de obra. La potencia causal de las lluvias extraordinarias esta claramente por encima del evento relacionado a la escases de mano de obra. Es cierto que la obligación en la obtención de

[57] "Ni la primera instancia (Outer House) ni la segunda Instancia (Inner House) en City Inn descartaron la fuerza causante de la causa dominante como paso preliminar". En "International Approaches to the Legal Analysis of Concurrent delay: Is there a Solution for English Law?". Cocklin, Matthew. Op cit. pagina 7.

la mano de obra a cargo del contratista no se cumplió en el día que debía contar con ésta, sin embargo, también es cierto que las precipitaciones hubiesen del mismo modo imposibilitado la ejecución del trabajo que debía ejecutar el personal del contratista (aún en el caso que dicho personal se encontrara en el sitio de trabajo según las condiciones acordadas). Dado que las lluvias extraordinarias se iniciaron con anterioridad a la obligación a cargo del contratista y concluyó después del incumplimiento de éste último (el Contratista finalmente consiguió el personal requerido), vemos que existe una evidente preponderancia por parte de las lluvias extraordinarias sobre el incumplimiento en proveer de mano de obra especializada. De esta manera y de acuerdo al gráfico (2), los días del evento B se encuentra dentro del lapso de tiempo que representa el evento A, determinándose por lo tanto una predominancia del evento A sobre el evento B por un elemento temporal. En este caso, la Causa Dominante de la demora concurrente se encuentra en el evento A.

Veamos a un segundo ejemplo. En este caso la potencia causal (*caustive potency*) puede encontrarse en el evento determinado como causa principal de un segundo evento; siendo ambos eventos el origen de una demora concurrente. Supongamos que existe la necesidad de construir un dique, proyecto que tiene un atraso de seis días a consecuencia, en principio, de la demora de los trabajos de responsabilidad del contratista. El contratista, por su parte sostiene que dicha demora se debió en mayor medida, por entregas parciales del nuevo diseño de un dren. El diseño en mención es un cambio al proyecto debido al descubrimiento de aguas subterráneas, lo que no fue previsto inicialmente. Por ello el propietario ordena realizar el nuevo diseño del dren a una oficina de ingeniería contratada por éste y su ejecución al contratista, reconociendo una compensación total de seis días de atraso y la correspondiente compensación económica.

Sin embargo, debido al deficiente trabajo del agente contratado por el propietario la entrega del nuevo diseño se realizó mediante entregas parciales, afectando seriamente el proceso constructivo llevado a cabo por el contratista. Dicha afectación tuvo un atraso de seis días, los cuales se adicionan a los primeros 6 días otorgados inicialmente por el propietario por el mismo trabajo.

La afectación de 12 días en total (6 días compensables y 6 días atribuibles al contratista) se encuentran ilustrados en el gráfico (3), donde se aprecia el impacto de la ejecución de la actividad "Dren Principal".

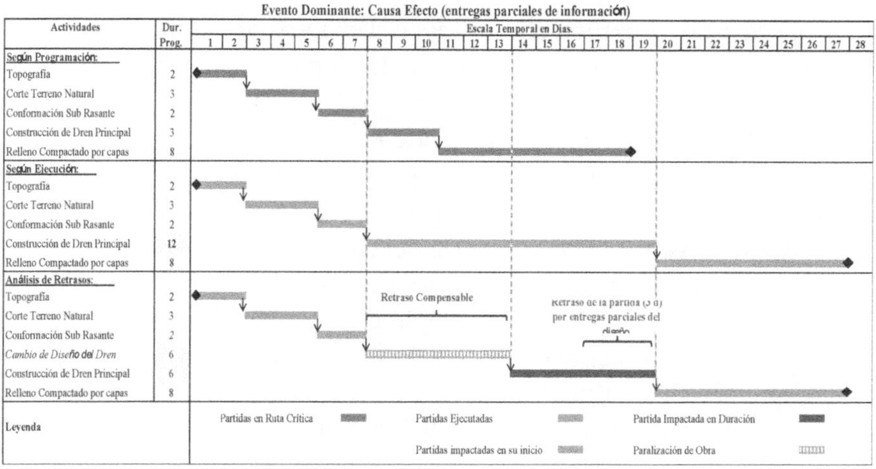

Gráfico (3)

En el caso ilustrado por el Gráfico (3)[58] vemos en la construcción del Dren Principal dos eventos, uno de responsabilidad del contratista como la demora excesiva de los trabajos (por ineficiencia productiva), y por otro lado, el que se encuentra a cargo del propietario, como es el contar con un diseño libre de defectos y su deber de cooperación con el contratista evitando cualquier obstrucción en su desempeño. Estos dos eventos podrían tener una equivalente fuerza frente a la demora y podría no ser posible, en principio, determinar el elemento dominante. Sin embargo, el contratista puede determinar, por medio de un exigente ejercicio probatorio, que los constantes cambios de diseño afectaron directamente el ritmo y calidad del trabajo del contratista y no fue sólo ineficiente. Es altamente probable que prevalezca dicha posición, lo que dependerá de las pruebas ofrecidas en la controversia. De ser así estaríamos frente a otro caso de causa dominante en base a una vinculación de causa y efecto de los eventos materia de análisis. Por lo tanto, la causa real del trabajo defectuoso del contratista fue en realidad los constantes cambios de diseño del propietario (la verdadera causa dominante de este segundo ejemplo).

[58] Gráfico (4) en colaboración con el ingeniero Rodriguez. Op. cit.

Como regla general, en una concurrencia de demoras donde encontramos una causa dominante, el causante del evento con dominancia deberá ser el responsable tanto en la cobertura del tiempo como con la afectación económica total. Sin embargo, ello no imposibilita que el juzgador encuentre una solución más equitativa cuando el caso lo exija, más aún cuando existe cierto nivel de responsabilidad por el agente que cometió el evento no preponderante. En el presente caso no podemos dejar de lado la existencia de cierta negligencia por parte del contratista en la ejecución de los trabajos como parte de los cambios ordenados. Si bien existe prevalencia del evento de responsabilidad del propietario, el juzgador podrá asignar al contratista cierto porcentaje de daños que represente las consecuencias de su negligencia. El Código Civil peruano no señalan este camino de modo directo pero si establece la posibilidad que el juzgador evalúe un monto de resarcimiento por el nivel de culpa del deudor de la obligación (artículo 1321°), como también otorga al juzgador hacer uso del criterio de equidad cuando el daño no pueda ser probado en su monto preciso (artículo 1332°).

Un comentario aparte merece el tema referente a los reclamos globales de obra (o *global claims*). Tal como sostiene gran parte de la doctrina, el requisito fundamental de dicho reclamo es la no existencia de responsabilidad de quien alega dicho reclamo. En pocas palabras, el reclamo deber ser prístino e inmaculado de cualquier elemento que sugiera alguna participación del contratista, lo que no es posible ante caso de demora concurrente. Ante este complejo escenario, creemos oportuno considerar las 3 vías o modos que pueden atenuar el deber del contratista de cumplir con dicho requisito y que fuera propuesto por el juez Drummond Young en el caso *City Inn v Shepherd*[59]. En dicha oportunidad el magistrado escocés citó el caso *John Doyle Construction v Laing Management* en lo referente al tratamiento del reclamo global presentado por el contratista. El juez Drummond mencionó como primera vía la posibilidad de identificar una relación causal entre los eventos de responsabilidad del propietario junto con las pérdidas (individualmente determinadas) materia de reclamo. Una segunda vía sería el uso del sentido común y la lógica en lo que se refiere al análisis de principales causas de demora. Sobre esta cuestión, si fuera posible identificar un acto del propietario como causa dominante de las pérdidas, este camino sería suficiente. Por último, la tercera vía sería la asig-

[59] Caso City Inn v Shepherd. Op. Cit. Párrafo 20 y 21.

nación de pérdidas según las causas por las cuales el propietario es responsable (utilizando directamente el enfoque de distribución o *apportionment*). Creemos que las vías expuestas pueden ser válidamente consideradas en un reclamo global mediante la cual se reclame una demora concurrente.

2.5.2 Uso del Método de Ruta Crítica o CPM

Tal como lo expusimos en el acápite 3.2 del presente trabajo, el CPM nos ayuda a identificar las actividades que son parte de la ruta crítica, donde cualquier impacto a dichas actividades puede redundar en el atraso del proyecto en su conjunto.

Ante una demora concurrente, el juzgador puede, mediante el CPM, diseccionar los eventos del proyecto y asignar las demoras a los agentes culpables de impactar las actividades críticas, según el cronograma establecido. Este método nos lleva a una asignación de daños de acuerdo a la demora producida, demora que es el resultado de los eventos de responsabilidad tanto del contratista como del propietario.

Creemos que el uso del CPM en demoras concurrentes es un método más científico de asignación de daños. Para muchos como Mathew Cocklin el empleo del CPM "es la mejor técnica para evidenciar la ruta crítica y la verdadera causa de los impactos de tiempo"[60]. La utilización del CPM tiene directa relación con el uso de la tecnología contemporánea en la gestión de proyectos. A este tipo de distribución 'científica' la podemos denominar también como el método de distribución norteamericana (o *apportionment* norteamericano), la cual goza de gran acogida por la judicatura estadounidense frente a las demoras concurrentes.

Pasemos a un cuarto escenario para ejemplificar el uso del CPM. Supongamos que durante la ejecución de una carretera, según el cronograma de actividades, se ejecuta el componente "Movimiento de Tierras y Pavimentos", considerando en una misma ventana de tiempo las actividades que son parte de dicho componente. En el gráfico (4) tenemos una ventana de tiempo donde vemos dos actividades que son impactadas en momentos diferentes por eventos de responsabilidad tanto del propietario (al término de la actividad Conformación de la Sub Rasante) y de responsabilidad del contratista (durante la actividad Corte del Terreno Natural). En este caso

[60] Cocklin, Matthew. Op. Cit. Pagina 11.

tenemos una demora concurrente constituido por eventos ocurridos en momentos diferentes, pero donde los impactos confluyen en el resultado final del componente (Movimiento de Tierras y Pavimentos).

El gráfico (4)[61] nos muestra un ejemplo del uso del CPM para demoras concurrentes. De este modo podremos disgregar las actividades afectadas en la ruta crítica y distribuir los impactos a cada uno de los agentes según los daños producidos por cada evento en cada actividad, considerando los días de atraso total del componente. El análisis de una ventana de tiempo por medio del CPM permite alcanzar una asignación de responsabilidad objetivamente comprobable, distribuyendo los impactos económicos como resultado de una correcta disgregación de daños por cada actividad, determinando la porción del impacto a ser cubierto por cada uno de los agentes responsables.

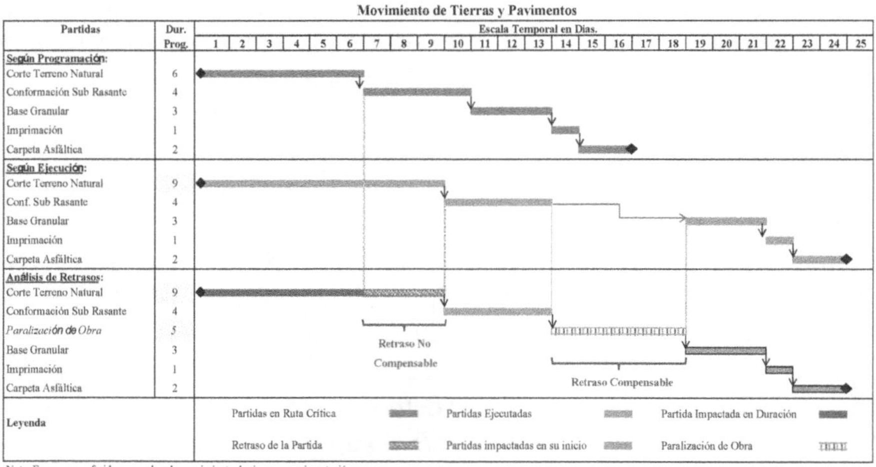

Nota: Es un caso referido a una obra de movimiento de tierras y pavimentación.

Grafico (4)

A partir del análisis CPM en eventos concurrentes, el juzgador podrá, gracias a las herramientas gráficas que aporta este método, asignar apropiadamente la demora en una ventana de tiempo. Sin este análisis sería difícil asignar la responsabilidad equitativamente a cada una de las demoras identificadas en la ruta crítica. Cuando no sea posible discriminar los

[61] Gráfico (4) en colaboración con el ingeniero Rodriguez. Op. Cit.

impactos utilizando el CPM, será necesario pasar al siguiente método, la distribución de responsabilidad por demoras concurrentes.

2.5.3 Distribución de Responsabilidad por Demoras Concurrentes

La distribución de responsabilidad que proponemos en el presente trabajo es el resultado de valiosos aportes provenientes de dos vertientes: la doctrina norteamericana referida al método *jury verdict* y la teoría de distribución escocesa (o *apportionment*) considerado en el caso *City Inn v Shepherd.* Como sabemos, el presente método de distribución será necesario sólo cuando los otros dos métodos (expuestos líneas arriba) no puedan utilizarse. Por lo tanto consideramos que este método es una solución residual a las dos anteriores.

En casos donde no existen registros suficientemente claros para determinar la magnitud exacta del daños de los eventos que surgen en momentos diferentes (como sí ocurre al utilizar el método del CPM), podremos emplear el método *jury verdict* para asignar la proporción del daño total a cada una de las partes. En este último caso, la decisión de utilizar el CPM o el método *jury verdict* dependerá justamente de la ausencia o no de los registros que ayuden a determinar numéricamente los daños de cada demora o porque la concurrencia de los eventos es más compleja.

Mediante el método *jury verdict,* según el procedimiento ya expuesto en el acápite 3.3 del presente trabajo, el juzgador podrá identificar el 'peso' de cada evento en relación a la afectación total del atraso. Por tanto, la asignación de responsabilidad se realizará de modo razonable determinando la relevancia de cada evento o acto de los agentes.

En caso no sea posible utilizar el método *jury verdict* por distintas razones que impidan identificar el mayor 'peso' o relevancia de alguno de los eventos que generaron la demora, creemos necesario pasar al método de distribución de responsabilidad inspirado en el *apportionment* escocés. El método de distribución propuesto se deberá utilizar siguiendo el razonamiento que dispone el Código Civil peruano en lo referente al factor de atribución del agente en materia de responsabilidad. Expliquemos brevemente.

El enfoque propuesto por el juez Drummond en el caso *City Inn* se basa fundamentalmente en dos elementos: en el grado de culpabilidad de los agentes involucrados en las causas de demora y el 'peso' o importancia de cada uno de los eventos que influyeron en la demora (ya mencionado en el acápite 2 del presente trabajo).

Para el juez Drummond el análisis del 'peso' o relevancia de los eventos que causan la demora concurrente sea igual de importante que el grado de culpa de los agentes, debiéndose considerar tanto la duración de la demora causada por cada uno de los eventos y el nivel de importancia de cada evento que influye en la demora total (similar al *jury verdict* norteamericano). Entonces, el monto resultante a ser distribuido, según el método de distribución escoces, es el resultado a partir del análisis de culpabilidad de los agentes y el nivel de importancia de los eventos en la demora resultante. Al ser el segundo factor muy próximo al método jury verdict (y siendo ésta última una vía previamente descartada para continuar con el análisis de fondo) el método de distribución a emplearse considerará principalmente el primer elemento del *apportionment* escocés como es el grado de culpa del agente.

Como hemos mencionado anteriormente, de acuerdo al artículo 1321°, nuestra legislación civil reconoce el factor de atribución subjetiva como elemento esencial en la gradualidad del resarcimiento. Por lo tanto, ante una demora concurrente el juzgador podrá analizar el nivel de culpa de cualquiera de las partes al momento de asignar cierta responsabilidad en la cobertura de daños. El juzgador podrá utilizar la gradualidad del daño como lo dispone el artículo 1321° del código civil o realizar una razonable gradualidad en tanto el análisis probatorio lo permita frente al dolo, a la culpa inexcusable o a la culpa leve.

Por lo tanto, el examen del nivel de culpa del agente para la asignación de responsabilidad, propuesto por el juez Drummond, es un elemento válido a ser aplicado en nuestro derecho, no sólo por la mayoritaria doctrina proveniente del sistema de Derecho Civil, sino además por la cabida que nuestra legislación civil otorga al factor subjetivo del agente responsable.

En estas circunstancias los artículos 1318°, 1319°, 1320° y 1321° del Código Civil son la bisagra que el juzgador peruano cuenta para tomar de la experiencia foránea ciertos métodos aplicables a nuestro ámbito como ocurre con el método de distribución de responsabilidad inspirado en el *apportionment* escocés, con la finalidad de resolver un caso de demoras concurrentes.

En relación al análisis de culpa, el derecho de la construcción otorga las herramientas suficientes a los tribunales para poder dilucidar el nivel de responsabilidad de los contratantes según a su actuación. Consideramos que los principios del derecho de la construcción, los cuales son recogidos a partir de la constante experiencia en la industria de la construcción, pueden utilizarse para establecer el nivel de responsabilidad de los agentes. Entre los principales principios del derecho de la construcción a considerarse en este tipo de controversias tenemos los siguientes:

Principio de cuidado diligente del contratista para cumplir los términos acordados. Este principio tiene directa relación con la obligación del constructor para concentrar sus esfuerzos no sólo en ejecutar su prestación según las condiciones acordadas, sino además, la de concentrar los esfuerzos razonables para proteger la obra ante cualquier amenaza que ponga en peligro su culminación oportuna. Este principio tiene como límite cualquier exigencia que sobrepase lo razonablemente esperado, de acuerdo a los recursos y experiencia que disponga el contratista. Por ello exigir la superación de un evento evento fortuito o de fuerza mayor sería sobrepasar lo razonablemente esperado. En caso no ocurra una situación que vaya más allá de lo previsible y esperado y exista una falla en el cumplimiento de este principio, podríamos estar ante un caso de culpa. Serán las pruebas las que determinen el nivel de culpa, sea leve, inexcusable o una actuación con dolo.

- **Principio de verdadera cooperación entre las partes.** Este principio se deriva del principio del buena fe contractual. Las partes se deben mutua cooperación, considerando además el objetivo común de los intervinientes como es la culminación del proyecto en el tiempo, calidad y el precio acordado. La debida cooperación debe ser practicada de modo constante, siendo su cumplimiento plenamente fáctico. Asimismo, el cumplimiento del mencionado principio se encuentra dentro del dominio de cada una de las partes y sólo depende de éstas su ejecución. El envío de información de modo pertinente, completo y claro a la otra parte; el otorgamiento de autorizaciones y permisos en el modo que eviten atrasos innecesarios, la no obstaculización a la contraparte en la ejecución de sus actuaciones sea por actos u omisiones; el evitar comunicaciones ambiguas, el promover relaciones de cordialidad y buen entendimiento, entre otras prácticas, serán la real demostración en el cumplimiento del principio de verdadera cooperación entre los agentes. Si alguna de las partes prueba alguna falta al principio de cooperación, como consecuencia de ello podrá acusar algún nivel de culpa en la contraparte.

- **Principio del deber de dirección del propietario.** Siendo el propietario quien encarga la ejecución de un determinado proyecto, tiene el derecho y el deber de establecer las directrices bajo las cuales se ejecutará la prestación a cargo del contratista, según lo contractualmente establecido. En caso exista alguna ambigüedad en la determinación de ciertos alcances, se requiera cierta información para avanzar los trabajos encargados o se necesite definir la ejecución de ciertas prestaciones y ninguna solución a estas necesidades se encuentra en los documentos contractuales, será el propietario quien ejerza su derecho y deber de dirección, llenando los vacíos o absolviendo las ambigüedades que se requieran, evitando las obstrucciones que pudieran generar dicha circunstancia en la prestación del contratista. Siendo el propietario el primer interesado en la culminación del proyecto según las clausulas suscritas, no podrá trasladar dicha obligación de impulso al contratista y el contratista no deberá intervenir fuera del rol que le asiste el contrato. La ruptura de este principio podrá devenir en alguna falla de cualquiera de los contratantes, sobreviniendo en la culpa de la parte infractora.

Una vez establecido el procedimiento de solución, considerando los tres métodos expuestos como es el análisis de causa dominante, el método de ruta crítica y la distribución de responsabilidad por *jury verdict* o por el análisis de culpa del agente, es necesario considerar los eventos donde ninguna de las partes tiene intervención pero contractualmente se le asigna el deber de cobertura ante su surgimiento. El caso más recurrente es el caso fortuito o la fuerza mayor. Al no existir ninguna intervención de las partes, no es posible analizar la culpa del agente. En estos casos, cuando no es posible asignar cierta responsabilidad por la no actuación de ambas o de alguna de las partes, creemos pertinente otorgar el tiempo total involucrado en la demora concurrente a favor del contratista (o a la parte contractualmente favorecida ante un caso fortuito o un evento de fuerza mayor), considerando la imposibilidad de discriminar la demora causada por el evento externo de la demora causada por el contratista. Este criterio es similar al adoptado por los tribunales estadounidenses y los ingleses en lo que se refiere al otorgamiento de tiempo (como en el caso *Mailmason*).

Sin embargo, para la asignación del impacto económico, creemos fundamental analizar el nivel de culpa de la parte que falló u omitió la ejecución de su prestación a cargo. Debemos igualmente aplicar la regla impuesta por nuestro derecho civil de responsabilidad, considerando la obligación de cubrir los daños a quien se le impute culpa leve, culpa inexcusable o por dolo. En estos casos, es necesario establecer el nivel de culpa del agente que falló u omitió su prestación y así determinar de modo razonable la proporción o porcentaje que se le deberá asignar para la cobertura de daños, sea mediante el pago o la compensación.

Conclusiones

Las controversias relacionadas a las demoras concurrentes generan altos índices de conflicto, no sólo por los intereses comprometidos, sino además, por la complejidad de los elementos involucrados en éstas. Por ello la importancia de encontrar un camino de solución eficiente, más aún cuando la culminación de ciertas obras o la finalización de una disputa depende de una solución razonable.

Los intereses, las conflictos y los objetivos en torno a los proyectos de infraestructura seguirán siendo los mismos tanto en el Perú como en otras jurisdicciones, por lo que es necesario encontrar una 'llave' eficiente y razonable que nos ayude a aligerar la carga que significa tener disputas sin una adecuada y eficiente salida. Creemos importante considerar para este fin lo siguiente:

El procedimiento propuesto en el acápite 5 del presente trabajo compuesto por tres vías como es el método de la causa dominante, el método de Ruta Crítica (CPM) y el método de asignación de responsabilidad, es el resultado del estudio de la experiencia extranjera mediante la adaptación a nuestra realidad jurídica, según la legislación peruana y la doctrina proveniente del sistema de derecho civil.

El mencionado procedimiento propone una determinada solución a una disputa originada por daños atribuibles a ambas partes. Será necesario considerar el orden de los métodos según el procedimiento propuesto, toda vez que el análisis de hechos será cada vez más riguroso conforme se pase de un método a otro. La actividad probatoria en esta tarea es altamente exigente.

El procedimiento mencionado no solo busca una solución eficiente y razonable, sino además, evita beneficiar a quienes ejecuten sus prestaciones con negligencia o dolo o quienes dejen de ejecutar éstas por las mismas razones. De este modo, si una parte quisiera evadir alguna porción de responsabilidad sosteniendo la existencia de una demora concurrente, deberá probar además el nivel de responsabilidad en la demora final resultante.

Por lo tanto, obtener soluciones eficientes y equitativas será indispensable para alcanzar una industria más desarrollada, otorgando incentivos a aquellos que lleven adelante sus actividades con la debida diligencia, eficacia y cooperación. No hay otro camino de avance.

Reconocimientos

A Matthew Cocklin, por sus aportes, ideas y apoyo en el desarrollo del presente trabajo. Fue altamente provechoso su punto de vista para el presente trabajo, lo cuál fue invalorable.

A Jan-Bertram Hillig, amigo y colega del estudio de abogados Böergers de la ciudad de Berlín, Alemania, por la invitación a la exposición del 12 de octubre 2015 del tema central del presente artículo. Su invitación y sus propuestas fueron valiosas para la elaboración del presente artículo.

A Quitação e seus Efeitos nos Contratos de Construção

Marlon Shigueru Ushiro Ieiri

Bruno Panarella

Introdução

A execução de obras complexas está sujeita a uma série de variáveis que alteram o curso do planejamento elaborado pelas partes à época da celebração do contrato. Mudanças são comuns; por vezes, são mesmo esperadas. Raramente o projeto que chega ao fim é retrato fiel do projeto concebido originalmente.

É frequente que as alterações pontuadas no curso da execução sejam formalizadas por instrumento contratual. Como regra, cláusulas que cogitam de quitação são inseridas pelas partes nos aditivos que concertam. Observadas as regras gerais que disciplinam os atos jurídicos, a estipulação de cláusulas de quitação é perfeitamente lícita.

Sem embargo, em relações jurídicas derivadas de contratos de construção de grandes obras, a quitação é frequentemente empregada com finalidades enviesadas. O texto se presta a precisar os quadrantes do instituto com o propósito de solucionar problemas comuns a que a quitação dá lugar.

1 Conceito e Estrutura

A prova do pagamento incumbe ao devedor: trata-se de regra sobre distribuição do ônus da prova com larga tradição no direito das obrigações[1]. O pagamento não se presume[2]. O devedor que o alega não pode argumentar com probabilidades: tem de fazer prova definitiva de que o realizou[3]. O principal[4] meio de que o devedor dispõe para se desincumbir do ônus que lhe corre é a quitação.

Na prática, quitação é termo plurivalente. Emprega-se indistintamente para designar prova do pagamento, pagamento, remissão de débito, renúncia, entre outros institutos relacionados, direta ou indiretamente, com a

[1] Cfr., *v.g*, Lacerda de Almeida, Francisco de Paula. *Obrigações*, São Paulo, Jacintho Ribeiro dos Santos, 1897, pp. 363 e ss; Nonato, Orosimbo. *Curso de obrigações*, 2ª pte., v. I, Rio de Janeiro, Forense, 1960, p. 204; Pereira, Caio Mario. *Instituições de direito civil*, v. II, 22ª ed. [atualizada por Guilherme Calmon Nogueira da Gama], Rio de Janeiro, Forense, 2009, p. 194; Rizzardo, Arnaldo. *Direito das obrigações*, 2ª ed., Rio de Janeiro, Forense, 2006, p. 310. Na doutrina estrangeira, Granelli, Carlo. *Quietanza*, in *Digesto delle Discipline Privatistiche*, Sezione Civile, XVI, Torino, UTET, 2001, p. 162; Cendon, Paolo (a cura di). *Commentario al Codice Civile. Artt. 1173-1320: obbligazioni*, Milano, Giuffrè, 2009, p. 347; Carbonier, Jean. Droit civil, v. II, Paris, PUF, 1956, p. 2476; Terré, François; Simler, Philippe; Lequette, Yves. *Les obligations*, 9ª ed., Paris, Dalloz, 2005, p. 1287.

[2] Cfr. Carvalho de Mendonça, Manoel Ignácio. *Doutrina e prática das obrigações*, t. I, 3ª ed. [atualizada por J.M. de Carvalho Santos], Rio de Janeiro, Freitas Bastos, 1938, p. 422.

[3] Cfr. Amaral Santos, Moacyr. *Prova judiciária no cível e no comercial*, v. I, São Paulo, Max Limonad, s.d., p. 154.

[4] Rigorosamente, o pagamento pode ser provado por qualquer meio de prova (Coelho da Rocha, M.A., *Instituições de direito civil portuguez*, t. I, Lisboa, Livraria Classica, 1907, p. 100; Pontes de Miranda, Francisco Cavalcanti. *Tratado de direito privado*, t. XXIV, Rio de Janeiro, Borsói, 1959, p. 181; Tepedino, Gustavo; Schreiber, Anderson. *Código Civil comentado*, v. IV, São Paulo, Atlas, 2008, p. 222; Silva, Jorge Cesa Ferreira da. *Adimplemento e extinção das obrigações*, São Paulo, RT, 2006, p. 191; Galvão Telles, Inocêncio. *Direito das obrigações*, 7ª ed., Coimbra, Coimbra Editora, 2010, p. 295; Planiol, Marcel; Ripert, Georges. *Traité pratique de droit civil français*, t. VII, Paris, Librairie Générale de Droit & Jurisprudence, 1931, pp. 528-529; Malinvaud, Philippe. *Droit des obligations*, 9ª ed., Paris, Litec, 2005, p. 515). Vigem, entretanto, limites legais à admissibilidade de provas testemunhais. O artigo 227 do Código Civil veda a produção de prova exclusivamente testemunhal de negócios jurídicos superiores ao décuplo do salário mínimo. Essa regra, em todo caso, foi expressamente revogada pelo artigo 1072, II, do novo Código de Processo Civil. Sua vigência chegará a cabo com o termo final da *vacatio legis* da nova lei, em 18 de março de 2016.

extinção do vínculo obrigacional e a liberação do devedor[5]. A consulta aos dicionários técnicos ilustra bem a questão: cogita-se de quitação como sinônimo de exoneração do devedor, desistência ou renúncia de direito, remissão de dívida, entre outras expressões com conotação liberatória[6].

O emprego indiscriminado do termo repercute na doutrina. Em tema de quitação, os autores brasileiros nem sempre são precisos. Raramente se dedicam a discutir aspectos fundamentais do instituto, como sua estrutura e eficácia típica. A jurisprudência tampouco oferece dados consistentes que permitam identificar uma corrente clara.

A quitação é disciplinada pelos artigos 319 e seguintes do Código Civil. A aparente simplicidade do regramento não deixa entrever as questões delicadas que se plantam a seu respeito. De regra, a doutrina define quitação como declaração escrita do credor com o reconhecimento de haver recebido a prestação a que o devedor se achava obrigado[7]. A esse núcleo conceitual, entretanto, os autores brasileiros soem acrescentar *elementos de estilo* – por vezes sem muito rigor e como regra sem nenhuma discus-

[5] Cfr. Locatelli, Piero. *Quietanza (atto di)*, in *Novissimo Digesto Italiano*, v. XIV, Torino, UTET, 1957, p. 705.

[6] Cfr. Nunes, Pedro. *Dicionário de tecnologia jurídica*, v. 2, 6ª ed., Rio de Janeiro, Freitas Bastos, 1965, p. 346: "Quitação – (*aceptatio*) – Exoneração do devedor que satisfaz a obrigação. Declaração, escrita pelo credor, de que recebeu do devedor determinada importância relativa a seu crédito, de que se acha pago e satisfeito, liberando-o por isso da dívida. Recibo. Uma das formas de remissão de dívida. O documento que contém a quitação"; De Plácido e Silva, Oscar Joseph. *Vocabulário jurídico*, 27ª ed., Rio de Janeiro, Forense, 2008, p. 1149: "Quitação. Formando de quitar, do latim medieval *quitare*, alteração de *quietare* (dar descanso), entende-se o ato pelo qual o credor desonera seu devedor da obrigação que tinha para com ele. Assim, a quitação tanto se revela na declaração resultante do recebimento da prestação, pela qual se cumpriu a obrigação, como pela desistência ou renúncia ao direito que se tinha sobre o devedor, pela qual fica o mesmo liberado da obrigação. [...]. A quitação, juridicamente válida, tem a finalidade imediata de desonerar ou exonerar o devedor de toda e qualquer responsabilidade acerca da obrigação quitada. Por isso, não pode mais ser importunado pelo credor pela mesma obrigação. É deixado em descanso. Somente prova irretorquível de simulação, erro ou falsidade terá eficácia para anular os efeitos jurídicos que deva produzir"

[7] Cfr., v.g., Pontes de Miranda, Francisco Cavalcanti. *Tratado de direito privado*, t. XXIV, Rio de Janeiro, Borsói, 1959, p. 129: "*A quitação ou recibo quitante é o principal meio de prova do adimplemento, não só do pagamento, em sentido estrito. É o reconhecimento, de ordinário escrito, ou não, de se haver recebido aquilo que se devia, ou que satisfez a pretensão do credor*"; e Serpa Lopes, Miguel Maria. *Curso de direito civil*, v. II, 2ª ed., Rio de Janeiro, Freitas Bastos, 1957, p. 231: "*A palavra quitação origina-se do latim medieval – quitare – alteração de quietare, significando deixar tranquilo. No sentido jurídico, quitação é o escrito pelo qual um credor reconhece ter recebido o pagamento do seu crédito*".

são destinada a esclarecê-los – que podem sugerir conclusões diversas a respeito da estrutura e da eficácia do instituto.

Adiante, descrevem-se a natureza jurídica e a eficácia típica da quitação, tomada em seu sentido técnico-jurídico preciso, segundo o direito positivo.

2 Natureza e Eficácia

A quitação qualifica-se como ato jurídico *stricto sensu*[8]. O credor não a outorga porque lhe apraz, senão porque a *deve* passar[9]: não se cuida de comportamento livre (*quod placet*), senão necessário (*quod oportet*)[10]. Esta, a regra do artigo 319 do Código Civil: o devedor pode exigi-la e reter, licitamente, o pagamento até que a obtenha regular, isto é, de acordo com os requisitos do artigo 320.

O dado é relevante. Negar à quitação natureza de negócio jurídico implica restringir seu conteúdo a efeitos típicos disciplinados pela lei[11]. Segue daí que, ao passá-la, o credor pratica ato jurídico com efeitos pre-

[8] Neste sentido, *v.g.*, Pontes de Miranda, Francisco Cavalcanti. *Tratado de direito privado*, t. II, 4ª ed., 2ª tir., São Paulo, RT, 1983, p. 186; Mello, Marcos Bernardes de. *Teoria do fato jurídico*, 7ª ed., São Paulo, Saraiva, 1995, p. 135. Na doutrina recente, Vianna, Marco Aurélio S. *Curso de direito civil: direito das obrigações*, Rio de Janeiro, Forense, 2007, p. 277; Lobo, Paulo. *Direito civil: obrigações*, 2ª ed., São Paulo, Saraiva, 2011, p. 186; Silva, Jorge Cesa Ferreira da. *Adimplemento e extinção das obrigações*, São Paulo, RT, 2006, pp. 191-192. Na doutrina estrangeira, Bianca, Cesare Massimo. *Diritto civile*, v. IV, Milano, Giuffrè, 1993, p. 320; Roppo, Vincenzo. *Diritto privato*, 3ª ed., Torino, Gianpichelli, 2013, p. 290; Bozzi, Giuseppe. *Obbligazioni*, V. III, t. I [coord. Andrea Zoppini], Milano, Giuffrè, 2009, p. 182; Franceschetti, Paolo; Marasca, Massimo; *Le obbligazioni*, Santarcancelo di Romagna, Maggioli Editori, 2008, p. 120; Uda, Giovanni Maria. *Trattato delle obbligazioni*, v. I, t. V [a cura di Mario Talamanca e Marcelo Maggiolo], Milano, Cedam, 2010, pp. 615-616; Granelli, Carlo. *Quietanza*, in *Digesto delle Discipline Privatistiche*, Sezione Civile, XVI, Torino, UTET, 2001, p. 167; Nobili, Chiara. Le obbligazioni, Milano, Giuffrè, 2008, p. 47. Em sentido contrário na doutrina brasileira contemporânea, Martins-Costa, Judith. *Comentários ao novo Código Civil*, v. V, t. I, 2ª ed., 2ª tir., Rio de Janeiro, Forense, 2006, p. 322.

[9] Cfr. Gomes, Orlando. *Obrigações*, 17ª ed. [atualizada por Edvaldo Brito], Rio de Janeiro, Forense, 2009, p. 134. Em sentido aparentemente contrário, Silva, Jorge Cesa Ferreira da. *Adimplemento e extinção das obrigações*, São Paulo, RT, 2006, p. 194.

[10] Cfr. Villela, João Baptista. *Do fato ao negócio: em busca da precisão conceitual*, in *Estudos em homenagem ao Professor Washington de Barros Monteiro*. São Paulo, Saraiva, 1992, pp. 263 e ss.

[11] Cfr. Flume, Werner. *El negócio jurídico. Parte general del derecho civil*, t. II, 4ª ed., trad. José Maria Miquel González e Esther Gómez Calle, Madrid, Fundación Cultural del Notariado, 1998, pp. 139 e ss.

determinados[12]. Reconhece a ocorrência do pagamento[13][14]. Não *escolhe*, entretanto, as consequências jurídicas desse reconhecimento[15]. Entre a quitação e a eficácia que se lhe segue há relação de *antecedente a consequente*, não de *escolha a escolhido*[16].

A quitação representa simples manifestação de ciência (ato jurídico *stricto sensu* enunciativo[17]). Por via dela, o credor enuncia a ocorrência de um fato jurídico[18]: o pagamento[19]. Qualificada como fonte autônoma de prova pré-constituída, destinada a repelir futuras demandas ilegítimas do credor satisfeito[20], sua eficácia é preponderantemente declaratória, e não

[12] Cfr. Mello, Marcos Bernardes de. *Teoria do fato jurídico*, 7ª ed., São Paulo, Saraiva, 1995, p. 136.

[13] Cfr. Pontes de Miranda, Francisco Cavalcanti. *Tratado de direito privado*, t. XXIV, Rio de Janeiro, Borsói, 1959, p. 135 e 136, colchetes não originais: "*A quitação é declaração unilateral de conhecimento (enunciado de fato), que entra no mundo jurídico como ato jurídico stricto sensu, abstrato, se a causa não se explicita na declaração. [...]. A quitação apenas exprime que o fato da prestação se deu. Não há, nela, expressão de vontade. Não seria possível considerá-la negócio jurídico. Quitação não é negócio jurídico bilateral: só há, unilateralmente, declaração. Nem é negócio jurídico: não há declaração de vontade. Apenas se reconhece o adimplemento*".

[14] Cfr. Granelli, Carlo. *Quietanza*, in *Digesto delle Discipline Privatistiche*, Sezione Civile, XVI, Torino, UTET, 2001, p. 167; Cecchetti, Rafaello. *Quietanza*, in *Enciclopedia del diritto*, XXXVIII, Milano, Giuffrè, 1987, pp. 161 e 165; Cendon, Paolo (a cura di). *Commentario al Codice Civile. Artt. 1173-1320: obbligazioni*, Milano, Giuffrè, 2009, p. 349.

[15] Daí que não lhe seja dado, *v.g.*, recorrer a termo ou condição com o propósito de modular a eficácia da quitação. Neste sentido, Bianca, Cesare Massimo. *Diritto civile*, v. IV, Milano, Giuffrè, 1993, p. 320; Silva, Jorge Cesa Ferreira da. *Adimplemento e extinção das obrigações*, São Paulo, RT, 2006, p. 194. Em sentido contrário, Martins-Costa, Judith. *Comentários ao novo Código Civil*, v. V, t. I, 2ª ed., 2ª tir., Rio de Janeiro, Forense, 2006, p. 322.

[16] Cfr. Pontes de Miranda, *Tratado de direito privado*, t. II, 4ª ed., 2ª tir., São Paulo, RT, 1983, p. 447.

[17] Cfr. Mello, Marcos Bernardes de. *Teoria do fato jurídico*, 7ª ed., São Paulo, Saraiva, 1995, p. 137.

[18] A natureza do pagamento é questão controvertida. A doutrina discute se se cuida de ato ou negócio jurídico. A propósito, Pontes de Miranda, Francisco Cavalcanti. *Tratado de direito privado*, t. XXIV, Rio de Janeiro, Borsói, 1959, pp. 76 e ss. A questão, entretanto, é irrelevante para determinar a natureza e a eficácia da quitação. Neste sentido, Gomes, Orlando. *Obrigações*, 17ª ed. [atualizada por Edvaldo Brito], Rio de Janeiro, Forense, 2009, p. 135.

[19] Cfr. Pontes de Miranda, Francisco Cavalcanti. *Tratado de direito privado*, t. II, 4ª ed., 2ª tir., São Paulo, RT, 1983, pp. 454-455, colchetes não originais: "*Nas manifestações de conhecimento, há carga preponderante de enunciado de fato: foi, não foi; é, não é; ou simplesmente: estou convencido de que foi, de que não foi, ou de que é, ou de que não é. [...]. São manifestações de conhecimento, e não negócios jurídicos, portanto entram na classe dos atos jurídicos stricto sensu: [...] os recibos e quitações*".

[20] Cfr. Galvão Telles, Inocêncio. *Direito das obrigações*, 7ª ed., Coimbra, Coimbra Editora, 2010, p. 295.

constitutiva. A quitação não extingue nem modifica a relação obrigacional cujo adimplemento reconhece[21].

A topografia dos artigos que disciplinam a quitação no Código Civil brasileiro sugere ao intérprete sinais sobre a natureza e a eficácia do instituto: os artigos que compõem a disciplina legal acham-se sob o título da Seção III do Capítulo I do Título III: "Do objeto do *pagamento e sua prova*".

A doutrina brasileira, entretanto, nem sempre toma o dado em consideração. Como regra, afirma-se indistintamente que a quitação *(i)* prova o pagamento, (ii) extingue a obrigação e *(iii)* libera ou (iv) exonera o devedor. Não se discute, entretanto, expressamente a eficácia simplesmente declaratória ou (também) constitutiva da quitação, de modo que fica por saber se a quitação *(i)* apenas *prova* a *extinção* da obrigação e a *liberação* do

[21] Cfr. Pontes de Miranda, Francisco Cavalcanti. *Tratado de direito privado*, t. XXIV, Rio de Janeiro, Borsói, 1959, pp. 129, 130, 134, 141 e 149, colchetes não originais: "*A quitação é o principal meio de prova do adimplemento [...]. Ora – em verdade, rigorosamente – a quitação não extingue, não nega o animus obligandi [...]. A quitação é posterius em relação ao pagamento. [...]. Quem está de posse da quitação da própria divida, presume-se liberado. [...]. A quitação somente é dispositiva (constitutiva negativa) sem, com ela, se perfaz negócio de adimplemento. Mas note-se que, aí, o pagamento, que se declara, o que se quita, é que contém a carga de eficácia constitutiva. A quitação, em si, continua o que é: declaração de conhecimento, proposição sobre ter havido o pagamento*"; Tepedino, Gustavo; Schreiber. *Código Civil comentado*, v. IV, São Paulo, Atlas, 2008, pp. 222-223:"*O pagamento pode ser provado por qualquer dos meios de prova admitidos pelo ordenamento jurídico brasileiro. O meio definitivo de prova do pagamento é, entretanto, a quitação. Embora a exoneração do devedor seja fruto não da quitação, mas do pagamento, é razoável que o devedor exija, para sua segurança a quitação, como meio que evidencia de forma mais definitiva o cumprimento da prestação*"; Rizzardo, Arnaldo. *Direito das obrigações*, 2ª ed., Rio de Janeiro, Forense, 2006, p. 311, colchetes não originais: "*Não passa [a quitação], na verdade, de uma mera declaração do recebimento de um valor devido, ou da prova do pagamento, dando firmeza e segurança às relações jurídica anteriormente celebradas*". Na doutrina estrangeira, Bianca, Cesare Massimo. *Diritto civile*, v. IV, Milano, Giuffrè, 1993, p. 324: "*Tra le dichiarazioni ricorrenti nella quietanza si segnala quella com la quale il creditore 'libera' il debitore. Tale dichiarazione non ha natura negoziale in quanto l'efetto liberatorio non dipende dalla volontà del creditore ma discende legalmente dall'effetuato pagamento. Se quindi il debitore non ha eseguito la prestazione, egli non é liberato dalla semplice dichiarazione di liberazione rilasciatagli dal creditore*"; Uda, Giovanni Maria. *Trattato delle obbligazioni*, v. I, t. V [a cura di Mario Talamanca e Marcelo Maggiolo], Milano, Cedam, 2010, p. 616: "*In altre parole, il diffeto di 'negozialità' della quietanza starebbe in ciò: che la quietanza non produce effetti di alcun tipo sul rapportro obbligatorio preesistente, mentre l'effeto estintivo è prodotto da un fatto autonomo (il pagamento); anzi la quietanza, intesa come dichiarazione di scienza, postula sul piano logico sia l'esistenza (e cioè la costituzione) dell'obbligazione, sia la sua estinzione. Si può dire, in breve, che la dichiarazione di quietanza pressuppone l'esaurimento della vicenda dinamica dell'obbligazione o – per quanto riguarda il pagamento parziale – la consimazione de un fato idoneo a dterminare in effetto (anche parzialmente) estintitivo; non si inserisce, viceversa, nella vicenda dinamica in se considerata*".

devedor por efeito jurídico do pagamento ou (ii) *extingue* a obrigação e *libera* (ou *exonera*) o devedor por efeito jurídico próprio.

A importância da questão salta aos olhos. Determinada a eficácia exclusivamente declaratória da quitação, mesmo que o credor a outorgue em termo gerais, a extinção do vínculo obrigacional dependerá necessariamente (i) do pagamento efetivo ou (ii) da configuração de um negócio jurídico de disposição (*v.g.*: renúncia). Por outro lado, ligar eficácia constitutiva à quitação implica que, ao passá-la em termos gerais, o credor está extinguindo a obrigação e liberando o devedor, independentemente de ter sido satisfeito pelo pagamento.

Tradicionalmente, os vocábulos "extinção", "exoneração" e "liberação", com suas flexões, têm sentido técnico constitutivo, mas, em tema de quitação, vêm empregados sem critério seguro, como se traduzissem de simples "prova" ou "reconhecimento" do pagamento[22].

Rigorosamente, a quitação simplesmente certifica o fato jurídico do pagamento – não vai além[23]. *Por extensão*, é costume considerá-la prova

[22] Dois exemplos ilustram o ponto: Carvalho Santos, José Manuel de. *Código Civil brasileiro interpretado*, v. XII, 2ª ed., Rio de Janeiro, 1938, pp. 112 e 115: "Quitação é reconhecimento, por parte do credor, da liberação do devedor. [...]. A quitação é, em geral, a prova do pagamento"; Rodrigues, Silvio. *Direito civil*, v. 2, São Paulo, Saraiva, 2002, p. 150: "A prova do pagamento é a quitação. Consiste em um escrito no qual o credor, reconhecendo ter recebido o que lhe era devido, libera o devedor, até o montante do que lhe foi pago". No mesmo sentido, cogitando expressamente de uma aparente eficácia liberatória, extintiva ou exoneratória da quitação, Carvalho de Mendonça, Manoel Ignácio. *Doutrina e prática das obrigações*, t. I, 3ª ed. [atualizada por J.M. de Carvalho Santos], Rio de Janeiro, Freitas Bastos, 1938, p. 427; Carvalho de Mendonça, José Xavier. *Tratado de direito comercial brasileiro*, v. IV, 1ª pte., 5ª ed. [atualizada por Aquiles Beviláqua e Roberto Carvalho de Mendonça], Rio de Janeiro, Freitas Bastos, 1955, pp. 390-393; Luiz Alves, João. *Código Civil da República dos Estados Unidos do Brasil annotado*, v. 2, 2ª ed., São Paulo, Livraria Academica, s.d., pp. 54 e ss.; Nonato, Orosimbo. *Curso de obrigações*, 2ª pte., v. I, Rio de Janeiro, Forense, 1960, p. 204; Serpa Lopes, Miguel Maria. *Curso de direito civil*, v. II, 2ª ed., Rio de Janeiro, Freitas Bastos, 1957, pp. 231 e ss.; Pereira, Caio Mario. *Instituições de direito civil*, v. II, 22ª ed. [atualizada por Guilherme Calmon Nogueira da Gama], Rio de Janeiro, Forense, 2009, pp. 194 e ss.; Diniz, Maria Helena. *Curso de direito civil*, v. 2, 24ª ed., São Paulo, Saraiva, 2009, p. 241; Lobo, Paulo. *Direito civil: obrigações*, 2ª ed., São Paulo, Saraiva, 2011, p. 186; Carvalho, Fabricio. *Direito das obrigações*, Rio de Janeiro, Impetus, 2010, pp. 129-130; Vianna, Marco Aurélio S. *Curso de direito civil: direito das obrigações*, Rio de Janeiro, Forense, 2007, pp. 277 e ss.; Tartuce, Flavio. Direito civil, v. 2, 7ª ed., São Paulo, Método, 2012, pp. 132 e ss.; Nader, Paulo. *Curso de direito civil*, v. 2, 5ª ed., Rio de Janeiro, Forense, 2010, p. 272.

[23] Cfr. Silva, Jorge Cesa Ferreira da. *Adimplemento e extinção das obrigações*, São Paulo, RT, 2006, p. 196: "A quitação é prova de fato, do fato do pagamento. Não envolve a prova da satisfação

também *(i)* da satisfação do credor, *(ii)* da extinção do vínculo obrigacional e *(iii)* da liberação (exoneração) do devedor[24]. A satisfação do credor, a extinção do vínculo e a liberação (exoneração) do devedor, entretanto, não derivam da quitação. A quitação é *posterius*[25] em relação ao pagamento – este sim modo de extinção da relação obrigacional[26].

O instrumento de quitação[27] pode eventualmente conter negócios jurídicos constitutivos que se coligaram documentalmente com ela. A eficácia extintiva ficará, todavia, a se dever ao negócio jurídico constitutivo (renúncia etc.), com regime jurídico próprio, que se coligou com a quitação, e não a ela[28].

dos interesses objetivo do credor, o que é mais do que a mera realização da prestação. [...]. Ela, portanto, não significa uma declaração de que o credor está satisfeito, nem que este não tenha nada a postular contra o credor".

[24] Cfr. Cornu, Gerard. *Vocabulaire juridique*, 10ª ed., Paris, Presses Universitaires de France, 1990, p. 658"Quittance. Ecrit par lequel um créancier reconnait qu'il a reçu paiement de as créance ou, par ext., que le débiteur a satisait à son obligation".

[25] Não se segue daí que a quitação não possa ser passada antes ou mesmo no contexto do pagamento, como aliás é frequente (Pontes de Miranda, Francisco Cavalcanti. *Tratado de direito privado*, t. XXIV, Rio de Janeiro, Borsói, 1959, p. 110; Martins-Costa, Judith. *Comentários ao novo Código Civil*, v. V, t. I, 2ª ed., 2ª tir., Rio de Janeiro, Forense, 2006, pp. 322-323; Tepedino, Gustavo; Schreiber. *Código Civil comentado*, v. IV, São Paulo, Atlas, 2008, p. 223; Cecchetti, Rafaello. *Quietanza*, in *Enciclopedia del diritto*, XXXVIII, Milano, Giuffrè, 1987, pp. 163 e 166).

[26] Cfr. Bianca, Cesare Massimo. *Diritto civile*, v. IV, Milano, Giuffrè, 1993, p. 320; Uda, Giovanni Maria. *Trattato delle obbligazioni*, v. I, t. V [a cura di Mario Talamanca e Marcelo Maggiolo], Milano, Cedam, 2010, p. 616; Granelli, Carlo. *Quietanza*, in *Digesto delle Discipline Privatistiche*, Sezione Civile, XVI, Torino, UTET, 2001, p. 167; Cecchetti, Rafaello. *Quietanza*, in *Enciclopedia del diritto*, XXXVIII, Milano, Giuffrè, 1987, pp. 161 e 168; Iannicelli, Serena. *Le obbligazioni* (a cura di Pasquale Fava), p. 565.

[27] Sobre a ambivalência do termo quitação, utilizado para designar o ato jurídico e o documento (instrumento) em que ele é registrado, vide Gomes, Orlando. *Obrigações*, 17ª ed. [atualizada por Edvaldo Brito], Rio de Janeiro, Forense, 2009, p. 133; Iannicelli, Serena. *Le obbligazioni* (a cura di Pasquale Fava), Milano, Giuffrè, 2008, p. 565. Sobre a distinção entre documentos declaratórios e constitutivos, Carnelutti, Francesco. *A prova civil*, 4ª ed. [tradução de Lisa Pari Scarpa], Campinas, Bookseller, 2005, pp.213 e ss.

[28] Cfr. Pontes de Miranda, Francisco Cavalcanti. *Tratado de direito privado*, t. XXIV, Rio de Janeiro, Borsói, 1959, pp.130 e 136, colchetes não originais: "A quitação pode ser constitutiva, mas, aí, há *plus*, e a questão é de interpretação. [...]. Se se lhe inseriu contrato de reconhecimento (negócio jurídico declarativo ou constitutivo), ou remissão de dívida, ou outra figura jurídica, é outra questão". Vide, também, Silva, Jorge Cesa Ferreira da. *Adimplemento e extinção das obrigações*, São Paulo, RT, 2006, pp. 195-196; Uda, Giovanni Maria. *Trattato delle obbligazioni*, v. I, t. V [a cura di Mario Talamanca e Marcelo Maggiolo], Milano, Cedam, 2010, pp. 616-617.

Naturalmente, por simples equívoco de qualificação, as partes podem empregar a palavra quitação para designar algum negócio jurídico constitutivo. O *nomem iuris* não será, então, decisivo[29]: cumprirá determinar, concretamente, qual seja o negócio jurídico concertado para assinalar o regime jurídico correspondente.

Será questão de fato[30], sujeita às regras de interpretação, determinar se o instrumento em que a quitação está documentada compreende, também, negócio jurídico constitutivo; se as partes, recorrendo embora ao vocábulo quitação, tencionavam dispor de concretas posições jurídicas. O ponto será discutido a seguir.

2.1. Relatividade e Extensão

O cariz exclusivamente declaratório da quitação, em sentido estrito, estabelece entre ela e o fato jurídico do pagamento uma relação de necessária dependência. Se o pagamento (objeto de reconhecimento na quitação) não se operou, o credor está, em linha de princípio, autorizado a postulá-lo, independentemente da quitação. A quitação tem valor probatório relativo. Em presença de prova contrária, seus efeitos cedem[31].

[29] Cfr. Pontes de Miranda, *Tratado de direito privado*, t. III, 4ª ed., São Paulo, RT, 1983, p. 134; Ascensão, José de Oliveira. *Direito civil*, v. 2, 3ª ed., São Paulo, Saraiva, 2010, p. 153.

[30] Cfr. Pontes de Miranda, Francisco Cavalcanti. *Tratado de direito privado*, t. XXIV, Rio de Janeiro, Borsói, 1959, p. 130.

[31] Cfr. Pontes de Miranda, Francisco Cavalcanti. *Tratado de direito privado*, t. XXIV, Rio de Janeiro, Borsói, 1959, p. 110: "A quitação não é documento que sempre faça prova e essa prova seja inelidível. Às vezes é feito e até expedido na esperança de que o devedor pague, ou deposite em banco, ou em filial da casa credora. Há, nêle, enunciado de fato que não correspondeu à verdade. A sua preconstituição expô-lo a isso. Daí a quitação ser, realmente, prova, se e enquanto não se faz a prova contrária: inverte o ônus da prova"; Gomes, Orlando. *Obrigações*, 17ª ed. [atualizada por Edvaldo Brito], Rio de Janeiro, Forense, 2009, p. 134: "O valor da quitação é relativo. Pode o credor alegar posteriormente que a prestação não foi completa e que a recebeu por erro. Em suma, a força probatória da quitação está sujeita à livre apreciação das provas. Cai diante de prova em contrário. [...]. O valor relativo da quitação é ressaltado por A. Von Tuhr, Tratado de las obligaciones, t. II, p. 50. No mesmo sentido, Enneccerus, ob.cit., t. II, 1, p. 359; e Larenz, Derecho de obligaciones, t. I, p. 417, que observa: 'a outorga do recibo de quitação não significa necessariamente a aceitação da prestação como cumprimento"; Silva, Jorge Cesa Ferreira da. *Adimplemento e extinção das obrigações*, São Paulo, RT, 2006, p. 201: "Com efeito, na atividade prática costuma-se inserir a afirmação que a a quitação é 'plena e irrevogável', mas a quitação não deixa de ser, por isso, prova do fato. Se o fato não ocorreu, os efeitos do fato não defluirão da mera entrega dela, que poderá ser desconstituida. Apenas o

Embora não configure renúncia (negócio jurídico de disposição[32]), a quitação se inscreve no quadro das declarações *contra se*. Logo, interpreta-se estritamente[33]. Mesmo passada em termos genéricos e com a declaração expressa de que o credor nada mais tem a reclamar, não obvia, em linha de princípio, a cobrança de créditos aos quais não tenha correspondido um pagamento efetivo. Não os extingue.

Como regra, proposições genéricas no sentido de que o credor não tem mais nenhuma pretensão contra o devedor representam simples declarações de ciência, sem carga dispositiva. O credor simplesmente declara que se considera satisfeito: não emite declaração de vontade direcionada a extinguir posições jurídicas concretas de que seja titular. Não renuncia a créditos, nem remite o devedor[34].

ônus da prova se inverte". *Vide*, também, Pereira, Caio Maio da Silva. Instituições de direito civil, v. II, 22ª ed. [atualizada por Guilherme Calmon Nogueira da Gama], Rio de Janeiro, Forense, 2009, p. 196; Tepedino, Gustavo. *Aspectos práticos do contrato de empreitada no regime* turnkey, in Soluções Práticas, v. II, São Paulo, RT, p. 231 e ss.; Bianca, Cesare Massimo. *Diritto civile*, v. IV, Milano, Giuffrè, 1993, p. 32; Cecchetti, Rafaello. *Quietanza*, in *Enciclopedia del diritto*, XXXVIII, Milano, Giuffrè, 1987, p. 168; Medicus, Dieter. *Tratado de las relaciones obligacionales*, v. I, Edición española de Ángel Martínez Sarrión, Barcelona, Bosch, 1995, p. 120.

32 Cfr. Pontes de Miranda, Francisco Cavalcanti. *Tratado de direito privado*, t. XXXI, 3ª ed., 2ª reimp., São Paulo, RT, 1984, p. 25.

33 Cfr. Granelli, Carlo. *Quietanza*, in *Digesto delle Discipline Privatistiche. Sezione Civile*, Torino, UTET, 2001, p. 174 "Per l'ipotesi in cui il ricorso ai normali canoni ermenutici non dovesse condurre, in proposito, a risultati affidanti, varebbe il principio secondo cui, in assenza di chiari indici di sengno contrario, le contra se pronuncitiones debbono essere intese nel senso che comportino 'minori' conseguenze negative per il loro autore: e, cioè, come dichiriazioni di volontà".

34 Cfr. Bianca, Cesare Massimo. *Diritto civile*, v. IV, Milano, Giuffrè, 1993, p. 326-327; Pellegrini, Lorenzo. *Commentario del Codice Civile: delle obbligazione*, V. I [a cura di Vincenzo Cuffaro], Torino, UTET, 2012, p. 633; Cendon, Paolo (a cura di). *Commentario al Codice Civile. Artt. 1173-1320: obbligazioni*, Milano, Giuffrè, 2009, p. 350 e 351; Franceschetti, Paolo; Marasca, Massimo; *Le obbligazioni*, Santarcancelo di Romagna, Maggioli Editori, 2008, pp. 120-121; Angeloni, Franco. *Quietanza* in Galgano, Francesco (dir.). *Dizionario enciclopedico del diritto*, v. II, Padova, Cedam, 1996, p. 1228. Na jurisprudência, STJ, AgRg no REsp n. 1426089/SP, 3ª Turma, r. Min. Sidnei Benetti, j. 10.06.14: "O recibo de quitação passado de forma geral, mas relativo a obtenção de parte do direito legalmente assegurado, não traduz renúncia a este direito e, muito menos, extinção da obrigação"; TJSP, ApCiv n. 0153312-41.2010.8.26.0100, 10ª Câmara Extraordinária de Direito Privado, r. Des. César Lacerda, j. 28.07.14; TJSP, ApCiv n. 0133396-89.2008.26.0100, 29ª Câmara de Direito Privado, r. Des. Neto Barbosa Ferreira, j. 11.03.05. Em sentido contrário, TJSP, AI n. 2074556-51.2014.8.26.0000, 32ª Câmara de Direito Privado, r. Des. Kioitsi Chicuta, j. 03.07.14; TJSP, ApCiv n. 9108574-91.2005.8.26.0000, 13ª Câmara de Direito Privado, r. Des.

Naturalmente, expressões como "quitação geral" e "para nada mais reclamar" poderão, concretamente, traduzir renúncia ou outro negócio jurídico dispositivo que as partes, (i) equivocadamente chamara de quitação ou (ii) simplesmente inseriram no mesmo instrumento em que veicularam a prova do pagamento. Determiná-lo será questão de fato. Expressões genéricas como "quitação ampla e geral" ou "para nada mais reclamar" representam apenas fatores a considerar em conjunto com as diretrizes gerais de interpretação, designadamente as regras dos artigos 112[35] a 113[36] do Código Civil. Em linha de princípio, não fazem presumir disposição de direitos: traduzem simples enunciados de fato sem eficácia dispositiva. Geram a presunção de que o credor se considera satisfeito[37].

De maneira diversa, caso as diretrizes de interpretação conduzam à conclusão de que as partes tencionaram diretamente dispor de concretas posições jurídicas, não haverá quitação em sentido estrito, e sim renúncia, ou qualquer negócio jurídico dispositivo, em que pese as expressões empregadas[38].

Cauduro Padin, j. 17.08.11; TJSP, ApCiv n. 0001776-54.2006.8.26.0445, 18ª Câmara de Direito Privado, r. Des. Rubens Cury, j. 01.06.11; TJSP, ApCiv n. 70045113289, 15ª Câmara de Direito Privado, r. Des. Angelo Maraninchi Giannakos, j. 18.04.12; TJSP, ApCiv n. 70044911998, 16ª Câmara de Direito Privado, r. Paulo Sérgio Scarparo, j. 27.10.11.

[35] Art. 112 do Código Civil: "Nas declarações de vontade se atenderá mais à intenção nelas consubstanciada do que ao sentido literal da linguagem".

[36] Art. 113 do Código Civil: "Os negócios jurídicos devem ser interpretados conforme a boa-fé e os usos do lugar de sua celebração".

[37] Cfr. Pontes de Miranda, Francisco Cavalcanti. *Tratado de direito privado*, t. XXV, 3ª ed., 2ª reimp., São Paulo, RT, 1984, p. 55: "A quitação pode ser forma da remissão. Não se presume que o seja; de modo que tem de existir declaração ou manifestação de vontade, ainda em circunstâncias. [...]. A quitação pode conter (raríssimamente) reconhecimento negativo da dívida, e isso de maneira nenhuma se há de presumir. Presume-se exatamente o contrário, sem que excluamos a possibilidade da quitação da quitação reconhecimento negativo". *Vide*, também, Silva, Jorge Cesa Ferreira da. *Adimplemento e extinção das obrigações*, São Paulo, RT, 2006, p. 201.

[38] Cfr. Pontes de Miranda, Francisco Cavalcanti. *Tratado de direito privado*, t. XXV, 3ª ed., 2ª reimp., São Paulo, RT, 1984, p. 64: "São muito usadas 'e de tudo dou plena quitação', ou 'dando plena e geral quitação', 'ficando de tudo quite o outro contraente', etc. A abrangência desses enunciados depende de interpretação. Se não são só enunciados, a propósito do que se narrou ou se declarou no negócio jurídico, e contêm reconhecimento de que, desde aquele momento anterior, ou desde antes, não mais deve o outro contraente, ou já remissão da dívida que possa haver escapado às referência, ou reconhecimento negativo. Sem que se exclua o ter podido haver transação".

Além de relativa, a eficácia probatória da quitação colhe exclusivamente o pagamento nela especificado. Essa limitação não depende sequer de ressalva expressa. A especificação da obrigação originária (*causa debendi*), aliás, qualifica-se como imputação de pagamento[39]. Segue-se que ao devedor não é dado utilizá-la para excepcionar pretensões fundadas em outras dívidas contraídas com o mesmo credor. Trata-se de orientação[40] que convém reter.

2.2. Elisão da Presunção

Na doutrina estrangeira, é comum discutir se a quitação tem natureza jurídica (i) de confissão extrajudicial ou (ii) de fonte autônoma de prova. A relevância da distinção está em que (i) considerar a quitação confissão extrajudicial implica que só seja possível impugná-la e afastar a presunção de pagamento por intermédio de demanda anulatória, enquanto (ii) qualificá-la como fonte autônoma de prova disciplinada pela lei implica que seja possível afastar seus efeitos pela simples demonstração, por qualquer fonte de prova, da inexatidão do conteúdo declarado. Sustenta-se amiúde que a quitação representa *fonte autônoma de prova*[41].

[39] Cfr. Cendon, Paolo (a cura di). *Commentario al Codice Civile. Artt. 1173-1320: obbligazioni*, Milano, Giuffrè, 2009, p. 3450: "Con riguardo al contenuto, il debitore ha diritto a che la quietanza indichi la prestazione eseguita ed inoltre il titolo o la causa del pagamento, caratterizandosi tale indicazione, in presenza di più rapporti omogenei, come atto di imputazoni dello stesso". Na doutrina brasileira, admitindo, genericamente, a possibilidade de imputação do pagamento na quitação, Carvalho Santos, José Manuel de. *Código Civil brasileiro interpretado*, v. XII, 2ª ed., Rio de Janeiro, Freitas Bastos, 1938, p. 125; Martins-Costa, Judith. *Comentários ao novo Código Civil*, v. V, t. I, 2ª ed., 2ª tir., Rio de Janeiro, Forense, 2006, p. 542.

[40] Cfr. STJ, Embargos de Divergência n. 292794/SP, 2ª Seção, r. Min. Sálvio de Figueiredo Teixeira, j. 12.02.13: "*A jurisprudência deste Tribunal, mesmo nos casos em que não haja interesse de menor, tem decidido que a declaração plena e geral de quitação, deve ser interpretada modus in rebus, limitando-se ao valor nela registrado. Em outras palavras, o 'recibo fornecido pelo lesado deve ser interpretado restritivamente', significando apenas quitação dos valores a que se refere, sem obstar a propositura de ação para alcançar a integral reparação dos danos sofridos com o acidente*"; STJ, Recurso Especial n. 1183474, 2ª Seção, r. Min. Raúl Araujo, j. 14.11.12 "*A quitação relativa à restituição, por instrumento de transação, somente alcança as parcelas efetivamente quitadas, não tendo eficácia em relação às verbas por ele não abrangidas. Portanto, se os expurgos inflacionários não foram pagos aos participantes que faziam jus à devolução das parcelas de contribuição, não se pode considerá-los saldados por recibo de quitação passado de forma geral*".

[41] O principal argumento contra a qualificação da quitação nos quadrantes da confissão extrajudicial é o de que a quitação representa um ato devido de conteúdo típico, enquanto a confissão extrajudicial constitui ato espontâneo de conteúdo livre. Vide, por todos, Bian-

A doutrina brasileira que cogita do ponto limita-se, em regra, a afirmar genericamente que a quitação pode ser afastada por incapacidade absoluta, erro, dolo, coação etc.[42]. Fica por saber se o credor interessado em perseguir créditos a respeito dos quais tenha passado quitação (i) pode simplesmente fazer prova em sentido contrário ou (ii) precisa promover demanda anulatória[43], com seus pressupostos próprios e dentro do prazo decadencial.

Partindo da índole declaratória da quitação, em todo caso, afirma-se que por via dela se opera simples inversão do ônus da prova[44] e que a presunção relativa a que dá lugar *cede diante de prova em sentido contrário*. A quitação é fonte de prova deixada à *livre apreciação jurisdicional*[45]. Segue-se que a eficácia de plena prova que é costume atribuir à confissão extrajudicial em outros sistemas jurídicos não é secundada pelo direito brasileiro[46]. A

ca, Cesare Massimo. *Diritto civile*, v.4 , Milano, Giuffrè, 1993, p. 322; Cendon, Paolo (a cura di). *Commentario al Codice Civile. Artt. 1173-1320: obbligazioni*, Milano, Giuffrè, 2009, p. 348; Cecchetti, Rafaello. *Quietanza*, in *Enciclopedia del diritto*, XXXVIII, Milano, Giuffrè, 1987, pp. 167 e ss; Iannicelli, Serena. *Le obbligazioni* (a cura di Pasquale Fava), Milano, Giuffrè, 2008, p. 567 e ss. Cogita da questão de maneira não conclusiva, Uda, Giovanni Maria. *Trattato delle obbligazioni*, v. I, t. V [a cura di Mario Talamanca e Marcelo Maggiolo], Milano, Cedam, 2010, pp. 617 e ss. No sentido de que a quitação constitui confissão extrajudicial, Granelli, Carlo. *Quietanza*, in *Digesto delle Discipline Privatistiche*, Sezione Civile, XVI, Torino, UTET, 2001, pp. 167 e ss.; Locatelli, Piero. *Quietanza (atto di)*, in *Novissimo Digesto Italiano*, v. XIV, Torino, UTET, 1957, p. 705.

42 Cogitam da questão, embora superficialmente, Carvalho de Mendonça, José Xavier. *Tratado de direito comercial*, v. VI, 1ª pte., 5ª ed. [atualizada por Aquiles Beviláqua e Roberto Carvalho de Mendonça], Rio de Janeiro, Freitas Bastos, 1955, p. 393; Carvalho Santos, José Manuel de. *Código Civil brasileiro interpretado*, v. XII, 2ª ed., Rio de Janeiro, 1938, pp. 131 e ss., exigindo a demonstração da causa de nulidade ou anulação.

43 A questão a respeito de casos de nulidade parece ser mais simples, dado que o ato jurídico a que falta requisito previsto na lei é de saída ineficaz. Acresce que a declaração de nulidade pode ser feita de ofício e a qualquer tempo.

44 Cfr. Pontes de Miranda, Francisco Cavalcanti. *Tratado de direito privado*, t. XXIV, Rio de Janeiro, Borsói, 1959, p. 110: "Daí a quitação ser, realmente, prova, se e enquanto não se faz a prova contrária: inverte o ônus da prova". No mesmo sentido, Silva, Jorge Cesa Ferreira da. *Adimplemento e extinção das obrigações*, São Paulo, RT, 2006, p. 201.

45 Cfr. Gomes, Orlando. *Obrigações*, 17ª ed. [atualizada por Edvaldo Brito], Rio de Janeiro, Forense, 2009, p. 134: "Em suma, a força probatória da quitação está sujeita à livre apreciação das provas".

46 Na doutrina brasileira, afirmando que a confissão extrajudicial produz plena prova Theodoro Júnior, Humberto. *Comentários ao novo Código Civil*, v. III, t. II, Rio de Janeiro, Forense, 2003, pp. 418 -421; Pereira, Caio Mario da Silva. *Instituições de direito civil*, v. I, 22ª ed., 2ª tir.,

necessidade de demanda anulatória especifica para elidir seus efeitos não é exigida. É possível provar contra seus efeitos a qualquer tempo, para além de qualquer prazo decadencial[47].

3 Conclusões

Conforme visto, quitação é termo plurivalente, empregado na prática para designar institutos diversos.

Não obstante, importa dizer que, tecnicamente, quitação é ato jurídico *stricto sensu* com eficácia exclusivamente declaratória: não extingue a relação jurídica obrigacional de base, nem libera ou exonera o devedor. Representa simples fonte de prova do pagamento – este sim modo de extinção obrigacional. Há doutrina brasileira que parece atribuir caráter dispositivo à quitação, embora o ponto não seja discutido expressamente e os termos extinção, exoneração e liberação sejam utilizados sem critério seguro.

Como fonte de prova, a eficácia da quitação é relativa: dela deriva simples presunção *iuris tantum* de pagamento, que cede diante de prova em sentido contrário. A quitação, em todo caso, inverte o ônus da prova, colocando a cargo do credor a incumbência de provar que seu crédito não foi

[atualizada por Maria Celina Bodin de Moraes], Rio de Janeiro, Forense, 2008, p. 603. No mesmo sentido, afirmando que a confissão não está sujeita à regra da livre apreciação da prova, Araújo Cintra, Antonio Carlos de. *Comentários ao Código de Processo Civil*, v. IV, Rio de Janeiro, Forense, 2000, p. 64. Em sentido contrário, inclusive negando a existência de plena prova no direito brasileiro, Dinamarco, Cândido Rangel. *Instituições de direito processual civil*, v. III, São Paulo, Malheiros, 2001, pp. 624 e ss. Negando a existência de plena prova, mas afirmando que a confissão produz certeza legal à qual o juiz está vinculado, Amaral Santos, Moacyr. *Prova judiciária no cível e no comercial*, v. II, 2ª tir., São Paulo, Max Limonad, s.d., pp. 254 e 255.

[47] Cfr. Pontes de Miranda, Francisco Cavalcanti. *Tratado de direito privado*, t. XXV, 3ª ed., 2ª Reimp., São Paulo, RT, 1984, p. 56 "A quitação não é declaração de vontade; apenas é enunciado escrito. Provando-se o contrário, elide-se a sua afirmação: não foi verdadeira. Não se pode transformar a quitação em negócio jurídico; não se poderia contra ela invocar prescrição; se ela não traduziu a verdade, a qualquer tempo faz-se a prova do fato, que a negue. Quitar não é atribuir, nem remitir, nem dar, abstratamente, por saldado"; Gonçalves, Carlos Roberto. *Curso de direito civil brasileiro*, v. 2, 8ª ed., São Paulo, Saraiva, 2011, p. 277: "O parágrafo único em apreço revela o acolhimento, de forma indireta, pelo novel diploma, do princípio da relativização do recibo de quitação, pois, "se de seus termos ou das circunstâncias resultar" não haver sido paga integralmente a dívida, o recibo vale pelo que dele consta como pagamento, ficando facultado ao credor cobrar a diferença de que se julgue com direito, independentemente da anulação do recibo dado". Aparentemente no mesmo sentido, Silva, Jorge Cesa Ferreira da. *Adimplemento e extinção das obrigações*, São Paulo, RT, 2006, p. 201.

satisfeito. A jurisprudência brasileira se inclina no sentido de considerar que a quitação gera presunção relativa.

A quitação interpreta-se estritamente e sua eficácia está limitada à *causa debendi* especificada. A especificação da *causa debendi* implica imputação de pagamento e impede que o devedor a utilize para obstar a cobrança de créditos derivados de causas diversas. A jurisprudência brasileira tende a limitar a extensão da quitação às causas nela especificadas.

Desprovida de eficácia dispositiva, quitação passada em termos gerais acompanhada de proposições no sentido de que o credor não tem pretensões remanescentes não impede a cobrança de créditos a respeito dos quais não tenha se operado pagamento efetivo. Proposições no sentido de que não há pretensões remanescentes também devem ser tomadas como simples enunciações de fato, sem caráter dispositivo. Como regra, delas não é possível sequer extrair renúncia ou remissão de débito, a menos que isso possa ser inferido do contexto negocial de acordo com as regras de interpretação. A jurisprudência brasileira tende a distinguir quitação de renúncia.

Os autores e acórdãos consultados não discutem se o credor interessado em cobrar créditos remanescentes pode simplesmente produzir prova contra a quitação ou deve formular demanda específica para anulá-la. Não obstante, doutrina brasileira autorizada sustenta que a quitação simplesmente inverte o ônus da prova e se sujeita ao princípio da livre apreciação das provas, sugerindo que é possível elidir a presunção de pagamento com a simples produção de prova, sem demanda anulatória. A existência de erro escusável, entretanto, é levada em conta pelos julgados consultados como critério para elidir a eficácia da quitação geral passada pelo credor.

Quanto à prática usual nos contratos de construção em que o emprego do poder contratual pela dona da obra se faz de forma excessiva – tal como condicionar o pagamento de serviços adicionais à assinatura de aditivos contendo quitação ampla, geral e irrestrita, há de ser levado em consideração que tal fato acaba por aumentar a animosidade entre as partes, a elevar o preço dos projetos em razão de contingências cada vez maiores e a realçar, assim, as posturas oportunistas das partes, em nítido prejuízo mútuo. Uma postura mais colaborativa das partes, portanto, inclusive por meio do uso de formas contratuais mais modernas, poderia mitigar estes riscos e contribuir para a criação de um ambiente de negócios mais justo e seguro na indústria da construção e infraestrutura.

Arbitragem de Emergência: sua Utilidade e Perspectivas Futuras[1]

Juan Eduardo Figueroa Valdés

Introdução

Há relativamente pouco tempo, quando uma controvérsia estava sujeita a uma arbitragem, se uma das partes necessitava de medidas cautelares de urgência na etapa pré-arbitral, só tinha duas alternativas: esperar a constituição do tribunal arbitral e correr o risco de que qualquer ordem futura fosse ineficaz, ou simplesmente acudir ao tribunal competente para obter a medida pleiteada.[2] Logicamente, nenhuma destas opções era a buscada pelo interessado, pelos riscos evidentes da primeira e porque o que justamente se busca evitar mediante o acordo arbitral, é ter que acudir à justiça comum ordinária.

A possibilidade de fazer efetiva uma medida cautelar ou antecipatória antes da constituição do tribunal arbitral, em forma rápida e eficaz, com o escopo de proteger os direitos de uma parte, faz com que a figura do árbi-

[1] Este trabalho foi preparado com a colaboração da advogada María Elisa Illanes Sotta

[2] CAHER, Charlie e MCMILLAN, John (2015).

tro de emergência seja cada vez mais atrativa tanto para os interessados, como para as instituições que incorporaram este instituto[3].

Neste sentido, os diversos regulamentos institucionais gradualmente vêm incorporando a possibilidade de que sejam os próprios árbitros quem conheçam e resolvam os requerimentos de medidas antecipatórias ou cautelares pré-arbitrais,existindo nos últimos tempos, uma crescente utilização deste mecanismo.

Considerando-se a importância e a vigência do tema, abordaremos as seguintes matérias: utilidade da arbitragem de emergência e tipo de medidas que se podem decretar; incorporação do árbitro de emergência nos diversos regulamentos institucionais; utilização do mecanismo nos centros arbitrais desde o ponto de vista quantitativo; características comuns que se apresentam nos procedimentos de arbitragem de emergência nas instituições que o incorporaram; aplicação da arbitragem de emergência nos contratos de construção FIDIC; problemas referentes à exigibilidade das decisões tomadas pelos árbitros de emergência; e funções que desempenham os tribunais de primeira e segunda instância na matéria.

1 Utilidade, Vantagens e Medidas que se Podem Outorgar na Arbitragem de Emergência

1.1 Utilidade e Vantagens de Optar por um Árbitro de Emergência

Antes de entrar na análise de outros temas relevantes referentes à figura do árbitro de emergência, é fundamental destacar as razões pelas quais é preferível este tipo de procedimento em detrimento de outros.

Uma das principais características do procedimento de arbitragem de emergência é a sua celeridade. Tal como faz alusão Jones, D., geralmente este procedimento é eficiente e útil, ao exigir que as instituições arbitrais designem um árbitro com prontidão, se estabeleça imediatamente um calendário processual e se tome a decisão dentro de um prazo abreviado.[4] Nesse sentido, como se verá detalhadamente mais adiante, a maior parte dos regulamentos institucionais que contam com a figura do árbitro de emergência, dispõem de prazos bastante reduzidos para sua designação

[3] Rivera, Ilma (2014).

[4] Jones, Doug (2016).

e para que este se pronuncie de sua decisão, o que constitui uma garantia de eficiência para a parte que solicita a aplicação da medida de urgência. Este ponto será especialmente importante quando se tratar de arbitragens internacionais, em que possam ver-se envolvidas duas ou mais jurisdições, constituindo-se em uma ferramenta muito eficaz em comparação à autoridade judicial ordinária.

Uma segunda vantagem da arbitragem de emergência se refere à predictabilidade da decisão. Pela singularidade das matérias e o nível de especialização dos tribunais arbitrais, sendo assim mais provável poder predizer uma decisão favorável de um árbitro de emergência que àquela que tome um tribunal ordinário de justiça.

Igualmente, acudir a uma jurisdição arbitral é, sem dúvida alguma, una garantia de confidencialidade. Neste sentido, se as partes não desejam que sua controvérsia seja de domínio público, o melhor caminho é submeter qualquer contenda a um tribunal arbitral e ao árbitro de emergência.

A velocidade, predictabilidade e confidencialidade do procedimento arbitral de emergência, fazem deste mecanismo uma alternativa muito útil e eficaz, que conta cada vez com mais adeptos, sem prejuízo da competência, que em muitos casos tem e seguirá sendo da justiça comum ordinária.

1.2. Tipo de Medidas que se Podem Outorgar

De modo geral, as medidas cautelares buscam preservar o *status quo* até que se adote uma decisão definitiva sobre o cerne da controvérsia, deste modo visa assegurar que as partes sofram o menor dano possível durante a tramitação do procedimento arbitral e até o proferimento e cumprimento da sentença definitiva. Buscam preservar uma situação jurídica ou fática, para salvaguardar os direitos cujo reconhecimento, aplicação e execução se solicita ao tribunal.[5]

Trata-se de decisões de natureza temporal. No caso da arbitragem de emergência, como se revisará mais adiante, a maior parte dos centros de arbitragem que contam com este mecanismo estabelece que a medida ditada por um árbitro de emergência logo poderá ser revisada pelo tribunal arbitral definitivo que conheça sobre o mérito da causa.

[5] *Ibidem.*

A propósito, Carlevaris, A. e Feris, J.R., realizaram uma análise sobre os aspectos de forma e de conteúdo dos 10 primeiros casos apreciados pelo Tribunal Internacional de Arbitragem da Câmara de Comércio de Paris (ICC) na matéria de arbitragem de emergência que, tal como se verá à continuação, desde o ano 2012 conta com a figura do árbitro de emergência. Entre as questões de mérito, se analisam as medidas cautelares solicitadas pelas partes, as que foram categorizadas em quatro tipos: i) medidas destinadas a garantir a execução do laudo, ii) medidas destinadas a preservar o *status quo*, iii) medidas cautelares e iv) ordens de pago provisórias.[6]

2 Incorporação do Árbitro de Emergência nos Diversos Regulamentos Institucionais

2.1 Regulamentação do Árbitro de Emergência nos Principais Centros de Arbitragem em Nível Mundial

Entre os primeiros centros de arbitragem em estabelecer um mecanismo independente da justiça comum ordinária com solução às necessidades urgentes das partes se encontra a ICC, que desde o ano 1990 conta com o Regulamento Especial do Procedimento Cautelar Pré-arbitral. Este procedimento não formava parte integrante do Regulamento Geral, pelo qual as partes deviam pactuar sua sujeição ao mesmo, o que significou que se lhe dera um uso muito reduzido -14 casos em total- entre os anos de 1990 e 2012.

Foi somente em 2012 quando entrou em vigor o novo Regulamento de Arbitragem da ICC[7], que incorpora no seu texto a figura do árbitro de emergência propriamente dito e regula o procedimento aplicável, em virtude do qual as partes podem solicitar medidas cautelares urgentes ao árbitro de emergência. Este mecanismo é independente da faculdade do tribunal arbitral para ordenar medidas cautelares e antecipatórias à solicitação da parte, que estabelece o artigo 28 de dito regulamento.[8] Tais dis-

[6] CARLEVARIS, Andrea e FERIS, José Ricardo (2014). P. 34.

[7] Figura do árbitro de emergência prevista no artigo 29 do Regulamento de Arbitragem e de ADR da ICC e regulada no Apêndice V do mesmo.

[8] ESTAVILLO, Fernando (2013).

posições permanecerão sem mudanças na nova versão do Regulamento de Arbitragem da ICC, que entrou em vigor em março de 2017.

De acordo com Estavillo Castro, o procedimento do árbitro de emergência da ICC, *"(...) foi concebido com a finalidade de que a parte que requeira medidas cautelares ou antecipatórias urgentes e que não possa esperar até a constituição do tribunal arbitral, solicite tais medidas ('Medidas de Emergência'), ainda que seja antes da apresentação do requerimento de arbitragem (...)"*[9].

Outro dos pioneiros em contemplar um remédio às necessidades urgentes das partes foi a Associação Americana de Arbitragem (AAA), que desde o ano 1999 regula a matéria no contexto da arbitragem nacional[10], incorporando no ano de 2006 disposições sobre arbitragem de emergência nos procedimentos internacionais de solução de conflitos do seu Centro Internacional de Resolução de Disputa (ICDR) de Nova York.[11]

Em quanto ao avance cronológico no reconhecimento da figura do árbitro de emergência no mundo, como antecedente cabe ressaltar a modificação no ano de 2006 da Lei Modelo da Comissão das Nações Unidas para o Direito Comercial Internacional (UNCITRAL)[12], na qual se deu maior autonomia aos tribunais arbitrais em relação à concessão de medidas cautelares. Isto significou um grande avance nesta matéria, visto que muitas legislações estatais inspiradas nesta "Lei Modelo", seguiram esta tendência.[13]

Continuando em nível institucional, nos últimos anos, os centros administradores de arbitragem mais importantes do mundo incorporaram a figura do árbitro de emergência prévio ao inicio da arbitragem, com a finalidade de conceder medidas cautelares que não podem esperar a constituição do tribunal.[14] Entre ditas instituições encontramos o Centro de Arbitragem Internacional de Singapura (SIAC)[15] e a Câmara de Comércio

[9] *Ibidem.*

[10] ICDR/AAA Rules (2006) Art. 37.1.

[11] Regulamento do ICDR atual entrou em vigor 1° de junho de 2014. Disposições sobre árbitro de urgência contidas no artigo número 6.

[12] Também conhecida como CNUDMI por suas siglas em espanhol.

[13] BORDACHAR, Rodrigo (2015).

[14] *Ibidem.*

[15] SIAC Rules (2010) art. 26(2) and Sch. I.

de Estocolmo (SCC)[16-17], que desde o ano de 2010 contam com disposições sobre árbitros de emergência entre suas normas.

No ano de 2011 foram modificadas as regras do Centro Australiano para Arbitragem Comercial Internacional (ACICA)[18], estabelecendo expressamente a nomeação de árbitros de emergência. Entre outras instituições que incorporaram recentemente esta figura, se encontram: o Centro de Arbitragem Internacional de Hong Kong (HKIAC)[19], cujas disposições entraram em vigor em novembro de 2013; a Associação de Arbitragem Comercial do Japão (JCAA), que conta com uma nova regulação desde fevereiro de 2014[20]. Também no ano de 2014 o Serviço de Mediação Judicial e Arbitragem (JAMS) dos Estados Unidos, incorporaram disposições sobre um procedimento de reparação de emergência[21], as quais se encontram vigentes para a arbitragem internacional desde 1° de setembro de 2016[22].

Por último, entre as modificações mais recentes ao conjunto de disposições sobre arbitragem de emergência, se encontra o novo Regulamento do Tribunal Internacional de Arbitragem de Londres (LCIA)[23], que entrou em vigor em outubro de 2014 e o Regulamento da Comissão Econômica, Comercial e Internacional Chinesa de Arbitragem (CIETAC)[24], vigente desde janeiro de 2015.[25]

2.2. Regulamentação do Árbitro de Emergência nos Centros de Arbitragem da América Latina e do Caribe

Em nível Latino-americano e Caribe, é possível destacar alguns centros que adotaram a figura do árbitro de emergência nos seus regulamentos. No México, a Câmara Nacional de Comércio da Cidade do México (CONACO)

16 Também conhecida como CCE por suas siglas em espanhol.
17 SCC Rules (2010) Expedited Rules and Appendix II.
18 Na modificação do ano 2011 se incorporou a arbitragem de emergência ao Regulamento da ACICA, sem prejuízo que 1° de janeiro de 2016 entrou em vigor o Regulamento pelo qual se regula atualmente, que mantém o conteúdo das disposições sobre árbitro de emergência.
19 HKIAC Administered Arbitration Rules (2013), Anexo 4.
20 Jones, Doug (2016).
21 JAMS Rules (2014). Rule 2.
22 JAMS International Arbitration Rules (2016), Article 3.
23 LCIA Rules (2014), Article 9B.
24 CIETAC Rules (2015), Appendix III.
25 Jones, Doug (2016).

conta com um regulamento institucional que permite outorgar medidas de emergência adicionais ao procedimento de medidas cautelares, aplicáveis às arbitragens celebradas a partir de junho de 2008·. Neste passo, o Centro de Arbitragem de Direito da Construção (CAIC) do México, no seu artigo 50 estabelece expressamente a possibilidade das partes em solicitar a aplicação de medidas urgentes, prévias à constituição do tribunal arbitral.

Nessa mesma linha, o Centro Empresarial de Conciliação e Arbitragem (CEDCA) da Venezuela, no seu Regulamento do ano de 2013 contempla a possibilidade de designar um tribunal de urgência prévio à constituição do tribunal definitivo, para que aprecie e resolva os requerimentos de medidas cautelares.[26]

A Câmara de Comércio Brasil-Canadá (CCBC) no ano de 2012[27] incorporou a figura do árbitro de emergência entre suas disposições regulamentares. Nesta vereda, o Centro de Arbitragem da Federação de Indústrias do Estado de São Paulo (FIESP), no artigo 13.1 do seu Regulamento dispõe que, o tribunal arbitral tem competência para determinar as medidas cautelares, coercitivas e antecipatórias necessárias para o correto desenvolvimento do procedimento arbitral, por outro lado, não contempla expressamente a figura do árbitro de emergência.

No Peru, a Câmara de Comércio de Lima (CCL), no seu novo Regulamento, vigente desde 1° de janeiro de 2017[28], estabelece expressamente a figura do árbitro de emergência, dispondo que previamente à constituição do tribunal arbitral quaisquer das partes que requeiram de uma medida urgente poderão solicitar que se inicie um procedimento de árbitro de emergência. Por sua vez, o Centro de Análise e Resolução de Conflitos da Pontifícia Universidade Católica de Lima, contempla unicamente a possibilidade de solicitar medidas cautelares uma vez que se tenha constituído o tribunal arbitral.

Na Colômbia, o Regulamento do Centro de Arbitragem e Mediação da Câmara de Comércio de Bogotá (CCB), no seu artigo 2.51, preleciona que os requerimentos de medidas cautelares poderão ser deliberados pelo tribunal desde o momento da sua instalação.[29]

[26] Artigo 36.2 Regulamento CEDCA.

[27] Artigo 8 Regulamento do Centro de Arbitragem e Mediação da CCBC.

[28] Artigo 35 Regulamento CCL.

[29] Na Colômbia em nível legislativo, o Estatuto Nacional e Internacional de Arbitragem, Lei 1.563 de 2012, no seu artigo 32 estabelece unicamente a possibilidade de solicitar medidas

A Câmara de Comércio de São José da Costa Rica no artigo 24 do seu Regulamento estabelece que o tribunal arbitral poderá, à instância de parte, outorgar medidas cautelares. A propósito, o Regulamento do Centro Internacional de Conciliação e Arbitragem (CICA) da Câmara Costarriquenha Norte Americana de Comércio (AMCHAM), estabelece a possibilidade de solicitar medidas cautelares nos autos da petição, contestação ou reconvenção, em conformidade a lei.

O Centro de Mediação e Arbitragem Comercial da Câmara Argentina de Comércio (CEMAC) somente contempla no seu Regulamento a possibilidade de decretar medidas cautelares ou antecipatórias no contexto de um processo arbitral, tal como sucede no Chile, onde o Centro de Arbitragem e Mediação da Câmara de Comércio de Santiago (CAM Santiago) estabelece no seu Regulamento que o tribunal está facultado para ordenar medidas cautelares em conformidade à lei.

Cumpre salientar que enquanto vários dos centros arbitrais dos países latino-americanos e Caribe somente contemplam a possibilidade de que se outorguem medidas cautelares uma vez constituídos o juízo arbitral, os principais centros arbitrais do mundo, há aproximadamente uma década, vêm instituindo progressivamente a figura do árbitro de emergência nos seus regulamentos institucionais.

Em nível latino-americano existe uma dívida importante nesta matéria, e por esta razão é de se esperar que paulatinamente os diversos centros de arbitragem da região, comecem a reconhecer a importante função que este pode desempenhar na arbitragem de emergência e no alívio das necessidades urgentes das partes, e com ele, consequentemente, lhe deem cabimento entre suas disposições.

3 A Utilização por Centros Arbitrais: Crescimento da Arbitragem de Emergência

Tal como se sustentou anteriormente, cada vez ganha maior importância a arbitragem de emergência e paulatinamente vem aumentando seu uso por parte dos distintos interessados. Para explicar o anterior, a continuação se exibe um quadro geral que inclui as principais instituições arbitrais

cautelares unicamente dentro do contexto arbitral. Reyes-Sinisterra, Cindy (2016).

internacionais, assinalando a data em que introduziram a arbitragem nos respectivos regulamentos e o número de pedidos recebidos:[30]

Instituições Arbitrais	Ano de introdução da arbitragem de emergência	Número de pedidos recebidos
ICDR	2006	Sobre 70 casos[1]
SCC	2010	13
SIAC	2010	42
ICC	2012	Sobre 24 casos[2]
HKIAC	2013	2
JAMS	2014	6
LCIA	2014	0

Conforme o reporte da ICDR de dezembro de 2016, logo de 10 anos desde o estabelecimento do procedimento sobre arbitragem de emergência, foi recebido mais de 70 requerimentos que abarcam uma ampla gama de matérias. Em particular, desde o ano 2006 até finais de 2016 se apresentaram mais de 60 requerimentos de medidas de proteção¸ a isso se soma 10 casos mais em matéria de arbitragem internacional apresentadas entre 2013 e fins de 2016, logo que no ano de 2013 se acrescentou a arbitragem de emergência no Regulamento de Arbitragem Comercial da ICDR.

Por sua vez, de acordo as últimas estadísticas da ICC de princípios de 2016, a adoção da arbitragem de emergência há aumentado constantemente desde sua introdução no ano 2012. Em efeito, para terminar 2015 já se haviam recebido um total de 24 requerimentos e a princípios de 2016 já se haviam apresentado várias mais. Estas petições de arbitragem de emergência vêm tratando sobre diversas matérias e vêm envolvendo a partes de variadas culturas e países.

4 Características Comuns do Procedimento dos Árbitros Dd Emergência

Entre as disposições sobre árbitros de emergência adotadas pelas mais reconhecidas instituições arbitrais internacionais do mundo é possível reconhecer certos elementos ou características comuns. A continuação

[30] CAHER, Charlie e MCMILLAN, John (2015).

se descreverá de forma geral o procedimento adotado por tais centros, de acordo aos aspectos comuns que se repetem nos distintos regulamentos institucionais.

4.1 Conteúdo Mínimo do Requerimento, Conceito de Emergência e Padrões para Conceder as Medidas

Os procedimentos de árbitro de emergência dos principais centros arbitrais do mundo dispõem de prazos extremamente reduzidos, assim, na maioria dos casos, junto com a apresentação do requerimento - na secretaria do centro respectivo-, se devem acompanhar, os fundamentos que justifiquem a concessão da medida cautelar. Não obstante ao aludido, cada regulamento entende de maneira diversa o que constitui uma situação de emergência e quais são os requisitos para outorgar a medida solicitada.

De acordo aos regulamentos da ICC, ICDR e da LCIA, em termos gerais, o requerimento deve constar de: i) nome e endereço de ambas as partes, ii) descrição da situação que deu origem a petição de emergência, iii) medida de emergência que solicita aplicar, iv) fundamentos que justifiquem a aplicação da medida de forma urgente e em forma prévia à constituição do tribunal, e v) prova que comprove o pagamento dos honorários do árbitro de emergência.[31] Os requisitos mencionados não são especialmente rigorosos e entre eles o mais relevante diz respeito aos fundamentos da situação de urgência que justifiquem a aplicação da medida de forma pré-judicial.

Na outra vereda, o Regulamento da ACICA, regra 3.5 do cronograma 2, para emitir uma medida cautelar de urgência se exige demonstrar: (i) o dano irreparável que se busca evitar com a concessão da medida, (ii) que tal dano seja substancialmente superior àquele que pode experimentar a parte afetada com o outorgamento da medida e (iii) que exista a possibilidade provável que a parte requerente tenha êxito sobre a controvérsia. Nesse sentido, segundo a regra 1.3 do cronograma 2, a parte requerente deve dar detalhes sobre: (i) a natureza da medida que se busca aplicar, (ii) a razão pela qual dita medida é necessária em um contexto de um juízo

[31] Rivera, Irma (2014).

de emergência, e (iii) o motivo pelo qual tem o direito a que se lhe outorgue a medida.[32]

Como se observa neste caso, o nombramento de um árbitro de emergência e a emissão de uma medida urgente somente procede quando nos enfrentamos a uma situação consideravelmente grave.

Em nosso entendimento, dentro das regulamentações mais adequadas se encontram as estabelecidas pela ICC, o ICDR e a LCIA. Assim, por exemplo, o artigo 3 do apêndice V do Regulamento da ICC, em relação aos fundamentos do pedido para conceder a medida, exige o seguinte: (i) que se realize uma descrição das circunstancias que dão lugar ao requerimento e a controvérsia subjacente que será submetida à arbitragem (ii) o motivo ou as razões pelas quais o peticionário necessita medidas cautelares ou conservativas urgentes que não podem esperar até a constituição do tribunal arbitral.

Deste modo, a análise realizada por Carlevaris, A. e Feris, J.R. sobre a substância do pedido dos 10 primeiros casos apreciados pela ICC em matéria de arbitragem de emergência, se faz referência aos critérios que se tomaram em consideração pelos árbitros de emergência na hora de conceder as medidas requeridas pelas partes.[33] Entre ditos critérios, encontramos as diretrizes estabelecidas pela ICC - nas disposições citadas anteriormente-, mas também outros, como a lei que regula o contrato, em quanto ao conteúdo e forma, ou inclusive há alguns que recorreram a padrões internacionais.

Em efeito, Carlevaris, A. e Feris, J.R. em sua investigação concluem que pelo menos em três casos, os árbitros se apoiaram na prática arbitral internacional e não nas disposições domésticas do país em que era aplicável a medida para a concessão da mesma. Assim, no primeiro deles, o árbitro de emergência determinou que a lei que regulamentava o contrato não era aplicável, regendo-se pela prática arbitral internacional. No segundo caso, o árbitro de emergência considerou que não era aplicável nem a lei que regulava o contrato, nem aquela que determinava o procedimento judicial para a concessão de medidas cautelares no lugar do procedimento de arbitragem de urgência, pelo que finalmente se fundou em fontes internacionais, tais como os laudos arbitrais ditados conforme os princípios

[32] Jones, Doug (2016).

[33] CARLEVARIS, Andrea e FERIS, José Ricardo (2014). P. 35.

comuns do direito. No terceiro caso, o árbitro também ignorou a lei que regulava o contrato, se averiguou que as partes não haviam elegido uma lei aplicável ao procedimento arbitral e concluiu-se que a lei da sede não lhe obriga a ter em conta nenhuma lei nacional; por conseguinte, recorreu aos antecedentes doutrinários e arbitrais e ressaltou a importância das circunstancias fáticas do caso.[34]

4.2 Em Quanto à Notificação do Requerimento

Uma vez que se determine que as disposições sobre o árbitro de emergência são aplicáveis ao caso concreto, na maioria dos regulamentos institucionais se estabelece o dever de notificar a parte demandada sobre o requerimento.

4.3 Sobre a Designação do Árbitro de Emergência e sua Nacionalidade

A diferença do que ocorre na arbitragem internacional tradicional, onde as partes intervêm na designação dos árbitros, e somente quando não há acordo este será designado pela instituição, conforme o Regulamento da ICC, as partes não participam no nombramento do árbitro de emergência. Nesse sentido, o Regulamento da IDCR no seu artigo 6(2) dispõe:

> Dentro do dia útil seguinte à recepção da notificação que dispõe o Artigo 6(1), o Administrador nomeará a um árbitro único de urgência dentre um painel especial de árbitros de urgência. Antes de aceitar sua nomeação, o candidato a árbitro de urgência deverá informar ao Administrador sobre qualquer circunstância que possa dar lugar a dúvidas justificáveis em quanto a sua imparcialidade ou independência.

Por sua vez, em matéria de arbitragem internacional o árbitro não pode ter a mesma nacionalidade que as partes, enquanto que de acordo ao Regulamento da ICC o árbitro de emergência sim poderia ter a mesma nacionalidade que alguma das partes.

4.4 Prazo para a Designação do Árbitro

34 CARLEVARIAS, Andrea e FERIS, José Ricardo (2014). P. 36.

No caso dos regulamentos da ICDR, ICC, LCIA, SIAC e HKIAC, dentro do prazo de um ou dois dias úteis desde que se recebe o requerimento, deve-se designar um árbitro único para resolver o requerimento de emergência.[35] Atendida à urgência do requerimento, em geral se estabelecem prazos bastante reduzidos para o nombramento do árbitro de emergência.

Vale ressaltar, que nenhum árbitro de emergência poderá ser designado com posterioridade à constituição do tribunal arbitral definitivo que se pronuncie sobre o mérito da questão. Com isto, se evita um conflito de competência entre estes dois árbitros.[36]

4.5 Procedimento de Emergência

Em termos gerais, os regulamentos outorgam uma ampla margem de ação e apreciação para a determinação do procedimento de arbitragem de emergência, o que sempre deve conservar a característica essencial de ser bastante reduzido enquanto aos prazos.

4.6 Acerca da Natureza da Decisão do Árbitro de Emergência

A decisão do árbitro de emergência pode ter a forma de uma ordem ou de um laudo, dependendo das disposições de cada Regulamento. As regras da ICC estabelecem expressamente que a decisão do árbitro de emergência tomará forma de ordem, a qual as partes devem cumprir, pelo fato de haver pactuado o procedimento de árbitro de emergência.[37] Por sua vez, o Regulamento da ICDR estabelece que a decisão pode denominar-se ordem ou laudo provisório ou interino.[38]

Neste mesmo sentido, os Regulamentos da LCIA, SIAC e o HKIAC, estipulam que a decisão pode ser um laudo ou uma ordem. A forma que tome a decisão tem consequências importantes no que tange a sua obrigatoriedade, conforme se revisará mais adiante.

4.7 Prazo para Ditar a Decisão

[35] CAHER, Charlie e MCMILLAN, John (2015).

[36] RIVERA, Irma (2014).

[37] Artigo 29 (2) do Regulamento da ICC e artigo 6 do apêndice V.

[38] Artigo 6 (2) do Regulamento da ICDR.

Não todos os Regulamentos estabelecem um prazo dentro do qual o árbitro de emergência deve ditar a sua decisão. Entre as que sim o exigem, encontramos a ICC e o LCIA, com prazos que vão desde os 5(cinco) até os 20(vinte) dias, enquanto que os regulamentos da ICDR, SIAC e CANACO não estabelecem prazo algum.[39]

4.8 Terminação Antecipada da Arbitragem e/ou Caducidade da Decisão

Os Regulamentos da ICC, SCC, SIAC e HKIAC estabelecem o término do procedimento e/ou a caducidade automática da decisão arbitral de emergência em caso de não apresentar-se o requerimento de arbitragem ou se o tribunal arbitral não se constituir dentro de certo período de tempo. Sob as normas da LCIA a decisão não caducará automaticamente.

4.9 Modificação da Decisão uma vez Constituído o Tribunal Arbitral

Apenas se constitua o tribunal arbitral definitivo, o árbitro de emergência deixa de desempenhar suas funções. Junto com ele, na maior parte dos Regulamentos institucionais, se não em todos, se permite ao tribunal arbitral pronunciar-se sobre a decisão do árbitro de emergência, seja para mantê-la, modificá-la ou anulá-la.

4.10 Árbitro de Emergência não pode ser o Mesmo que Conheça sobre o Conteúdo da Matéria Objeto da Lide

Outra característica relevante que tem em comum os distintos Regulamentos que contam com esta figura, é que o árbitro de emergência que se pronuncie sobre um requerimento de medida cautelar, não poderá ser designado a seguir como árbitro definitivo neste mesmo caso. Em outras palavras, o árbitro que se pronuncie sobre a medida cautelar de emergência, não poderá ser o mesmo que conheça e se pronuncie sobre a questão de mérito do pedido.

[39] CAHER, Charlie e MCMILLAN, John (2015).

4.11 Respeto ao Opt-out

Na prática arbitral se conhece como *opt-out* a regra que estabelece que a regulamentação do árbitro de emergência operará por defeito em caso de acordar-se arbitragem em um contrato, disposições que somente serão inaplicáveis no evento em que as partes expressamente o estabeleçam. Pois bem, a maior parte dos Regulamentos institucionais opera sobre a base do *opt-out.*

5 A Opção pelo Árbitro de Emergência nos Casos de Contratos de Construção FIDIC

Um tema controvertido em arbitragem de emergência é a aplicabilidade das disposições destas quando as partes tenham acordado outros procedimentos pré-arbitrais de resolução de conflitos, como por exemplo, cláusulas escalonadas que contemplam *Dispute Boards.* Em particular, se abordará sucintamente esta problemática desde a perspectiva dos contratos de construção que vem sendo regulamentados segundo as disposições da Federação Internacional de Engenheiros Consultores (FIDIC), em relação às regras de arbitragem de emergência contidas no Regulamento da ICC.

Em termos gerais, os contratos FIDIC contam com a característica de outorgar soluções internacionalmente conhecidas e aceitas para a execução de distintos tipos de projetos de construção e suas disposições são compatíveis com os ordenamentos jurídicos tanto do *common law* como do *civil law.*[40] A Sub-cláusula 20.4 do Livro Vermelho da FIDIC de 1999 estabelece que as partes podem remitir sua disputa à *Adjudication Dispute Boards* (DAB), a qual terá 84 dias para tomar uma decisão. A cláusula 5 (g) das Regras do Procedimento anexas às Condições Gerais do Contrato estipula que o DAB tem o poder de "*...decidir sobre qualquer medida cautelar, como medidas antecipatórias ou conservatórias...*".[41]

O DAB constitui um mecanismo ágil, oportuno e de baixo custo para resolver os conflitos entre o querelante e a empresa construtora, cujas decisões são obrigatórias e definitivas para as partes, na medida em que não sejam modificadas de comum acordo pelas próprias partes ou por uma

[40] FIGUEROA VALDÉS, Juan Eduardo (2013).

[41] Ehsani, Sara (2017).

decisão arbitral posterior. Com efeito, o DAB não é um tribunal, mas um painel técnico que pode resolver disputas entre as partes, pelo que, a decisão que se tome em concreto, pode ser revisada por um tribunal arbitral ou pela justiça comum ordinária.

Por sua vez, o Regulamento da ICC no seu artigo 29(6)(c) estabelece que as disposições sobre o árbitro de emergência não serão aplicáveis em caso de que as partes hajam acordado outro procedimento pré-arbitral que anteveja o outorgamento de medidas cautelares, antecipatórias ou similares. Assim sendo, se as partes acordaram qualquer outro procedimento prévio à arbitragem, que contemple a concessão das medidas mencionadas, se considera que ficou excluída a possibilidade de optar pela arbitragem de emergência.

Deste modo, em quanto à compatibilidade de tal mecanismo com a arbitragem de emergência, a regra geral é que se as partes estabeleceram um DAB no contrato, e na medida em que este se encontre efetivamente constituído e operando, atendido que este tem faculdades para ditar medidas cautelares, as partes não poderão dirigir-se a um árbitro de emergência para que este determine uma medida de caráter urgente. Por outro lado, se não contemplaram o DAB no contrato de construção, esta figura de solução de controvérsias não se entende incorporada automaticamente, podendo optar em tal caso livremente pela designação de um árbitro de emergência.

Podem-se dar outras hipóteses, como por exemplo, que as partes tenham estabelecido que o DAB não tenha faculdades para outorgar medidas cautelares ou conservativas, pelo que poderão dirigir seu requerimento diretamente ao árbitro de emergência. Também pode ocorrer que as partes tenham estabelecido uma cláusula escalonada, onde, por exemplo, primeiro devem acudir ao DAB e logo ao árbitro de emergência, caso em que deverão acatar o estabelecido no contrato, sempre e quando não signifique um prejuízo aos interesses e direitos de alguma das partes.

Definitivamente, a resposta acerca do mecanismo pelo qual devem acudir as partes dependerá do que estas tenham estabelecido no contrato; em certas oportunidades corresponderá ao árbitro decidir sobre sua competência segundo as circunstâncias particulares do caso. Sobre que alternativa optar, a verdade é que tampouco existe uma única resposta, o que sim podemos afirmar é que a maior vantagem de optar pela arbitragem de emergência é sua celeridade. Em efeito, tratando-se de um contrato de construção modelo FIDIC Livro Vermelho, enquanto o DAB tem um prazo de 84 dias para tomar uma determinação, o árbitro de emergência dispõe de prazos significativamente mais reduzidos para pronunciar-se sobre o requerimento de una medida cautelar.

6 Exigibilidade da Decisão do Árbitro de Emergência

6.1 A Convenção de Nova York e a Lei Modelo da UNCITRAL

Apesar do seu crescimento, a arbitragem de emergência pode ter certas limitações ou "riscos", entre os quais se destaca a possibilidade de executar a decisão do árbitro de emergência, que tal como se adiantou, não é indiferente se tem a natureza de ordem ou laudo na hora de determinar sua aplicabilidade.

A Convenção de Nova York sobre o Reconhecimento e a Execução das Sentenças Arbitrais Estrangeiras de 1958, é um tratado multilateral ratificado por 156 países[42], em virtude do qual "*(...) se cria um parâmetro que permite a incorporação de laudos estrangeiros aos países que são parte do mesmo.*"[43] Nas palavras de Caivano, R.:

> (...) a própria Convenção prevê, ao definir seu âmbito de aplicação, que ela se aplicará ao reconhecimento e a execução das sentenças arbitrais 'ditadas no território de um Estado distinto àquele em que se pede o reconhecimento e a execução de ditas sentenças'.[44]

A Convenção no seu artigo I.1 obriga aos países signatários a outorgar o reconhecimento e a execução dos laudos ditados em países estrangeiros. O primeiro problema que surge da disposição anterior, é que as decisões dos árbitros de emergência não sempre recebem a qualificação de laudo ou sentença, como ocorre com o Regulamento da ICC que as denominam "ordens".

Seguindo a Caher, C. y McMillan, J., inclusive quando a decisão adote a forma de um laudo, é possível que não seja aplicável por não ser definitiva

[42] Em 2015 somam 156 países, incluídos todos os países de América Latina.
[43] Rivera, Irma (2014). P. 172.
[44] Caivano, Roque J. (2011). P. 308.

ou determinante, tal como ocorreu com o Tribunal Federal Suíço no ano 2010[45], quando sustentou que uma decisão arbitral sobre medidas cautelares não equivalia a um laudo, já que não resolvia em forma definitiva o conflito entre as partes. Nesse mesmo sentido, tem decidido outros tribunais, argumentando que as medidas cautelares não são executáveis, já que podem ser modificadas posteriormente.[46]

Sobre este ponto, lembramos que a decisão do árbitro de emergência, segundo a maior parte dos regulamentos arbitrais, pode ser deixada sem efeito ou modificada pelo tribunal arbitral definitivo. Mesmo assim, em alguns casos as decisões podem caducar se não se apresenta o requerimento de arbitragem ou não se constitui o tribunal arbitral dentro de determinado prazo.

O positivo, é que esta não é a única tendência em matéria de execução das medidas cautelares, sejam elas emanando de ordens ou laudos, em efeito, "Em algumas legislações pró-arbitragem como a de New York e Londres, os Tribunais nacionais tem reconhecido e feito efetivas as medidas cautelares proferidas mediante ordens processuais, assim como também por laudos".[47]

A esse respeito, Caivano, R., em relação às medidas cautelares ditadas por um árbitro, que é a figura que mais se assemelha a uma ordem emanada de um árbitro de emergência, se inclina pela teoria de que estas podem ser consideradas "laudos" no sentido da Convenção de Nova York e acrescenta:

> Ainda quando esta nada diz sobre a execução extraterritorial das medidas cautelares, pensamos que o silencio não pode ser interpretado como uma proibição. Não encontramos, nem no texto nem nos antecedentes da Convenção, nada que se oponha a reconhecer como laudo arbitral a una decisão cautelar adotada por um tribunal arbitral no exercício das atribuições a ele conferidas.[48]

Ainda que se argumente que se trata de una decisão cautelar, tendo em vista que logo que se designe o tribunal arbitral, este pode deixá-la sem efeito, suspende-la, modificá-la ou incluso anulá-la, o mesmo Caivano sus-

[45] Sentença de 13 de abril de 2010, DFT 136 III 200.

[46] CAHER, Charlie e MCMILLAN, John (2015). P. 2.

[47] Rivera, Irma (2014). P. 172.

[48] Caivano, Roque J. (2011). P. 303.

tenta nesse sentido, que a Convenção não exige que se trate de uma decisão definitiva ou final, se não que unicamente de uma sentença obrigatória que não haja sido suspendida ou anulada.

Cabe ressaltar que o novo artigo 17 da Lei Modelo da UNCITRAL, reformada no ano de 2006, reconhece expressamente que as medidas cautelares ditadas por um tribunal arbitral são vinculantes, estabelecendo um procedimento que regula dito reconhecimento, assim como a execução das decisões arbitrais referentes as tutelas cautelares, independentemente da sede da arbitragem. [49]

6.2 Exigibilidade Estabelecida por Algumas Jurisdições

Tendo em vista a Lei Modelo e atendida às dúvidas elucidadas em relação à aplicação da Convenção de Nova York, algumas jurisdições vêm promulgando leis que reconhecem as decisões dos árbitros de emergência e sua execução, eliminando qualquer dúvida sobre sua aplicabilidade. Entre ditas regulações, se destaca a Lei de Arbitragem Internacional de Singapura, que no ano 2012 modificou os conceitos de "tribunal arbitral" e "sentença arbitral", incorporando aos árbitros de emergência e as decisões que estes adotem. Por sua vez, a Ordenação de Arbitragem de Hong Kong que sofreu uma emenda em 2013, adotou o mesmo enfoque, ao estabelecer expressamente que a decisão de emergência poderia - com a autorização do tribunal - ser executada da mesma maneira que uma ordem do tribunal. [50]

Várias outras jurisdições, entre elas a da Austrália e Nova Zelândia, atualizaram a sua legislação para adaptarem-se às emendas da Lei Modelo da UNCITRAL. Inglaterra, Gales, Alemanha e Suíça também dispõem de uma legislação que prevê a aplicação de medidas cautelares arbitrais, não obstante, unicamente a respeito da arbitragem estabelecida dentro da sua jurisdição.[51]

6.3 Disposições sobre Exigibilidade em nível Regulamentário

[49] Rivera, Irma (2014) e Jones, Doug (2016).

[50] CAHER, Charlie e MCMILLAN, John (2015) e JONES, Doug (2016).

[51] CAHER, Charlie e MCMILLAN, John (2015).

Sem lugar a dúvidas, regulações legislativas como as de Hong Kong e Singapura, que contem com normas específicas sobre exigibilidade, permitem que o sistema opere bem desde um ponto de vista prático. Sem prejuízo do anterior, é fundamental que os próprios regulamentos estabeleçam "incentivos" para que as partes respeitem as decisões tomadas pelo árbitro de emergência e particularmente a parte em contra da qual se aplique uma medida antecipatória ou conservativa.

Neste sentido, as regras da ICC, ACICA, SIAC, HKIAC e JCAA requerem que as partes se comprometam a cumprir sem demora qualquer medida cautelar emitida por um árbitro de emergência. E vai inclusive mais longe, o Regulamento da ICC permite aos tribunais arbitrais tomar em consideração qualquer incumprimento da decisão de um árbitro de emergência na hora de determinar as custas e os danos.[52]

Portanto, um importante papel corresponde a justiça ordinária na hora de pronunciar-se sobre a exigibilidade das medidas cautelares ditadas por um árbitro de emergência, quando as legislações estatais não regulem a obrigatoriedade de tais ordens ou laudos. Sem prejuízo do anterior, não podemos esquecer que pelo fato de haverem acordado uma cláusula de arbitragem– sem excluir a arbitragem de emergência que se aplica automaticamente na maioria dos regulamentos-, as partes voluntariamente estão aceitando submeter-se à jurisdição de emergência e consequentemente a cumprir qualquer decisão que lhes seja imposta.

Cabe lembrar que a Convenção de Nova York tem uma clara tendência a favor da arbitragem, mas entende que são os juízes quem - mediante suas decisões - a aplicam.[53]

6.4 O que a Experiência tem Demonstrado

Conforme a análise realizada por Carlevaris, A. y Feris, J.R. dos 10 primeiros casos apreciados pela ICC em matéria de arbitragem de emergência, a prática demonstra que independente de que sejam exigíveis ou não as decisões dos árbitros de emergência, a maior parte das vezes as partes cumprem ou acatam as medidas cautelares sem necessidade de ter que acudir a um procedimento coercitivo. Nesta linha, concluem que as partes

[52] Jones, Doug (2016).
[53] Rivera, Irma (2014).

não ignoram facilmente uma decisão provisória enquanto está pendente a decisão principal objeto da demanda.[54]

7 A Função dos Tribunais

A questão da obrigatoriedade das decisões dos árbitros de emergência é provável que se resolva à medida que a legislação e a jurisprudência se adaptem ao procedimento. Não obstante, haverá certas características do processo arbitral em que será necessária a intervenção da justiça comum ordinária.

A continuação, conforme a análise realizada por Jones, D. e Caher, C. e McMillan, J., se elucidará as principais razões do porque os tribunais seguirão, pelo menos por agora, desempenhando um papel em matéria de arbitragem de emergência:

- Em primeiro lugar, a arbitragem de emergência somente permite que se requeira uma medida contra a outra parte de acordo de arbitragem. Em caso que se solicite uma tutela de urgência contra um terceiro, como, por exemplo, uma ordem de embargo preventiva com relação a um banco, o tribunal de emergência será incapaz de obrigá-lo, devendo a parte recorrer necessariamente à justiça comum ordinária.
- Nesta mesma ordem de ideias, a arbitragem de emergência não permite que se requeira uma medida *ex parte*[55], isto, conforme a premissa subjacente de que a arbitragem é um processo consensual. Tal como se aduziu os procedimentos de arbitragem de emergência estabelecidos pelos principais centros internacionais, geralmente requerem que se notifique a parte contrária, o que sem lugar a dúvidas obstaculiza a busca de obter uma reparação urgente. Por esta razão, é provável que uma parte solicite um recurso *ex parte* através dos tribunais, se existe o risco de que a notificação do requerimento faça ineficaz a medida.
- Em terceiro lugar, as decisões do árbitro de emergência não são automaticamente vinculantes como sim o são as ordens judiciais. Inclusive em uma jurisdição como Singapura ou Hong Kong, na qual, tal como

[54] CARLEVARIS, Andrea e FERIS, José Ricardo (2014). P. 37.

[55] As regras Suíças são uma exceção notável a esta regra.

> vimos, o reclamante poderá estar seguro de que a decisão do árbitro de urgência se aplicará conforme o teor da legislação existente segue sendo necessário que se adote uma medida adicional para garantir o cumprimento da decisão de um árbitro de emergência. Por tanto, a parte que deseje garantir o cumprimento imediato decidirá solicitar esse remédio diretamente ante a justiça comum ordinária.

Tendo em conta estes fatores, não se surpreende que os procedimentos de arbitragem de emergência reconheçam o papel que desempenha a justiça ordinária. Com efeito, as principais instituições em seus procedimentos estipulam que as partes terão direito de optar entre requerer a reparação ante os tribunais nacionais ou ante um árbitro de emergência e, desta maneira, dispõem que não constituem um incumprimiento do acordo arbitral solicitar a medida urgente ante um tribunal ordinário e não através da arbitragem de emergência.

É provável que as partes sigam buscando remédio nos tribunais ordinários como alternativa ao uso da arbitragem de emergência. Não obstante, o objetivo das instituições arbitrais e dos tribunais de justiça deve ser de apoiar a arbitragem de emergência de modo que seja menos necessário acudir a justiça comum ordinária. A arbitragem cumpre a função de descomprimir a justiça ordinária, outorgando às partes maior liberdade sobre a forma em que se levam a cabo seus conflitos.[56]

Considerações Finais

Quando as partes requerem medidas urgentes, sem lugar a dúvidas, a velocidade, predictibilidade e confidencialidade do procedimento de árbitro de emergência serão considerações fundamentais para escolher este tipo de procedimento. As estadísticas confirmam tal opção, dado o progressivo uso que se está dando à arbitragem de emergência desde a sua incorporação pelos principais centros arbitrais do mundo.

Se bem a justiça ordinária seguirá exercendo sua função em certos casos particulares, é importante não exagerar a importância da exigibilidade das decisões na eficácia das ordens dos árbitros de emergência. Com efeito, a experiência prática aponta a que na maioria das vezes as partes as aca-

[56] CAHER, Charlie e MCMILLAN, John (2015).

tam sem ter que recorrer a um procedimento coercitivo. Desta maneira, a experiência também indica que a simples disponibilidade de procedimentos de arbitragem de emergência pode contribuir à solução amistosa da controvérsia, e inclusive facilitá-la.[57]

Desse modo, é possível prever que se siga intensificando o uso deste mecanismo, na medida em que é uma ferramenta útil para satisfazer de forma rápida às necessidades urgentes das partes. Desta forma, é de se esperar que os diversos regulamentos institucionais sigam incorporando a possibilidade de que sejam os próprios árbitros quem conheçam e resolvam os requerimentos de medidas antecipatórias ou cautelares pré-arbitrais.

Referências

Bordachar Urrutia, Rodrigo (2015). Medidas cautelares en arbitraje y la incorporación del árbitro de emergencia. Derecho y Ciencias Sociales. N° 13, pp. 71-91. ISNN 1852-2971.

Caher, Charlie y McMillan, John (2015). *Emergency Arbitration: The Default Option for Pre--Arbitral Relief?* The International Comparative Legal Guide to: International Arbitration 2015, 12th Edition, Chapter 1.

Caivano, Roque J. (2011). *Control Judicial en el arbitraje.* 1era edición- Buenos Aires, AbeledoPerrot.

Carlevaris, Andrea y Feris, José Ricardo (2014). *Running in the ICC Emergency Arbitrator Rules: The First Ten Cases.* ICC International Court of Arbitration Bulletin. Vol 25/ Number 1 - 2014.

Estavillo Castro, Fernando (2013). *El árbitro de emergencia en el nuevo reglamento de arbitraje de la CCI.* Boletín Informativo del Capítulo Mexicano de la Cámara de Comercio Internacional. No. 68 de Pauta.

Ehsani, Sara (2017). *Quick Step: Emergency Arbitration v DAB. Newsletter of Corbett & Co International Construction Lawyers.* Disponible en: http://corbett.co.uk/wp-content/uploads/Quick-Step-KH-PDF-version-1.pdf

Figueroa Valdés, Juan Eduardo (2013). *Los Contratos de Construcción Fidic frente al Derecho Chileno.* Gaceta Jurídica N° 394, pp. 7-24.

Jones, Doug (2016). Emergency Arbitrators and Court-Ordered Interim Measures. Revista: Defining Issues In International Arbitration. Oxford University, pp. 149-157.

Reyes-Sinisterra, Cindy (2016). *Las Medidas Cautelares Anticipatorias e Innominadas en el Proceso Arbitral en Colombia.* 132 Vniversitas, pp. 389-422. Disponible en: http://dx.doi.org/10.11144/Javeriana.vj132.mcai

Rivera, Irma (2014). *El árbitro de emergencia: una figura en crecimiento.* Revista de Arbitraje PUCP, Centro de Análisis y Resolución de Conflictos. Perú. Año IV, N° 4, pp. 163-167. Disponible en: http://revistas.pucp.edu.pe/

[57] CARLEVARIS, Andrea e FERIS, José Ricardo (2014). P. 38.

Dispute Boards e Projetos de Infraestrutura

Kleber Zanchim

Rafael Alves

Introdução: *Big Dig* – Os Desafios

Boston é a segunda maior cidade dos Estados Unidos em área, atrás apenas de São Francisco, e apresenta relevante densidade demográfica[1]. A distribuição das pessoas em amplo território orientou, historicamente, o uso intensivo de transporte individual. Considerando essa realidade, o planejamento municipal sempre se preocupou com os acessos às áreas centrais da cidade.

Em 1959, foi inaugurada a Central Artery, uma "quase rodovia" que conectava regiões periféricas ao centro. Na época, circulavam setenta e cinco mil veículos por dia. No início dos anos 1990, porém, o fluxo diário já era de duzentos mil automóveis. O trânsito ficava congestionado mais de dez horas por dia. O custo anual para os motoristas em função de acidentes, gastos com combustível e perda de produtividade foi estimado em quinhentos milhões de dólares. Se nenhuma intervenção relevante no

[1] Cf. BOSTON REDEVELOPMENT AUTHORITY. **Boston by the numbers**: land area and use. Disponível online em http://www.bostonredevelopmentauthority.org/getattachment/4679e250-0153-44ae-a1e9-464e937afa39/. Consultadoem out/2014.

viário fosse realizada, a expectativa era de que os usuários das vias iriam vivenciar engarrafamentos por dezesseis horas diárias em 2010[2].

A solução encontrada foi o Central Artery/Tunnel Project (CA/T), popularmente conhecido como *Big Dig*. O projeto contemplou dois componentes fundamentais: (i) substituição da estrutura de seis pistas então existente por um túnel com mais pistas exatamente embaixo do velho viaduto e (ii) extensão do acesso ao aeroporto por outro túnel. Fáceis de mencionar, difíceis de executar. Essas intervenções se mostraram o maior, o tecnicamente mais difícil e o ambientalmente mais desafiador projeto de infraestrutura já desenvolvido nos Estados Unidos. CA/T tem dimensões comparáveis ao Canal do Panamá e ao Eurotúnel. Sua premissa era ser executado no meio de Boston, sem parar a cidade. Por isso, teria de preservar a mobilidade e o acesso a residências e edifícios comerciais. Essa preocupação essencial exigiu esforços extraordinários, somados a mecanismos de soluções de conflitos cuja eficácia seria vital para o sucesso do empreendimento.

O estudo de impacto ambiental começou a ser elaborado em 1982 e foi concluído em 1985. As desapropriações foram iniciadas em 1987. Em 1989, os projetos foram revisados e revalidados. Em 1991, começaram as contratações. Em 2000, aproximadamente cinco mil pessoas estavam alocadas no projeto. Em 2006, CA/T estava praticamente pronto e operando[3]. Foram vinte e quatro anos de trabalho. Para se ter ideia da dimensão, se todos os caminhões utilizados na obra fossem alinhados, conectariam Boston a Brasília. Aproximadamente quarenta e cinco quilômetros de redes de gás, energia elétrica, telefonia água e esgoto tiveram de ser realocados. Foram cento e dezoito contratos de construção, sendo vinte e seis focados em escavação.

Frente a tamanha complexidade, a administração contratual do CA/T não poderia ser convencional. Os conflitos teriam de ser geridos com

[2] Cf. THE MASSACHUSSETTS DEPARTMENT OF TRANSPORTATION: Highway Division. **Project Background**. Disponível online em http://www.massdot.state.ma.us/highway/TheBigDig/ProjectBackgrou
nd.aspx. Consultado em out/2014.

[3] THE MASSACHUSSETTS DEPARTMENT OF TRANSPORTATION: Highway Division. **The Central Artery/Tunnel Project - The Big Dig**.Disponível online em http://www.massdot.state.ma.us/highway/
thebigdig.aspx. Consultado em out/2014.

eficiência para evitar atrasos, problemas de interfaces entre os agentes envolvidos, sobrecustos etc. Somente uma cultura preponderantemente não-adversarial na composição de litígios poderia funcionar. Ou seja, mecanismos como arbitragem deveriam ser *ultima ratio*[4]. Os contratos precisariam de uma dinâmica particular fundada na celeridade e na tecnicidade da solução de controvérsias. O caminho escolhido foi o dos *Dispute Boards*, especificamente na sua modalidade não-vinculante, os *Dispute Review Boards*.

O presente artigo abordará os *Dispute Boards* em perspectivas descritiva e também crítica. Serão apresentados os conceitos, a estrutura e a função desses mecanismos para preparar o terreno das reflexões que se seguirão. Nestas, serão enfrentadas as seguintes perguntas sobre os *Dispute Boards*: **(i)** são efetivamente rápidos na solução de controvérsias?; **(ii)** são, de fato, não-adversariais?; **(iii)** produzem respostas de qualidade com capacidade de demover as partes de um litígio judicial ou arbitral?

1 *Dispute Boards*: Delineamento

A solução de qualquer controvérsia enfrenta desafios.

O primeiro desses desafios relaciona-se com o fator tempo. Qualquer procedimento consome tempo. O tempo é necessário para que possa haver, em primeiro lugar, a troca de informações entre as partes envolvidas, para que cada qual apresente a sua versão e a sua visão dos fatos e – quando for o caso - também do direito aplicável. Nesse sentido, até mesmo um procedimento de negociação direta entre as partes envolve tempo, embora seja um dos métodos mais rápidos à disposição dos litigantes. Quando um terceiro neutro é chamado a intervir na solução da controvérsia – seja a que título for – o consumo de tempo, naturalmente, é maior, dado que o terceiro precisa compreender do que se trata a controvérsia, qual é a sua origem, o seu contexto, o papel de cada parte etc.

O segundo desafio – também relacionado com o tempo – diz respeito à qualidade da prova e a sua capacidade de reconstruir o passado. A maior

[4] Para um panorama dos diferentes meios de solução de conflitos, adversariais e não-adversariais, ver ALVES, Rafael F. Estratégias na escolha e na utilização de meios de composição de conflitos empresariais. In: CARMONA, Carlos Alberto, AMENDOEIRA Jr., Sidnei. **Estratégias Processuais na Advocacia Empresarial**. São Paulo: Saraiva – DIREITO GV, 2011, p. 299-329.

parte dos meios de solução de disputas depara-se com uma tentativa de reconstruir o passado. O que de fato ocorreu? Não raras vezes, as partes possuem visões totalmente distintas – e igualmente legítimas – sobre os fatos do caso. Como reconstruir esses fatos a partir desse antagonismo e das provas disponíveis? Aqui, novamente, há consumo de tempo e de recursos financeiros.

O terceiro desafio diz respeito justamente aos custos envolvidos na solução de uma controvérsia. Não apenas o natural dispêndio de tempo e a dificuldade de reconstrução dos fatos passados representam custos, como também o próprio método de solução empregado pode acarretar gastos. O setor da infraestrutura e construção civil é particularmente ilustrativo nesse aspecto: muitas vezes, pequenos desvios de cronograma de obra possuem impactos financeiros significativos que tendem a se multiplicar ao longo do tempo (seja por afetar o chamado "caminho crítico" da obra, seja por acarretar ociosidade, seja por acarretar improdutividade), a menos que uma solução seja prontamente encontrada. Em outras palavras, aguardar o acúmulo de prejuízos ao longo do tempo para depois buscar ressarcimento pela via judicial ou arbitral (conforme a escolha que as partes tenham feito no contrato) é pouco eficiente em termos econômicos e, conforme o caso, pode representar violação do ônus que as partes possuem de buscar mitigar os próprios danos. Via de regra, as partes têm o ônus de evitar uma "bola de neve" de prejuízos acumulados ao longo do tempo.

Para fazer frente a esses desafios, que são particularmente evidentes no campo da infraestrutura e da construção civil, algumas estratégias passaram a ser adotadas pelas empresas nas últimas décadas. Como a experiência do Brasil nessa área é mais recente, comecemos pelo histórico dessas estratégias no exterior.

1.1 Apontamentos Históricos

A partir do final da Segunda Guerra Mundial (1939-1945) e, sobretudo, nas décadas de 80 e 90 do século passado, os desafios de resolução de disputas referidos acima foram potencializados por um novo cenário de *complexidade* e *aumento de custos* nos contratos de infraestrutura, que acabou abrindo as portas para mecanismos em tese mais eficientes de composição, dentre eles, o *Dispute Board*. O surgimento do *Dispute Board* está relacionado com (i) disputas mais complexas (tanto pela complexidade das obras, quanto pelo incremento da regulação estatal, particularmente no que diz respeito às questões ambientais, trabalhistas, seguros, licenciamentos etc) e (ii) o encarecimento dos métodos adversariais de resolução de disputas, como a arbitragem e o processo judicial[5]. O lançamento da *Dispute Resolution Board Foundation* nos Estados Unidos em 1996 é, sem dúvida, um marco importante nesse processo[6] e também motivou outros organismos a abraçar a causa dos *Dispute Boards*, como a FIDIC[7].

Há mais de uma década, a FIDIC prevê a figura do *Dispute Board* em seus modelos de contratação. Porém, inicialmente, nas edições de 1957, 1969, 1977 e 1987 das chamadas *"FIDIC Conditions of Contract for Works of Civil Engineering Construction"* (também conhecido como *Red Book*), as controvérsias envolvendo contratos de construção civil eram submetidas, em primeiro lugar, a um engenheiro que estava designado pelas partes para acompanhar a obra (doravante, "Engenheiro") e, somente depois, eventualmente, à arbitragem, conforme a cláusula 67 desse modelo. Foi somente na

[5] Esse contexto histórico é bem explicado no "manual" do *Dispute Resolution Board Foundation*: *"After World War II, competition for construction contracts became intense, and contractors were forced to accept lower profit margins. Further, construction contracts became much more complex, and the construction process was burdened with non-technical demands such as environmental regulations, governmental and socio-economic requirements and public interest group pressures. The financial stability of many contractors with tight margins required that they pursue all available means to protect their bottom line, and a growing body of lawyers and consultants stood ready toassist them. As this deterioration became more evident, and relationships became more adversarial, the construction industry sought sensible solutions. Arbitration became more popular, as it was less expensive and faster than litigation. However, it became increasingly more costly and time consuming, less satisfactory, and adversarial. Although arbitration continues to offer certain benefitsunavailable in litigation – primarily the use of neutrals experienced in the field from which the dispute arises – the cost and time of arbitration today can easily rival that of complex litigation. Theensuing movement away from litigation and arbitration is marked by several events that led todevelopment of the DRB concept"*, disponível em http://www.drb.org/manual/Section_1_QuickPrint_11-07.pdf, acesso em 22/12/2014. Da mesma forma, destaca Cyril Chern, **Dispute Boards**, Blackwell Publishing, 2008, p. 8: *"as suspicious grew concerning the independence of an owner's agent to act fairly to determine disputes, and as costs in resolving claims by arbitration or the courts increased, the need grew for a cheap and timely system of dispute review in large infrastructure projects where parties of differing nationalities were involved"*.

[6] Cf. OWEN, Gwyn, e TOTTERDILL, Brian. **Dispute Boards: procedures and practice**. Londres: Thomas Telford, 2008, p. 1-2.

[7] Fédération Internationale des Ingénieurs-Conseils ou, em inglês, *International Federation of Consulting Engineers* - http://fidic.org/, acesso em 8/12/2014.

elaboração de um *Supplement* para a quarta edição do *Red Book*[8], em 1996, e mais especificamente em sua quinta edição, em 1999, que a função desse Engenheiro foi de fato substituída por um *Dispute Board*, previsto na cláusula 20 do modelo de contrato FIDIC[9]. Em 1995, a FIDIC já havia previsto o *Dispute Board*, embora de forma menos detalhada, na publicação de seu *Orange Book*, utilizado para contratos *turn-key*, nas chamadas *Conditions of Contract for Design-Build and Turnkey*[10].

Como se percebe, as funções do Engenheiro mudaram significativamente ao longo das diversas edições do *Red Book*[11]. No curso do tempo, foram surgindo diversas insatisfações com a figura do Engenheiro, por várias razões, dentre elas: **(i)** ele era indicado e pago pelo dono da obra, o que poderia comprometer a sua independência e imparcialidade, e **(ii)** o conflito poderia derivar de alguma ação ou omissão do Engenheiro, o que o levaria a ser "juiz" em causa própria[12]. Foi a partir de então – e para enfrentar essas insatisfações - que se desenvolveu a concepção e a prática dos *Dispute Boards*.

1.2 Conceito

Dispute Boards são mecanismos de prevenção e/ou solução de controvérsias formados por colegiados de *experts* que acompanham todos os estágios da execução do contrato[13], sendo normalmente utilizados em contratos com-

[8] Cf. OWEN, Gwyn, e TOTTERDILL, Brian. **Dispute Boards: procedures and practice**, cit., p. 19.

[9] Comentando essa substituição, Christopher R. Sepällä, An Engineer's / Dispute Adjudication Board's Decision Is Enforceable By An Arbitral Award, artigo eletrônico disponível em :http://www.whitecase.com/files/Publication/5787c9a1-5ebb-4858-aa74-b0543f0b5fec/Presentation/PublicationAttachment/7245da26-5ade-4380-b638-b361a26ac8f7/article_FIDIC_conditions_Dec09.PDF, acesso em 8/12/2014.

[10] Cf. OWEN, Gwyn, e TOTTERDILL, Brian. **Dispute Boards: procedures and practice**, cit., p. 19.

[11] Para um detalhamento a esse respeito, cf. AUN, Daniel, e KULESZA, Gustavo, Contratos FIDIC. In: BAPTISTA, Luiz Olavo, PRADO, Maurício Almeida (orgs.). **Construção Civil e Direito**, São Paulo, Lex Editora, 2011, p.191-193.

[12] Essas razões são expostas em OWEN, Gwyn, e TOTTERDILL, Brian. **Dispute Boards: procedures and practice**, cit., p. 2.

[13] Sobre o conceito de *Dispute Boards*: "Dispute Board é um mecanismo de composição e prevenção de conflitos que pressupõe o envolvimento de especialistas desde o início da execução de um contrato de construção para o acompanhamento da obra e a análise e/ou decisão sobre eventuais disputas que surjam no decorrer do projeto" (GABBAY, Daniela; ALVES, Rafael. Aspectos práticos

plexos e grandes obras de infraestrutura. Sua principal vantagem está em diminuir o "gap" existente entre o aparecimento de uma controvérsia e a sua solução. O objetivo é justamente reduzir os custos e o tempo envolvidos no tratamento dessas controvérsias, que normalmente são originadas de "anomalias" surgidas no curso da obra. A ideia, portanto, é corrigir essas "anomalias" tão logo quanto possível e desde já atribuir e alocar a responsabilidade pela sua correção, evitando, assim, o escalonamento do conflito e a "bola de neve" de prejuízos acumulados. Como explica Diego Faleck, o *Dispute Board* constitui um capítulo específico de uma chave maior, denominada *Dispute System Design* (DSD), por meio da qual as partes contratam mecanismos de resolução de controvérsias que são "desenhados" especialmente para determinado contrato ou determinada controvérsia e possuem, assim, um caráter particular ("*tailormade*")[14].

Nesse contexto, ao contrário dos demais métodos compositivos, que, em regra, somente são instalados ou constituídos quando (e se) uma controvérsia surge, o *Dispute Board* é mecanismo perene, permanente, e acompanha o contrato a partir da sua celebração (ou mesmo antes da assinatura do contrato) até o término de sua execução, ou seja, os membros do *Dispute Board* encontram-se regularmente para analisar a documentação e o avanço da obra ou a execução do contrato. Eles já conhecem, em detalhes, as especificidades da obra. Essa é uma de suas principais vantagens: o *Dispute Board* lida com o presente ou, pelo menos, com um passado muito próximo, ao contrário das outras técnicas compositivas que, em regra, discutem um passado já remoto.

Como adiantado acima e detalhado adiante, o *Dispute Board* normalmente é um colegiado (em regra, de três membros) composto por especialistas na matéria daquele contrato (sejam eles engenheiros, advogados com experiência na área ou outros profissionais devidamente capacitados). A *expertise* dos membros do *Dispute Board* é também um dos maiores atra-

da produção antecipada de provas em arbitragens de construção civil no direito brasileiro. In: MARCONDES, Fernando. (Org.). **Direito da Construção: estudos sobre as várias áreas do Direito aplicadas ao mercado da Construção**. São Paulo: Pini, 2014, p. 144-145). No mesmo sentido, Antonio Fernando Mello Marcondes, seguindo a definição da *Dispute Resolution Board Foundation*, em seu artigo *Os Dispute Boards e os Contratos de Construção*, In: BAPTISTA, Luiz Olavo, PRADO, Maurício Almeida (orgs.). **Construção Civil e Direito**, cit. p. 123.

[14] FALECK, Diego. Desenho de Sistemas de Disputas (DSD: raízes do Dispute Review Board). In: BAPTISTA, Luiz Olavo, PRADO, Maurício Almeida (orgs.). **Construção Civil e Direito**, cit., p. 310-312.

tivos dessa técnica compositiva, por permitir uma análise de qualidade e decisões igualmente qualificadas do ponto de vista técnico.

As partes podem escolher se as decisões do *Dispute Board* terão caráter "vinculante" ou não, dependendo da modalidade adotada, conforme classificação que será detalhada logo a seguir[15]. Também é comum encontrar cláusulas de resolução de disputas que combinam o *Dispute Board* com outras técnicas compositivas. Frequentemente, o *Dispute Board* é utilizado como mecanismo prévio a uma arbitragem ou ao processo judicial, integrando, assim, o que se denomina "cláusula escalonada", com distintos mecanismos de resolução de disputas que se sucedem no tempo[16]. Qualquer que seja a modalidade adotada, os *Dispute Board* possuem caráter não apenas de solução de controvérsias, como também de sua prevenção, com potencial de prevenir o escalonamento do conflito, conforme indicado.

Retomando ao caso concreto ora em comento, estudos revelam que os *Dispute Boards* que foram utilizados no *Big Dig* resolveram disputas de milhões de dólares.[17] De certa forma, isso resultou da cultura dos gestores do projeto, que estabeleceram como condição de eficácia de qualquer litígio na esfera administrativa ou judicial a utilização prévia de mecanismos de prevenção ou de resolução de conflitos.[18]

Esse tipo de cultura está alinhada com um sentido concreto de boa-fé. Não naquela ideia de "cláusula geral" do Direito dos Contratos, mas em um conceito de geração de valor contratual, compreendido como a necessidade de alinhar permanentemente interesses por imperativo de ordem econômica. As partes deveriam cooperar umas com as outras em função de seus próprios interesses individuais de verem suas obrigações cumpridas de forma correta e em tempo adequado. Concretamente, no *Big Dig* ou se estabeleciam ferra-

[15] A respeito dessa classificação, ver também ALVES, Rafael F. Estratégias na escolha e na utilização de meios de composição de conflitos empresariais. In: CARMONA, Carlos Alberto, AMENDOEIRA Jr. **Estratégias Processuais na Advocacia Empresarial**, p. 315.

[16] Cf. GABBAY, Daniela; ALVES, Rafael. Aspectos práticos da produção antecipada de provas em arbitragens de construção civil no direito brasileiro. In: MARCONDES, Fernando (Org.). **Direito da Construção: estudos sobre as várias áreas do Direito aplicadas ao mercado da Construção**, cit., p. 144-145. No mesmo sentido cf. PECORARO, Eduardo. Arbitragem nos contratos de construção. In: SILVA, Leonardo Toledo da (coord.). **Direito e Infraestrutura**, São Paulo: Saraiva, 2012, p. 236-237.

[17] DETTMAN, Kurt l., HARTY, Martin J., LEWIN, Joel. Resolving Megaproject Claims: Lessons from Boston's "Big Dig". **The ConstructionLawyer**, v. 30, n. 2, 2010, p. 1.

[18] Idem, ibidem, p. 3.

mentas pré-contenciosas para composição das desavenças ou, dada a complexidade dos contratos e o conjunto incalculável de interfaces entre os múltiplos agentes, ninguém iria conseguir avançar no cumprimento das avenças.

Assim, os conflitos foram, desde o início, considerados como custo natural do projeto e de ocorrência inexorável. O planejamento de sua administração mereceu o mesmo cuidado dedicado a diversos caminhos críticos do projeto. A base foi a noção de parceria (*partnering*), segundo a qual os agentes deveriam enfatizar a comunicação aberta sobre os problemas e a busca por soluções de compromisso. Isso seria implementado por um processo estruturado de reuniões, com até quatro instâncias, partindo do pessoal operacional até os mais altos escalões das empresas, todos com obrigação de tentar, nos seus respectivos fóruns, equacionar os conflitos antes de submetê-los à apreciação de terceiros. Se as reuniões não fossem frutíferas, a primeira instância com participação de terceiros seria justamente a dos *Dispute Review Boards*.[19], conforme se passa a detalhar.

1.4 Tipologia dos Dispute Boards: DRB, DAB e CDB e sua Distinção em Relação a Outras Técnicas Compositivas, Particularmente a Arbitragem

Costuma-se distinguir dois tipos principais de Dispute Boards: **(i)**Dispute Review Board, também conhecidos como Dispute Resolution Board ("DRB")[20], e **(ii)** Dispute Adjudication Board ("DAB")[21]. No primeiro caso, a resposta apresentada pelos experts é apenas opinativa, com propósito de

[19] Idem, ibidem, p. 3-4.

[20] A principal instituição de DRB é a *Dispute Resolution Board Foundation* (DRBF), cuja página web pode ser acessada por meio do seguinte link: http://www.drb.org/, acesso em 7/12/2014. Sobre o conceito de DRB, explica a instituição: "*The Dispute Resolution Board (DRB) is a panel of three experienced, respected, and impartial reviewers. The Board is organized before construction begins and meets at the jobsite periodically. [...] When a dispute flowing from the contract or the work cannot be resolved by the parties, it can be referred to the DRB. The Board review includes a hearing at which each party explains its position and answers questions. In arriving at a recommendation, the DRB considers the relevant contract documents, correspondence, other documentation, and the particular circumstances of the dispute.The Board's output consists of a written, non–binding recommendation for resolution of the dispute. The report includes an explanation of the Board's evaluation of the facts, contract provisions and the reasoning which led to its conclusion. Acceptance by the parties is facilitated by their confidence in the DRB-in its members technical expertise, first-hand understanding of the project conditions, and practical judgment; as well as by the parties opportunity to be heard.*" (http://www.drb.org/Concepts.htm acesso em 7/12/2014).

[21] Essa mesma distinção é explicada em GABBAY, Daniela; ALVES, Rafael. Aspectos práticos da produção antecipada de provas em arbitragens de construção civil no direito brasileiro.

recomendação, ou seja, não tem caráter vinculante e definitivo. Essa foi a primeira forma adotada pelo FIDIC no Supplement do Red Book, em 1996. No segundo caso, ao contrário, a decisão dos experts tem força vinculante entre as partes[22], modalidade que foi adotada pelo FIDIC na quinta edição do Red Book, em 1999. Finalmente, também há a possibilidade de combinação entre um DRB e um DAB, falando-se então em Combined Dispute Board ("CDB").

Mas o que significaria exatamente esse caráter "vinculante" do DAB? Na maioria das legislações nacionais – como é o caso da legislação brasileira – a decisão dos membros de um *Dispute Board* não tem caráter jurisdicional, apenas contratual. Dito de outro modo, o "vinculante" corresponde a uma obrigação contratual, de tal forma que a decisão dos *experts* vale tanto quanto qualquer outra obrigação contratual, que também vincula e deve ser cumprida pelas partes (*pacta sunt servanda*). Nesse sentido, descumprir uma decisão do *Dispute Board* é o mesmo que descumprir uma obrigação contratual[23]. No momento de desenhar e organizar o *Dispute Board*, as partes podem, inclusive, prever multas ou outras penalidades para eventual descumprimento das decisões dos *experts*. Todavia, não podem as partes conferir caráter jurisdicional a essa decisão; apenas a lei poderia fazê-lo, respeitadas as garantias processuais da Constituição Federal.

Esse ponto merece destaque: não se pode confundir o *Dispute Board* com o instituto da arbitragem, esse sim de caráter jurisdicional, nos termos da

In: Fernando Marcondes. (Org.). **Direito da Construção: estudos sobre as várias áreas do Direito aplicadas ao mercado da Construção.** São Paulo: Pini, 2014, p. 144-145.

[22] A distinção também é explicada por OWEN, Gwyn, e TOTTERDILL, Brian. **Dispute Boards: procedures and practice**. cit. p. 10, CHERN, Cyril. **Dispute Boards**. Blackwell Publishing, 2008, pp. 2-3 e MARCONDES, Antonio Fernando Mello. Os Dispute Boards e os Contratos de Construção. In: BAPTISTA, Luiz Olavo, PRADO, Maurício Almeida (orgs.). **Construção Civil e Direito**. cit., p. 130-139, conforme indicado em GABBAY, Daniela; ALVES, Rafael. Aspectos práticos da produção antecipada de provas em arbitragens de construção civil no direito brasileiro. In: MARCONDES, Fernando. (Org.). **Direito da Construção: estudos sobre as várias áreas do Direito aplicadas ao mercado da Construção**. cit., p. 144-145.

[23] Cyril Chern também esclarece que, mesmo no caso de um *Dispute Adjudication Board*, se uma das partes não concordar com a decisão dos especialistas e manifestar seu inconformismo tempestivamente, poderá valer-se da arbitragem para ter uma decisão final e definitiva, se as partes assim tiverem acordado pelo contrato (Cf. **Dispute Boards**. cit., p.22), conforme explicado também em GABBAY, Daniela; ALVES, Rafael. Aspectos práticos da produção antecipada de provas em arbitragens de construção civil no direito brasileiro. In: MARCONDES, Fernando (Org.). **Direito da Construção: estudos sobre as várias áreas do Direito aplicadas ao mercado da Construção.** cit., p. 144-145.

lei brasileira[24] e da Constituição Federal. A decisão dos membros de um *Dispute Board* não tem, de acordo com o direito brasileiro, a mesma eficácia e a mesma qualificação jurídica de uma decisão judicial ou arbitral[25]. Não tem a autoridade da coisa julgada. Assim, ainda que a cláusula de *Dispute Board* seja expressa no sentido de que a decisão dos *experts* é definitiva e tem caráter vinculante, nada impedirá a parte interessada de posteriormente ajuizar uma ação judicial ou instaurar uma arbitragem, conforme o mecanismo escolhido na cláusula de resolução de disputas. É por isso que os *Dispute Boards* dependem essencialmente da boa fé e do engajamento das partes para funcionar adequadamente, como será detalhado abaixo[26].

A Constituição Federal estabelece que o exercício da jurisdição está ligado a diversas garantias processuais das partes. A arbitragem é jurisdição e também processo no sentido próprio do termo porque, dentre outros, torna indispensável o respeito às garantias processuais, tais como o contraditório e a igualdade das partes[27]. Só há processo e jurisdição quando há devido processo legal, seguindo o modelo constitucional do processo civil brasileiro, dentro do que se denomina "direito processual constitucional"[28]. Portanto, que fique claro: *Dispute Board* não é jurisdição, não é processo, não é arbitragem. É mais um mecanismo extrajudicial à disposição das partes para a resolução eficiente de conflitos, mas sem se confundir com as outras técnicas já existentes.

Como se percebe, a distinção não é meramente conceitual ou terminológica; tem consequências práticas importantes: uma decisão arbitral, por exemplo, é título executivo judicial pela lei brasileira[29], ao passo que o

[24] Artigos 18 e 31 da lei 9.307/96.

[25] Em termos de eficácia, as sentenças judiciais e arbitrais equiparam-se e equivalem-se, nos termos dos artigos 18 e 31 da lei 9.307/96.

[26] Para além do direito brasileiro, o mesmo entendimento é expressado por Gwyn Owen e Brian Totterdill: "*the system of dispute resolution through the use of dispute boards should be seen as one of the range of procedures which serve as an alternative to litigation or arbitration* ***but which provide that the process is not final and binding.*** *It is hoped that agreement may be achieved by disputing parties through the process or participation which is to be undertaken by cooperation and consent*" (**Dispute Boards: procedures and practice**. cit., p. 1, grifamos).

[27] Neste sentido, o artigo 21, parágrafo 2º, da lei 9.307/96.

[28] Sobre a inserção da arbitragem no âmbito do "direito processual constitucional", cf. DINAMARCO, Cândido Rangel. **A arbitragem na teoria geral do processo.** São Paulo: Malheiros, 2013, p. 17.

[29] Artigo 31 da lei 9.307/96, combinado com o artigo 475-N do Código de Processo Civil. Cf. também PECORARO, Eduardo. Arbitragem nos contratos de construção. In: SILVA,

mesmo não pode ser dito de uma decisão de um *Dispute Board*. Da mesma forma, uma sentença arbitral goza de um *status* específico e de um regime jurídico particular no âmbito do direito internacional, tendo seu trânsito facilitado ao redor do mundo, especialmente por conta da Convenção de Nova Iorque de 1958, atualmente um dos tratados internacionais mais bem sucedidos do mundo (ao todo, 153 países adotam a Convenção[30]). Isso não ocorre em relação a uma decisão de *Dispute Board*, a menos que determinada lei nacional equipare essa decisão a uma sentença arbitral, o que não é o caso do direito brasileiro.

O debate em torno da necessidade de se recorrer à arbitragem caso uma das partes não cumpra espontaneamente uma decisão do *Dispute Board* tida como "vinculante e definitiva" não é novo. Em artigo publicado em 1998, Christopher R. Seppala, analisando sentenças arbitrais CCI proferidas antes da previsão do *Dispute Board* no *Red Book* FIDIC (quando ainda havia apenas a figura do Engenheiro), criticava uma sentença arbitral da CCI que havia decidido pela incompetência do árbitro para dar efetividade à decisão do Engenheiro tida como "vinculante e definitiva". O autor criticou essa sentença justamente por dificultar a execução da decisão do Engenheiro, tendo em vista que apenas uma sentença arbitral possui trânsito facilitado pela Convenção de Nova Iorque de 1958, em suas palavras: *"si un demandeur ne pouvait pas obtenir une sentence arbitrale relative à une décision définitive et obligatoire de l'ingénieur (qui lui aurait permis de bénéficier de la Convention de New York) il était généralement difficile, voire impossible, d'obtenir l'execution de telles décisions devant les tribunaux étatiques du pays du défendeur. En pratique donc, ces décisions, bien souvent, ne pouvaient pas être exécutées»*[31]. Na visão do autor, a sentença arbitral deveria aceitar e dar efetividade à decisão do Engenheiro para que esta pudesse ser executada sob a égide da Convenção de Nova Iorque de 1958. O autor ressalta, ainda, que esta questão foi superada já na quarta edição do *Red Book*, que previa expressamente a possibilidade de as partes recorrerem à arbitragem na hipótese de haver uma decisão "vinculante e definitiva" do Engenheiro que não tivesse sido

Leonardo Toledo da (coord.). **Direito e Infraestrutura**,cit., p. 236-237, e também nota 20.

[30] Informação disponível em http://www.uncitral.org/uncitral/en/uncitral_texts/arbitration/NYConvention_status.html, acesso em 7/12/2014.

[31] Cf. Contentieux des contrats internationaux de construction: commentaire de sentences CCI relatives aux conditions FIDIC pour les contrats internationaux. In : **Bulletin de la Cour Internationale d' Arbitrage de la CCI**, v. 9, nº 1, 1998, p. 36-37.

cumprida espontaneamente. O mesmo raciocínio aplica-se, hoje, *mutatis mutandi*, para as decisões do *Dispute Board*, que ainda dependem da arbitragem para ter efetividade plena, vale dizer, na ausência de boa-fé e cumprimento espontâneo pelas partes.

Essa distinção em relação à arbitragem não retira os méritos do *Dispute Board*, muito pelo contrário. Trata-se de mecanismo que apresenta vantagens em relação à arbitragem e ao processo judicial, algumas das quais já apontadas acima, como a possibilidade de reduzir o "gap" entre o surgimento de uma controvérsia e o seu tratamento e resolução, o que pode otimizar tempo, custos e ainda favorecer a qualidade da decisão, atributos que serão discutidos aqui em maiores detalhes. O ponto importante é ter clareza sobre o que distingue cada uma das técnicas e como utilizá-las de forma apropriada. Igualmente importante é ter clareza sobre a forma pela qual as diversas técnicas se inter-relacionam e se complementam, particularmente em cláusulas escalonadas[32].

Com essa clareza, logo se percebe que o bom funcionamento dos *Dispute Boards* depende de clara disposição das partes de cooperar em direção ao adimplemento do contrato e à prevenção e resolução de controvérsias, como expressão dos deveres de boa fé, os quais serão detalhados adiante. *Dispute Boards* utilizados fora do contexto da boa fé tendem a se tornar meras instâncias de passagem para os métodos adversariais, como a arbitragem ou o processo judicial. Se as partes não estiverem dispostas a colaborar e acatar, voluntariamente, as decisões dos *Dispute Boards*, ficará prejudicado muito do que esse mecanismo de resolução de controvérsias poderia oferecer aos litigantes em termos de eficiência e qualidade da decisão.

1.5 Estrutura dos Dispute Boards

No *Big Dig*, o DRB foi estruturado com três membros: cada parte indicou um membro e o terceiro foi nomeado pelos outros dois. Essa é a estrutura mais usual de *Dispute Boards*, o que os aproxima de um tribunal arbitral no tocante à participação das partes na definição de quem as avaliará. Tal manifestação de autonomia privada ajuda na legitimação das decisões, que serão proferidas por pessoas escolhidas pelos próprios contratantes e, por

[32] Novamente, cf. PECORARO, Eduardo. Arbitragem nos contratos de construção. In: SILVA, Leonardo Toledo da (coord.). **Direito e Infraestrutura**, cit., p. 237-238.

isso, têm maior probabilidade de aceitação. Aliás, a premissa da estruturação dessa ferramenta de solução de controvérsias é a predisposição das partes de se orientar nos termos indicados pelos *Dispute Boards*. Essa premissa corresponde à manifestação concreta da boa-fé.

1.5.1 Dispute Boards *e boa-fé*

Os Dispute Boards revelam por si sós uma dedicação importante das partes de determinado contrato ao equacionamento de suas desavenças. Ocupam um espaço que, especialmente em países de cultura beligerante como o Brasil, usualmente fica vazio: o das soluções pré-contenciosas. Apesar disso, não se confundem com processo de negociação entre os contratantes, nem com mecanismos como mediação ou conciliação, haja vista (i) serem mecanismo permanente, que acompanha toda a execução do contrato, (ii) contarem com alto tecnicismo e (iii) proferirem uma decisão, vinculante ou não, a respeito das divergências contratuais. Demandam, porém, compromisso real das partes de preservar a avença e colaborar para seu bom termo com eficiência, mesmo que, em alguns caso, contra seu interesse particular. Nas palavras de Arnoldo Wald:

> No campo contratual, a eficiência significa garantir a manutenção e a continuidade do contrato, de modo que seja equilibrado e atenda ao espírito e à vontade das partes manifestada no momento em que foi celebrado, com os eventuais sacrifícios de um ou de ambos os contratantes no interesse comum. Já salientamos que a doutrina reconhece hoje a existência de uma *affectio contractus* análoga à *affectio societatisou* à *affectio matrimonii*. Assim, é preciso que ambas as partes se esforcem para que o contrato se mantenha vivo, minimizando-se ou partilhando-se, se for o caso, os prejuízos. Cabe, pois, evitar a resolução do contrato, recorrendo-se à renegociação e à revisão, sem afetar o equilíbrio contratual inicial ou, no mínimo, mantendo-o nas suas linhas mestras.[33]

[33] A arbitragem contratual e os *dispute boards*. In **Revista de Mediação e Arbitragem**, São Paulo, ano 2, nº 6, julho/setembro 2005, p. 12.

Essa *affectio* é indispensável para a existência do *Dispute Board*, pois nestes as partes concordam que a posição de especialistas sobre determinada ocorrência contratual deve orientar a solução de conflitos. Ainda que a posição exarada possa prejudicar algum dos contratantes, o rigor técnico das proposições do *Dispute Board* deve ser prestigiado. Ou seja, mesmo nos casos de não-vinculação da decisão, as partes têm, em tese, a predisposição de refletir sobre as manifestações desse mecanismo de solução de controvérsias.

Isso não significa que as partes não possam questionar as decisões dos *Dispute Board* em arbitragem ou até mesmo no Poder Judiciário, como já explicado acima. A tal *affectio* não é assim tão intensa a ponto de implicar bloqueio da defesa de interesses particulares no contrato e não pode se sobrepor ao direito de acesso à Justiça, previsto no artigo 5º, inciso XXXV, da Constituição Federal. Porém, há uma dose concreta de boa-fé a permear a forma de analisar potenciais contendas. Diz-se concreta porque não se está no ambiente onírico-principiológico, mas sim na dimensão objetiva da execução de contratos complexos que, sem dúvida, trarão percalços aos contratantes.

Desse modo, pode-se afirmar que a boa-fé, *in concreto*, compõe a base estrutural dos *Dispute Boards*, no mínimo em função do compromisso das partes de submeter a terceiros a avaliação técnica de suas pretensões antes de seguir o caminho adversarial de resolução de um litígio. Sem boa-fé, os *Dispute Boards* transformam-se em instância burocrática, pois seu trabalho deixa de ter valor para se tornar apenas mais uma peça de instrução de processos arbitrais ou judiciais, quando possível. Logo, a postura dos contratantes de considerar os *Dispute Boards* como o melhor caminho de pacificação do contrato é o principal combustível da preservação de sua relação jurídica.

Nesse contexto, a boa-fé se materializa especialmente pelos deveres anexos de colaboração e de transparência. Como assevera Menezes Cordeiro, os deveres anexos consideram que as partes, "enquanto perdure um fenómeno contratual, estão ligadas a evitar que, no âmbito desse fenômeno, sejam infligidos danos mútuos, nas suas pessoas ou nos seus patrimônios".[34] Essa proteção recíproca oferece os contornos dos *Dispute Boards* na medida em que amortece o *animus belligerandi* dos contratantes, guiando-os para

[34] **Da Boa Fé no Direito Civil**. Coimbra: Almedina, 2001, p. 604.

uma ferramenta não contenciosa de solução de conflitos. Nos termos do artigo 11 das regras dos *Dispute Boards* da International Chamber of Commerce (ICC):

> As partes devem cooperar integralmente com o DB e disponibilizar-lhe informações em tempo. Em especial, as partes e o DB devem cooperar para assegurar que, logo após a instalação do DB, o DB seja totalmente informado sobre o Contrato e sua performance pelas partes.

O dever de colaboração induz o bom funcionamento dos *Dispute Boards*[35], compelindo as partes ao cumprimento dos respectivos procedimentos nos termos definidos no contrato. Trata-se, pois, de uma cooperação proativa, nos moldes delineados por Judith Martins-Costa:

> a colaboração devida, em razão da boa-fé, não há de ser uma "qualquer colaboração", mas uma colaboração pautada pela finalidade econômico-social do negócio; pelo regramento legal incidente, ou pelo regramento negocial acaso pactuado, ou decorrente dos usos, no espaço que lhes é concedido na ordem jurídica; pelos princípios do Direito das Obrigações, de modo especial pelo *respeito à legítima confiança* que, como valor social de base, explica e garante a vinculabilidade jurídica.[36]

Essa colaboração tem uma função de resguardo das partes e dos *Dispute Boards* para evitar situações como a da parceria público-privada do Metrô de Londres. Lá, havia uma figura contratual semelhante ao DAB, chamada "árbitro" (apesar do nome, sua atuação não tinha relação direta com procedimentos arbitrais). Uma de suas principais funções era apoiar a administração contratual gerando relatórios sobre eventos críticos da

[35] Cf. RIBEIRO, Marcia Carla Pereira, ALMEIDA, Caroline Sampaio de. Análise Crítica das Cláusulas Dispute Board: Eficiência e Casos Práticos. **Novos Estudos Jurídicos**, v. 18, nº 2, mai-ago 2013, p. 227-228.

[36] Os Campos Normativos da Boa-fé Objetiva: As Três Perspectivas do Direito Privado Brasileiro. In: JUNQUEIRA DE AZEVEDO, Antonio, TÔRRES, Heleno Taveira, CARBONE, Paolo (coord.). **Princípios do Novo Código Civil Brasileiro e Outros Temas**: Homenagem a Tullio Ascarelli. São Paulo: QuartierLatin, 2008. p. 402.

obra. Ocorre que, como não havia espírito de compromisso das partes em fomentar a função do árbitro, alguns de seus relatórios foram ignorados, fragilizando sua credibilidade. Essa postura, antagônica à cooperação nos moldes aqui expostos, foi uma das causas da derrocada dessa PPP, resultando em prejuízos de bilhões de libras aos envolvidos.[37]

Quanto ao dever anexo de transparência, revela-se pela efetiva disponibilização ao *Dispute Board* das informações essenciais para a adequada avaliação do potencial conflito. Documentos, declarações e qualquer tipo de registro da relação jurídica que sejam pertinentes a uma eventual lide devem ser levados a conhecimento do *Dispute Board*. A sonegação de conteúdo tem o efeito pernicioso de impedir análise completa e aprofundada das questões contratuais, contrariando a boa-fé esperada nesse momento pré-contencioso de equacionamento de divergências.

Importante dizer, porém, que o dever de transparência não tem a amplitude normalmente atribuída ao dever de informar decorrente da boa-fé. Como os *Dispute Boards* são, via de regra, vinculados a contratos empresariais, firmados entre agentes "hipersuficientes"[38], as partes não estão obrigadas a esclarecer umas às outras sobre riscos, estratégias etc. Devem apenas a revelar as informações disponíveis, cabendo ao destinatário processá-las conforme sua competência. No pensamento de Antonio Junqueira de Azevedo, é possível encontrar o dever de transparência mais próximo do contexto em que as partes têm um "dever de se informar" do que da situação de "dever de uma informar à outra":

> Resumidamente, tem sido apontado pela doutrina que o dever de informar contempla um elemento material e um elemento moral. O elemento material do dever de informar consiste em fato pertinente, isto é, em fato que se refere ao objeto da obrigação originada do contrato, útil para a outra parte e cuja revelação não seja ilícita. O elemento moral, por sua vez, consiste no conhecimento, por uma das partes, tanto de uma informação quanto da importância dessa informação para o outro contratante (...). Esse dever, porém, deixa de existir para o contratante quando há, para o outro, um *dever de se*

37 Cf. ZANCHIM, Kleber Luiz. **Contratos de Parceria Público-Privada**: Risco e Incerteza. São Paulo: QuartierLatin, 2012, p. 248.

38 Cf. ZANCHIM, Kleber Luiz. **Contratos Empresariais:** Categoria - Interface com Contratos de Consumo e Paritários - Revisão Judicial. São Paulo: QuartierLatin, 2012, p. 85.

> *informar*. Este dever de se informar existe claramente para os profissionais e, para qualquer contratante, quando se trata de qualidade substancial do objeto da sua própria prestação (...).[39]

Nesse ponto, vale uma breve digressão para afastar qualquer romantismo que possa permear a ideia da boa-fé em concreto. Esta não é inocente, nem angelical. Trata-se apenas de uma baliza orientada a assegurar o funcionamento dos *Dispute Boards*. Em contratos complexos é preciso reconhecer doses relevantes de oportunismo das partes. É de se esperar que uma tire vantagem da outra sempre que o custo dessa estratégia for menor que o benefício potencial dela. Portanto, não se pretende aqui dizer que os *Dispute Boards* dependem de um comportamento sacrossanto dos contratantes. Requerem apenas um comprometimento com sua funcionalidade no limite do necessário para que não se tornem inúteis ao propósito de equacionar as desavenças contratuais.

Esse "mínimo de boa-fé" pode, inclusive, ser utilizado por uma das partes para abandonar os *Dispute Boards* e submeter suas questões diretamente à arbitragem ou ao Poder Judiciário. Se sua contraparte não se comprometer com os procedimentos nem revelar as informações indispensáveis para a análise de determinada divergência, é possível argumentar que houve frustração do pacto em torno dos *Dispute Boards*, faltando a confiança basilar para que essa ferramenta funcione. Logo, a parte prejudicada pode inaugurar um litígio pelas vias ordinárias previstas no contrato.

A boa-fé atua, portanto, como um regulador do compromisso dos contratantes com um caminho não necessariamente adversarial de solução de disputas nos seus contratos. Revela a *affectio contractus* e alimenta a credibilidade dos *Dispute Boards*. Faltando boa-fé, esse mecanismo perde o alicerce e desmorona, restando às partes submeter sua lide a um árbitro ou a um juiz.

1.5.1 A Formatação

[39] (PARECER) O dever de informar no Código de Defesa do Consumidor e os males dos fumantes. Assunção voluntária de riscos. In: JUNQUEIRA DE AZEVEDO, Antônio. **Estudos e Pareceres de Direito Privado**. São Paulo, Saraiva: 2004, p. 187.

Como já mencionado, os *Dispute Boards* mais usuais organizam-se em torno de três membros. Podem, porém, contar com apenas um, como sugerem as normas da ICC.[40] Os membros são indicados de forma semelhante ao que ocorre em arbitragem, conforme explicado acima. Para assegurar que o *Dispute Board* estará constituído quando sua utilização for necessária é importante que as partes condicionem a eficácia do contrato principal ao efetivo compromisso de todos os membros de trabalhar no caso concreto. Com isso, caso um dos indicados não aceite a nomeação, as partes terão de encontrar substituto antes de iniciar seu projeto.

Falando sobre substituição, é conveniente que se discipline o mecanismo de troca dos membros do *Dispute Board* por hipóteses como renúncia, falecimento, término de mandato e impedimento posterior. A parte que nomeou o integrante a ser substituído deve ter prazo para indicar substituto. Se não o fizer, o *Dispute Board* deve prosseguir com os trabalhos, ainda que desfalcado.

Os membros devem ser independentes, ou seja, não devem ter vínculos com qualquer das partes. O regramento contratual do *Dispute Board* deve prever uma declaração de desimpedimento dos integrantes, indicando hipóteses que podem ser consideradas de conflito como relação profissional anterior, amizade íntima ou inimizade capital etc. O Código de Processo Civil poderia servir de inspiração quando regula suspeição e impedimento de juízes (artigos 134 e seguintes), mas a verdade é que ele não contempla todos os potenciais conflitos de interesse que podem surgir no ambiente de resolução privada de controvérsias, como é o caso dos *Dispute Boards* e também da arbitragem. Por isso, algumas diretrizes foram estabelecidas por entes privados. Como exemplo, no campo da arbitragem, as *IBA Guidelines on Conflicts of Interest in International Arbitration*[41]e, no campo dos *Dispute Boards*, o Manual da *Dispute Resolution Board Foundation*. O item 2.2 desse Manual aponta entre as evidências de imparcialidade dos membros (i) relação de emprego, (ii) consultorias anteriores, (iii) vínculos financeiros, (iv) relações pessoais ou profissionais próximas e, até mesmo, (v) participação em *Dispute Board* de outro contrato em que qualquer das partes tenha sido envolvida.

[40] Cf. Artigo 7º.

[41] Disponível em http://www.ibanet.org/Publications/publications_IBA_guides_and_free_materials.aspx, acesso em 8/12/14, já na versão aprovada em 23 de outubro de 2014.

O perfil dos membros do *Dispute Board* deve ser alinhado com a natureza do projeto. Isso envolve não apenas a especialidade técnica, relativa ao tipo de empreendimento (petróleo, energia, aeronáutica etc.), mas também a personalidade do indivíduo frente à modalidade contratual em questão. Um contrato EPC, mais rígido, admite em princípio um *Dispute Board* mais dogmático, detalhista, metódico. Um contrato de aliança, por outro lado, requer uma postura mais aberta, flexível e mais preocupada com o contexto negocial. É claro que sempre convém atentar para o que foi negociado e contratado pelas partes, da mesma forma que também é importante atentar para os detalhes da execução do contrato. Trata-se de uma questão de grau, do quanto se pretende enfatizar um aspecto em comparação com os outros. Daí a importância da escolha de um perfil adequado.

Nesse ponto os *Dispute Boards* exigem das partes uma reflexão com nuances um pouco diferentes da empregada na escolha de árbitros. Estes entram para julgar uma lide e a escolha de seu perfil está mais vinculada à sua maneira de interpretar o contrato e à maneira de avaliar as provas para reconstruir o passado. Já os membros do *Dispute Board*, que acompanham a vida contratual e o desenvolvimento da obra no presente, devem ter seu perfil selecionado a partir da forma como enxergam as relações jurídicas. Ao contrário dos árbitros, que sempre julgam o passado, os membros do *Dispute Board* poderão integrar e participar da construção do presente da obra. No *Big Dig*, por exemplo, os três membros deveriam ter ao menos dez anos de experiência em suas profissões e ter atuado em projetos de natureza semelhante ao de Boston, devendo comprovar familiaridade com interpretação contratual e pleitos, justamente por conta de sua intensa participação no andamento da obra[42]Assim, os membros de um *Dispute Board* devem possuir maior sensibilidade às questões técnicas e aos impactos delas na execução do contrato. Mais do que avaliar e julgar danos, os *Dispute Boards* também possuem importante caráter preventivo, como já ressaltado.

Ademais, os *Dispute Boards* podem acabar desempenhando um papel de conciliação. Logo, além do arcabouço técnico, devem os membros trazer histórico de negociações no setor em que irão atuar. As abordagens das eventuais divergências entre os contratantes podem variar de segmento

[42] Cf. HARMON, Kathleen M. J., Case Study as to the Effectiveness of Dispute Review Boards on the Central Artery/Tunnel Project. **Journal of Legal Affairs and Dispute Resolution in Engineering and Construction**, 2009, p. 19.

para segmento, até em função de usos e costumes, os quais deverão ser familiares aos membros dos *Dispute Boards*. Estudos sobre o *Big Dig* reforçam essas premissas:

> [os DRBs] devem ser motivados a atuar tanto na prevenção de disputas quanto na sua resolução. Devem ser compostos por membros que entendam esse princípio e adotem papel proativo na prevenção das disputas, se possível, e na sua solução rápida quando se tornam pleitos formais.[43]

Em resumo, a formatação esperada de um *Dispute Board* deve considerar (i) integrantes com independência em relação às partes, (ii) mecanismos objetivos de substituição/reposição deles e (iii) perfis adequados para o tipo contratual específico e com *expertise* negocial relevante para acompanhar a obra e, eventualmente, conforme o caso, fomentar acordos.

1.5.3 Dispute Boards *em ação*

Há duas ações recorrentes dos *Dispute Boards*: **(i)** monitoramento da execução contratual e prevenção de litígios e **(ii)** efetiva resolução de controvérsias.

A primeira ação tem propósito de aconselhamento. Os membros orientam condutas e previnem as partes das potenciais tensões contratuais. Trata-se da "Assessoria Informal sobre Desentendimentos", prestada de forma livre, sem procedimentos predefinidos:

> Por iniciativa própria ou por requerimento de qualquer das Partes e, em qualquer caso, com anuência das Partes, o DB pode assessorar as Partes informalmente na resolução de divergências que podem surgir durante a execução do Contrato. Essa assessoria informal pode ocorrer durante qualquer reunião ou visita à obra. A Parte que requer a assessoria informal do DB deve informar o DB e a outra

[43] DETTMAN, Kurt l., HARTY, Martin J., LEWIN, Joel. Resolving Megaproject Claims: Lessons from Boston's "Big Dig", cit., p. 12.

Parte antes da reunião ou da visita à obra em que a assessoria deve ocorrer.[44]

Essa "Assessoria Informal" é demanda natural dos contratantes em função tanto do conhecimento técnico quanto das informações do caso concreto de que os membros do *Dispute Board* dispõem. Pode inclusive fazer parte da pauta de trabalho das visitas destes à obra, que devem ocorrer de forma periódica para que se mantenham informado sobre a *performance* do contrato e eventuais desentendimentos das partes.[45]

No *Big Dig*, por exemplo, tal atividade não estava contemplada no programa contratual de prevenção e resolução de conflitos. Porém, a avença foi aditada para que as partes pudessem "disponibilizar ao DRB um resumo de suas questões, discutindo-as com o DRB e, depois da deliberação deste, receber uma opinião informal ou uma recomendação sobre a questão".[46]

Não sendo possível evitar a lide, o *Dispute Board* segue para sua outra ação: equacionamento e resolução de demandas. A ICC, por exemplo, procedimentalizou essa atividade (artigo 17). A parte que desejar acionar o *Dispute Board* deve enviar notificação de "Descrição do Caso" para os membros deste e para a contraparte contendo (i) descrição clara e concisa das circunstâncias da disputa, (ii) uma lista de temas a serem apreciados pelo *Dispute Board* com a posição do requerente a respeito de cada um, (iii) documentação de suporte das alegações, (iv) requerimento sobre o que a parte deseja ver decidido. A parte requerida deverá responder apresentando (i) seu ponto de vista sobre a disputa, (ii) os documentos pertinentes e (iii) que decisão esperada do *Dispute Board*. Como se percebe, em princípio, a lógica é muito semelhante a um procedimento de contencioso (seja arbitral, seja judicial).

Após essas manifestações, ocorre uma audiência com a seguinte sequência:[47] (i) apresentação dos argumentos das partes, (ii) apontamento pelo *Dispute Board* de temas que precisam de maiores esclarecimentos, (iii) respostas das partes a tais apontamentos e (iv) manifestação de cada

[44] Cf. Artigo 16 das regras da ICC.

[45] Cf. artigo 12 das regras da ICC.

[46] DETTMAN, Kurt l., HARTY, Martin J., LEWIN, Joel. Resolving Megaproject Claims: Lessons from Boston's "Big Dig", cit., p. 5 (tradução livre).

[47] Cf. artigo 19 das regras da ICC.

parte sobre as respostas da outra. Encerrada a audiência, inicia o prazo para decisão do *Dispute Board.*

Como dito, esse procedimento guarda semelhanças com processos judiciais e arbitrais, mas é mais flexível. Essa flexibilidade foi fomentada no *Big Dig*:

> O procedimento de DRB utilizado no projeto continha audiências orais, mas não continha juramento de testemunhas, manifestações típicas de julgamentos em tribunais, diligências formais, questionamentos dos advogados a testemunhas nem objeções a provas. Ao invés disso, a audiência do DRB contemplava apresentações orais do pleito e da defesa por representantes das partes, seguida de questões dos membros do DRB orientadas para identificar o que o DRB entendia relevante. As partes deveriam enviar representantes com conhecimento direto dos fatos para falarem do pleito e apresentarem respostas. A participação de advogados era limitada a questões estritamente jurídicas ou dependia de provocação do DRB.[48]

No caso em questão procurou-se deixar de lado formalismos típicos do contencioso. A restrição à participação de advogados teve esse propósito. Porém, não é correto dizer que advogados não devem participar de *Dispute Boards.* O ponto é que o profissional deverá se capacitar para representar os interesses de seu cliente em um ambiente não-adversarial, ou seja, deve investir para se aprimorar e se qualificar para esse tipo de atuação. Nesse sentido, o *Big Dig* assinalou a importância do assessor jurídico no procedimento a fim de aumentar o conforto das partes e, por consequência, o comprometimento delas com a decisão do *Dispute Board*:

> Essa é uma questão particularmente importante para projetos públicos como o Big Dig em que o contratante precisa demostrar que cada valor pago aos contratados tem sustentação jurídica.[49]

[48] DETTMAN, Kurt l., HARTY, Martin J., LEWIN, Joel. Resolving Megaproject Claims: Lessons from Boston's "Big Dig", cit., p. 4 (traduçãolivre).
[49] Idem, ibidem, p. 9

Nesse formato, o *Big Dig* teve vinte e nove controvérsias submetidas aos *Dispute Boards*, as quais alcançaram valor de, aproximadamente, USD 175 milhões. Setenta e cinco por cento das recomendações apresentadas às partes foram acatadas de pronto ou, quando rejeitadas inicialmente, induziram a acordos.[50]

2 *Dispute Boards*: Eficácia

Como figura relativamente nova no Brasil, os *Dispute Boards* muitas vezes são apresentados como fórmula mágica para solução de conflitos. O endeusamento de figuras jurídicas é usual no país muito em função da falta de conhecimento aprofundado de experiências internacionais. São elas, porém, que hoje permitem avaliar a eficácia dessas figuras. O *Big Dig* tem lições importantes nesse tema.

Como mencionado, nesse projeto houve vinte e nove disputas submetidas aos DRBs. Ocorre que as partes passaram por mais de vinte e cinco mil controvérsias e pleitos. Portanto, os *Dispute Boards* cobriram apenas 0,11% das contendas. É fato, porém, que contribuíram para a solução de três quartos delas. Mas, nesse universo de lides, é possível considerar que os DRBs foram eficazes? DETTMAN, HARTY e LEWIN ponderaram:

> as estatísticas mostram que a vasta maioria das questões foi resolvida via negociação e que as relativamente poucas matérias levadas ao DRB para uma decisão formal relacionam-se com o fato de o DRB ser o último recurso antes do litígio. O processo de levar questões ao DRB para uma recomendação formal não vinculante provou-se demorado e caro. Como consequência, as partes viram-se desencorajadas a usar os DRBs especialmente quando as obrigações contratuais já estavam praticamente adimplidas. Vistos dessa perspectiva, os DRBs cumpriram seu propósito mais limitado de prevenir que controvérsias se tornassem litígios.

Ou seja, nessa ótica os DRBs no *Big Dig* foram mais uma ferramenta indutora da negociação entre as partes e, portanto, fomentadora do conceito de parceria inicialmente pavimentado (*partnering*), do que um meca-

[50] Idem, ibidem, p. 9.

nismo de efetiva solução de controvérsias. Estruturados como uma etapa a ser necessariamente superada antes de um litígio formal, compeliram as partes, pelos custos e pelo tempo, a dedicarem-se mais a soluções negociadas de seus desentendimentos. Portanto, a eficácia dos DRBs não decorreu de sua atuação, mas de sua simples existência. Por outro lado, aquelas vinte e nove disputas poderiam terminar em um contencioso, o que certamente consumiria ainda mais tempo e recursos financeiros. Por essa perspectiva, os *Dispute Boards* acabaram evitando algum escalonamento de conflitos e, consequentemente, de custos.

É possível que essa eficácia limitada dos DRBs tenha relação com o contexto do empreendimento. As empresas americanas são tradicionalmente mais propensas a negociações e costumam avaliar custo-benefício de litígios com mais cuidado que *players* de outros países, em especial os com sistema jurídico romano-germânico. Por isso, a "barreira" dos DRBs fez apenas reforçar as alternativas negociais. Em outros contextos, porém, talvez o resultado não fosse semelhante. Empresas de países com culturas contenciosas, como o Brasil, poderiam, eventualmente, trabalhar para enfraquecer os DRBs e facilitar a judicialização das contendas.[51] Nesse cenário, a previsão contratual dos *Dispute Boards* tornar-se-ia letra morta.

Kathleen M. J. Harmon fez estudo específico sobre a eficácia dos DRBs no *Big Dig*. Sua análise envolveu conjunto relevante de dados do caso, que lhe permitiram avaliar criticamente esse mecanismo. Claro que as conclusões não são necessariamente replicáveis para outros projetos, mas podem servir de orientação a quem desejar implementar *Dispute Boards* em contratos complexos de infraestrutura.

Apesar de haver algum sentido no argumento de que, no *Big Dig*, o DRB teve certa eficácia indireta na solução de controvérsias pelo simples fato de existir e representar obstáculo à formação de litígios judiciais, as evidências concretas revelam que a ferramenta não alcançou seu fim principal de solucionar disputas antes do término dos contratos. Os principais motivos teriam sido **(i)** manutenção pelas partes de visão adversarial, **(ii)** em fun-

[51] Nas palavras de Marcia Carla Pereira Ribeiro e Caroline Sampaio de Almeida, "*A finalidade do Dispute Board também pode ser desvirtuada se utilizada como teste para avaliar o outro lado do caso sob análise antes de se submeter a disputa à arbitragem. E nesse aspecto, o mecanismo é considerado como mais uma etapa, muitas vezes ineficiente e desnecessária, a ser percorrida pelas partes antes de se chegar a uma efetiva resolução da controvérsia por maio da arbitragem ou do processo judicial*". Análise Crítica das Cláusulas Dispute Board: Eficiência e Casos Práticos, cit., p. 232.

ção dessa visão, havia necessidade de muita preparação para as audiências, o que tomava tempo, **(iii)** tal postura contenciosa fomentava a demora na resolução das contendas, **(iv)** o contexto praticamente litigioso fragilizava as recomendações dos membros, as quais nem sempre eram convincentes, e **(v)** em vários casos o DRB sugeriu acordos em valores inferiores à média histórica para os tipos de contrato/conflitos.[52]

O *Big Dig* era um empreendimento estatal. Dada a menor flexibilidade que os agentes públicos tinham (e, em geral, têm nos mais variados países) em relação aos privados para gerir contratos e administrar litígios, principalmente em função do risco de responsabilidade por eventual malversação de recursos do erário, em muitas situações os gestores estatais posicionaram-se defensivamente, espelhando um cenário de arbitragem. Isso se consolidou pela própria dinâmica de funcionamento do DRB, que previa a apresentação formal pela parte interessada de um requerimento já totalmente estruturado, inclusive com auxílio de consultores externos, a partir do qual poderia haver até mesmo a oitiva de testemunhas.[53] A grande semelhança com o contencioso comum provou-se inadequada.

Esse "modelo mental" adversarial explica o pouco uso do DRB no *Big Dig*. As partes teriam, na prática, que litigar para ter uma recomendação não vinculante e, se não houvesse acordo, teriam de litigar novamente para, então, obter um julgamento que as apaziguasse. Por mais que um eventual processo arbitral ou judicial viesse a ratificar a orientação do DRB, o tempo e o esforço necessários para se chegar a esse ponto poderiam ser desarrazoados.

Faltou, portanto, resgatar a essência de *partnering* no âmbito do DRB para viabilizar a simplificação dos procedimentos com redução de suas formalidades. Os interesses contrapostos se sobressaíram e o que deveria ser um mecanismo saudável de comunicação entre as partes tornou-se um caminho indesejável.

Corrobora essa visão a informação de que, no lado da chamada "Assessoria Informal", o DRB andou bem. As partes criaram condições para explorar melhor essa atuação do DRB ao combinarem que as opiniões orais deste não poderiam ser utilizadas em eventuais litígios futuros e sequer seriam documentadas por escrito. Isso aumentou a liberdade de atuação

[52] HARMON, Kathleen M. J., Case Study as to the Effectiveness of Dispute Review Boards on the Central Artery/Tunnel Project, cit., p. 22.

[53] Idem, ibidem, p. 22.

do DRB e dos representantes dos contratantes para tratarem mais abertamente de seus incômodos. Das trinta "Assessorias Informais", que envolveram valores entre USD 100 mil e USD 10 milhões, todas resultaram em acordos mediante aditivos contratuais.[54]

Pode-se extrair reflexão importante dessa experiência. Muito se debate sobre a possibilidade ou não de utilização das recomendações dos *Dispute Boards* em futuros litígios, na maioria dos casos com argumentos a favor:

> não se pode negligenciar que as recomendações do DB, mesmo quando não vinculativas ou desprovidas de *enforcement* se vinculativas, constituem poderoso instrumento de persuasão apto a influenciar as decisões arbitrais ou do próprio Judiciário. E, nesse contexto, indubitável que o DB constitui um desestímulo à parte vencida que refletirá mais antes de ingressar judicialmente ou iniciar um procedimento arbitral.[55]

Essa virtual vantagem do uso das recomendações do *Dispute Board* em juízo ou arbitragem pode, todavia, ser maléfica para a dinâmica contratual e configurar, na prática, uma grande desvantagem. Primeiro porque induzirá, como ocorrido no *Big Dig*, uma postura contenciosa das partes, que terão de tratar o *Dispute Board* como um processo litigioso cujo resultado pode, adiante, trazer-lhes consequências negativas. Segundo porque, em mercados relativamente pequenos como Brasil, nos quais há poucas empresas e poucos profissionais atuando com contratos complexos de infraestrutura, pode haver um ambiente de conflito de interesse. O *Dispute Board* pode não se sentir à vontade para emitir recomendações desfavoráveis a uma das partes por temer que, se uma sentença arbitral ou judicial tomá-las por base para condenar essa parte, haja prejuízo a relações comerciais futuras dos membros com esse *player* prejudicado.[56]

[54] HARMON, Kathleen M. J., Case Study as to the Effectiveness of Dispute Review Boards on the Central Artery/Tunnel Project, cit., p. 24.

[55] RIBEIRO, Marcia Carla Pereira, ALMEIDA, Caroline Sampaio de. Análise Crítica das Cláusulas Dispute Board: Eficiência e Casos Práticos, cit., p. 238.

[56] O item 2.2 do Manual da *Dispute Board Foundation* coloca diversas restrições a relacionamentos comerciais entre membros dos Dispute Boards e as partes contratuais, inclusive com relação a vínculos futuros. Essas referências são importantes, mas não se pode ignorar a realidade de países como o Brasil em que ainda não há (e talvez nunca haja) pessoas de-

Dessa forma, considerando as referências do *Big Dig*, não parece saudável admitir as recomendações dos *Dispute Boards* em processos contenciosos subsequentes. Isso pode resultar, na verdade, no desvirtuamento dessa figura como um caminho de pacificação das relações contratuais, transformando-a apenas em uma etapa preparatória de litígios. A direção deve ser inversa: fortalecer a liberdade dos membros dos painéis e das partes das avenças para debater, sem preocupação com consequências negativas, as melhores soluções para seus temas. O espírito da "Assessoria Informal" deve prevalecer, aproximando os contratantes a partir da abordagem técnica e qualificada do *Dispute Board* para os problemas dos projetos.

Talvez a autorização de utilizar as recomendações do DRB em arbitragem ou juízo tenha sido uma das "causas remotas" da experiência atribulada do *Big Dig* com esse mecanismo. De fato, as partes, por terem de ser detalhistas na configuração de suas pretensões, levantando todos os pontos ("nenhuma pedra deveria deixar de ser levantada", relatou Harmon), investiam muito tempo e recursos na preparação de documentos, apresentações etc, alimentando a postura adversarial entre elas[57]. Outra consequência desse cenário parece ter sido a elevada expectativa dos contratantes de obter recomendações do DRB altamente aderentes aos termos do contrato, quase como se fossem decisões judiciais ou arbitrais. Na nossa interpretação do relato de Harmon, isso reduziu a flexibilidade dos membros e, em alguns casos, houve rejeição por uma das partes em relação a recomendações que não estavam claramente ancoradas nas avenças.[58]

Em resumo, no *Big Dig*, o *Dispute Board* não foi efetivamente rápido na solução das controvérsias e foi adversarial. Se, de algum modo, demoveu as partes de litigarem em juízo, foi mais por ter burocratizado as lides do que por ter dado respostas efetivas que as apaziguasse. Sua eficácia, portanto, foi questionável, a não ser pelo fato de ter induzido os contratantes a buscar com mais afinco soluções negociadas. Esse resultado deve ser

dicadas exclusivamente a trabalhar em *Dispute Boards*. Além disso, mesmo que existam tais pessoas, será preciso avaliar (i) se amealharam no passado experiências suficientes para atuar nos Dispute Boards e, considerando que não estarão prestando serviços para os *players* mais relevantes do mundo dos contratos complexos, (ii) se estarão atualizadas o necessário para lidar com as questões que lhes serão submetidas.

[57] Cf. HARMON, Kathleen M. J., Case Study as to the Effectiveness of Dispute Review Boards on the Central Artery/Tunnel Project, cit., p. 22-23.

[58] Idem, ibidem, p. 23.

lido, entretanto, no contexto do projeto, que foi desenvolvido em país com empresas habituadas a negociar. O efeito possivelmente não seria o mesmo em contextos como o brasileiro.

Considerações Finais

Na introdução foram propostas as seguintes questões sobre os Dispute Boards: (i) são efetivamente rápidos na solução de controvérsias?, (ii) são, de fato, não-adversariais?, (iii) produzem respostas com capacidade de demover as partes de um litígio judicial ou arbitral? Tomando por base o *Big Dig*, um dos projetos que mais amplamente empregaram o DRB, as respostas pendem mais para o "não" do que para o "sim". É possível, contudo, identificar algumas das causas desse relativo insucesso desse instrumento.

Duas "causas remotas" - assim chamadas por refletirem o espírito recorrentemente aflorado em diversos *Dispute Board* - merecem destaque e podem ser generalizadas para outros casos. A primeira é a "mentalidade processual" que ainda orienta as pessoas envolvidas com esse mecanismo. Essa mentalidade baliza a formatação dos *Dispute Boards* de modo praticamente idêntico ao da arbitragem, a começar pela forma de indicação dos membros (uma parte indica um, a outra o outro e os indicados nomeiam um terceiro), a definição de procedimentos para apresentação das lides, a existência de audiências até com oitiva de testemunhas etc.

Como já explicado, *Dispute Board* não é arbitragem e não deve se assemelhar a esta. O primeiro passo para diferenciar essas figuras seria as partes pactuarem que escolherão em conjunto os membros, dedicando-se verdadeiramente a selecioná-los pelo perfil mais adequado ao projeto. Essa escolha deve passar por sabatinas prévias conduzidas por ambos os contratantes que, nesse momento, devem mostrar se de fato existe a tal *affectio contractus*. Há também sistemas de listas cruzadas, com diversos nomes, que podem facilitar o processo de indicação de todos os membros do *Dispute Board* por consenso. Se for difícil definirem em conjunto os membros ou se não houver a devida dedicação a escolhê-los, talvez seja melhor avaliar se faz mesmo sentido estruturar um *Dispute Board*.

Esse investimento prévio das partes na sua própria relação ajudará a construir o mínimo de boa-fé que as fará cumprir os ritos do *Dispute Board* e disponibilizar as informações essenciais para os membros realizarem seu trabalho. Além disso, criará condições para consolidação do compromisso de que levarão em conta as futuras recomendações do *Dispute Board*, porque o terão montado integralmente em comum acordo após dedicado trabalho de escolha de seus integrantes e definição de suas regras de atuação.

Quanto a tais regras, aliás, é preciso simplificá-las para tornar o *Dispute Board* informal e ágil. Se uma parte desejar submeter-lhe determinada questão, basta que descreva o desentendimentos que vem tendo com a outra, sem preocupar-se em exaurir todos pontos nem em apresentar argumentos técnico-jurídicos detalhados. Não faz sentido criar fases procedimentais rígidas e preclusivas em um *Dispute Board*, que tem vocação para ser simples. É preciso deixar os membros do *Dispute Board* se aproximarem do problema inclusive para cooperar com os contratantes na definição dos devidos contornos dele. Na medida do necessário, eles aprofundarão a análise das causas e consequências, sinalizando para as partes o que estas devem produzir de documentos ou apresentar de alegações.

Essa proposta valoriza a atuação do *Dispute Board* no monitoramento da execução contratual, deixando seu trabalho de resolução de controvérsias para situações em que, após uma intensa "Assessoria Informal", não tenha sido possível acomodar os interesses dos contratantes. Quando for necessário partir para o caminho das recomendações formais, o procedimento também deve ser simplificado, concentrado primeiro na configuração clara do problema para então se partir para apresentação de "petições" pelas partes. Com a crescente profissionalização da administração jurídica de contratos complexos de infraestrutura, materializada na troca permanente de correspondências entre as partes, a atuação do *Dispute Board* tende a ficar cada vez mais fácil, pois os contratantes vão deixando claras as suas posições sobre os mais variados temas ao longo da execução contratual, a qual também é acompanhada de perto pelo próprio *Dispute Board*.

Logo, o abandono da "mentalidade processual" mencionada acima passa por maior envolvimento das partes na estruturação do *Dispute Board*, simplificação dos procedimentos deste e valorização das "Assessorias Informais", o que exigirá maior participação de todos na administração dos contratos. Nada mais do que a materialização da boa fé de que se tratou acima.

A outra "causa remota" da baixa eficácia do *Dispute Board* em casos como o *Big Dig* é a possibilidade de utilização de suas recomendações em processos arbitrais ou judiciais. Como visto, isso inibe os membros de atuar com liberdade e obriga as partes a tratarem o Dispute Board como uma etapa preliminar de um litígio futuro, reforçando posturas adversariais. Essa segunda "causa remota" está ligada à primeira porque revela a "mentalidade processual" supra comentada. Se não forem separarados os ambientes dos *Dispute Boards* daqueles judicial ou arbitral, não será possível explorar todas as potencialidades dos primeiros em possibilitar que os contratantes busquem soluções de ganho mútuo. O *Dispute Board* não pode se prestar a produzir provas para litígios subsequentes sob pena de ser tornar apenas ritual de passsagem. O propósito dessa figura é evitar o litígio e não instrumentalizá-lo.

Isto posto, um dos principais desafios dos *Dispute Boards* é a criação de uma cultura contratual mais madura, em especial nos países de tradição contenciosa como o Brasil. Ou as partes aprendem a estabelecer diálogos qualificados, moderados pela participação de especialistas que acompanharão as avenças, ou os efeitos dos *Dispute Boards* tenderão a ser marginais ou indiretos. Enquanto litigar for sempre uma opção considerada pelos contratantes, dificilmente as lides serão evitadas. É preciso sair do discurso e passar para um estágio em que, de fato, as pessoas sejam mais reconhecidas e valorizadas por sua capacidade de articular arranjos contratuais equilibrados do que por extrair vantagens ou ganhar demandas das outras.

Apesar da dificuldade de modificar as "causas remotas" que afetam a eficácia dos *Dispute Boards* e de transformar a cultura litigiosa ainda predominante nas relações contratuais, é preciso dar os primeiros passos. Somente assim será possível, um dia, responder positivamente às três questões apresentadas na introdução deste trabalho.

O Conjunto de Condições Contratuais Padrão FIDIC 2017: Progresso ou Estagnação?[1]

Pierre M. Genton

Preâmbulo

A edição da nova *Rainbow Collection* (Conjunto de Condições Contratuais Padrão FIDIC), de dezembro de 2017, recebeu diversas críticas e comentários de usuários e profissionais. Este artigo, baseado no modelo "*Conditions of contract for Plant & Design Build*" (*Yellow Book*) e limitado à análise da Cláusula 20 (*Pleitos do Contratante e do Contratado*) e Cláusula 21 ("*Disputas e Arbitragem*"), tem como objetivo recordar o histórico destas novas cláusulas, sumarizar as revisões críticas que foram evidenciadas antes de suas publicações e sugerir melhorias a serem discutidas entre as Partes antes da assinatura do Contato e/ou para serem integradas nas Condições Particulares do Contrato.

Ressalta-se que esta análise crítica se restringe apenas às Cláusulas 20 e 21, e que se faz necessária uma análise complementar das outras cláusulas de ambas as Partes, especificamente quanto à alocação de riscos. O objetivo é facilitar a aplicação das diversas cláusulas contratuais para os

1 "The FIDIC Rainbow Set of Standard Conditions of Contract 2017", traduzido por Aaron Hwang.

usuários, limitar as controvérsias de interpretação e, assim, evitar valiosos custos adicionais para ambas as partes, prevenindo, na medida do possível, a resolução de litígios por meio de processos judiciais.

1 Histórico das "Condições Contratuais FIDIC"

Diversos contratos-padrão utilizados no mundo inteiro foram modificados nos anos 80 e 90. As "Condições Contratuais FIDIC", sobretudo a 4ª edição de 1987[2] dos livros "Red" e "Yellow", foram alteradas em 1988, 1992 e revisados em 1996, alterando os papéis ambíguos do Engenheiro FIDIC como Representante do Contratante sendo pago pelo Contratante (para supervisionar os trabalhos e por atuar ao mesmo tempo como parte neutra em caso de desavenças), na medida em que substituiu esse papel de "neutro" do Engenheiro por *"Dispute Review Board"* (DRB) emitindo recomendações não vinculativas. Pouco tempo depois, a FIDIC introduziu o conceito do *Dispute Adjudication Board* (DAB), emitindo decisões vinculantes a serem cumpridas no prazo de um mês. Em 1996, a FIDIC publicou adicionalmente as *"Conditions of Contract for Design-Build* e *Turnkey"* (*"Orange Book"*).

Em 1999 foi revisada a 4ª edição FIDIC, pela própria FIDIC, que culminou no "Conjunto FIDIC de Condições Contratuais" denominados livros[3] "Red", "Yellow", "Silver" e "Green", os quais não foram revisados nos 18 anos seguintes. O "Silver Book", cujo objetivo era transferir mais riscos para os contratados, foi alvo de severas críticas por parte dos profissionais e considerado como um modelo de contrato desequilibrado no contexto competitivo vigente, que deu início a relevantes disputas[4].

Em 2006, a FIDIC publicou em complemento às "Condições Contratuais para Construção", a *"Multilateral Development Bank Harmonised Edition"* ou *"Pink Book"* e, em 2007, as "Condições Contratuais para os Contratos *Turnkey*" *"Golden Book*[5]". Finalmente, em 2017, a FIDIC publicou o novo

[2] Condições Contratuais FIDIC para Obras de Construção Civil (*"Red Book"*) e Condições Contratuais para obras eletromecânicas, incluindo montagem no site (*"Yellow Book"*).

[3] Condições Contratuais FIDIC para projetos EPC Turnkey (Silver Book – Projeto, Fornecimento e montagem de equipamentos, Construção) e Contrato Simplificado para Trabalho de Engenharia e Construção de capital relativamente baixo.

[4] Relatório sobre as Novas Condições Contratuais para Projetos EPC - Test Edition 1998 ("Silver Book") por Phillip Capper, Pierre M. Genton e François Vermeille, em maio de 1999.

[5] Condições Contratuais FIDIC para projetar, construir e operar projetos, de 2007.

conjunto de "Condições Contratuais", substituindo as "Condições Contratuais" da Edição de 1999, com importantes melhorias, como o reforço à prevenção de litígios e o papel do *Dispute Avoidance and Adjudication Board* (DAAB), mas que, em contrapartida, tornou a aplicação das "Condições Contratuais" no site mais complexas e mais difíceis.

2 Experiências Práticas Gerais Adquiridas ao Longo dos Anos

Os procedimentos do "*Dispute Board*" (DB) foram introduzidos nos Estados Unidos a partir de 1970 (Dispute Review Boards – DRB) e desde 1980 em projetos internacionais[6]. A FIDIC apresenta os primeiros DRBs em 1996 no "Red Book" (*Recomendação* não vinculativa), seguido imediatamente pela introdução do Dispute Adjudication Board (DAB), o qual passa a emitir uma *decisão vinculante*. Independentemente de qualquer oposição manifestada por uma ou por ambas as Partes, a decisão do DAB era temporariamente vinculativa para as Partes e deveria ser cumprida no prazo de 28 dias após a emissão da Decisão. A Parte insatisfeita tinha a possibilidade de emitir uma Notificação de Insatisfação (NDI) no prazo de 28 dias, o que permitia, a partir de então, a submissão do caso à arbitragem. Em caso de que nenhuma NDI tivesse sido manifestada dentro desse prazo, a decisão mantinha-se obrigatória para ambas as partes.

Em 2004, a CCI apresentou o "Regulamento relativo aos *Dispute Boards*" deixando à decisão das Partes a escolha do tipo de abordagem apropriada de DB (Recomendação de um DRB ou decisão por um DAB ou Recomendação de Decisão por um CDB). O motivo da introdução desse novo conceito de CDB (*Combined Dispute Board*) foi para dar oportunidade às Partes de negociar e eleger uma abordagem flexível, que fosse mais adequada aos interesses de ambas as Partes. O CDB profere, a princípio, uma recomendação, mas, a depender da relevância da controvérsia e das consequências implícitas, o CDB pode proferir uma Decisão a pedido de uma ou ambas as Partes.

É difícil estimar a taxa de sucesso para a realização de um acordo amigável, pois, geralmente, os procedimentos DB são confidenciais. Contudo,

[6] Projeto "El Cajon Hydro Power", em Honduras.

uma recente pesquisa da DRBF[7] mostrou que a taxa de sucesso é bem alta (acima de 95%!). Entretanto, nas últimas décadas, algumas Reclamadas passaram a ignorar, a princípio, o valor de uma Decisão e o seu dever de obedecê-la. Assim, as Reclamantes deram início ao procedimento arbitral e pediram ao tribunal que decidisse apenas sobre esse descumprimento contratual específico. Posteriormente, as Reclamadas compreendiam a importância de se cumprir a Decisão e rapidamente o caso era resolvido.

As principais questões/dificuldades encontradas nos últimos anos na Arbitragem e/ou no *Dispute Board* podem ser resumidas a seguir:

- *Escolha questionável do tipo de contrato selecionado e dados questionáveis fornecidos na fase de licitação* em relação à natureza dos trabalhos a serem implementados e à alocação de riscos de acordo com a lei aplicável. O contrato, geralmente, não é alterado, mas, a depender da natureza das obras a serem realizadas, as Partes podem tratar adequadamente acerca da questão dos riscos com vista a simplificar, acelerar os procedimentos e economizar custos significativos.
- *Custos e duração dos procedimentos arbitrais* devido às dificuldades procedimentais e aos custos adicionais, apesar dos esforços das instituições que buscam garantir a disponibilidade de árbitros e reduzir a duração dos procedimentos (por exemplo, árbitros pré-arbitrais).
- *Volume de documentos apresentados nas manifestações* também aumentou drasticamente nas últimas décadas, especialmente nas manifestações relacionadas aos aspectos contratuais/legais e à quantificação de atrasos e custos. O DB deve envidar todos os esforços para discutir este tema com as Partes, a fim de simplificar os procedimentos e limitar, tanto quanto possível, que as manifestações das Partes se tornem muito extensas.
- *Cumprimento de prazos/termos* como (a) Notificação de Pleito em 28 dias (Subcláusula 20.1), (b) envio do pleito totalmente detalhado dentro do prazo de 42 dias (Subcláusula 20.1, parágrafo 5), (c) Descumprimento da decisão proferida pelo DAB (Subcláusula 20.7), (d) Decisão do DAB a ser emitida dentro de um prazo rígido de 84 dias (Subcláusula 20.4).

[7] DRBF : Dispute Resolution Board Foundation, uma associação mundial de usuários e praticantes de DB, Seattle (EUA)

- *Escolha adequada dos membros* na constituição dos tribunais arbitrais e dos *Dispute Boards*, com o objetivo de limitar o risco de ampliar as visões divergentes relacionadas à interpretação das Condições Contratuais sujeitas à lei aplicável, quantificação e evidência relacionada aos atrasos e custos, etc.
- *Financiamento dos progressivos custos dos procedimentos*, especialmente quando se considera a preparação das várias manifestações, o envolvimento do número expressivo de especialistas e testemunhas, a preparação e a participação em audiências (cuja duração aumentou nas últimas décadas), etc., que poderão ser reduzidas drasticamente por meio da escolha do procedimento adequado.

Considerando a duração dos processos judiciais, os custos e os custos de financiamento, a imagem e as futuras consequências para ambas as Partes, a experiência mostrou que, apesar de o processo judicial se manter como uma abordagem inescapável na resolução de litígios, a tendência atual e o interesses de ambas as partes é dar maior preferência à prevenção de litígios, elegendo abordagens adequadas, tais como os *Dispute Boards*, a mediação, perícia neutra ou mesmo adjudicação e arbitragem de perícia[8].

3 Comentários dos Contratados e Principais Árbitros

As associações mundiais de contratados que reúnem os Contratados Internacionais Europeus (EIC), a CICA, a ICAK-Korea, a OCAJI-Japan e a *China International Contractors* (CHINCA), formada por investidores chineses de projetos internacionais, forneceram comentários preliminares da versão pré-lançada do "*Yellow Book*" da FIDIC, 2ª Edição, nas quais criticam a(o)[9]:

- Inserção pelo Contratante de Condições Particulares modificadas, *realocando os riscos* para os Contratados (EIC);

[8] Aplicável na Suíça e nos Países Baixos; L'expertise-arbitrage / Schiedsgutachten (2013, pelo Prof. Jean-Baptiste Zufferey), Bindend Advies (Instituto Holandês de Arbitragem - NAI)

[9] EIC, Berlim (Alemanha) e CHINCA, Pequim (China), correspondências de 25 de janeiro a 6 de abril de 2017

- Aumento da burocracia na administração de contratos, *levando a uma longa, dispendiosa e trabalhosa resolução da disputa* e uma arbitragem concomitante ao projeto em andamento (EIC)
- Introdução de uma *definição muito restrita da expressão "disputa"* (Subcláusula 1.1.29) para contemplar os reais aspectos das disputas decorrentes das atividades de construção, ao contrário de um significado "normal", permitindo ao contratado fazer referência a qualquer diferença (CHINCA);
- Imposição de *maior risco adicional* ao contratado, concedendo ao Engenheiro a discricionariedade para interpretar a "*função dos requisitos do contratante*" e, assim, aumentar os riscos de projeto e construção nos casos em que os requisitos do contratante são exíguos (CHINCA).
- *Transferência de todos os riscos ao contratado*, exceto aqueles que estão listados nos riscos do Contratante (subcláusula 17.2), transferindo, assim, todos os riscos não identificados e residuais; "*A questão da segurabilidade não deve ser adotada como um precedente e não deve afetar a alocação de risco entre as partes*" (CHINCA)
- A inserção, como primeira condição, de um limite de 28 dias para notificar o contratante para recuperar uma extensão de prazo e/ou qualquer pagamento adicional, sendo que após tal prazo o contratante não tem qualquer responsabilidade em relação ao contratado... A inserção de uma segunda condição de 42 dias para a apresentação de dados (Subcláusula 20.2.1), é considerada muito rígida, *e não uma "boa" cláusula contratual.* É uma referência ao formulário do modelo nipônico para projetos ADB (CHINCA)[10].

Um grupo de nove dos principais árbitros da área de construção (WG20)[11] de países de *civil law* tomou a iniciativa de (a) analisar a Subcláusula 20 (*Pleitos de contratantees e contratados*) em conjunto com as Subcláusulas 3.7 e 21 da pré-lançada 2ª Edição de 2017 e (b) enviar, no início

[10] Engineering Advancement Association do modelo nipônico para projetos ADB.

[11] Análise crítica da Cláusula 20 do FIDIC "Yellow Book" (Pleitos do Contratante e do Contratado) elaborada por um grupo de trabalho "ad hoc" composto por importantes árbitros especializados europeus e endereçado à FIDIC e associações dos empreeiteiros (outubro de 2017).

de outubro de 2017, a "Análise Crítica da Cláusula 20 do Livro FIDIC[12]". Suas conclusões enviadas à FIDIC e às Associações dos Contratados EIC e CHINCA podem ser resumidas da seguinte forma:

a. As propostas de emenda da FIDIC que abordam as principais dificuldades experimentadas na prática com o "*Yellow Book*" GC 20 são bem-vindas, embora muitas vezes sejam encontradas formas de contornar a rigidez e a injustiça que resultam de uma aplicação estrita do prazo de 28 dias.
b. O WG20 sugere certas alterações de redação para facilitar a leitura/compreensão da subcláusula 20 proposta e, assim, a sua aplicação na prática. A redação precisa ser simplificada, pois é muito complexa, particularmente devido ao seu extremo formalismo, para tornar propícia a aplicação da subcláusula 20 pelos usuários.
c. A adição à GC 20.3 (Renúncia de Prazos) deve ser elogiada. Uma dose de flexibilidade deve ser introduzida aos prazos quando necessários. A conscientização do contratante é de suma importância na avaliação do prazo de 28 dias (GC 20.2.1), um aspecto frequentemente considerado pelos árbitros para atenuar a aplicação do rigoroso prazo (definição clara do termo "*conscientização*")

[12] Os árbitros especializados na indústria da construção que compuseram o WG20 foram:
Cremades Bernardo, Prof. Dr. e sócio-fundador do B. Cremades y Asociados, escritório de advocacia em Madri (Espanha)
Crivellaro Antonio, Prof. Dr. e sócio do Emeritus, Bonelli, Erede, Papparlardo, escritório de advocacia em Milão (Itália)
Gélinas Paul-A, advogada licenciada em Paris e Montreal e ex-presidente da Comissão de Arbitragem da CCI em Paris (Canadá)
Genton Pierre, MSc., sócio-fundador da PMG Consulting Engineers - Economistas em Lausanne, especializado em Prevenção e Resolução de Disputas, membro da USIC/FIDIC e ex-presidente da Força-Tarefa CCI para as Regras dos Comitês de Resolução de Disputas (Suíça)
Horvath Günther, Dr. sócio-gestor do Freshfields, Bruckhaus, Deringer, escritório de advocacia e Presidente do Centro Internacional de Arbitragem de Viena, Viena (Áustria)
Lapp Christophe, advogado e sócio da Altana Avocats, em Paris (França)
Tercier Pierre, professor emérito da Universidade de Friburgo (Suíça), Presidente honorário do Tribunal de Arbitragem da CCI – Corte Internacional de Arbitragem em Paris (Suíça)
Voser Nathalie, Prof. Dr. e sócio de Schellenberg Wittmer, escritório de Advocacia, Zurique (Suíça).

d. O WG20 ofereceu sugestões de redação e insistiu para que a FIDIC empregasse seus esforços no sentido de simplificar a linguagem da GC 20, tais como:
- **GC 20.1** (*Pleitos*): (i) trocar a ordem dos parágrafos (a) e (b), pois o contratado deve ser o primeiro a ser considerado, (ii) acrescentado a redação "ou em lei", servindo como um lembrete para que os DABs considerem a lei aplicável.
- **GC 20.2** (*Pleitos por Pagamento e/ou Extensão de Prazo [EOT]*): a redação do 1º parágrafo poderia ser reduzida substituindo pelo texto "*Em caso de pleito sob a GC 20.1, exceto a provisão (c),* será aplicado o seguinte procedimento ... "
- **GC 20.2.1** (*Notificação do pleito*): a referência é sugerida no segundo parágrafo à GC 20.3;
- **GC 20.2.2** (*Resposta preliminar do Engenheiro*): inclusão na parte final do texto "*Caso contrário, a Notificação de Pleito* é *considerada correta neste aspecto*";
- **CG 20.2.3** (*Registros Contemporâneos*): inclusão no 3º parágrafo, na 3ª frase do texto "*... e, desde que o caráter confidencial de qualquer informação seja preservado ...*"
- **GC 20.2.4** (*Total detalhamento do Pleito*):
- exclusão da palavra "*totalmente*", como uma reivindicação é detalhada de acordo com os requisitos de tal subcláusula ou não, a palavra "totalmente" causa ambiguidade;
- substituição de "*todos*" os registros contemporâneos por "os" registros contemporâneos no parágrafo (c);
- exclusão da palavra "*detalhada*" no parágrafo (d);
- inclusão no texto do parágrafo (ii) após "... aceito pelo Engenheiro" a redação "tal acordo não deve ser descumprido injustificadamente".
- **GC 20.2.5** (*Acordo ou Decisão sobre o Pleito*): substituição da expressão "... para acordar ou decidir" na última linha do primeiro parágrafo após [*Acordo ou Decisão*] por "para obter um acordo ou decidir em relação a ... "; o uso, no parágrafo antes de (i), da expressão "final" não soa apropriado e deve ser omitido.
- **GC 20.2.6** (*Pleitos de efeito continuado*): a redação deve ser adaptada:
- no parágrafo (d) "O pleito final totalmente detalhado ..." por "Este último pleito detalhado apresentado...";

– no parágrafo (e) "... posterior" por "adicional" e exclusão da expressão "totalmente final";

– **GC 20.3** (Renúncia de Prazos): O termo "Renúncia" não parece ser o correto. Sugere-se utilizar a expressão "Aceitação da Notificação de Pleitos". Foram feitas as seguintes sugestões pelo WG 20:

– **1º Parágrafo**: inclusão da redação "... ser considerado oportuno, ele pode ...";

– **5º Parágrafo** (antes dos itens (i), (ii) ...): a ser alterado adicionando a frase "... e se o DAAB[13] considerar que, em todas as circunstâncias, é justo e razoável que a manifestação seja aceita, a Notificação de Pleito sob o GC 20.2.1 [Notificação de Pleito] ou o pleito detalhado sob o GC 20.2.4 [Pleito Detalhado] serão aceitos. As circunstâncias ...".

– **6º Parágrafo**: a ser alterado pela redação "... se a Notificação de Pleito, de acordo com a subcláusula 20.2.1 [Notificação de Pleito], ou o Pleito detalhado, de acordo com a subcláusula 20.2.4 [Pleito Detalhado], são admissíveis (conforme o caso) e declarar que tal admissão é provida por esta Subcláusula."

– **7º Parágrafo**: a ser alterado, mais especificamente declarando que "... o pedido da Parte Reclamante nos termos da Subcláusula 20.3 [Aceitação da Notificação de Pleito] será considerado como tendo sido rejeitado pelo DAB."

– **8º Parágrafo**: prever duas possibilidades:

– se o pleito da Reclamante não for admissível, aplicar-se-á o disposto no segundo parágrafo da subcláusula 20.2.1.

– se o pleito da Reclamante for admissível, o Engenheiro deverá então proceder de acordo com a subcláusula 20.2.5 [Acordo ou Decisão do Pleito] levando em consideração a decisão do DAB. Neste caso, a data de recebimento da cópia da decisão do DAB pelo Engenheiro será a data de início do primeiro prazo para os fins da Subcláusula 3.7.3 [Prazos].

[13] DAAB : Dispute Avoidance/Adjudication Board (Subcláusula 1.1.22)

4 Análise Crítica da Cláusula 20 da Edição de 2017 (*Contratantes e Pleitos dos Contratados*)

Em dezembro de 2017, em Londres, foram publicadas e lançadas as versões finais dos livros "Red", "Yellow" e "Silver" da FIDIC. No que diz respeito às *Conditions of Contract for FIDIC para Plant & Design Build 2017* ("*Yellow Book*"), a FIDIC não considerou as sugestões indicadas pela WG 20 e fez as seguintes alterações na cláusula 20:

Exclusão dos parágrafos (e) e (f) da Subcláusula 20.2.6 relacionados a "*Pleitos de efeito continuado*". Estes parágrafos tratavam da Notificação pelo Engenheiro descrevendo detalhes adicionais para um Pleito intermediário ou detalhado, além do descumprimento pela Parte Reclamante em apresentar um pleito detalhado de acordo com a Subcláusula 20.2.5 e a referência à Subcláusula 3.7.3 (Prazos)

- *Inclusão da subcláusula 20.2.7* ("*Requisitos gerais*"). Esta nova subcláusula está dividida em 3 parágrafos e refere-se ao:
  - Dever do Engenheiro de incluir tais valores para qualquer pleito razoavelmente fundamentado como devido à Parte Reclamante sob as disposições relevantes do Contrato.
  - Direito do contratante de reivindicar qualquer pagamento do contratado e/ou estender o "Período para Notificação de Defeitos" (DNP) ou compensar qualquer dedução de qualquer valor devido ao contratado (Subcláusula 20.2).
  - Os requisitos da subcláusula 20.2 são complementares aos de qualquer outra subcláusula que possa ser aplicada ao pleito. Caso a Parte Reclamante descumpra esta subcláusula ou qualquer outra subcláusula, qualquer pagamento adicional e/ou qualquer EOT ou extensão da PDN deverá ter em conta a extensão, se houver, que esse descumprimento tenha prejudicado a investigação do pleito pelo Engenheiro.
- *Exclusão da Subcláusula 20.3* (Renúncia aos Prazos). A exclusão desta subcláusula na versão de 2017 é lamentável, pois a versão pré-lançada esclareceu corretamente a dupla posição do papel do engenheiro (pago pelo Contratante e defendendo a posição do contratante), reforçando o papel do DAB. A ausência desta subcláusula

20.3, entretanto, não reduz o importante papel do "DAAB" na prevenção e resolução de disputas.

5 Análise Crítica da Cláusula 21 da Edição de 2017 (*Disputas e Arbitragem*)

A Cláusula 21 é dividida em oito Sub-Cláusulas relacionadas à(ao) (1) Constituição de um "DAAB", (2) Falha na nomeação de Membros "DAAB", (3) Prevenção de Litígios, (4) Obtendo a decisão "DAAB", (5) Resolução amigável, (6) Arbitragem, (7) Descumprimento da Decisão "DAAB" e (8) Ausência de DAAB. Essa estrutura enfatiza, em cinco Subcláusulas, o papel dos *Dispute Boards* nas "Condições Contratuais FIDIC" limitados à abordagem do DAAB, e ao reexame da resolução amigável de controvérsias na fixação de novos prazos antes do início do procedimento arbitral.

A primeira crítica geral é que, ao modificar denominação anterior do Dispute Adjudication Board (DAB) para Dispute Avoidance/Adjucation Board (DAAB), a FIDIC reconheceu que uma etapa essencial para um *Dispute Board* não é apenas lidar com o requerimento formal apresentado pela Parte Reclamante, mas auxiliar as Partes na prevenção de disputas. A principal evolução é a ênfase agora dada pela FIDIC no sentido de dar um primeiro passo a fim de evitar litígios. O aspecto mais questionável é que a FIDIC tenta impor em seu conjunto revisado de "Condições Contratuais 2017" a abordagem de adjudicação, desconsiderando outras abordagens mais interessantes e conhecidas usadas há muitos anos em outros países, como o método do *Dispute Review Board* (utilizado nos Estados Unidos) e no Combined Dispute Board (aplicado principalmente nos países da América do Sul). É feita referência ao "Regulamento relativo aos *Dispute Boards*" da CCI, que deixa a critério das partes selecionar a apropriada abordagem do DB e abrange todos os tipos de *Dispute Boards*[14]. Além disso, a introdução de uma nova terminologia "DAAB" em vez de DAB é confusa, pois não segue a terminologia comumente utilizada há décadas no mundo inteiro e em outros contratos-padrão[15].

[14] Regras do Dispute Board elaboradas pela Câmara de Comércio Internacional em 2004 e revisadas no final de 2015.

[15] Dispute Board é traduzido em países de língua francesa como «Comité de Résolution des Différends» (CRD)

5.1 Outros Comentários Específicos

São necessárias algumas melhorias na Cláusula 21 e as partes podem incluir os ajustes oportunos nas Condições Particulares. A seguir, são feitas referências aos seguintes problemas específicos:

1. *Constituição do "DAAB"* (GC 21.1): A escolha dos membros é o fator chave para o sucesso do projeto. A experiência mostrou que a pré-seleção dos nomes, estipulados pelas Partes no Contrato, não é recomendável, pois o "DAAB" deve considerar as decisões consensuais, o que implica que dois membros escolhidos e acordados pelas Partes teriam, preferencialmente, de propor o terceiro membro às Partes. As partes deverão confirmar em conjunto a nomeação dos membros.
2. *Falha na nomeação de(os) Membro(s) do "DAAB"*: (Subcláusula 21.2): A confirmação da nomeação do(s) membro(s) do "DAAB" faltante é feita geralmente pelas Partes, mas não deve ser feita de forma isolada após a consulta de ambas as Partes. É importante que o(s) membro(s) já proposto(s) também seja(m) consultado(s) pelas Partes antes da nomeação(ões) pelas razões acima mencionadas. O pagamento da fatura (incluindo taxas e despesas) tem maior probabilidade de ser pago integralmente pelo contratado aos membros do "DAAB" e a metade dos valores faturados serão reembolsados pelo contratante na próxima medição, conforme a Subcláusula. 14.6.1. Na hipótese de uma das Partes não indicar o seu membro, a "*...autoridade nomeadora...*" terá o dever de indicar o membro do "DAAB" faltante; tal medida deverá ser feita de forma cuidadosa e respeitar os interesses de ambas as partes
3. *Prevenção de disputas (Subcláusula GC 21.3):* Evitar controvérsias é um passo importante no processo "DAAB" com o objetivo de tentar resolver amigavelmente as diferenças antes de preencher qualquer requerimento formal. Portanto, as Partes devem ser compelidas a solicitar a assistência do "DAAB" caso haja divergência (e não apenas oferecer a possibilidade de submeter informalmente o caso para o "DAAB"). Ademais, a experiência mostrou que o volume de documentos a ser enviado, preferencialmente em conjunto, ao "DAAB" deve ser limitado (por exemplo, 3 a 5 páginas). Este docu-

mento permitirá a o "DAAB" se preparar antes da reunião com as Partes e deverá ser enviado no prazo de 15 dias antecedentes à(s) reunião(ões).

4. *Obtendo a decisão "DAAB":*

a. A finalidade das condições estabelecidas na Subcláusula 21.4.1 para se submeter (i) uma Disputa ao "DAAB" dentro de 42 dias após o recebimento da Notificação de Insatisfação com a determinação emitida pelo Engenheiro de acordo com a Subcláusula 3.7, e (ii) uma notificação por escrito declarando que é dada de acordo com a Subcláusula 21.4.1 pode parecer uma contribuição construtiva para acelerar a resolução da disputa. No entanto, a experiência mostrou que a fixação de tal prazo parece muito rígida e pode dificultar a aplicação quando considerada a quantidade de trabalhos necessários para apresentar um pleito detalhado ao "DAAB" e o direito que a parte tem de ser ouvida. Dependendo da especificidade de cada caso, suas particularidades e complexidade, é aconselhável que as Partes participem integralmente do progresso dos trabalhos, adotem certa flexibilidade e discutam a questão dos 42 dias na fase de negociação do Contrato e também no decorrer do desenvolvimento do projeto.

b. *Subcláusula 21.4.2 (As obrigações das Partes após a submissão)* também devem se referir às obrigações do "DAAB" e das Partes no Acordo DAA sob o Apêndice "Condições Gerais do DAAA" (especialmente os itens 5 e 6) e ao Anexo "Normas Processuais" (principalmente o Artigo 7).

c. *Subcláusula 21.4.3 (Decisão do "DAAB")* prescreve o prazo de 84 dias para a decisão ou o período proposto pelo "DAAB" e acordado por ambas as Partes. A experiência mostrou que podem ocorrer desentendimentos entre as partes e o "DAAB", dependendo da natureza e complexidade do pleito (como quantificação de atrasos, aceleração, custos) e em caso de visão divergente entre os membros do " DAAB ". É, portanto, recomendável adotar certa flexibilidade e que o "DAAB" tenha o poder de estender o prazo por um período adicional que lhe permita tomar sua decisão, sem a necessidade de aprovação prévia das Partes[16].

d. *subcláusula 21.4.4 (Insatisfação com a decisão do "DAAB")* estabelece que a Notificação de Insatisfação deverá ser ofertada em até 28 dias após o recebimento da decisão do "DAAB". Menciona também, com razão, que "... *nenhuma das Partes terá o direito de iniciar a arbitragem no que diz respeito à Disputa, a menos que uma NDI relativa a essa Disputa tenha sido emitida de acordo com esta Subcláusula 21.4.4*" (em contradição com a Subcláusula 21.4. 6). Esta cláusula é um complemento ao item (iii) do último parágrafo, declarando que caso a insatisfação em relação à decisão seja parcial ou em parte(s), resultará que "*a parte remanescente da decisão se tornará final e vinculante para ambas as Partes...*" Conforme o teor da subcláusula 21.4.6, tal redação deve ser alterada e parece imprópria sob a análise de inúmeras legislações pelas razões mencionadas a seguir:

5. *Resolução Amigável*: De acordo com a Subcláusula 21.5, "... *a arbitragem pode ser instituída ... mesmo que nenhuma tentativa de solução amigável tenha sido feita*". A fim de dar total importância à etapa de solução amigável, seja por um procedimento "DAAB", negociações diretas entre as Partes ou com a assistência de terceiros (como mediação, perícia neutra), é recomendável tornar obrigatória essa etapa, e, portanto, excluir a última parte da sentença acima, que prescreve que a arbitragem pode ser instituída mesmo na ausência de qualquer tentativa de solução amigável.

6. *Arbitragem*: Independentemente da insatisfação manifestada por uma ou ambas as Partes e pelos argumentos apresentados pela(s) Parte(s), uma Decisão do "DAAB" é vinculativa e deve ser cumprida dentro do prazo estabelecido no Contrato. Se uma notificação de insatisfação tiver sido devidamente notificada dentro do prazo contratual, tal Decisão do DAAB poderá ser submetida à arbitragem. É apenas com a sentença arbitral que a decisão se torna "... *final e vinculante...*". Em outras palavras, do ponto de vista legal, o primeiro parágrafo da subcláusula 21.6 precisa ser alterado. O segundo parágrafo que se refere ao poder dos árbitros "... *de abrir, revisar e revisar*

[16] O Regulamento sobre Dispute Board da CCI fornecem um período adicional de 20 dias além do período regular de 90 dias (Artigo 22.1)

qualquer ... determinação (que não seja uma determinação vinculante final) ..." não é claro e tal restrição acima parece imprópria. Um aspecto importante é que qualquer decisão "DAAB" é admissível em arbitragem. Em circunstâncias normais, as Partes não estão autorizadas a encaminhar o caso diretamente à arbitragem, sem antes ter passado por um procedimento de *Dispute Board*, exceto em casos excepcionais[17].

7. *Descumprimento da Decisão "DAAB"*: A redação "*... final e vinculante...*" é inadequada e deve ser alterada, pois somente uma sentença emitida por um tribunal será final e obrigatória. Diversas Decisões DAB foram apeladas pelas Reclamadas, mas as Decisões DAB foram confirmadas na arbitragem com base em que a Reclamada estava violando o Contrato por não implementar tal Decisão. Uma exceção deve ser mencionada, quando um DAB tomou uma decisão (caso Persero) e o tribunal arbitral em sua sentença confirmou o valor a ser pago. Tal decisão foi derrubada pela Suprema Corte de Singapura, sob o argumento de que a decisão do DAB não era definitiva e que o tribunal arbitral não tinha o direito de emitir uma sentença que fixasse o montante a ser pago à parte reclamante. Restava à Reclamada o direito de apresentar um documento sobre o mérito do caso e o tribunal arbitral não tinha o direito de definir e atribuir qualquer quantia.

8. *Ausência de DAAB*: a experiência mostrou que as Partes podem ser tentadas a retardar ou mesmo, a despeito de sua obrigação inicial, de acordo com a Subcláusula 21.1 "*... As controvérsias serão decididas por um DAAB...*", permanecer inertes na nomeação de um "DAAB" em razão dos custos implicados e/ou por qualquer desconfiança a respeito do procedimento "DAAB". O resultado disso é a extinção de qualquer passo na tentativa de resolver amigavelmente uma disputa. É indispensável a manutenção do pré-requisito acordado pelas partes para que o "DAAB" aja na prevenção e resolução de disputas, sendo defeso qualquer requerimento direto à arbitragem.

[17] Sentença proferida pela Suprema Corte da Suíça em 7 de julho de 2014 ((Arrêt du Tribunal fédéral, 1re Cour de droit civil, cas 4A_124/2014)

6 Uso das Regras FIDIC 2017 e sua Aplicação Prática

O novo conjunto de "Condições Contratuais FIDIC 2017" contém uma série de melhorias importantes que devem ser elogiadas, principalmente as Cláusulas 20 e 21 ("Yellow" Book), mas que ainda precisam ser aprimoradas. Considerando que as "Condições Contratuais" não são apenas uma base contratual para advogados em procedimentos, mas continua sendo uma ferramenta chave para os colaboradores gerenciadores de desenvolvimento de projetos no site, a preocupação primordial recai sobre a complexidade da redação e as conexões entre as várias Cláusulas e Sub-cláusulas. Isto implica na necessidade de atenção especial pelas Partes, uma delegação de pessoal qualificado no site e, consequentemente, o aumento de custos. A simplificação das Condições Contratuais teria sido oportuna.

A experiência mostrou que a melhor maneira de proteger os interesses de ambas as partes é preparar um projeto suficientemente detalhado, para incluir condições equilibradas de contrato, a fim de reduzir custos imprevisíveis e riscos exagerados. Outras questões importantes podem precisar ser analisadas com cuidado durante as fases de licitação e negociação. Os proponentes devem poder propor sugestões para modificações e as Partes devem estar prontas para discutir essas questões antes da assinatura do Contrato. Modificações para tornar o Contrato mais "viável" para ambas as Partes podem ser integradas nas Condições Particulares, tais como:

Revisão sobre o tema de alocação de riscos com o objetivo de definir "riscos equilibrados", auxiliando, assim, as Partes na redução do preço do Contrato;

- *Referência* à *noção de riscos "consideráveis"* de acordo com a lei aplicável, que pode ser muito divergente entre contratantes e contratados dependendo do tipo de contrato e da natureza das obras a serem realizadas. O juiz aplica, por exemplo, sob a lei suíça, as regras de direito e de equidade. Ele tem o poder de decidir de acordo com as circunstâncias ou motivos justos[18].
- *Esclarecimentos dos termos "vinculativo"* e *"final e vinculativo"*, bem como "Reclamação totalmente detalhada", de acordo com a legislação vigente aplicável.
- *Flexibilidade na aplicação dos "Prazos"*, como a "Notificação de pleito" dentro de 28 dias e a aplicação de uma "perda de direito" (GCC

[18] Artigo 4º do Código Civil Suíço.

20.2.1), o conceito de "... tomou conhecimento, ou deveria tornar-se ciente, do evento ou circunstâncias..." (não suficientemente precisas), e a exclusão da disposição" Renúncia de Prazos", proposta na versão anterior pré-lançada do FIDIC, pode ser reconsiderada.

- *Consciência da questão do nível de evidência* para um juiz, árbitro ou *Dispute Board* tendo já decidido positivamente sobre os méritos de um pleito na quantificação de atrasos e custos com relação ao seu poder de avaliar o quantum de maneira severa ou branda com a devida observância à lei vigente.
- *Regulação do prazo para a tomada de uma Decisão* pelo Dispute Board, conforme as Condições Contratuais FIDIC 2017, um único período de 84 dias após o recebimento do Requerimento (Subcláusula 21.4.3) ou outro período a ser acordado pelas Partes, independentemente da natureza e complexidade do Pleito. O Dispute Board deve ter a discricionariedade de prorrogar esse período (a CCI prevê um período adicional de 20 dias[19]).

Em conclusão, as "Condições Contratuais FIDIC 2017" certamente foram aprimoradas, mas, infelizmente, os itens a seguir não tiveram a devida relevância enfatizada, tais como:

a. Elaboração de documentos de licitação suficientemente detalhados;
b. abertura à negociação de um contrato equilibrado; e
c. atitude construtiva do Engenheiro ao tomar suas decisões no decorrer do desenvolvimento do projeto

Apesar dos avanços supramencionados, as "Condições Contratuais FIDIC 2017", se comparadas às "Condições Contratuais FIDIC" de 1999, não simplificaram o uso dessas condições pelos atores locais do projeto. Há ainda muitos aprimoramentos a serem feitos. Em particular, e em que pese ter havido uma grande cooperação da FIDIC na revisão do Regulamento Relativo aos Dispute Boards da CCI de 2015, é lamentável que a FIDIC não tenha conseguido simplesmente adotar as regras do Regulamento Relativo aos *Dispute Boards* da CCI.

[19] Artigo 22 do Regulamento Relativo aos Dispute Boards CCI

SOBRE OS AUTORES

Albert Bates Jr.

Presidente global da área de Construção do escritório Duane Morris LLP. É também árbitro e mediador em disputas na área da construção dentro e fora dos EUA, tendo presidido os trabalhos em mais de 150 casos. Membro do Comitê Executivo do Conselho de Administração do *American Arbitration Association/International Centre for Dispute Resolution* e Membro Sênior do *College of Commercial Arbitrators* e Mediador Certificado pelo *International Mediation Institute.*

Anne E. Gorham

Vice-presidente executiva e conselheira geral na Gray Construction, Lexington, Kentucky, EUA. Doutora em Direito pela Escola de Direito da Universidade de Kentucky. Ex-membro do Conselho Diretor do Forum on the Construction Industry da American Bar Association.

Bruno Panarella

Graduado em direito pela Universidade de São Paulo (USP). Especializado em arbitragem pelo Instituto Internacional de Ciências Sociais (IICS). Advogado do escritório L.O. Baptista Advogados.

Cassidy R. Rosenthal

Membro executivo da Stites & Harbinson (Lexington Kentucky, EUA). Advogada de litígios, doutora em Direito pela Escola de Direito da Universidade de Kentucky e formada em História pela DePauw University. Membro do Forum on the Construction Industry da American Bar Association.

Doug Jones

Um dos principais árbitros internacionais, com mais de 40 anos atuando como advogado e árbitro em transações internacionais e resolução de disputas nas áreas de infraestrutura, energia, commodities, propriedade intelectual, propriedade comercial e joint ventures, em mais de 30 jurisdições ao redor do mundo. Tem atuado como árbitro nas instituições ICC, LCIA, AAA, ICDR, KCAB, AIAC (KLRCA), SIAC, DIAC, ACICA, IAMA, AMINZ, em disputas envolvendo bilhões de dólares.

Felipe Gutierrez

Bacharel em contabilidade e possui mestrado em economia e pós-graduação em direito da construção e infraestrutura do Brasil. Certificado em gestão de projetos (PMP), auditoria de construção (CCA), auditoria interna (CIA), asseguração de riscos (CRMA) e engenharia de custos (IBEC). Felipe também é um membro aprovado da Royal Institution of Chartered Surveyors (MRICS) e do Chartered Institute of Arbitrators (CIArb). Além das instituições certificadoras, Felipe é membro da Association of Certified Fraud Examiners (ACFE) e do American Bar Association (ABA).

Fernando Marcondes

Advogado, árbitro e membro de dispute boards, especialista em Direito da Construção. Fundador e ex-presidente do Instituto Brasileiro de Direito da Construção. Representante brasileiro perante a *Dispute Resolution Board Foundation*. Vice-presidente do capítulo brasileiro do *Club Español de Arbitraje*. Membro da *Society of Construction Law*, da *American Association of Cost Engineering* e do *The Chartered Institute of Arbitrators*.

José Andrés Lama Bustinza

Advogado formado pela Pontifícia Universidade Católica do Peru. LLM em Direito da Construção pela Universidade de Strathclyde, no Reino Unido. Professor da Universidad del Pacífico no Curso de Especialização em Direito da Construção. Membro fundador e diretor executivo da Sociedade Peruana de Direito da Construção.

Juan Eduardo Figueroa Valdez

Professor da Universidade de Los Andes, Santiago, Chile, advogado integrante da Corte Suprema de Chile, Árbitro ICDR, Árbitro do Centro de Arbitragem e Mediação da Camara de Comércio de Santiago, Árbitro da Camara de Comercio Brasil- Canadá, Fellow CIarb. Miembro do Grupo Latino Americano de Arbitragem da ICC.

Kleber Zanchim

Graduado e Doutor pela Faculdade de Direito da USP. Professor do Insper Direito. Sócio de SABZ. Ranqueado nacional e internacionalmente como advogado estratégico em diversos setores econômicos como Infraestrutura, Imobiliário e Agronegócio.

Leonardo Toledo da Silva

Presidente do IBDiC. Mestre e Doutor em Direito Comercial pela USP. Professor do Programa de Mestrado Profissional da FGV Direito-SP. Advogado e árbitro, sócio de Toledo Marchetti Advogados.

Marcelo Alencar Botelho de Mesquita

Advogado. Mestre pela Universidade Federal de Santa Catarina. Integrante do Corpo de Árbitros da Câmara de Mediação e Arbitragem do Instituto de Engenharia (CMA IE). Diretor do Instituto Brasileiro de Direito da Construção (IBDiC), da Society of Construction Law (SCL-UK) e da Dispute Resolution Board Foundation (DRBF-EUA). Presidente da Comissão de Mediação e Arbitragem da OAB-SC.

Marlon Shigueru Ushiro Ieiri

Graduado pela Universidade Estadual de Londrina (UEL). Especialização (Master) em Direito da União Européia pela Universidad Carlos III de Madrid. Especialização (Master) em Direito do Comércio Internacional pela Université Paris X. Project Manager Professional (PMP) certificado pelo Project Management Institute (PMI) e membro fundador do Instituto Brasileiro do Direito da Construção (IBDiC). Outras associações incluem Dispute Resolution Board Foundation (DRBF); Society of Construction Law (SCL); Association for the Advancement of Cost Engineering (AACE); Chartered Institute of Arbitrators (CIArb); Club Español del Arbitraje (CEA); e Comitê Brasileiro de Arbitragem (CBAr).

Pierre M. Genton

Graduado pela École Polytechnique Fédérale de Lausanne e pelo International Management Institute. Mais de 35 anos atuando em solução de conflitos em diversos países. Sócio fundador da PMG Consulting Engineers & Economists. Ex-membro do Conselho Supervisor do Alptransit Project. Ex-comissário nomeado pela ONU para compensação de danos decorrentes da Guerra do Golfo. Ex-presidente da task force que criou o Regulamento de Dispute Board da ICC e o revisou em 2015. Criador do "Combined Dispute Boarding (CDB)".

Rafael Alves

Bacharel, mestre e doutor pela Universidade de São Paulo –USP. LL.M. pela New York University (NYU), Arthur T. Vanderbilt Scholar. Professor do programa de pós-graduação da FGV DIREITO SP. Diretor do Comitê Brasileiro de Arbitragem (CBAr). Integrante de listas de árbitros e mediadores de diversas instituições brasileiras. Reconhecido por publicações especializadas, nacionais e internacionais, como um dos destaques na área de arbitragem no Brasil. Sócio de L.O.Baptista Advogados, atuando na área de arbitragem doméstica e internacional.

Richard Bailey

É sócio na Goodman Derrick LLP em Londres, Inglaterra. Foi presidente da UK Society of Construction Law - entre 2013 e 2015 e presidente da European Society of Construction Law entre 2014 e 2015.

Robert Preston Brown

General Counsel na McKenneys Inc., atuou também como of counsel na Peckar & Abramson, P.C. e foi vice-presidente do Conselho Geral da The Shaw Group Inc./CB&I Inc. Ex-professor adjunto de Direito na Emory University School of Law, pela qual também obteve a titulação de doutor em Direito.

Roger J. Peters

Um experiente mediador, árbitro e membro de dispute boards relacionados a disputas no mercado da Construção. Possui mais de quarenta anos de experiência em resoluções de disputas em projetos ao redor dos Estados Unidos, Caribe e Círculo do Pacífico.

ÍNDICE